Strategische Marketingoptionen in regulierten Märkten

Strategisches Marketingmanagement

Herausgegeben von Roland Mattmüller

Band 33

Zu Qualitätssicherung und Peer Review der vorliegenden Publikation

Die Qualität der in dieser Reihe erscheinenden Arbeiten wird vor der Publikation durch den Herausgeber der Reihe geprüft.

Notes on the quality assurance and peer review of this publication

Prior to publication, the quality of the work published in this series is reviewed by the editor of the series.

Anna-Katharina Koenen

Strategische Marketingoptionen in regulierten Märkten

Das Management von Patentausläufen in pharmazeutischen Unternehmen

PETER LANG

Bibliografische Information der Deutschen Nationalbibliothek
Die Deutsche Nationalbibliothek verzeichnet diese Publikation in der Deutschen Nationalbibliografie; detaillierte bibliografische Daten sind im Internet über http://dnb.d-nb.de abrufbar.

Zugl.: EBS Universität für Wirtschaft und Recht, Diss., 2019

D 1540
ISSN 1860-062X
ISBN 978-3-631-79307-7 (Print)
E-ISBN 978-3-631-80490-2 (E-PDF)
E-ISBN 978-3-631-80491-9 (EPUB)
E-ISBN 978-3-631-80492-6 (MOBI)
DOI 10.3726/b16259

Peter Lang – Berlin · Bern · Bruxelles · New York · Oxford · Warszawa · Wien

Diese Publikation wurde begutachtet.

www.peterlang.com

Vorwort der Herausgeberreihe

Der dem Angelsächsischen entlehnte Begriff des Marketing steht in Theorie und Praxis synonym für die systematische und zielgerichtete Gestaltung von Transaktionsprozessen. Aus diesem Grund ist letzterer als zentraler Untersuchungsgegenstand der Marketingwissenschaft und Ziel ihrer praktischen Ausgestaltung zu bezeichnen.

Die Transaktion bzw. die Transaktionsprozesse können von verschiedenen Blickrichtungen und theoretischen Bezugsrahmen ausgehend analysiert werden. Einen Ansatzpunkt hierfür bietet die Neue Institutionenökonomik, die das Denken der Wirtschaftswissenschaftler in letzter Zeit auf vielen Feldern geprägt und verändert hat. So eignen sich beispielsweise das Verständnis von Verfügungsrechten (Property Rights) als eigentliche Tauschobjekte, die Annahme unvollkommener Information oder opportunistischen Handelns dazu, Anbieter-/Nachfragerbeziehungen auf der Grundlage eines theoretischen Fundaments praxisnah abzubilden. Maßgeblich begründet jedoch die Transaktionskostentheorie mit ihrer Zerlegung einer Transaktion in ihre einzelnen Phasen und mit der Zuordnung entsprechender Kosten und Erträge die konstitutiven Phasen eines Tauschprozesses. Darüber hinaus ergeben sich hier weitere Möglichkeiten zur Einbindung verschiedener theoretischer Ansätze, wie etwa der Verhaltenswissenschaften, Economic Behavior und anderer. Unter Berücksichtigung weiterer Bezugsgruppen einer Einzelwirtschaft (wie etwa der Wettbewerber, Mitarbeiter, Anteilseigner, etc.) ist damit ein wesentliches Fundament des Marketingverständnisses am Lehrstuhl für Strategisches Marketing an der EBS Business School der EBS Universität für Wirtschaft und Recht gelegt – der Integrativ-Prozessuale Marketingansatz (IPM).

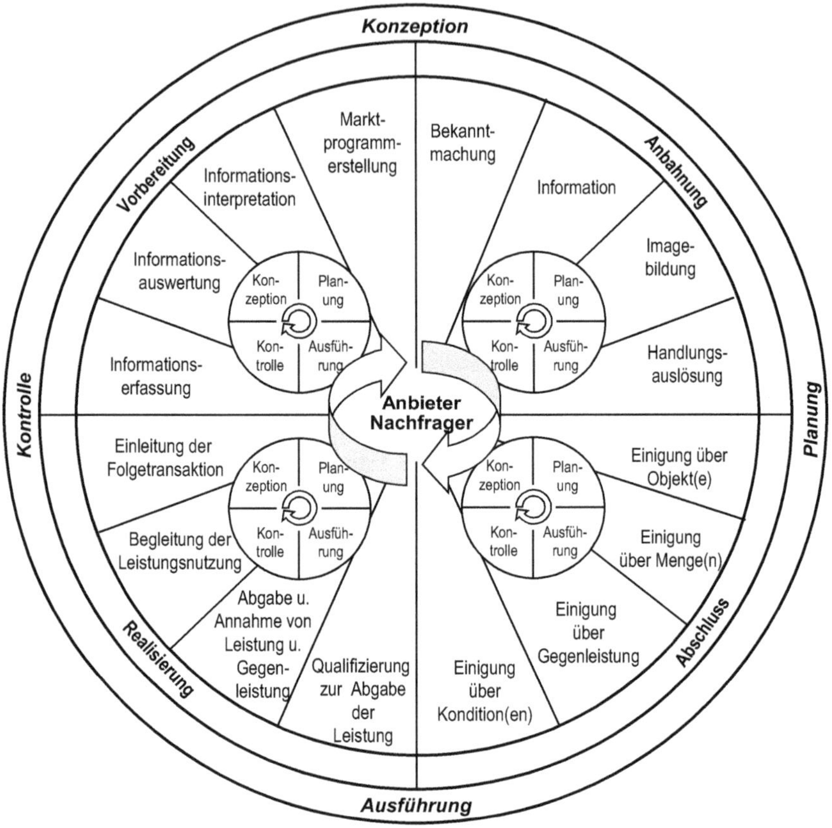

Darüber hinaus forciert der Prozessgedanke die konsequente Ausrichtung der betroffenen unternehmerischen Aktivitäten an einem durchgängigen Marketingprozess, um somit Schnittstellen, wie sie in der Praxis beispielsweise oftmals zwischen Marketing und Vertrieb bestehen, weitgehend zu vermeiden. In der Umsetzung führt dies auch zu einer Entscheidungsorientierung, die sich in einer Zerlegung der Marketingaufgaben in Konzeption, Planung, Ausführung und Kontrolle niederschlägt.

Aufgrund der weitreichenden und langfristigen Implikationen stellt insbesondere die Formulierung von Marketingstrategien eine wichtige und überaus anspruchsvolle Aufgabe für Entscheidungsträger in Unternehmen, also für das Management von Marketingprozessen, dar. Die vorliegende Herausgeberreihe „Strategisches Marketingmanagement“ trägt daher praxisorientierte Arbeiten zusammen, die sich dieser Herausforderung stellen und somit einen wissenschaftlichen Beitrag zu einer entscheidungs- und marktorientierten Unternehmensführung leisten wollen. So sind als Zielgruppe dieser Herausgeberreihe gleichermaßen Wissenschaftler als auch Entscheidungsträger verschiedenster Marketingsysteme zu bezeichnen. Letztere erstrecken sich dabei von tradierten Systemen wie dem Hersteller-, dem Handels- oder dem Dienstleistungsmarketing bis hin zu verhältnismäßig jüngeren Marketingdisziplinen wie beispielsweise dem Marketing von Politikern und Parteien sowie dem Social Media- und Mobile Marketing.

Mein Dank geht an dieser Stelle vor allem auch an den Peter Lang Verlag GmbH, Europäischer Verlag der Wirtschaftswissenschaften, für die Betreuung dieser Herausgeberreihe.

Prof. Dr. Roland Mattmüller
Schloß Reichartshausen

Vorwort des Herausgebers

Patente stellen für Unternehmen zentrale und auch rechtlich verteidigungsfähige Komparative Konkurrenzvorteile dar. Der Wegfall bzw. das Auslaufen von Patenten sind dementsprechend hochstrategische Auslöser für entsprechende Strategien zur Verlängerung der Konkurrenzvorteile auch über den rechtlich abgesicherten Rahmen hinaus bzw. zur Ablösung des alten Patentes durch neue Angebote, die wiederum gleichrangig juristisch unterlegt sein sollten.

Für Hersteller pharmazeutischer Präparate zeigt sich dabei eine ganze Vielzahl besonderer Rahmenbedingungen. Diese begründen sich zum einen etwa durch die in der Regel hohen und langfristigen, entsprechend kostenintensiven Forschungsaktivitäten bis zur Erreichung der Patentreife. Zum anderen aber sind dieser Branche vielfältige rechtliche Regulierungen vorgegeben, die ansonsten übliche Verteidigungsoptionen (etwa durch Preisanpassungen, Umstellungen des bisherigen Angebotes auf andere Zielgruppe etc.) erschweren oder völlig verhindern. Gleichzeitig ist bei erfolgreichen Präparaten gegen Ende der Patentlaufzeit bzw. spätestens nach Freigabe eine hohe Wettbewerbsintensität gegeben. Erschwerend kommen weitere Spezifika der Branche – wie beispielsweise bei verschreibungspflichtigen Medikamenten die Trennung zwischen Entscheider, Käufer und „Konsument" – als Komplexitätstreiber zum Tragen.

Das Management eines Patentverlustes bei solchen verschreibungspflichtigen Präparaten nimmt also folgerichtig einen höchsten strategischen Stellenwert bei Pharmaunternehmen ein und ist gleichzeitig in seinen Spielräumen, u.a. durch rechtliche Restriktionen und weitere Besonderheiten der Branche, enorm eingeschränkt.

Die relevante und dabei – angesichts der eben geschilderten Bedeutung – überraschend äußerst „übersichtliche" Literatur hat sich vor diesem Hintergrund in Ansätzen mit dem völligen Verlust des Patentschutzes und den resultierenden Anforderungen beschäftigt. Eine abgestufte Betrachtung unterschiedlicher Ausgangslagen mit entsprechend spezifischen strategischen Optionen ist dabei kaum zu finden. Zudem liegt eine Fokussierung auf die Analyse des nachpatentlichen Wettbewerbs von chemisch-synthetischen Originalpräparaten mit Generika vor, womit die zunehmende Bedeutung der Biopharmazeutika vernachlässigt wird.

An diesem Defizit setzt Anna-Katharina Koenen mit ihrer vorgelegten Dissertation an. Sie konstruiert bzw. untersucht die möglichen Optionen eines zeitgemäßen Patentauslaufmanagements für forschende pharmazeutische Unternehmen mit besonderem Blick auf strategische Marketingoptionen. Dabei wird die aktuelle Rechtslage ebenso aufgegriffen wie die notwendige Differenzierung der Ausgangslage, Rahmenbedingungen und eben der daraus resultierenden Optionen von chemisch-synthetischen Präparaten einerseits und biopharmazeutischen Medikamenten andererseits. Im Ergebnis zeigen sich übergreifende Handlungsempfehlungen und Entscheidungsbäume für das Management von Patentausläufen für Pharmahersteller bzw. für die Branche im allgemeinen wie auch spezifische Implikationen für die beiden, getrennt zu betrachtenden Untergruppen.

Das leitende Erkenntnisziel der Arbeit lässt sich dabei wie folgt definieren: „...die vorliegende Arbeit soll eine kritische Überprüfung des Status Quo der Patentauslaufstrategien in der pharmazeutischen Branche in Deutschland durchführen und auf dieser Basis Möglichkeiten für ein zeitgemäßes Patentauslaufmanagement unter Zuhilfenahme von strategischen Marketingoptionen erarbeiten."

Von diesem übergeordneten Erkenntnisziel leiten sich mehrere zentrale Fragestellungen ab, die in Summe zugleich ein deskriptives, explikatives und praktisch-normatives Partialziel der Arbeit widerspiegeln:

- Existieren Unterschiede für das Management von ausgelaufenen Patenten für die Hersteller von chemisch-synthetischen Medikamenten und Biopharmazeutika?
- Wenn ja, welche Unterschiede existieren und welchen Einfluss haben sie für das Management des Patentauslaufs der jeweiligen Präparate?
- Inwieweit kann eine Übertragung klassischer Verteidigungsstrategien – und im Besonderen Marketingmaßnahmen – für das Management von Patentausläufen für beide Arten von Präparaten stattfinden?
- Welchen Einfluss hat die Nutzung von Außendienstmitarbeitern nach dem Patentauslauf für die beiden Präparattypen?
- Kann die Einbeziehung von neuen Zielgruppen für Patentauslaufstrategien für Hersteller von klassischen Medikamenten oder Biopharmazeutika vorteilhaft sein?
- Inwiefern sollte die Nutzung von Multichannel-Marketing Teil einer Patentauslaufstrategie für forschende Pharmahersteller werden?
- Welche Wirkung können die Konstrukte Loyalität und Marke für den Patentauslauf von Biopharmazeutika oder chemisch-synthetischen Medikamenten haben?

Zur deskriptiven Einführung zeigt die Verfasserin die branchenspezifischen Grundlagen anhand wesentlicher Kennzahlen, Charakteristika und Marktgegebenheiten (wie etwa Vertriebswege) auf. Ausführlich beschäftigt sich

Koenen danach mit den relevanten Entscheidern und Stakeholdern im Falle eines Patentauslaufs – bezogen auf verschreibungspflichtige Präparate (Patienten, Ärzte, Apotheken und Krankenkassen). Hierzu werden die Rollen dieser einzelnen Stakeholder und ihre übergreifend formulierbaren Verhaltensweisen/Erwartungen bzw. unterschiedlichen Zielsysteme charakterisiert. Immer wieder spielen dabei auch notwendige Unterschiede zwischen den beiden betrachteten Präparategruppen (chemisch-synthetisch versus biopharmazeutisch) eine Rolle. Gleichzeitig schneidet Koenen bei dieser Analyse auch bereits erste Ansatzpunkte – etwa in den Entscheidungsspielräumen der Apotheker – für die spätere Einflussnahme durch Patentauslaufstrategien an.

Detailliert folgen dann die wichtigsten rechtlichen Restriktionen für Patentauslaufstrategien. Im Einzelnen werden beispielsweise die notwendigen Grundlagen des Patent- und Gebrauchsmusterrechts, des Markengesetzes und natürlich auch des Heilmittelwerbegesetzes sowie des rahmengebenden Arzneimittelmarktneuordnungsgesetzes (AMNOG) aufgezeigt und kommentiert. In diesem Zusammenhang ist etwa die Tatsache zu betonen, dass der rechtlich gegebene zwanzigjährige Patentschutz angesichts der langen Forschungszyklen, aber auch aufgrund der besonderen Einflüsse des AMNOG, kaum mehr als ausreichend angesehen werden kann. Verstärkt durch Branchenspezifika im Wettbewerbsverhalten resultiert daraus, dass ein (nahezu ausschließliches) rechtlich-basiertes Patentauslaufmanagement nur von kurzzeitigem Erfolg sein kann. In der Konsequenz zeigt sich an dieser Stelle bereits die Notwendigkeit eines marketingstrategischen Ansatzes beim Patentauslaufmanagement.

Im weiteren Verlauf legt Koenen die konzeptionellen und theoretischen Grundlagen für ihre Untersuchung. Hierzu zählen Konstrukte wie etwa Komparative Konkurenzvorteile (KKV), Strategische Geschäftsfelder (SGF) sowie die einzelnen strategischen Marketingoptionen nach Meyer/Mattmüller. Diese werden zunächst in einer Übersicht dargestellt und dann einer branchenspezifischen kritischen Würdigung unterzogen. Dabei spielt bei der zugrunde liegenden Geschäftsfeld-Definition der dreidimensionale Ansatz (aufgrund der Modusachse und deren Interpretation als subfinale Zielgruppe, z.B. der verschreibenden Ärzte) eine besondere Rolle.

Es folgen strategische Verteidigungsoptionen vor bzw. nach Markteintritt von Konkurrenten, die sich in vier Hauptgruppen einteilen lassen (Prävention, Militärstrategische Verteidigung, Verteidigung nach Markteintritt und Marketingbasierte Ansätze). Ausführlich geht Koenen in diesem Zusammenhang auf das Lebenszyklusmanagement und dabei etwa auf den gegenwärtig in der Pharmabranche stark diskutierten Ansatz des Multichannel-Marketing ein.

Abschließend diskutiert die Verfasserin kritisch das Konstrukt der Loyalität und dessen Anwendbarkeit bei Ärzten und Patienten.

Dabei lässt sich beispielsweise festhalten, dass die in der Literatur vorhandenen und in der Praxis auch vorzufindenden Verteidigungsstrategien für den Patentauslauf aufgrund der gegebenen Spezifika der Pharmabranche nur bedingt transferiert werden können bzw. einer zum Teil deutlichen Modifikation bedürfen. Gleichzeitig ist aber auch festzustellen, dass sich die Pharmahersteller zu einseitig auf die (eben nicht mehr ausreichende) Patentierung als Verteidigungsstrategie verlassen haben. Markenaufbau und -stärke bzw. resultierende Loyalität gegenüber dem Originalpräparat wurden als strategische Handlungsoptionen bisher offensichtlich vernachlässigt.

Auf dieser Grundlage geht die Verfasserin an die Aufarbeitung der konkreten Patentauslaufstrategien in der Pharmabranche heran und beginnt ihre Ausführungen mit bisherigen Optionen in der relevanten Literatur. Diese wird zum einen zusammenfassend dargestellt und zum anderen kritisch hinsichtlich ihrer Aktualität sowie ihrer Trennschärfe nach chemisch-synthetischen versus biopharmazeutischen Präparaten bewertet.

Im weiteren Verlauf schließt Koenen dann begründet die Option der Geschäftsmodellinnovation aus dem Set der zur Verfügung stehenden Strategien aus, da sich eine solche auf einer übergelagerten Ebene vollziehen würde.

Hierauf basierend erfolgt dann eine Thesenbildung für die weitere Herleitung und Ausgestaltung eines zeitgemäßen Patentauslaufmanagements, die mit einer zusammenfassenden und zugleich (u.a. vor dem Hintergrund der aktuellen Rechtsprechung) kritischen Würdigung der in der bisherigen Arbeit vorgestellten Strategien beginnt. Nach einer zusätzlichen inhaltlich-konzeptionellen Diskussion der einzelnen Optionen selektiert Koenen beispielsweise bestimmte preisbezogene Ansätze oder den Gebrauchsmusterschutz aus.

Insgesamt stellt die Verfasserin fünf zentrale Thesen auf und legt damit die Basis für ihre nachfolgende qualitative Überprüfung dieser Herleitungen. Letzterer dienen auch die von Koenen stützend, „...als flankierende Art der Datengewinnung und Anreicherung der theoretisch generierten Erkenntnisse“ zu verstehenden, durchgeführten Experteninterviews. Es ergeben sich größtenteils übereinstimmende und daher die bisherigen Ableitungen stützende Resultate. Neben diesen thesenbezogenen Erkenntnissen führen die Interviews aber auch zu mehreren, darüber hinausgehenden Ergebnissen, wie etwa zur auch zukünftig noch erwarteten Struktur von echten „Blockbustern“ besonders im Bereich der Biopharmazeutika.

Im Sinne einer normativen Zielsetzung der Arbeit entwickelt Koenen auf diesen Grundlagen ihre Handlungsempfehlungen, wozu sie die von ihr analysierten

Instrumental- bzw. Umsetzungsoptionen in die Systematik der Strategischen Marketingoptionen nach Meyer/Mattmüller einordnet und damit ihre jeweiligen Anforderungen/Voraussetzungen bei der praktischen Anwendung präzisiert. So finden sich beispielsweise Sekundärpatente, Supplementary Protection Certificates oder Open-House-Verträge bei der Strategie der Beibehaltung; Orphan-Drugs und Neue Indikationen bei der Diversifikation; Rx-to-OTC-Switch ebenfalls bei der Diversifikation bzw. in Abhängigkeit der Umsetzung auch als Konversion. Es folgen praxisbezogene Empfehlungen für ein zeitgemäßes Patentauslaufmanagement, wobei zunächst übergreifende Ableitungen getroffen werden. Hierbei finden sich beispielsweise Hinweise zu einer stärkeren Patientenfokussierung, einer konsequenten und frühzeitig anzusetzenden Ausweitung der bearbeiteten Stakeholder und dem ebenfalls von Beginn an systematisch zu planenden Lebenszyklusmanagements eines Medikamentes, das in dessen genetischem Code zu integrieren ist. Bei den Biopharmazeutika spielt zudem der Loyalitätsaufbau eine Rolle.

Im Sinne einer konkreten Hilfestellung für die Entscheidungsträger in Pharmaunternehmen bietet Koenen außerdem relevante Parameter für die Auswahl einer strategischen Option aus den im bisherigen Verlauf erarbeiteten einzelnen Strategien im Sinne von Entscheidungsbäumen: Sinnhaftigkeit, Anwendbarkeit, Langfristigkeit, Positiver Einfluss auf die Marke und Positiver Einfluss auf die Loyalität.

Anna-Katharina Koenen geht in ihrer vorliegenden Arbeit also anhand einer theoretisch-deduktiven Herleitung an den Entwurf einer bisher nicht vorliegenden Systematik von strategischen Optionen und instrumentellen Umsetzungen für das Management von Patentausläufen bei verschreibungspflichtigen Medikamenten – chemisch-synthetische Präparate und Biopharmazeutika – heran.

Im Ergebnis schließt Koenen mit ihrer hochaktuellen Dissertation eine Lücke in der spezifischen wissenschaftlichen Beschäftigung mit dieser Thematik und in der praktischen Anwendbarkeit gleichermaßen. Somit bietet diese Arbeit überaus interessante, weiterführende und in konkrete Maßnahmen umsetzbare Ergebnisse und Handlungsempfehlungen für die unternehmerische Praxis der pharmazeutischen Industrie sowie zugleich einen deutlichen Erkenntnisgewinn für die (strategisch orientierte) Marketingwissenschaft.

Prof. Dr. Roland Mattmüller
Schloß Reichartshausen September 2019

Vorwort der Autorin

Die vorliegende Arbeit entstand im Zuge meines Promotionsstudiums an der EBS Universität für Wirtschaft und Recht in Oestrich-Winkel, am Lehrstuhl für Strategisches Marketing von Prof. Dr. Roland Mattmüller.

Die drei Jahre der Promotion, in der ich mich mit strategischen Marketingoptionen in regulierten Märkten, konkret am Beispiel der pharmazeutischen Branche im Umgang mit Patentausläufen, befasst habe, gaben mir nicht nur die Möglichkeit, persönlich zu wachsen. Ich durfte darüber hinaus tolle Menschen kennenzulernen, die mich inspiriert und geprägt haben. Ohne diese Menschen, sowie meine Freunde und vor allem meine Familie wäre die zeitige Fertigstellung dieser Dissertation deutlich anspruchsvoller gewesen und daher gebührt ihnen mein besonderer Dank.

Zunächst gilt mein Dank meinem Doktorvater Prof. Dr. Roland Mattmüller. Prof. Mattmüller hat mein Wissen des Marketing nachhaltig geprägt und bereits früh in meinem Studium wesentlich beeinflusst. Als ich nach dem Masterstudium die Möglichkeit bekam, am Lehrstuhl von Prof. Mattmüller zu promovieren, stand für mich sehr schnell fest, dass ich diese Chance gerne ergreifen möchte. Für die stetige Unterstützung, die weisen Ratschläge, die schmunzelnden Zusprüche in Zeiten des Zweifels oder im Zuge der Lehrstuhlveranstaltungen, haben nicht nur sehr zum Gelingen meines Dissertationsvorhabens beigetragen, sondern es mir gleichzeitig erlaubt, mich persönlich stark weiterzuentwickeln. Die inspirierende und abwechslungsreiche Zeit am Lehrstuhl hat mich viele wertvolle Erfahrungen sammeln lassen. Für Ihre Begleitung, die gemeinsamen Diskussionen, Ihr hilfreiches Feedback und das mir entgegengebrachte Vertrauen möchte ich mich ganz herzlich bedanken.

Ein weiterer großer Dank gilt meinem Zweitgutachter Prof. Dr. Ralph Tunder. Prof. Tunder war der Professor, der meine erste Marketingvorlesung an der EBS hielt. Durch seinen Witz und gleichzeitig seine tiefverankerte Marketingkompetenz hat er es schnell geschafft, mich für das Forschungsfeld des Marketing zu begeistern. Ich war sehr dankbar, als er zustimmte, das Zweitgutachten für meine Dissertationsschrift zu übernehmen, da sein extremes Fachwissen besonders im Bereich des Gesundheitsmarketing meine Arbeit an den entscheidenden Stellen geprägt hat. Das offene und konstruktive Feedback habe ich zu jeder Zeit sehr geschätzt.

Neben Prof. Mattmüller und Prof. Tunder gebührt mein Dank den Interviewpartnern, die die theoretischen Erkenntnisse durch praktische Erfahrung stark angereichert haben und letztendlich eine für die Praxis relevante Evaluation ermöglicht haben. An dieser Stelle ein großes Dankeschön an alle Unternehmensvertreter, welche ihr für mich unschätzbar wertvolles Wissen mit mir geteilt haben und es mir so ermöglicht haben, neue Erkenntnisse zu generieren.

Weiterhin gilt mein Dank Freunden und Kollegen vom Lehrstuhl für Strategisches Marketing. Die gemeinsame Zeit in Oestrich-Winkel oder Wiesbaden, auf Marketing-Exkursionen oder Doktorandenseminaren habe ich großartig in Erinnerung und bin froh, noch weiterhin so schöne Erinnerungen mit dem Team machen zu dürfen, welches mir auch über die Lehrstuhlzeit hinweg noch weiterhin am Herzen liegt. Zunächst möchte ich mich bei Lutz Müller bedanken, für das stets offene Ohr, die lustige Zeit und jederzeit guten Ratschläge, die mich über die Lehrstuhlzeit hinweg prägen. Weiterhin gilt mein Dank Andrea Buschmann, von der ich sehr viel lernen durfte, die immer für mich da war und wenn nötig die Wahrheit klar ausgesprochen hat. Die gemeinsamen Donnerstagabende und auch alle weitere gemeinsame Zeit möchte ich nicht missen. Bedanken möchte ich mich auch bei Julia Dudda, die mit ihrem Charme und vor allem klein „Katzi" Henry viel Spaß an den Lehrstuhl brachte. Sebastian Grüner danke ich für seine neuen Perspektiven, die er an den Lehrstuhl gebracht hat und daher viele neue Gedankenströme angestoßen hat. Weiterhin haben besonders Anna Pleser und Alexandra Fiedler in gemeinsam gehaltenen Vorlesungen, bei Marketing-Exkursionen oder bei fachlichen Diskussionen über unterschiedliche Regelwerke an der EBS meine Zeit am Lehrstuhl sehr versüßt. Fabian Schmitz, der mit seinem Sarkasmus und seinen flotten Sprüchen stets den Lehrstuhl zum Lachen bringt. Christian Segiet und Linda Rinke danke ich für eine tolle gemeinsame Zeit in der Vorbereitung auf Paris und danach am Lehrstuhl! Und jetzt: „the stage is yours", viel Erfolg beim Abschluss Eurer Promotionsvorhaben, vielen Dank für all Eure Unterstützung und Eure Freundschaft.

Ganz besonderer Dank gilt natürlich ebenso Beate Wenzl, der guten Seele des Lehrstuhls und großen Wissensträgerin bei allen Fragen und Anliegen rund um Promotion und Lehrstuhl.

Neben dem Lehrstuhl gilt mein Dank meinen Freunden, die mich stets mit aufmunternden Worten motiviert haben, das Ziel nicht aus den Augen zu verlieren. Besonders Alexandra, Andrea L., Andrea S., Helen, Kristina, Natascha und Nina waren immer für mich da, sei es fürs Korrekturlesen, den Reality-Check oder einfach einen Abend Auszeit von der Dissertation. Danke, dass es Euch gibt.

Ganz besonders hervorzuheben ist ein Mensch, den ich über Umwege ebenso durch den Lehrstuhl kennenlernen durfte und der mich über die Laufzeit meiner Promotion sowohl als bester Freund, als auch als Partner immer uneingeschränkt und unersetzbar unterstützt hat. Deine Liebe, Dein Rückhalt und Deine Motivation haben die lange Zeit durchaus erträglicher gemacht, mich in kritischen Phasen aufgefangen und durch gezielte Anmerkungen strukturierter werden lassen. Danke für alles, Pascal!

Abschließend gilt der größte Dank von ganzem Herzen meiner Familie, insbesondere meinen Eltern, die mir nicht nur das Studium und die Promotion an der EBS ermöglicht haben, sondern vielmehr durch unermüdliche Aufmunterungen und Zusprüche, ewiges Zuhören und bedingungslose Liebe den Grundstein für alles, was ich in meinem Leben erleben durfte, gelegt haben. Sie sind meine großen Vorbilder und daher widme ich Ihnen diese Arbeit. Weiterhin haben auch meine Schwester, meine Großeltern, meine Oma, meine Tante und alle weiteren zur Familie gehörenden Menschen wie Henni oder Gaby und Rolf ganz wesentlich zum Gelingen dieser Arbeit beigetragen: Für Eure Wärme und Zuneigung, sowie für die Bereitstellung alternativer Arbeitsplätze, wenn ein Tapetenwechsel einfach mal nötig war, bin ich Euch ewig dankbar! Ihr bedeutet mir alles und ich bin unendlich froh und glücklich, dass es Euch gibt!

Dr. Anna-Katharina Koenen

Düsseldorf
März 2019

Inhaltsverzeichnis

Abkürzungsverzeichnis

AKG	Arzneimittel und Kooperation im Gesundheitswesen
AMG	Arzneimittelgesetz
AMGVwV	Allgemeine Verwaltungsvorschrift zur Durchführung des Arzneimittelgesetzes
AMNOG	Arzneimittelmarktneuordnungsgesetz
BP	Biopharmazeutika
CSM	Chemisch-synthetische Medikamente
DPMA	Deutsches Patent- und Markenamt
EPÜ	Europäisches Patentübereinkommen
F&E	Forschung und Entwicklung
FSA	Freiwillige Selbstkontrolle der Arzneimittelindustrie
GBA	Gemeinsamer Bundesausschuss
GebrMG	Gebrauchsmustergesetz
GK	Gemeinschaftskodex für Humanarzneimittel
GKV	Gesetzliche Krankenversicherung
HWG	Heilmittelwerbegesetz
IQWIG	Institut für Qualität und Wirtschaftlichkeit im Gesundheitswesen
KKV	Komparativer Konkurrenzvorteil
MCM	Multichannel Marketing
PatG	Patentgesetz
PKV	Private Krankenversicherung
SGB	Sozialgesetzbuch
SGF	Strategisches Geschäftsfeld
SPC	Supplementary Protection Certificate (dt. ergänzendes Schutzzertifikat)
TRIPS	Agreement on Trade-Related Aspects of Intellectual Property Rights

Abbildungsverzeichnis

1 Einführung

1.1 Problemstellung und Relevanz des Forschungsgegenstandes

Eines der wichtigsten Ziele von Unternehmen fast aller Branchen[1] ist es, langfristig die größtmöglichen Gewinnmargen bei bestmöglicher Kundenzufriedenheit durch ein als höherwertig angesehenes Leistungsangebot zu erzielen[2] – wenn auch die Anreize hierfür, sei es etwa um den Aktionären gerecht zu werden oder um Reinvestitionen in Forschung und Entwicklung zu ermöglichen, durchaus unterschiedlich sein können. Dies kann allerdings nur dann erreicht werden, wenn ein komparativer Wettbewerbsvorteil[3] im ersten Schritt geschaffen werden kann, und es dann weiterhin gelingt, diesen so lange wie möglich zu halten oder sogar, wenn nötig, auch gegen konkurrierende Unternehmen zu verteidigen[4]. Solange die letzteren beiden Punkte von Unternehmen umgesetzt werden können, sprich einen komparativen Wettbewerbsvorteil zu halten und sogar im Konkurrenzkampf zu wahren, können – zumindest theoretisch und in den meisten Branchen – bspw. höhere Preise oder ein besseres Image erzielt werden, was so wiederum zu der eingangs erwähnten Erfüllung der übergreifenden Unternehmensziele führt[5]. Kann ein wesentlicher Wettbewerbsvorteil allerdings nicht effektiv genug gehalten werden, hat dies meist erhebliche Auswirkungen auf die Profitabilität des Unternehmens, da das Angebot im Vergleich zur Konkurrenz als nicht mehr höherwertig angesehen wird, was oftmals in sinkender Kundenzufriedenheit resultiert und so den übergeordneten Unternehmenszielen

---

1 Ausnahmen stellen hier zum Beispiel Nichtregierungsorganisationen dar.

2 Vgl. Vollert, K. (2003): Strategisches Marketing — Zum Aufbau und Erhalt komparativer Konkurrenzvorteile unerlässlich, S. 237; Simon, H. (1988): Management strategischer Wettbewerbsvorteile, S. 3f.

3 In diesem Fall wird von einem allgemeinen, komparativen Wettbewerbsvorteil gesprochen. Der konkrete Fall des Komparativen Konkurrenzvorteils nach Backhaus, welcher dem Verständnis eines komparativen Konkurrenzvorteils dieser Arbeit entspricht, wird im folgenden Verlauf der Dissertation in Kapitel 3.1 noch detailliert definiert und in seinen Bestandsteilen erläutert. Daher wird an dieser Stelle von einer ausführlichen Definition des Konstrukts abgesehen.

4 Vgl. Sirmon, D. G., et al. (2007): Managing Firm Resoures in Dynamic Environments to Create Value: Looking Inside the Black Box, S. 273; Miller, D. (2003): An Asymmetry-based View of Advantage: Towards an Attainable Sustainability, S. 961.

5 Vgl. Plinke, W. (2000): Grundlagen des Marktprozesses, S. 74.

entgegenwirkt. In solchen Fällen sollten schnellstmöglich gegensteuernde Schritte eingeleitet und entweder ein neues, auf der Markenstärke basierendes Angebot mit neuem komparativen Konkurrenzvorteil geschaffen werden oder der alte Konkurrenzvorteil bestmöglich verteidigt werden.

Dieses allgemeingültige, branchenübergreifende Wirtschaftsphänomen kann ebenso und vielleicht sogar in zugespitztem Maße in der forschenden, pharmazeutischen Branche in Deutschland beobachtet werden. Eine dieser Situationen, in denen der Verlust eines komparativen Wettbewerbsvorteils auftreten kann, ist der Wegfall eines Patents für ein verschreibungspflichtiges Medikament, da dieses den Rang eines verteidigungs-würdigen[6], komparativen Wettbewerbsvorteils einnimmt[7]. Während in den meisten anderen Branchen die Einführung eines neuen Produkts, also die Schaffung eines neuen Konkurrenzvorteils, nur wenige Monate oder Jahre in Anspruch nimmt und außerdem oftmals von einer starken Marke profitiert wird, ist dies in der Pharmabranche nicht ohne weiteres umsetzbar. Der Verlust eines Wettbewerbsvorteils kann entsprechend nicht ohne immense zeitliche Verzögerung kompensiert werden. Weiterhin stehen den meisten anderen Branchen eine Vielzahl möglicher Verteidigungsmechanismen zur Verfügung, die im Falle des Angriffs auf den Wettbewerbsvorteil eingesetzt werden können, so z.B. die kurzfristige Entwicklung eines neuen komparativen Wettbewerbsvorteils. In der forschungsintensiven und stark rechtlich regulierten Pharmabranche hingegen gibt es andere, deutlich striktere Limitationen, welche besonders die typischen Verteidigungsmechanismen einschränken. Diese Mechanismen zur Verteidigung eines Konkurrenzvorteils sind oft primär in den Marketing- oder Strategieabteilungen angesiedelt. Sowohl intensivere Vermarktung des Produktes auf multiplen, kundenspezifischen Kanälen als auch eine kurzfristige Anpassung des Preises erlauben es den meisten Unternehmen, auf vergleichsweise einfache Art und Weise den Kunden – meist gleichzeitig auch den Konsumenten – direkt zu erreichen[8]. Bedingt durch die Natur eines pharmazeutischen, verschreibungspflichtigen Produktes, das den menschlichen Körper auf weitreichendere Art beeinflusst als der Kauf eines einfachen Konsumguts, ist eine staatliche Regulierung des Marktes unumgänglich, um den Konsumenten –in diesem Fall konkret den Patienten – vor körperlichem Schaden und

---

6 Und natürlich eventuell auch verteidigungsfähigen

7 Vgl. Chen, Y.-S./Chang, K.-C. (2010): The Relationship Between a Firm's Patent Quality and Its Market Value – The Case of US Pharmaceutical Industry, S. 21; Raasch, A.-C. (2006): Der Patentauslauf von Pharmazeutika als Herausforderung beim Management des Produktlebenszyklus, S. 17.

8 Vgl. Raasch, A.-C. (2006): S. 1.

missbräuchlichem Handeln zu schützen[9]. Dies bedeutet allerdings auch, dass die beispielhaft angesprochenen Verteidigungsoptionen im Falle eines zumindest geschwächten Wettbewerbsvorteils nach dem Patentauslauf in der pharmazeutischen Branche so nicht einfach verwendet werden können, da – dem Beispiel entsprechend – weder Preisanpassungen einfach durchgeführt, noch die Patienten in einer ähnlichen Weise direkt angesprochen werden können[10]. Vielmehr müssen die forschenden Pharmahersteller unter Berücksichtigung einer Vielzahl von rechtlichen Restriktionen versuchen, ihren Vorteil gegenüber der Konkurrenz mit branchenspezifischen Methoden zu verteidigen[11].

Neben besagten starken Einschränkungen, besonders für die Verteidigungssituation, sind allerdings auch die positiven Aspekte der Rechtslage für pharmazeutische Unternehmen zu beleuchten. Die Legislative ermöglicht es so bspw. auch, durch ein detailliertes Patentrecht mit angegliederten Rechtsbereichen, eine nahezu monopolartige Alleinstellung für maximal 20 Jahre im Markt einzunehmen, auch wenn diese in der Praxis meist deutlich kürzer ausfällt. Der Hersteller gerät deshalb in eine *nahezu* monopolartige Alleinstellung, da auch ein Patent nicht vor permanentem Innovationswettbewerb durch andere forschende Pharmahersteller, welche einen ähnlichen Wirkstoff für die gleiche Indikation auch während der Patentlaufzeit entwickeln könnten, schützt[12]. Genau dieser Innovationswettbewerb bedingt außerdem die Drucksituation, welche zur reduzierten tatsächlichen Nutzungsdauer eines Patents von sieben bis neun (statt 20) Jahren führt, da es mittlerweile gängige Praxis geworden ist, ein Medikament so früh wie möglich und trotz ausstehender wesentlicher Forschungsarbeit zu patentieren, damit dies kein Konkurrent tun kann. Grund hierfür ist, dass die jahrelange Forschungsarbeit und die damit verbundenen extrem hohen Kosten abgesichert werden sollen, bevor ein anderer forschender Hersteller ein Patent auf einen sehr ähnlichen oder sogar fast gleichen Wirkstoff anmelden könnte. Ein Nebeneffekt der, wenn auch reduzierten, Laufzeit des Patents ist, dass den Herstellern von Nachahmerprodukten somit Jahre Zeit bleiben, die vorliegende Forschungsleistung fast in Perfektion nachzubilden, auch ohne auf die letztendliche Veröffentlichung der das Patent beschreibenden Dokumente zu warten. Dieser hochgradig komplexe wettbewerbliche Konkurrenzkampf, die

9 Vgl. Poschenrieder, A. (2007): Werbebeschränkungen für Arzneimittel, S. 23f.

10 Eine ausführlichere Erklärung folgt in den nächsten Absätzen bzw. in Kapitel 2 dieser Arbeit.

11 Dies wird detaillierter in Kapitel 3 dieser Dissertation erläutert.

12 Vgl. Cassel, D./Ulrich, V. (2017): AMNOG-Check 2017, S. 26.

stetig hohen Anforderungen von unterschiedlichen Aktionären sowie die extrem vielschichtige und restriktive Natur der staatlichen Kontrolle der Branche unterstreichen die Brisanz des Themas dieser Dissertation.

Zur politisch-rechtlich besonderen Situation der Branche kommt außerdem die weitere charakteristische, besonders aus Marketingsicht äußerst relevante Trennung zwischen Entscheider und Käufer sowie zwischen Käufer und letztendlichem Konsument. Während die letztgenannte Situation ebenso gut auch für Konsumgüter zutreffen kann – ein klassisches Beispiel hierfür ist Babynahrung[13] – führt die Trennung von Entscheider (in diesem Fall dem verschreibenden Arzt), dem Käufer oder Kostenträger (bei den in dieser Dissertation behandelten verschreibungspflichtigen Medikamenten demnach gesetzlichen und privaten Krankenkassen), und letztendlich dem Konsumenten (der das Medikament einnehmende Patient), zu einem hohen Grad an Komplexität für potenzielle Marketingmaßnahmen zur Verteidigung eines Wettbewerbsvorteils[14]. Bedingt durch die Informationsasymmetrie zwischen den Ärzten und Patienten[15] ist die Entscheidungshoheit in der Regel nicht anders zu operationalisieren, allerdings erschwert dies die angesprochenen, klassischen Marketingaktivitäten zur Verteidigung eines Wettbewerbsvorteils – sollten diese denn erlaubt sein.

Auch die Preisbildung als klassische Maßnahme des Marketing-Mix‘ eines Produkts, ist hier als reguliertes Charakteristikum der Branche zu nennen – die Preise für ein verschreibungspflichtiges Medikament können nicht einfach wie in anderen Branchen halbwegs willkürlich bestimmt werden. Stattdessen folgt die Preisbildung einem komplizierten Verfahren gemäß des Arzneimittelmarktneuordnungsgesetzes (AMNOG), welches nach Abschluss der Preisverhandlungen meist in deutlich restriktiverer Preisgestaltung endet als im Vergleich zur freien Preisbestimmung der Hersteller. Da Patienten grundsätzlich erwarten sollten, die beste Medizin zu erhalten, diese allerdings nur durch konstante Forschungsleistung der Industrie gewährleistet werden kann, kommt hier unweigerlich die Frage auf, wie die bestmögliche Gesundheitsversorgung sozialverträglich finanziert werden kann und gleichzeitig den Pharmaherstellern genügend Anreize und Möglichkeiten gibt, in eben dazu notwendige Forschung zu investieren. Deutschland liegt im internationalen Vergleich mit 633USD bereits im oberen

13 Das Baby kauft die Nahrung nicht selbst, verbraucht diese allerdings.

14 Vgl. Schäffner, N. (2015): Lifecycle Management im Arzneimittelsektor, S. 38.

15 Natürlich mag es auch den Sonderfall der erkrankten Mediziner oder Pharmazeuten geben, allerdings ist diese Anzahl im Vergleich zu nicht medizinisch-ausgebildeten Patienten eher gering und wird daher für diese Dissertation auch aufgrund des Ausnahmefalls nicht näher behandelt.

Mittelfeld der Pro-Kopf-Ausgaben für Arzneimittel[16]. Somit wird die Frage, was ein Sozialsystem für ein hochinnovatives Medikament finanziell zu leisten in der Lage ist, eine zunehmend relevantere: die in Zukunft mögliche Entwicklung innovativer Wirkstoffe durch pharmazeutische Unternehmen könnte entsprechend stattdessen in einem Innovationsdefizit enden, sollte das Sozialsystem keine ausreichende Honorierung dieser immens kapital- und ressourcenintensiven Leistung gewährleisten[17]. Dies erhöht abermals den Druck auf das Herstellerunternehmen, mit einem besonders erfolgreichen Präparat auch nach dem Patentauslauf Gewinne zu realisieren, da sich die Einführung neuer Produkte zunehmend schwieriger gestaltet und sich somit nicht einfach auf die Entwicklung eines neuen Konkurrenzvorteils verlassen werden kann.

Es kann zusammenfassend festgehalten werden, dass das Management eines Patentverlusts, also die Verteidigung eines insbesondere auch rechtlich abgesicherten Konkurrenzvorteils, einen hohen Stellenwert für forschende, pharmazeutische Unternehmen einnimmt. Bedingt jedoch durch die bereits angesprochene wenig Freiräume bietende Rechtslage und durch die Trennung von Verschreiber, Payer und Patient, zeigt dies einmal mehr, welche außerordentlich prekäre Situation für pharmazeutische Originalhersteller im Falle des Verlusts eines so speziellen Wettbewerbsvorteils entsteht. Ein Blick auf die Zahlen unterstreicht die starke Relevanz und den hohen Praxisbezug dieser Dissertation: die forschenden Hersteller erwirtschaften ca. 60% des Gesamtgewinns der Branche, welcher für das Jahr 2018 auf ca. 49,9 Mrd. EUR[18] prognostiziert wird und daher ca. 29,9 Mrd. EUR auf die forschenden Pharmaunternehmen entfallen. Hiervon allein sind 1,3 Mrd. EUR[19] durch auslaufende Patente[20] bedroht.

Vor diesem Problemhintergrund ordnet das nächste Kapitel diese Dissertation in den wissenschaftlichen Kontext ein und zeigt auf, wo wesentliche Forschungslücken bestehen, welche die Ansatzpunkte dieser Arbeit darstellen.

---

16 Vgl. Paar, D. (2016): Länderbericht: Unterschiedliche Marktzugangsregelungen in der Europäischen Union, S. 9.

17 Vgl. Rüger, C. (2012): Pharmamarketing, S. 356; Harms, F., et al. (2008): Pharma-Marketing, S. 143.

18 Vgl. Statista (n.d.): Umsatzentwicklung in der Pharmaindustrie in Deutschland in den Jahren von 2007 bis 2021 (in Milliarden Euro)

19 Vgl. Jung, B. (2018): Welche Arzneimittel 2018 aus dem Patent laufen.

20 Dennoch stellt Pro Generika fest, dass die Zahl der auslaufenden Patente in den Jahre 2015 bis 2020 rückläufig sein wird, verglichen mit den vorherigen fünf Jahren, vgl. Müller, C. (2015): Studie: Zahl der Patentabläufe geht deutlich zurück.

1.2 Beschreibung der Vorgehensweise und Darstellung des Forschungsstandes

An dieser Stelle wird eine Beschreibung der Vorgehensweise vorgenommen. Hierbei ist es von besonderer Bedeutung, die bisherigen Forschungslücken darzulegen, an denen die vorliegende Arbeit konkret ansetzt.

In einem ersten Schritt vertieft die vorliegende Arbeit das Verständnis des komparativen Konkurrenzvorteils für die pharmazeutische Industrie in Deutschland. Während die bisherigen Veröffentlichungen rund um das Thema des Patentauslaufs eines verschreibungspflichtigen Medikaments von einem vollständigen Verlust des Konkurrenzvorteils eines Unternehmens ausgehen, wird diese Dissertation aufzeigen, dass dies oftmals tatsächlich nur teilweise der Fall ist und weiterhin Ansatzpunkte für die Nutzung des Konkurrenzvorteils bestehen bleiben können.

Des Weiteren wird die bestehende Literatur zu Patentausläufen der Pharmabranche aktualisiert und durch die Einbeziehung der neusten Gesetzeslage – insbesondere des Arzneimittelmarktneuordnungsgesetzes – komplettiert. Damit bietet die Autorin den forschenden Pharmaunternehmen die Möglichkeit, die eigenen Handlungsoptionen bestmöglich zu reflektieren und anhand der Auflistung die sinnvollste Strategie oder Strategiekombination für die individuelle Patentauslaufsituation zu wählen.

Hierbei wird besonders auf das bis dato kaum untersuchte Forschungsfeld zum Thema Rolle von Marken für den Patentauslauf eingegangen[21]. So sollen sowohl wesentliche Erkenntnisse für die (Gesundheits-)Marketingforschung als für die pharmazeutische Branche generiert werden.

Aufbauend auf dem Ansatz der Funktion von Marken im Gesundheitswesen, haben Autoren auf das zu wenig vorliegende Wissen über das Vorhandensein und mögliche Auswirkungen von (Kunden-)Loyalität in Bezug auf verschreibungspflichtige Medikamente hingewiesen[22]. Daher wird nun die spezifische Rolle von Loyalität, wie diese üblicherweise in anderen Branchen in einem ähnlichen Szenario wie dem Patentauslauf verwendet werden könnte, und deren mögliche Anwendung auf den konkreten Fall der Patentauslaufstrategien untersucht. Hierbei wird außerdem auf die möglichen Unterschiede zwischen Patienten- und Arztloyalität eingegangen, sowie grundsätzlich eine Reihe neuer

---

21 Vgl. Raasch, A.-C. (2006): S. 41.

22 Vgl. Macit, C., et al. (2016): Brand Loyalty as a Strategy for the Competition with Generic Drugs: Physicians Perspective, S. 5.

Adressaten von Patentauslaufstrategien diskutiert, wie dies bis dato in der relevanten Literatur kaum der Fall ist.

Weiterhin werden mögliche Ausgestaltungsoptionen der in der Literatur bisher kaum beachteten Kommunikationsstrategie als Teil des Marketing nach dem Patentauslauf diskutiert[23]. Da die bisherigen Veröffentlichungen regelmäßig nicht auf konkrete Möglichkeiten der Kommunikation für die pharmazeutische Branche eingegangen sind, wird diese Dissertation genau hier ansetzen.

Abschließend wird eine wesentliche Änderung der Produktseite in der pharmazeutischen Branche erstmals vor dem Hintergrund von Patentausläufen untersucht. Neben den klassischen, chemisch-synthetisch produzierten Medikamenten traten in den vergangenen Jahren mehr und mehr die Biopharmazeutika in den Fokus der Forschung. Das Besondere an biopharmazeutischen Medikamenten ist, dass sich deren Preisniveau signifikant über dem der chemisch hergestellten Medikamente befindet und sie schon heute einen Großteil der umsatzstärksten Medikamente darstellen. Auch in Zukunft scheint sich der Trend in der Erforschung neuer Wirkstoffe primär in Richtung der Biopharmazeutika zu entwickeln, da in den Anwendungsbereichen der chemisch-synthetischen Medikamente die wesentlichen Durchbrüche erreicht scheinen. Da sich die meisten Ausarbeitungen zum Thema Patentausläufe heutzutage allerdings noch auf die klassische Problematik des Eintritts von Generika in den Markt der chemisch-synthetischen Medikamente beziehen, soll die vorliegende Arbeit einen Beitrag für die bisher ungenügende Forschungsleistung im Bereich der Vermarktung von Biopharmazeutika liefern[24].

1.3 Zielsetzung dieser Arbeit und Herleitung der konkreten Forschungsfragen

Basierend auf dem im ersten Unterkapitel dargestellten Problemhintergrund dieser Dissertation, sowie unter Einbeziehung der im zweiten Unterkapitel elaborierten Einordnung in den wissenschaftlichen Kontext – und hiermit verbunden auch die Herausstellung von bisherigen Forschungsdefiziten – lässt sich zunächst ein allgemeines, *übergeordnetes Erkenntnisziel* formulieren: die vorliegende Arbeit soll eine kritische Überprüfung des Status Quo

23 Vgl. Drerup, D. (2013): Patentauslauf und Markteintritt generischer Arzneimittel. Marktmodellierung bei Existenz von Rabattverträgen, S. 45; Raasch, A.-C. (2006): S. 103ff.

24 Vgl. Trebbien, S. (2016): Entwicklung eines Simulationsmodells für das Life-Cycle-Management von Arzneimitteln, S. 166.

der Patentauslaufstrategien in der pharmazeutischen Branche in Deutschland durchführen und auf dieser Basis Möglichkeiten für ein zeitgemäßes Patentauslaufmanagement unter Zuhilfenahme von strategischen Marketingoptionen erarbeiten. Für die Beantwortung dieses übergreifenden Forschungsziels wird dasselbe durch die Formulierung von *deskriptiven*, *explikativen*, und *praktisch-normativen Erkenntniszielen* konkretisiert.

Wie bereits der Problemhintergrund im ersten Unterkapitel aufzeigt, weist die pharmazeutische Branche in Deutschland einige Marktbesonderheiten auf, welche sie fundamental von anderen Branchen – besonders im Bereich Marketing – unterscheidet. Es besteht nicht nur ein extrem enges juristisches Geflecht von unterschiedlichen Regulierungen, dem die Branche unterliegt und das besonders die Vermarktung von verschreibungspflichtigen Medikamenten stark einschränkt, sondern auch eine aus Marketingsicht schwierige Trennung zwischen Verwender, Entscheider und Kostenträger, die sich zusätzlich durch eine oftmals starke Informationsasymmetrie zwischen den Parteien auszeichnet. Vor dem Hintergrund der Abgrenzung der pharmazeutischen Branche zu anderen Branchen und einer Charakterisierung der – besonders für den Patentauslauf – wesentlichen Marktteilnehmer, sowie unter Einbeziehung der relevanten Literatur zum Thema Patentauslaufstrategien kann das erste, deskriptive Erkenntnisziel dieser Dissertation als die Bestimmung des Status Quo der Patentauslaufstrategien in der pharmazeutischen Industrie in Deutschland bezeichnet werden.

In einem zweiten, explikativen Ziel sollen diese gesammelten Erkenntnisse der deskriptiven Zielsetzung einer kritischen Überprüfung unterzogen und so auf deren Anwendbarkeit hin überprüft werden. Aufgrund der neusten juristischen Veränderungen könnten einige der bisherigen Strategien so heute gar nicht mehr anwendbar, nur unter bestimmten Voraussetzungen anwendbar, oder einfach nicht mehr sinnvoll bzw. zeitgemäß sein. Weiterhin soll in diesem Abschnitt herausgestellt werden, ob und wenn ja, welche wesentlichen Unterschiede zwischen chemisch-synthetisch hergestellten und biotechnologisch produzierten Medikamenten im Fall des Patentauslaufs vorliegen. Unter Einbeziehung von bis dato noch nicht derart in der Literatur behandelten Ausgestaltungsoptionen für das Marketing bzw. konkret für die Kommunikation nach dem Patentauslauf, soll die Grundlage für die darauffolgenden praktisch-normativen Handlungsempfehlungen gelegt werden.

Als dritte, praktisch-normative Erkenntniszielsetzung sollen die sich aus der kritischen Analyse ergebenden Implikationen für die Entscheidungsträger in forschenden, pharmazeutischen Unternehmen, sowohl im Allgemeinen, als auch für chemisch-synthetische Medikamente und Biopharmazeutika im Speziellen zusammengetragen werden. Hierbei soll es um konkrete Handlungsempfehlungen für das Verhalten im Falle des Patentauslaufs eines Originalprodukts gehen, um die negativen Effekte dieses Verlusts des Exklusivrechts möglichst abzumildern.

Aus der Summe dieser drei Erkenntnisziele lässt sich folgende, übergeordnete Forschungsfrage ableiten, welche durch weitere Unterfragen präzisiert wird:

Wie kann ein zeitgemäßes Patentauslaufmanagement für forschende pharmazeutische Unternehmen unter Zuhilfenahme von strategischen Marketingoptionen aussehen?

Mit dieser Forschungsfrage können die wesentlichen Anforderungen an diese Arbeit erfasst werden. Das Wort „zeitgemäß" unterstreicht die Aktualität der Ausarbeitung, sprich unterstellt implizit eine Anwendungsüberprüfung der jeweiligen Strategien vor der aktuellen Rechtslage, was die Erfüllung des deskriptiven und explikativen Erkenntnisziels beinhaltet. Die „Zuhilfenahme von strategischen Marketingoptionen" steht für die unterschiedlichen Patentauslaufstrategien, welche alle einer gewissen strategischen Marketingoption untergeordnet werden können, was wiederum für die Beantwortung des normativen Erkenntnisziels dieser Arbeit steht. Somit summiert diese Forschungsfrage das durch die Unterziele konkretisierte, übergeordnete Forschungsziel dieser Arbeit.

Diese Dissertation fokussiert sich auf zwei Arten von Medikamenten: chemisch-synthetische Präparate und Biopharmazeutika. Abgeleitet von dieser Unterscheidung ergeben sich folgende, präzisierende Unterfragen, welche die Bearbeitung der Hauptforschungsfrage basierend auf dieser Produktfokussierung noch weiter konkretisieren:

Existieren Unterschiede für das Management von ausgelaufenen Patenten für die Hersteller von chemisch-synthetischen Medikamenten und Biopharmazeutika?
Wenn ja, welche Unterschiede existieren und welchen Einfluss haben sie für das Management des Patentauslaufs der jeweiligen Präparate?

Basierend auf diesen Unterschieden ist weiterhin zu prüfen, welche Implikationen diese für mögliche strategische Handlungsoptionen haben. Neben weiteren juristischen Maßnahmen, die zu ergreifen sind, liegt hier die Übertragung von klassischen Verteidigungsstrategien auf die pharmazeutische Branche nahe. Diese werden klassischerweise für die Generierung von Wettbewerbsvorteilen genutzt, sollte eine reine Differenzierung über das Produkt selbst nicht mehr ausreichend ist. Hierbei ist besonders das Marketing aufgrund seiner Auswirkungen auf wichtige Parameter wie Preis, Produkt und Kommunikation relevant[25].

25 Die Betrachtung und Analyse von Distributionsstrategien im Sinne von Verkaufskanälen ist in diesem Zusammenhang nicht zielführend, da die Ausgabe von

Nachdem sowohl die Preisfindung als auch die Produktveränderungsstrategien eingehend in der Literatur behandelt wurden, fokussiert sich diese Dissertation auf bisher kaum analysierte Teilbereiche des Marketings, konkret die Ausgestaltung der Kommunikation und die Funktion der Marke im Zusammenhang mit Patentausläufen. Aufbauend auf dieser Überlegung kann folgende Unterfrage abgeleitet werden:

Inwieweit kann eine Übertragung klassischer Verteidigungsstrategien – und im Besonderen Marketingmaßnahmen – für das Management von Patentausläufen für beide Arten von Präparaten stattfinden?

Nachdem diese Unterforschungsfrage die legale und inhaltliche Anwendbarkeit von Verteidigungsstrategien auf die Branche überprüft hat, gilt es diese tiefergehend zu konkretisieren und eine genaue Abgrenzung hinsichtlich möglicher Vertriebs- und Kommunikationsstrategien, möglichen Zielgruppen und der Markenfunktion zu schaffen.

Welchen Einfluss hat die Nutzung von Außendienstmitarbeitern nach dem Patentauslauf für die beiden Präparattypen?
Kann die Einbeziehung von neuen Zielgruppen für Patentauslaufstrategien für Hersteller von klassischen Medikamenten oder Biopharmazeutika vorteilhaft sein?
Inwiefern sollte die Nutzung von Multichannel Marketing Teil einer Patentauslaufstrategie für forschende Pharmahersteller werden?
Welche Wirkung können die Konstrukte Loyalität und Marke für den Patentauslauf von Biopharmazeutika oder chemisch-synthetischen Medikamenten haben?

Anhand dieser Unterfragen soll die Erörterung der übergreifenden Forschungsfrage sowie der beschriebenen deskriptiven und explikativen Zwischenziele dieser Dissertation erreicht werden. Das folgende Kapitel zeigt die Herangehensweise zur Beantwortung dieser Fragestellungen, indem der Gang der Untersuchung dargestellt wird.

1.4 Einordnung in den wissenschaftlichen Kontext

Nachdem die Problemstellung dargelegt, der Forschungsgegenstand in den wissenschaftlichen Kontext eingeordnet und das angestrebte Erkenntnisziel konkretisiert wurde, gilt es nun, den gewählten Forschungsansatz, das methodologische Vorgehen, näher zu beschreiben.

---

verschreibungspflichtigen Medikamenten klar und ausschließlich durch Apotheken oder Krankenhäuser erfolgt.

Das Hauptziel wissenschaftlicher Arbeit ist die Erzielung von relevanten Erkenntniszugewinnen, entweder auf wissenschaftlich-theoretischer Ebene oder eher praxisorientierterer Seite, eine Kombination dieser beiden Optionen ist allerdings ebenso möglich und meist sogar die Regel[26]. Um dies zu erreichen, müssen sowohl der wissenschaftstheoretische Standpunkt als auch die genutzte Forschungsmethodik näher elaboriert werden, da diese maßgeblich die Argumentationslinie dieser Dissertation determinieren.

Grundsätzlich kann der angestrebte Erkenntnisfortschritt durch unterschiedliche methodologische Herangehensweisen generiert werden. Zu den Hauptströmungen der wissenschaftlichen Erkenntnisprozesse zählen in der Marketingwissenschaft der (radikale) Konstruktivismus[27] und der diesem inhaltlich entgegenstehende (wissenschaftliche) Realismus[28]. Der Name Konstruktivismus

---

26 Vgl. Töpfer, A. (2012): Erfolgreich Forschen, S. 110; Kornmeier, M. (2007): Wissenschaftstheorie und wissenschaftliches Arbeiten: Eine Einführung für Wirtschaftswissenschaftler, S. 45; Popper, K. R. (1994): Logik der Forschung, S. 428ff.

27 Während der (methodische) Konstruktivismus auf der Erlanger Schule und der kritischen (Kommunikations-)Theorie basiert, beruht der radikale Konstruktivismus auf kognitionstheoretischen Grundlagen. Dies bedeutet, dass für den methodischen Konstruktivismus besonders die dialogischen Verständigungsprozesse zwischen relevanten Stakeholdern die Basis für einen möglichen Erkenntnisgewinn darstellen. Der radikale Konstruktivismus hingegen beleuchtet eher die Fragestellung des „Wie" anstatt des „Warum", und befasst sich somit mit den eher neuronalen Vorgängen des subjektiven Erkennens und deren Auswirkungen. Dennoch bleibt die wesentliche Kernaussage beider Strömungen des Konstruktivismus recht ähnlich: Anwendungsbezogenheit und der Fokus auf den Menschen sollten die Leitmaxime von wissenschaftlicher Arbeit darstellen, wobei dennoch ebenfalls ethische Folgen durch die Subjektivität des Wissens bedacht werden sollten. Weiterhin hierzu Kuß, A. (2013): Marketing-Theorie, S. 58; Töpfer, A. (2012): S. 124; Schmidt, S. J. (2003): Der Radikale Konstruktivismus – Ein neues Paradigma im interdisziplinären Denken, S. 13; 72f.
Als wesentliche Vertreter dieser wissenschaftstheoretischen Programmatik sind bspw. Heinz von Foerster, Humberto R. Maturana, Paul Lorenzen, oder Francisco J. Varela zu nennen (siehe hierfür Töpfer, A. (2012): S. 123.).

28 Der Realismus wird oftmals als Weiterentwicklung des ebenfalls objektivistischen (kritischen) Rationalismus nach Popper gesehen. Während der Rationalismus Konzepte aufgrund ihrer Evidenz als wahr angenommen hatte, ging Popper in seiner Auffassung des kritischen Rationalismus weiter und sieht diese Evidenzbasierten Wahrheiten als vorläufig an. Der kritische Rationalismus folgt daher der Annahme, dass aus wissenschaftlicher Arbeit keine endgültige Wahrheit erlangt werden kann, da lediglich mögliche Problemlösungsansätze präsentiert werden, welche allerdings stets durch Falsifikation kritisch überprüft werden sollen und dies somit zu besseren Problemlösungsansätzen führen soll, was wiederum den Wahrheitsgehalt der getroffenen

lässt bereits rein sinnlogisch darauf schließen, dass dieser wissenschaftstheoretische Ansatz auf der These beruht, dass lediglich eine subjektiv wahrgenommene, konstruierte Realität des Individuums existiert, in der die Argumentation auf der gezielten Darlegung einzelner Denkschritte beruht[29]. Der Realismus auf der anderen Seite basiert auf der – durch Erfahrungen geprägten – objektiven Realität eines Einzelnen[30]. Mittlerweile hat besonders in der Marketingtheorie die Programmatik des wissenschaftlichen Realismus die vorwiegende Stellung eingenommen, bedingt durch dessen – dem Namen entsprechend – realistischerer Auffassung der Realität basierend auf der Annahme einer parallel existierenden subjektiven Realität und der bereits angesprochenen objektiven Wirklichkeit. Durch die gezielte Kombination der Falsifikation und Verifikation als wesentliche Prüfprinzipien, und somit einer Vereinigung von deduktiver[31] und induktiver[32] Forschung, kann so besonders für die im Marketing oftmals eher qualitativen Fragestellungen ein Erkenntnisgewinn realisiert werden[33]. Weiterhin trägt auch die grundsätzliche Akzeptanz, dass Messinstrumente als unvollkommen zu

---

Aussagen erhöhen soll. Aussagen sollen daher solange überprüft werden, bis diese tatsächlich falsifiziert werden können (hierzu näher Töpfer, A. (2012): S. 114f; Popper, K. R. (1994): S. 15f.).

29 Vgl. Kornmeier, M. (2007): S. 40.

30 Vgl. Töpfer, A. (2012): S. 108. Für die fünf Grundannahmen des wissenschaftlichen Realismus siehe bspw. Homburg, C. (2007): Betriebswirtschaftslehre als empirische Wissenschaft – Bestandsaufnahme und Empfehlungen, S. 34f.
Neben den Grundannahmen lassen sich weiterhin grundlegende Aufgaben des wissenschaftlichen Realismus ableiten, zu diesen gehört z.B. die Entdeckung neuer Konstrukte (hierzu näher Hunt, S. D. (1991): Modern Marketing Theory: Critical Issues in the Philosophy of Marketing Science, S. 383.).
Zu den wichtigen Vertretern des wissenschaftlichen Realismus zählen etwa Shelby D. Hunt, Richard Boyd, oder William H. Newton-Smith (siehe hierzu weiterhin Töpfer, A. (2012): S. 123.).

31 Unter Deduktion im wissenschaftlichen Sinne kann die Erkenntnisgewinnung durch die Nutzung von bereits generierten Theorien angesehen werden, wobei diese Theorien durch die Verwendung von Hypothesen erlauben, Aussagen über die Ursachen-Wirkungs-Beziehungen eines zu untersuchenden Sachverhaltes zu treffen, vgl. Töpfer, A. (2012): S. 64; Franke, N. (2002): Realtheorie des Marketing, S. 188.

32 Die Induktion, konträr zur Deduktion, zieht Rückschlüsse aus Einzelfällen um daraus Aussagen über allgemeingültige Wirkungsmechanismen machen zu können. Dies bedeutet, dass durch eine Verallgemeinerung von individuellen Erfahrungen oder Ereignissen eventuell Gesetzmäßigkeiten erkannt werden können, was dadurch ein sehr realistisches Vorgehen ist. Vgl. Kuß, A. (2013): S. 63; Töpfer, A. (2012): S. 64f.

33 Vgl. Kuß, A. (2013): S. 110.

werten sind, zu einer Weiterentwicklung der Wissenschaft bei, ohne zu rigide Einschränkungen vorzugeben[34].

Dies ist besonders vor dem Forschungsgegenstand dieser Arbeit relevant, da, wie bereits in der Problemdarstellung erwähnt, die Branche einige spezifische Charakteristika aufweist, besonders in Bezug auf solch sensible Themen wie den Patentauslauf und korrespondierende Strategien für diesen. Um die Diskussion und Forschung zu dieser extremen Herausforderung, die Folgen eines Patentauslaufs so sinnvoll wie möglich zu managen, mit neuen Erkenntnisgewinnen anreichern zu können, arbeitet diese Dissertation besonders mit Meinungen und Reaktionen der relevanten Stakeholder zu den einsetzbaren Strategien. Aufgrund dieser inhaltlichen Ausrichtung kann die vorliegende Arbeit laut Hunt dem wissenschaftlichen Realismus zugeordnet werden[35]. Da die angesprochenen unterschiedlichen Parteien, welche in die Verschreibung eines Medikaments involviert sind, stets versuchen, rational, ökonomisch und bestenfalls im Sinne des Patienten zu handeln, – dies allerdings in einem Umfeld von teils lebensbedrohlichen Krankheiten geschieht, in dem es um menschliche Schicksale geht – kann oftmals ein emotional und irrational geprägtes Verhalten nicht komplett ausgeschlossen werden. Aufgrund dieser Komplexität, teils Irrationalität und Emotionalität, erscheint die Nutzung von quantitativen Daten für den Erkenntnisgewinn dieser Dissertation nicht zielführend. Vielmehr erfordert ein solches Erkenntnisinteresse ein qualitatives, empirisches Forschungsdesign. Dennoch kann, im Gegensatz zu anderen Branchen, die Umsetzung von großzahligen Stichproben in der pharmazeutischen Branche nicht realisiert werden, aufgrund der enormen Datenschutzauflagen und hohen Brisanz der Untersuchungsergebnisse[36]. Die Nutzung von kleineren Stichprobengrößen muss hier als Basis des Erkenntnisgewinns zu Rate gezogen werden, was allerdings – im Vergleich zu anderen Forschungsprojekten und Forschungsgegenständen – zu keiner Minderung der Qualität der Untersuchungsergebnisse führt, bedingt durch die im vorherigen Abschnitt eruierten, wissenschaftlich-realistischen Ausrichtung dieser Dissertation. Dies liegt zusätzlich daran, dass der wissenschaftliche Realismus keinerlei mathematische oder statistische Analysen verlangt, von denen ohnehin aufgrund einer geringen Stichprobenmenge keine validen oder präzisen Aussagen hätten abgeleitet werden können. Somit stellt der wissenschaftliche Realismus

34 Vgl. Töpfer, A. (2012): S. 128f; Hunt, S. D. (1990): Truth in Marketing Theory and Research, S. 13.

35 Vgl. Hunt, S. D. (1990): S. 11.

36 Vgl. Schweitzer, A./Siewert, M. (2011): Der Pharmamarkt, S. 648ff.

den geeigneten methodologischen Forschungsstandpunkt dar, bedingt durch seine Offenheit, bspw. durch die mögliche Kombination aus Deduktion und Induktion, und die behandelten Inhalte des Forschungsvorhabens, die – wie bereits eingangs erwähnt – eine deutlich realistischere Forschungsprogrammatik erfordern, als bei einer anderen methodologischen Vorgehensweise möglich.

Die angesprochene mögliche Kombination aus Deduktion und Induktion des wissenschaftlichen Realismus geht weiterhin auf die konkrete Forschungsmethodik ein, welche dieser Dissertation zugrunde liegen soll. Nachdem bereits festgestellt wurde, dass in der Marketingwissenschaft rund um den Themenbereich des Gesundheitswesens oftmals nur in wenigen Fällen mit quantitativen Daten gearbeitet werden kann und daher primär auf die qualitative Datenerhebung zurückgegriffen werden muss, lässt dies zunächst auf einen induktiven Forschungsansatz schließen, da die Deduktion primär mit quantitativen Daten assoziiert wird[37]. Nun weisen beide Forschungsrichtungen ihre individuellen Vor- und Nachteile auf: so wird die Deduktion meist als die effizientere der beiden Methoden benannt, während die Induktion für ihre offene Anwendbarkeit bekannt ist[38]. Wenn auch die Induktion der ältere Erkenntnisprozess ist, gibt es eine elementare Problematik, welche bereits Popper mit seinem berühmten „weißen Schwäne"-Beispiel darstellte[39]. Dieses Induktionsproblem wird zwar in seiner Strenge durch den wissenschaftlichen Realismus dahingehend abgemildert, dass auch die Verifikation einer Hypothese zu einer Theorie führen kann; dennoch beruht die Überprüfung dieser generierten Theorien einmal mehr auf deduktiven Methoden[40]. Daher wird oftmals von einem sog. Dreisprung gesprochen, wobei zunächst deduktiv geforscht wird, dies dann induktiv angereichert und dann erneut deduktiv überprüft wird[41].

Aufgrund der eben angesprochenen Vor- und Nachteile der induktiven und deduktiven Forschung, erscheint es für diese Dissertation sinnvoll, eine deduktive Methodik in der Erkenntnisgewinnung zu nutzen, was bei einem derart komplexen Themengebiet wie dem Gesundheitswesen gewinnbringend ist. Hierbei

---

37 Vgl. Tomczak, T. (1992): Forschungsmethoden in der Marketingwissenschaft: EIn Plädoyer für den qualitativen Forschungsansatz, S. 77.

38 Für weitere Vor- und Nachteile beider Methoden siehe Kuß, A. (2013): S. 64f; Franke, N. (2002): S. 188ff.

39 Hierbei schreibt Popper wortwörtlich: „Bekanntlich berechtigen uns noch so viele Beobachtungen von weißen Schwänen nicht zu dem Satz, dass alle Schwäne weiß sind.", Popper, K. R. (1994): S. 3.

40 Vgl. Töpfer, A. (2012): S. 65.

41 Vgl. Ebenda, S. 68.

werden, basierend auf bisher bestehenden theoretischen Gerüsten, Rückschlüsse für den Sonderfall des Gesundheitswesens gezogen. Dabei wird folgendem Forschungsmuster gefolgt: zunächst wird die Problemstellung präzise analysiert, auf welcher Basis dann eine Problemlösung generiert wird. Dieser Propositionen-basierte Problemlösungsansatz wird dann – gemäß dem Dreisprung – einem Realitätstest unterzogen und die konkreten Ursachen-Wirkungs-Beziehungen werden überprüft. In einem letzten Schritt werden diese Ergebnisse wiederum mit den aus der Literatur generierten Erkenntnissen final abgeglichen und mögliche Schlussfolgerungen gezogen[42]. Somit folgt diese Dissertation grundsätzlich der logisch-deduktiven Methodik, welche grob auf den Erkenntnissen der deduktiv-nomologischen Methode nach Hempel und Oppenheim beruht, die die Marketingforschung durch ihre Elaborationen rund um das *Explanans* und das *Explanandum* weitreichend beeinflusst hat. Diese Methodik bildet die Grundlage für die Untersuchung von Erkenntniszusammenhängen, wobei das sog. *Explanans* den Erklärungsgrund darstellt und das *Explanandum* das zu Erklärende[43]. Natürlich ist, ähnlich wie die Deduktion an sich, auch diese deduktiv-nomologische Unterform der Deduktion nicht frei von Kritikpunkten. So stellen sowohl die Autoren selbst als auch andere Wissenschaftler fest, dass ihre Herangehensweise mit gewisser Vorsicht zu nutzen ist. Die deduktiv-nomologische Methode führt bspw. nicht in allen Fällen zu inhaltlich logischen Schlussfolgerungen, da diese auf genauso logische Weise auch irrelevante Fragestellungen herleiten können, welche jedoch keine sinnhafte Erklärung darstellen. Das liegt daran, dass sie bspw. inhaltlich vollkommen irrelevante Zusammenhänge zwar logisch erklären, daraus aber kein Erkenntnisgewinn generiert werden kann[44]. Weiterhin wird der Kritikpunkt geübt, dass die Symmetrie zwischen *Explanans* und *Explanandum* nicht hinreichend geklärt ist, da bspw. auch Naturgesetze durch das *Explanans* und *Explanandum* erklärt werden können, dies aber keinen hinreichenden Charakter hat[45]. Nichtsdestotrotz gibt es auch Möglichkeiten, diese potenziellen Probleme zu umgehen, indem man die Bedingungen an die betreffende Erklärung verstärkt, d.h. evtl. sogar zusätzliche Bedingungen

42 Vgl. Ebenda, S. 66; Lauth, B./Sareiter, J. (2005): Wissenschaftliche Erkenntnis – Eine ideengeschichtliche Einführung in die Wissenschaftstheorie, S. 97ff.

43 Vgl. Hempel, C. G./Oppenheim, P. (1948): Studies in the Logic of Explanation, S. 135ff.

44 Eine detaillierte Elaboration dieser Problemstellung bietet Salmon, W. (1989): Four Decades of Scientific Explanation, S. 49f.

45 Auch hierfür eine ausführlichere Herleitung dieses Problems siehe Bromberger, S. (1966): Why Questions?, S. 92f.

einführt[46]. Daher kann an dieser Stelle festgehalten werden, dass die logisch-deduktive Methodik, basierend auf der deduktiv-nomologischen Methodik, als grundlegende Herangehensweise dieser Dissertation fungiert.

Vor dem Hintergrund des hier aufgegriffenen Untersuchungsobjekts, den Patentauslaufstrategien für forschende pharmazeutische Unternehmen, muss festgestellt werden, dass bereits Veröffentlichungen zu diesem Thema (wie z.B. Song und Han aus dem Jahr 2016[47]) bestehen, diese sich aber meist mit einem anderen geographischen Markt beschäftigen. Besonders durch den starken national unterschiedlichen, rechtlichen Einfluss oder eben, weil weiterhin die neuste Rechtslage sowie wesentliche Marketingüberlegungen nicht miteinbezogen werden, ist eine Vergleichbarkeit daher als schwierig zu werten. Weiterhin wurde bisher auf klassische Strategien zurückgegriffen und neuste Strömungen wie z.B. der Themenbereich des *Patient Empowerment*[48] bis dato nicht herangezogen, weshalb der bisherige Forschungsstand in der Literatur als nicht ausreichend für die Situation im deutschen Markt angesehen werden kann[49]. Aufgrund dieser Ausgangssituation und der extremen Sensibilität des Themas würden durch eine weitläufig angelegte, quantitative Studie, welche wie beschrieben primär mit der deduktiven Forschungsmethodik assoziiert wird, zu große Verluste in der Datengenerierung hingenommen werden müssen. Dies würde wiederum die Aussagekraft der erlangten Ergebnisse abmildern, weshalb das Zurückgreifen auf einen qualitativen Forschungsansatz sinnvollerweise vorzuziehen ist. Dies ist besonders auch vor dem normativen Erkenntnisziel dieser Dissertation von Bedeutung, in dem es konkret um mögliche Handlungsempfehlungen geht. Der gewählte methodische Ansatz wird daher aus einer einführenden Literaturanalyse bestehen, die gewonnen Erkenntnisse hieraus werden dann durch die Nutzung von teil-standardisierten Experteninterviews angereichert und abschließend erneut mit den Erkenntnissen aus der Literatur kombiniert[50].

46 Vgl. Beisbart, C. (2009): Kritik am D-N-Modell der Erklärung.

47 Siehe hierfür ausführlicher Kapitel 1.2.

48 Patient Empowerment steht für eine Bewegung von aufgeklärten Patienten, welche nicht nur deutlich engagierter an ihrem Heilungsprozess interessiert und stärker in diesen involviert sind, sondern diesen und ihre Krankheit besser verstehen wollen. So können positive Impulse für die Heilung erzielt werden, da die Patienten selbst derart an ihrem Fortschritt interessiert sind, dass oftmals ein regelrechter „Kampfeswille" entwickelt wird; vgl. Govender, M., et al. (2015): Clinical and Neurobiological Perspectives of Empowering Pediatric Cancer Patients Using Videogames, S. 362.

49 Für eine ausführliche Auflistung der bisherigen Forschungsergebnisse siehe Kapitel 1.2 dieser Dissertation.

50 Die genutzte empirische Methode wird genauer in Kapitel 5 aufgegriffen und erläutert.

Daher lässt sich insgesamt zusammenfassen, dass der angestrebte Erkenntniszuwachs im Bereich der Patentauslaufstrategien in der pharmazeutischen Branche grundsätzlich durch eine logisch-deduktive Forschungsmethodik erzielt wird, welche als Forschungsprogrammatik dem wissenschaftlichen Realismus folgt. Zur Erreichung der genannten Forschungsziele wird ein qualitativer Forschungsansatz gewählt. Abschließend sei erwähnt, dass diese Arbeit durchaus einen theoretischen, aber gleichzeitig einen sehr praktischen Teil der Marketingforschung tangiert, sowie dass sie sich teilweise einiger angelehnter theoretischer Betrachtungsweisen wie der Psychologie bedient, die die Schnittstelle des Marketing zwischen unterschiedlichen Wissenschaftsbereichen unterstreicht und so gleichzeitig zu einem theoretischen Pluralismus führt[51].

1.5 Aufbau der Arbeit

Diese Arbeit beginnt in Kapitel 2 nach der Einleitung, welche die Problemstellung sowie Relevanz des Themas näher darstellt, mit den branchenspezifischen Grundlagen dieser Dissertation. Wie bereits aus der Einführung ersichtlich, weist die pharmazeutische Branche wesentliche Unterschiede zu anderen Branchen auf. Daher ist es von hoher Wichtigkeit, erst diese Besonderheiten herauszuarbeiten, um damit die Basis für die folgende Analyse zu legen.

In einem ersten Schritt behandelt Kapitel 2.1 zunächst die wichtigsten Kennzahlen, Charakteristika und die Aufteilung der pharmazeutischen Branche. Dabei wird ein Fokus auf Arzneimittel gelegt, welche über Apotheken vertrieben werden. Der Krankenhausmarkt sowie der Markt der angrenzenden Produkte, wie Medizinprodukte, werden nicht näher betrachtet, da sie einen deutlich abgegrenzten Markt darstellen, dessen zusätzliche Aufarbeitung den Umfang dieser Dissertation überschreiten würde.

Nach dieser Einführung in die Branche geht Kapitel 2.2 tiefergehend auf den Fall des Patentauslaufs ein, wobei die wichtigsten Entscheider und Stakeholder in dieser Ausnahmesituation thematisiert und die rechtlichen Restriktionen für Patentauslaufstrategien dargestellt werden. Hierbei wird zunächst

51 Der theoretische Pluralismus besagt, dass man um einen Erkenntnisfortschritt zu forcieren, unterschiedliche – und bestenfalls sogar konkurrierende – theoretische Ansätze nutzen sollte, damit gewonnene Erkenntnisse aus diesen diversen Sichtweisen beleuchtet werden können, was wiederum mögliche Schwächen bei der Nutzung nur einer Theorie entgegenwirkt und so stets nach einer bestmöglichen Erklärung von Phänomenen gesucht werden kann. Vgl. bspw. Tomczak, T. (1992): S. 81; Popper, K. R. (1984): Auf der Suche nach einer besseren Welt, S. 27.

das Wettbewerbsumfeld nach dem Patentauslauf aufgezeigt. Das nächste Unterkapitel befasst sich mit den möglichen Adressaten von Patentauslaufstrategien, welche konkret Patienten, Ärzte, Apotheker und Krankenkassen sein können. Abschließend werden unterschiedliche Rechtsbereiche vorgestellt, welche in unterschiedlicher Tiefe einen Einfluss auf die genutzten Patentauslaufstrategien eines pharmazeutischen Unternehmens haben (können). Hierin werden sowohl Gesetzgebungen mit dem Ziel des Schutzes von geistigem Eigentum als auch dem Marketing nahestehende Gesetzgebungen aufgegriffen.

Kapitel 2.3 beschließt die branchenspezifischen Grundlagen dieser Dissertation mit einem Zwischenfazit der relevantesten Argumente des zweiten Kapitels.

Nachdem die Beantwortung der Forschungsfragen durch eine Zusammenstellung der Branchenspezifika begonnen wurde, werden in Kapitel 3 dieser Dissertation die konzeptionellen und theoretischen Grundlagen für die Beantwortung der Forschungsziele dieser Arbeit gelegt.

Hierbei wird in Kapitel 3.1 zunächst das Konstrukt des komparativen Konkurrenzvorteils (KKV) aufgegriffen und dieses definitorisch von ähnlichen Konstrukten abgegrenzt. Weiterhin wird beschrieben, was ein solcher Konkurrenzvorteil sein kann sowie auf welcher hierarchischen Ebene im Unternehmen dieser anzusiedeln ist. Dies bildet den ersten Teil der theoretischen Grundlage dieser Arbeit.

Nach diesem ersten Einstieg und der hierarchischen Abgrenzung des KKVs, geht Kapitel 3.2 näher auf das Konstrukt des Strategischen Geschäftsfeldes ein, da dies sowohl die Ebene einer Unternehmung für die Erreichung von strategischen und komparativen Wettbewerbsvorteilen darstellt, aber auch, weil es die notwendige theoretische Grundlage für das darauf folgende Kapitel 3.3 schafft. Hierfür werden zunächst das Konstrukt des Strategischen Geschäftsfeldes definitorisch abgegrenzt und weiterhin seine Bestandteile erklärt. Mit diesem Kapitel wird die zweite Komponente der konzeptionellen Grundlagen dargestellt.

Kapitel 3.3 widmet sich dem Management von strategischen Geschäftsfeldern sowie allgemeingültigen und branchenübergreifenden Strategien zur Verteidigung von Wettbewerbsvorteilen. Das Management von strategischen Geschäftsfeldern basiert primär auf den Strategischen Marketingoptionen nach Meyer und Mattmüller (1993), welche fünf Hauptstrategien in ihrer Arbeit darstellen. Die darauffolgende tiefergehende Darstellung aller fünf Handlungsoptionen – Beibehaltung, Diversifikation, Reduktion, Konversion und Multiplikation – legt die elementare theoretische Basis dieser Dissertation. Danach wird auf Möglichkeiten eingegangen, wie ein Strategisches Geschäftsfeld nicht nur so gemanagt werden kann, dass ein neuer Vorteil generiert werden, sondern auch wie ein entsprechender Vorteil verteidigt werden kann. Hierdurch wird allerdings schnell klar, dass nur wenige Optionen auf die pharmazeutische Branche übertragen werden können oder eben weiterhin die neuste Rechtslage sowie wesentliche Marketingüberlegungen nicht miteinbeziehen, sondern vielmehr auf spezifischere Optionen für die pharmazeutische Branche zurückgegriffen werden muss. Mit dieser Erkenntnis schließt ein Zwischenfazit in Kapitel 3.4 die theoretischen und konzeptionellen Grundlagen dieser Dissertation ab, welche die Basis für die folgende Anwendung auf die pharmazeutische Branche bilden.

Nach diesem Zwischenergebnis widmet sich die Arbeit in Kapitel 4 den spezifischen, bisher in der Literatur diskutierten Verteidigungsstrategien der Branche, also den Patentauslaufstrategien für pharmazeutische Unternehmen.

Hierbei wird in Kapitel 4.1 der aktuelle Forschungsstand in der Literatur zusammengefasst. Mit dieser Herangehensweise soll das deskriptive Erkenntnisziel dieser Dissertation erfüllt werden, welches eine Darstellung des Status Quo der Patentauslaufstrategien vorsieht.

In Kapitel 4.2 werden diese Erkenntnisse einer kritischen Würdigung unterzogen und mögliche Thesen für ein zeitgemäßes Patentauslaufmanagement unter Zuhilfenahme von strategischen Optionen aufgestellt. Hier werden insgesamt fünf Kernthesen aufgestellt, welche besonders die neu in Kapitel 4.1.2 eingebrachten und bis dato nicht in der Literatur umfassend überprüften Möglichkeiten beinhalten. Mit dieser Thesenbildung schließt das vierte Kapitel und führt so zu Kapitel 5, welches sich mit der Beantwortung der Thesen aus praktischer Sicht befasst.

Wie gerade angedeutet, behandelt Kapitel 5 die praktische Anreicherung der aufgestellten Thesen durch explorative Experteninterviews. Die hierfür genutzte Methodik und die Anspruchshaltung der Befragung werden kurz in Kapitel 5.1.1 dargestellt. Anschließend wird in Kapitel 5.1.2 die Auswahl der Interviewpartner vorgestellt.

In Kapitel 5.2 und 5.3 werden die Ergebnisse der Befragung ausgewertet. Während sich Kapitel 5.2 inhaltlich mit der Beantwortung der aufgestellten Thesen aus Kapitel 4.2 widmet, geht 5.3 auf weitere interessante Ergebnisse ein, welche so nicht direkt in Relation zu den aufgestellten Thesen stehen, allerdings dennoch wesentliche weitere Erkenntnisse für das Verständnis der Branche und der Patentauslaufsituation liefern. Mit diesen Ergebnissen, sowie der in Kapitel 4.2 durchgeführten Analyse, wird das explikative Erkenntnisziel dieser Dissertation erfüllt und es kann somit in die Formulierung der Implikationen für die Theorie und Praxis übergegangen werden.

Kapitel 6 beginnt in Unterkapitel 6.1 mit den theoretischen Implikationen, welche die Autorin basierend auf allen bisherigen Ergebnissen ableiten konnte. Hier wird eine Klassifikation der möglichen Strategien des Patentauslaufmanagements in die vorgestellten strategischen Marketingoptionen vorgenommen. Dies soll neben der theoretischen Implikation auch eine praktische Bewandtnis haben, da diese Einteilung erlaubt zu sehen, an welchen Stellschrauben des strategischen Geschäftsfeldes tatsächlich gedreht werden muss, um die Strategie umzusetzen, und diese Einteilung daher nicht nur eine reine Zusammenstellung ist, sondern vielmehr implizit auch als Handlungsempfehlung gewertet werden kann.

Neben den theoretischen Erkenntnissen werden weiterhin auch praktisch-normative Handlungsempfehlungen für die forschenden Pharmahersteller abgeleitet. Diese werden in Kapitel 6.2 formuliert. Während es auf der einen Seite sowohl übergreifende und allgemeine Handlungsempfehlungen gibt, die nicht nur für die Hersteller, sondern auch für die Branche im Allgemeinen gelten sollen, werden auf der anderen Seite auch konkrete Handlungsempfehlungen für die Hersteller von chemisch-synthetischen Medikamenten und Herstellern von Biopharmazeutika abgeleitet.

In Anlehnung an die aufgeführten Handlungsempfehlungen, beendet Kapitel 6.3 den Hauptteil dieser Dissertation mit möglichen Parametern für die Auswahl einer Patentauslaufstrategie für forschende Pharmaunternehmen.

In einem zusammenfassenden Kapitel werden die wichtigsten Erkenntnisse dieser Dissertation komprimiert dargestellt, sowie konkrete Antworten auf die eingangs genannten Unterforschungsfragen und dem übergreifenden Hauptforschungsziel dieser Arbeit aus Kapitel 1.3 gegeben. Hiermit sollen Forschungslücken im Rahmen des Gesundheitsmarketings geschlossen werden. Zusätzlich nennt die Autorin an dieser Stelle auch weitere Ansatzpunkte für zukünftige Forschungsprojekte rund um das Themenfeld des Patentauslaufmanagements in forschenden pharmazeutischen Unternehmen.

2 Branchenspezifische Grundlagen

Der deutsche Gesundheitsmarkt ist, wie in der Einleitung bereits teilweise erwähnt, geprägt von einer Vielzahl von Besonderheiten: so gibt es eine Reihe von strengen, gesetzlichen Regularien, welche sowohl die Abgabe von Medikamenten beeinträchtigen, aber auch die Vermarktung dieser extrem schwierig gestalten; einen immer kürzer werdenden Produktlebenszyklus; die zunehmende Digitalisierung und der Versuch, dieser schnellen Entwicklung stetig folgen zu müssen; den steigenden Kosten-, Effizienz- und Wachstumsdruck mit jedoch sinkenden Gewinnmargen; sowie weniger gefüllten Produkt-Pipelines bei immer mehr Ausläufen von wichtigen (Blockbuster-) Medikamenten[52]; eine Vielzahl an unterschiedlichen Produktgruppen, so bspw. die der Medikamente oder der Medizinprodukte, deren Nachfrage zum einen mehrstufig ist und von diversen Stakeholdern beeinflusst wird als auch zum anderen im Sinne des Angebotes als nicht transparent zu bezeichnen sind (durch die enorme Vielfalt an Produkten sowie der besagten Mehrstufigkeit der Entscheidung)[53]. Die beinahe einzigartige Komplexität dieses Marktes bedarf daher einer detaillierten Beschreibung, da eine reine Übertragung konventioneller Ansätze auf die pharmazeutische Branche – anders als in anderen Konsumgüterbranchen – bedingt durch die gerade kurz und exemplarisch aufgegriffenen Besonderheiten an ihre Grenzen stößt. Daher ist diese einführende Aufarbeitung der Branche für die im weiteren Verlauf dieser Dissertation zu beantwortenden Forschungsfragen von hoher Relevanz und bildet die unumgängliche Grundlage und den Einstieg in diese Arbeit. Das zweite Kapitel stellt so auch den ersten Schritt für die Erreichung des deskriptiven Erkenntnisziels dieser Arbeit da.

2.1 Kennzahlen, Charakteristika, und Aufteilung des Marktes

Dieses Unterkapitel befasst sich mit Kennzahlen, Charakteristika und Aufteilung des Marktes in Deutschland. Aufgrund der eben skizzierten Besonderheiten des Marktes macht eine Fokussierung auf ein Land, hier Deutschland, Sinn, da die

52 Als Blockbuster gelten in der pharmazeutischen Branche Medikamente, welche einen jährlichen weltweiten Umsatz von mehr als 1 Mrd. USD, vgl. Raasch, A.-C. (2006): S. 18.

53 Vgl. Drerup, D. (2013): S. 9; Grebmer, K. v./Sproll, T. (1989): Ökonomische Bedeutung des Preises im Pharmamarkt, S. 74.

unterschiedlichen Rechtsprechungen in verschiedenen Ländern eine Übertragung von Erkenntnissen nahezu ausschließen. Im Folgenden wird zunächst eine Übersicht der wichtigsten Kennzahlen gegeben, bevor dem folgend eine Beschreibung der anzutreffenden Marketinginstrumente *Product*, *Price*, *Place*, und *Promotion* als branchenübergreifende Darstellung dieses Unterkapitel komplementiert.

Die gesamte Branche, welche mehr als 800 Unternehmen und ca. 45.000 Beschäftigte umfasst, wird im Jahr 2018 voraussichtlich einen Umsatz von 49,9 Mrd. EUR erwirtschaften, wovon ca. 60% durch die forschenden Pharmaproduzenten generiert werden wird[54]. Hiervon werden durchschnittlich ca. 14% erneut in die Forschung und Entwicklung von neuen Arzneimitteln investiert, was die Branche zu einer der forschungsintensivsten Branchen Deutschlands macht[55]. Die Entwicklungskosten pro Medikament erreichen allerdings immer größere Dimensionen, sodass eine Vielzahl der Medikamente heutzutage weit über 1 Mrd. USD[56] in der Erforschung kostet und im Schnitt ca. 13,5 Jahre bis zur Marktzulassung benötigt[57].

2.1.1 Produktlebenszyklus von Medikamenten

Der Grund für diesen langen Zeitraum bis zur letztendlichen Zulassung eines Produktes lässt sich aus der näheren Betrachtung des Produkts, d.h. des Medikaments selbst, und dessen Produktlebenszyklus ableiten. Der sog. Produktlebenszyklus beschreibt die Entwicklungskurve eines Arzneimittels meist anhand des Umsatzes entlang eines Zeitstrahls[58]. Die folgende Graphik zeigt den Produktlebenszyklus eines Medikaments in der Übersicht:

54 Vgl. Vfa (2015): Die pharmazeutische Industrie in Deutschland – Ein Branchenportrait; Statista (n.d.).

55 Vgl. Vfa (2015).

56 Neuste Schätzungen gehen sogar von einer Zahl bis zu 1,3 Mrd. EUR aus; vgl. Drerup, D. (2013): S. 9.

57 Vgl. Vfa (2015): Statistics 2015 die Arzneimittelindustrie in Deutschland.

58 Vgl. Drerup, D. (2013): S. 11.

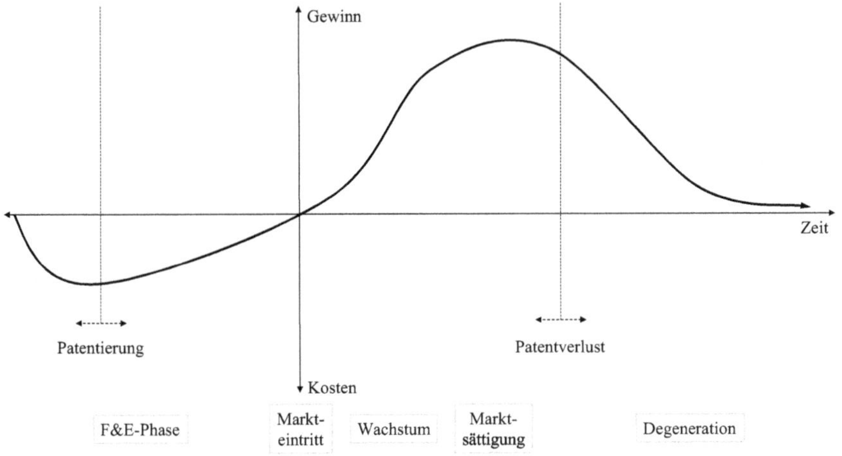

Abbildung 1: Der Produktlebenszyklus eines Arzneimittels[59]

Dieser Lebenszyklus wird im Folgenden in seiner Gänze kurz dargestellt, wobei jedoch umfassender auf die Teile des Zyklus' eingegangen wird, welche besonders für den Patentauslauf und daher für das Forschungsziel dieser Arbeit von starker Relevanz sind[60].

Die Grundidee des Produktlebenszyklus für Arzneimittel unterscheidet sich zunächst nicht von anderen Produkten, da dieses Konstrukt die einzelnen Phasen von der Produktkonzeption bis hin zur endgültigen Entnahme aus dem Markt anhand aufgewendeter Kosten bzw. erwirtschafteter Gewinne und entlang fortschreitender Zeit beschreibt[61]. Dieser Zyklus ist meist nicht durch einen gleichmäßigen Anstieg und Abfall der Kosten für das oder Gewinne aus dem Produkt definiert, sondern gleicht besonders bei Arzneimitteln in seiner Form eher einer Welle: in einer kostenintensiven und vor allem langwierigen Phase der (1) Erforschung und Weiterentwicklung, werden durchschnittlich in ca. 13,5 Jahren laut unterschiedlichen Schätzungen zwischen 1 Mrd. und sogar über 1.3 Mrd. EUR für die Forschung an neuen Wirkstoffen ausgegeben[62].

59 Quelle: eigene Darstellung, in Anlehnung an ebenda, S. 12; Raasch, A.-C. (2006): S. 15.

60 Für eine ausführliche Erläuterung des Produktlebenszyklus eines Medikaments in Deutschland siehe bspw. Raasch, A.-C. (2006): S. 14ff.

61 Für eine frühe detaillierte Herleitung des Konstrukts siehe bereits Raubold, U. (2011): Lebenszyklusmanagement in der Automobilindustrie, S. 21ff.

62 Hierfür entfallen in der anfänglichen Forschungsphase, die ca. zwei bis vier Jahren andauert, ungefähr 40% der generierten Kosten. Hierin wird an einer Vielzahl von

Das hieraus entstandene Medikament geht dann in eine vergleichsweise späte (2) Markteinführung. Im Zulassungsverfahren werden die Ergebnisse der unterschiedlichen Studien nochmals von Experten überprüft. Erst nach einer positiven Überprüfung der vorgelegten Untersuchungsergebnisse darf das Medikament in den Markt eingeführt werden. Anhand einer zusätzlichen Nutzenbewertung durch den Gemeinsamen Bundesausschuss (G-BA) wird entschieden, inwieweit ein neues Medikament einen Zusatznutzen im Vergleich zu vorherigen Therapien (oder der sog. zweckmäßigen Vergleichstherapie) vorweisen kann, was wiederum die Grundlage für Preisverhandlungen mit dem Spitzenverband Bund der Krankenkassen darstellt[63].

Nach der erfolgreichen Einführung und Preisverhandlung[64] sollte das Medikament nach intensiven Marketingaktivitäten des Herstellers ein starkes Wachstum in der gleichbenannten (3) Wachstumsphase erzielen können. Während dieser Phase erhalten die Hersteller des Produktes oftmals Erweiterungen der Zulassung für angelehnte Indikationsgebiete und die Verschreibungsanzahl steigt, was das angesprochene Wachstum letztendlich bedingt[65]. Dennoch ist dies nicht immer der Fall und nur ca. ein Drittel der eingeführten Medikamente können die hohen Entwicklungskosten der Hersteller wirklich gewinnbringend decken[66]. Dies unterstreicht umso mehr, weshalb der Patentauslauf sinnvoll gemanagt werden sollte, da in der pharmazeutischen Branche selbst die Neueinführung eines Präparats nicht unbedingt einen Profit garantieren muss.

5.000 bis 10.000 unterschiedlichen Substanzen experimentiert, von denen allerdings nur ca. neun bis 250 Komponenten in die prä-klinische und die folgende erste klinische Phase – und damit die Entwicklungsphase – übernommen werden. Diese Weiterentwicklung des Stoffs summiert die restlichen 60% der Kosten und beinhaltet die wichtige Patentierung der gefundenen Wirkstoffe; vgl. Drerup, D. (2013): S. 13; Raasch, A.-C. (2006): S. 16. Nach der ersten klinischen Phase der Entwicklung werden in der darauffolgenden zweiten klinischen Phase meist ca. fünf Wirkstoffe getestet, gefolgt von der letzten, dritten klinischen Phase, in der in einer Vielzahl der Fälle nur maximal zwei Wirkstoffe getestet werden, bis dann letztendlich ein Medikament für die Zulassung beantragt wird; vgl. Vfa (2015); Drerup, D. (2013): S. 13f; Paul, S. M., et al. (2010): How to improve R&D productivity: the pharmaceutical industry's grand challenge, S. 203ff.

63 Mit diesem wird innerhalb von sechs Monaten ein GKV-Erstattungsbetrag festgelegt; vgl. Vfa (2015).

64 Ca. ein Drittel der vorgestellten Medikamente erhalten diese Zulassung allerdings nicht; vgl. Drerup, D. (2013): S. 14.

65 Vgl. Ebenda, S. 15; Guminski, W. (2008): Produktlebenszyklus und die Möglichkeiten seiner Gestaltung, S. 204; Dogramatzis, D. (2002): Pharmaceutical marketing: a practical guide, S. 163ff.

66 Vgl. Drerup, D. (2013): S. 13f.

Nach der Wachstumsphase kann in der Vielzahl der Fälle eine für wenige Jahre andauernde (4) Marktsättigung beobachtet werden. Diese auch sog. Reifephase ist die letzte und damit Blütephase des Medikaments, welche charakteristisch vor dem Patentauslauf eintritt. Hier werden die größten, allerdings meist stagnierenden, Gewinne erzielt, denn in der Regel sind alle möglichen Produktformen im Sinne der Darreichungsform oder Wirkstärke ebenfalls auf dem Markt platziert, sodass kaum noch Potenzial für Gewinnsteigerungen vorliegt[67]. Marketingmaßnahmen werden klassischerweise eher reduziert bzw. das Budget für andere Kanäle genutzt, da das Produkt einen gewissen Bekanntheitsgrad erreicht hat. Gleichzeitig beginnt am Ende der Marktsättigung bereits in Teilen der sog. Verfall des Produkts, da ab diesem Zeitpunkt dann oftmals die ersten anderen Originalhersteller in den Markt eintreten, welche eine ebenfalls patentgeschützte Alternativ-Therapie zu der bisher angebotenen in den Markt einführen. Auch wenn die angesprochene Reduktion der Marketingausgaben in der Marketingtheorie auf den ersten Blick als nicht ratsam einzustufen ist, so ist es in der Branche in einigen Fällen der einzig logische Schritt, wie diese Arbeit in Kapitel 6 darlegen wird. Sobald ein durch Studiendaten nachgewiesen besseres Medikament innerhalb der gleichen Wirkstoffklasse von einem anderen Originalhersteller auf den Markt kommt, macht es bisher zumindest wenig Sinn, das eigene Produkt noch weiter zu vermarkten und so das Marketingbudget unnötig zu verwenden. Dieses Phänomen wird auch *between-patent competition* genannt, also eine Situation, in der die konkurrierenden Unternehmen bereits in den Markt eintreten, während das Originalprodukt noch den Patentschutz genießt[68]. Daher ist diese Phase nicht selten bereits von einem ähnlich harten Wettbewerb geprägt wie die Phase des generischen Markteintritts nach dem Patentauslauf, da bedingt durch das quasi ausgeschöpfte Wachstumspotenzial des Originalproduktes die neu zugelassenen Produkte in einen bestehenden Markt mit hoher Akzeptanz des grundlegenden Wirkstoffs eintreten, in welchem sie oftmals eine starke Wachstumsrate erzielen können[69].

---

67 Vgl. Ebenda, S. 16; Raasch, A.-C. (2006): S. 27. An dieser Stelle ist weiterhin zu überlegen, inwiefern dieses Verhalten, der stetigen Einführung neuer Produktvarianten vor dem Hintergrund des Patentauslaufs Sinn macht. Sollte hier natürlich eine starke between-patent competition vorliegen, bleibt dem Hersteller im Endeffekt wahrscheinlich nicht viel übrig, als derartige Schritte einzuleiten. Sollte jedoch wenig Druck im Markt herrschen und wenig Konkurrenten mit einem ähnlich starken Produkt im Markt aktiv sein, wäre es sicherlich sinnvoll, Weiterentwicklungen des Produkts für den Patentauslauf aufzusparen. Weiterführend hierzu siehe Kapitel 4.

68 Vgl. Guminski, W. (2008): S. 205; Raasch, A.-C. (2006): S. 27.

69 Vgl. Raasch, A.-C. (2006): S. 27f; Lichtenberg, F./Philipson, T. J. (2002): The Dual Effects of Intellectual Property Regulations: Within- and Between-Patent Competition in the U.S. Pharmaceuticals Industry, S. 666f.

Der viel angesprochene Patentauslauf läutet die letzte Phase des Produktlebenszyklus eines Medikaments ein: die (5) Degeneration. Diese Phase weist oftmals stark abnehmenden Gewinn auf, bedingt durch den, teilweise noch zusätzlichen zu den between-patent-Konkurrenten[70], schlagartig intensiv einsetzenden Wettbewerb durch die Generika- oder Biosimilar-Hersteller[71] auf. Dies bedeutet für viele Originalprodukte, dass Hersteller oftmals ein reines „Abernten" der letzten Gewinne vornehmen, während die Marketingmaßnahmen weiter auf ein Minimum bis hin zur kompletten Reduktion gekürzt werden. Letztendlich pendelt sich das Medikament auf einem deutlich niedrigeren Umsatzniveau ein, bis über eine Verteidigungsstrategie oder die finale Elimination aus dem Produktportfolio entschieden wird[72]. Daher stellt sich hier, bei der sog. *within-patent competition*, also der Konkurrenz durch die Hersteller von Nachahmerprodukten, die entscheidende Frage dieser Dissertation: sollen Verteidigungsmaßnahmen ergriffen werden und wenn ja, welche Patentauslaufstrategie sollte an dieser Stelle gewählt werden, um dieses hier sehr drastisch skizzierte Szenario zumindest abmildern zu können? Diese Situation beschreibt dementsprechend tatsächlich den entscheidenden Wendepunkt für ein Medikament. Wird besagte Patentauslaufsituation nicht mit der notwendigen Vorbereitung und Konsequenz angegangen, können die teilweise enormen Kosten der Forschung und Entwicklung sowie Vermarktung des Medikaments entweder nicht amortisiert werden, oder die oftmals von Blockbuster-Medikamenten gestützte Umsatzstruktur der Hersteller wird empfindlich gestört. Übergreifend zeichnet sich hier also die meist

---

70 Siehe Ende des vorherigen Absatzes

71 Auch wenn Generika und Biosimilars hier in einer Kategorie gewertet werden, da beides Nachahmerprodukte von mittlerweile patentfreien Medikamenten sind, weisen sie doch wesentliche Unterschiede auf. Diese werden im folgenden Kapitel aufgegriffen. So sind Biosimilars nicht wie Generika relativ identisch, sondern nur ähnlich bzw. vergleichbar mit den originalen Biopharmazeutika. Außerdem kommt hinzu, dass die Herstellung von Biosimilars im Vergleich zu Generika hochgradig komplex ist. Während für Generika das originale Präparat relativ leicht nachzuahmen ist, werden Biosimilars, ebenso wie ihre Referenzprodukte, aus lebenden Zellen in einem extrem komplexen Verfahren produziert, was eine natürliche Schwankung der Wirkweise hervorruft. Neben dieser intensiveren Herstellungsweise kommt hinzu, dass Biosimilars einen deutlich aufwendigeren Zulassungsprozess durchlaufen müssen als Generika. Während Generika auf die klinischen Studien der Originalpräparate zurückgreifen können und dadurch nahezu keine eigenen Studien für die Zulassung vorlegen müssen, ist dies bei Biosimilars sehr wohl der Fall und umfangreiche klinische Studien müssen zwingend für die Einführung vorgelegt werden. Vgl. Biotechnologie-Industrie-Organisation (2012): Hintergrundpapier der BIO Deutschland zum Thema Biosimilars.

72 Vgl. Drerup, D. (2013): S. 16; Raasch, A.-C. (2006): S. 28; Dogramatzis, D. (2002): S. 165.

hochgradig komplexe Entscheidung ab, ob sich auch sinkende Gewinne dennoch lohnen und daher weiterhin in die Vermarktung des Medikaments und in entsprechende Patentauslaufstrategien investiert werden soll, oder ob nicht vielmehr die Aufgabe des Produktes, die angesprochene Reduktion der Marketingausgaben und Aberntung der letzten Gewinne sowie einer Fokussierung auf neue, innovative Medikamente als sinnvoller einzustufen ist. Eine Vielzahl von unterschiedlichen Determinanten beeinflussen die Wahl einer Patentauslaufstrategie, eine der wichtigsten sicherlich stellen die Charakteristika des mittlerweile patentfreien Medikaments und sein Erfolg im Markt dar. Ein angesprochenes Blockbuster-Medikament wird sicherlich mit einer deutlich stärkeren Konkurrenz kämpfen müssen als ein Medikament für ein seltenes Leiden (*orphan drug*), das teuer in der Herstellung ist, besondere Verpackungen benötigt, oder eine besonders hohe Kundenloyalität genießt[73]. Dies wird in den folgenden Kapiteln 4 bis 7 vertieft diskutiert und passende Lösungsansätze vorgestellt.

Basierend auf diesem Produktlebenszyklus lässt sich festhalten, dass sich die im Markt befindlichen Medikamente in folgende Gruppen klassifizieren lassen: die patentgeschützten, eher „jüngeren" Arzneimittel; mittlerweile patentfreie Originalherstellerprodukte mit und ohne Konkurrenz von Seiten der Generika-/Biosimilar-Hersteller; Generika- bzw. Biosimilars selbst; und Lizenzprodukte. Hierbei nehmen chemisch-synthetische Medikamente ca. 73% und Biopharmazeutika bereits 27% des Marktes ein – Tendenz der Biopharmazeutika steigend[74]. Wiederum von diesem Gesamtmarkt an Medikamenten wird die Versorgung – europaweit führend – zu 78% durch Generika oder Biosimilars gedeckt. Danach folgen die patentfreien Produkte ohne Konkurrenz von Seiten der Generika oder Biosimilar-Hersteller (9%), die patentfreien Produkte mit Generika- oder Biosimilar-Konkurrenz (8%) und letztendlich, als kleinster Teil des Marktes, die patentgeschützten Arzneimittel (5%). Trotz dieser extremen Überlegenheit in Sachen Versorgungsanteil entfallen nur knapp neun Prozent der jährlichen Ausgaben des Gesundheitswesens auf Nachahmerpräparate. Dies ist getrieben durch die extrem niedrigen Tagesbehandlungskosten von im Durchschnitt 6 Cent am Tag für ein Generikum (bei Berücksichtigung von Rabattverträgen) im Vergleich zu 4,82EUR für ein patentgeschütztes Medikament. Dies unterstreicht

---

73 Vgl. Drerup, D. (2013): S. 11, 16; Philipp, M. P. (2011): Intellectual Property Related Generic Defense Strategies in the European Pharmaceutical Market, S. 41; Barak, A./ Geoffrey, W. (2003): Pricing Policies to Handle Patent Loss or Expiry, S. 246f.

74 Vgl. IQVIA (n.d.): Anteil von Biopharmazeutika am deutschen Pharmamarkt in Vergleich der Jahre 2006 und 2017.

zum einen die extremen Kostenunterschiede der unterschiedlichen Medikamententypen für diverse Indikationen, zeigt aber auch, unter welchem Preisdruck die Hersteller, ob für Generika oder Originalprodukte, stehen[75]. Das wiederum fordert einmal mehr ein sinnvolles und vor allem effizientes Management für den Fall des Patentauslaufs.

Vor diesem Hintergrund der extrem hohen Kosten für ethische Arzneimittel und unter Beachtung der stetig steigenden Gesundheitsausgaben, ist natürlich besonders den Kostenträgern, also primär den Krankenkassen, daran gelegen, die Kosten für die Gesundheitsversorgung in Deutschland möglichst effizient bei gleichzeitig geringen Beiträgen realisieren zu können. Um diese Anforderung der Krankenkassen und letztendlich auch der Patienten – diese sehen meist nur ihre Beiträge für die Krankenversicherung, nicht jedoch die reellen Kosten einer Behandlung[76] – erfüllen zu können, ist gerade auch die Preisbildung in der pharmazeutischen Branche eine Besonderheit.

2.1.2 Preisbildung von Medikamenten

Während Konsumgüterhersteller ihre Preise in den meisten Fällen weitestgehend frei – natürlich in Relation zum Markt und der Zielgruppe sowie den Herstellungskosten – entscheiden können, so sind die Preise pharmazeutischer Produkte zu einem großen Teil nicht mehr frei bestimmbar. Während früher die Preise der Branche gleich denen anderer Branchen durch den Hersteller in Bezug zu seinen Kosten festgelegt wurde, hat besonders die neueste Gesetzgebung des Arzneimittelmarktneuordnungsgesetzes (AMNOG) diese Regelung verändert. Wie bereits im vorherigen Kapitel kurz angedeutet, fordert der Gesetzgeber nun, dass ein deutlicher Zusatznutzen im Vergleich zu bisherig verwendeten Medikamenten aufgezeigt werden kann, welcher dann die Basis für die letztendlichen Preisverhandlungen mit dem Spitzenverband der deutschen Krankenkassen darstellt. Hierdurch wurde eine vierte, entscheidende Hürde für die Einführung eines Medikaments in den deutschen Markt geschaffen: neben der Qualität, Wirksamkeit und Sicherheit eines Medikaments muss nun auch zwingend die Wirtschaftlichkeit als erfüllt gelten. Zunächst kann der Hersteller für die ersten

75 Vgl. ProGenerika (2018): Generika in Zahlen.

76 Der Patient kommt nur in den wenigsten Fällen direkt mit den Kosten für seine besonders verschreibungspflichtigen Medikamente in Kontakt. So übernehmen die gesetzlichen Krankenversicherungen und ihr privates Pendant fast 80% der Arzneimittelausgaben in Deutschland, während die privaten Haushalte nur circa 16% selbst zahlen. Die verbleibenden 5% übernehmen sonstige Ausgabenträger, vgl. Vfa (2015).

12 Monate nach Einführung des Medikaments einen eigenen Preis festlegen. Nach diesem ersten Jahr der freien Preisgestaltung bewertet der Gemeinsame Bundesausschusses (G-BA) in Verbindung mit dem Institut für Qualität und Wirtschaftlichkeit im Gesundheitswesen (IQWIG) den Nutzen erneut. Im Fall einer positiven Nutzenbewertung wird der Preis zwischen dem Hersteller und den Krankenkassen neu verhandelt, sodass ab dem 13. Monat nach der Einführung des Medikaments ein meist deutlich geringerer Preis gilt. Sollte kein Zusatznutzen bescheinigt werden können, werden die Medikamente meist direkt der Festbetragsregelung unterworfen, welche ebenfalls deutlich unter der Preissetzung des Herstellers liegen wird. Da die Preisbildung von Medikamenten nicht primärer Forschungsgegenstand dieser Dissertation ist, wird an dieser Stelle auf eine weitere, ausführlichere Erklärung dieses Prozesses mit den weiteren Besonderheiten und möglichen Verfahrensschritten verzichtet[77].

2.1.3 Vertriebswege von Medikamenten

Nach der Festlegung des Preises eines Medikaments wird dieses wie jedes andere Produkt durch Vertriebswege an den Endverbraucher, den Patienten, vermittelt. Anders jedoch als bei Konsumgütern können Medikamente im Allgemeinen und verschreibungspflichtige Arzneimittel im Besonderen nicht auf vielen unterschiedlichen und vom Hersteller frei wählbaren Vertriebswegen ausgegeben werden. Vielmehr ist der Zugang zu diesen Produkten rechtlich klar reguliert. So dürfen verschreibungspflichtige Medikamente in den meisten Fällen nur Apotheken und Krankenhäuser ausgeben, in Ausnahmen kann aber auch der verschreibende Arzt ein Muster an den Patienten aushändigen. Dadurch macht die Präsenzapotheke im deutschen Markt 84% der Bezugsquellen aller Arten von Medikamenten aus, während das Krankenhaus circa 8% der Medikamente vertreibt, die verbleibenden 8% sind durch alternative Absatzwege für *over-the-counter Produkte*, wie Drogeriemärkte oder Supermärkte abgedeckt[78]. Da der Fokus dieser Dissertation auf dem durch Apotheken vertriebenen, verschreibungspflichtigen Arzneimitteln liegt, wird im Folgenden nicht weiter auf den Krankenhausmarkt und auch nicht auf den frei zugänglichen Einzelhandel eingegangen, da diese als unterschiedliche Märkte gewertet werden müssen.

---

77 Weiterführende Informationen zu diesem Thema bieten bspw. Ecker, T., Preuß, K. J., Tunder R. (2010): Handbuch Market Access, S. 189ff.

78 Vgl. Vfa (2015).

2.1.4 Vermarktung von Medikamenten

Bedingt durch die Natur des pharmazeutischen Produkts und des dargestellten Risikos der Verwendung des Produktes, ist direkt an Patienten gerichtete Werbung insbesondere für verschreibungspflichtige Arzneimittel nahezu nicht erlaubt. Hierzu ist §10 des Heilmittelwerbegesetzes relevant, welcher direkten Bezug auf die Vermarktung von verschreibungspflichtigen Medikamenten nimmt. Welche genauen Reglementierungen vorliegen, wird detailliert im folgenden Unterkapitel aufgegriffen und daher an dieser Stelle nicht tiefer behandelt.

Nachdem die wichtigsten – und im Vergleich zu anderen Gütern – relevantesten Unterschiede der pharmazeutischen Branche aufgezeigt wurden, sowie auf einige der relevantesten Kennzahlen und die Aufteilung des Marktes im Sinne von Produktkategorien kurz eingegangen wurde, beschreiben die nächsten Unterkapitel die wichtigsten Entscheider und Stakeholder der Branche. Zunächst wird im ersten Schritt auf das Wettbewerbsumfeld der Hersteller eingegangen und danach werden die jeweils relevanten Stakeholder in der Medikamentendistribution vom verschreibenden Arzt, über die Apotheker an den Patienten, bezahlt durch die Krankenkassen, beschrieben. Hierbei werden deren individuelle Rolle, besonders im Falle des Patentauslaufs, skizziert. Als letzte Gruppe wird der übergreifende Einflussnehmer auf die Optionen der pharmazeutischen Originalhersteller vorgestellt, welcher in diesem Fall die deutsche Legislative ist, die einen direkten und sehr restriktiven Einfluss auf die Möglichkeiten der pharmazeutischen Branche im Sinne von Distribution, Kommunikation und Vermarktung, ganz besonders bei verschreibungspflichtigen Medikamenten, ausübt.

2.2 Wichtigste Entscheider und Stakeholder im Fall des Patentauslaufs

Das nächste Kapitel beschreibt aufbauend auf den soeben erlangten Kenntnissen des Marktes die jeweiligen Entscheider und Stakeholder der Branche tiefergehend. Hierzu wird auf das Wettbewerbsumfeld, sowie die möglichen Zielgruppen von Patentauslaufstrategien und abschließend auf die Rechtslage in Deutschland eingegangen.

2.2.1 Wettbewerbsumfeld der Hersteller im Fall des Patentauslaufs

Das Wettbewerbsumfeld im Sinne dieser Dissertation kann durch die beiden Hauptkonkurrenten, die forschenden pharmazeutischen Unternehmen auf der einen und die Hersteller von Nachahmerprodukten auf der anderen Seite, beschrieben werden.

Grundsätzlich kann festgehalten werden, dass ein Originalhersteller von einem chemisch-synthetisch oder biotechnologisch hergestellten Medikament auf die Erforschung von neuen und innovativen Wirkstoffen spezialisiert ist, wobei allerdings oft eine inhaltliche Fokussierung auf spezielle Forschungsgebiete zu beobachten ist. Wie ebenfalls bereits beschrieben, erwirtschaften diese Hersteller den Großteil des Umsatzes der Branche, auch wenn ihr Anteil an den ausgegebenen Medikamenten im Vergleich deutlich geringer ist, allerdings muss hier relativierend auch festgehalten werden, dass für die Erforschung und Entwicklung neuer Medikamente und Indikationsgebiete ebenfalls die größten Ausgaben anfallen. Besonders vor dem Hintergrund des Produktlebenszyklus' in der pharmazeutischen Branche und den unsicheren Erfolgsaussichten in der Forschung und Entwicklung (F&E), ist es dennoch für den medizinischen Fortschritt von enormer Wichtigkeit, dass diese Unternehmen weiterhin forschen bzw. sich mit der Markteinführung neuer Medikamente befassen[79]. Diese Unternehmen stellen grundsätzlich untereinander die erste Gruppe an Konkurrenten für einen Hersteller dar, primär allerdings vor dem Patentauslauf[80]. Zum einen forschen diese Unternehmen ebenso an neuen Wirkstoffen und könnten so selbst vor dem Patentauslauf noch ein verbessertes Medikament auf den Markt bringen. Auf der anderen Seite kann auch nach dem Patentauslauf weiterhin an neuartigen Wirkstoffen für einen ähnlichen Bereich geforscht werden, sodass auch eine gut geplante Patentauslaufstrategie an der Einführung eines offensichtlich überlegenen Medikaments scheitern kann. Zusätzlich kommt hinzu, dass einige Originalhersteller ebenfalls über eine Sparte mit Nachahmerprodukten, seien es Generika oder Biosimilars verfügen[81], sodass diese Unternehmen sowohl vor als auch nach dem Patentauslauf einen stetigen Wettbewerbsdruck ausüben.

Generikahersteller auf der anderen Seite betreiben kaum bis gar keine eigene Forschung für neuartige Wirkstoffe, sondern sie replizieren und vertreiben die Wirkstoffe, deren Patentschutz bereits erloschen ist. Hierbei kann sich der Generikahersteller für die Zulassung der Generika auf die klinischen Studien des

---

79 Vgl. Drerup, D. (2013): S. 19f. Im Bereich der Biopharmazeutika ändert sich diese Situation allerdings und es treten auch immer mehr klassische Originalhersteller in den Markt der Herstellung von Biosimilars ein. Dieser Punkt wird im weiteren Verlauf dieser Dissertation etwas detaillierter aufgegriffen.

80 Siehe hierzu auch das vorherige Kapitel.

81 Siehe hierzu den weiteren Verlauf dieses Kapitels.

Originalherstellers berufen und spart dadurch enorme Summen in den Bereichen Forschung und Entwicklung von Medikamenten ein, weshalb die Preise für Generika auch deutlich unter denen der Originalhersteller liegen können – zum Teil 70% bis 90%[82]. Die einzigen Kosten, die die Generikahersteller – abgesehen von etwaig anfallenden Marketing- und Produktionskosten – für das Medikament haben, sind die Kosten des Nachweises der Bioäquivalenz des Generikums zum Originalprodukt[83]. Bedingt durch die deutlich geringeren Preise der generischen Arzneimittel werden diese besonders von den gesetzlichen Krankenkassen im Falle des Patentauslaufs präferiert, um die Gesundheitsausgaben möglichst moderat zu halten.

Neben den Generika, welche die Nachahmerprodukte eines chemisch-synthetisch hergestellten Medikaments sind, gibt es ähnliche Produkte auch für Biopharmazeutika, die sogenannten Biosimilars oder Bioidenticals. Während Bioidenticals dem gleichen Herstellungsprozess wie ihre Referenzprodukte entstammen, allerdings unter einem anderen Handelsnamen auf dem Markt auftreten, und daher so identisch zum Referenzprodukt wie eben möglich bei biotechnisch hergestellten Medikamenten sind, sind Biosimilars nicht wie Generika oder Bioidenticals annähernd identisch, sondern nur ähnlich bzw. vergleichbar mit den originalen Biopharmazeutika, weisen also nur eine Similarität zu ihren Referenzprodukten auf[84]. Doch abgesehen von dieser grundsätzlichen Ähnlichkeit zu Generika haben Biosimilars oder Bioidenticals weder hinsichtlich des komplizierten Herstellungsverfahrens im Vergleich zu den Generika, noch in Bezug auf den aufwendigen Zulassungsprozess viel mit Generika gemeinsam. Während für Generika das originale Präparat aufgrund seines einfacheren Aufbaus relativ leicht nachzuahmen ist, sind Biosimilars, ebenso wie ihre Referenzprodukte, Proteine, die aus lebenden Zellen oder Mikroorganismen gewonnen werden, was nur in einem extrem komplexen Verfahren zu realisieren ist. Hierbei entstehen in der Regel Kosten von 150 Mio. EUR bis zu 300 Mio. EUR über einen Zeitraum von durchschnittlich sieben bis acht Jahren im Vergleich zu einer halben bis fünf Mio. EUR für ein Generikum, was im Schnitt in ca. zwei Jahren marktreif produziert werden kann[85]. Dieser komplizierte Herstellungsprozess des Medikaments durch lebende – und dadurch stets minimal

82 Vgl. Schüller, T. (2017): Biosimilars übernehmen die Rolle von Generika.

83 Die Bioäquivalenz meint in diesem Fall eine therapeutisch gleiche Wirkung des Generikums verglichen zum Originalpräparat; vgl. Drerup, D. (2013): S. 20.

84 Vgl. DAP (2017): Biologicals.

85 Vgl. Schüller, T. (2017); Zylka-Menhorn, V./Korzilius, H. (2014): Biosimilars: Das Wettrennen ist in vollem Gange, S. A454.

unterschiedliche – Organismen resultiert in einer natürlichen Schwankung der Wirkweise der Produkte, selbst innerhalb einer Herstellungscharge. Neben dieser intensiveren Herstellungsweise im Vergleich zu chemisch-synthetischen Medikamenten bzw. Generika kommt hinzu, dass Biosimilars einen deutlich aufwendigeren Zulassungsprozess durchlaufen müssen. Während Generika auf die klinischen Studien der Originalpräparate zurückgreifen können und dadurch nahezu keine eigenen Studien für die Zulassung vorlegen müssen, ist dies bei Biosimilars sehr wohl der Fall und umfangreiche klinische Studien bis hin zu Stufe III müssen zwingend für die Einführung vorgelegt werden[86]. Eine letzte Besonderheit dieser Präparate muss vor dem Forschungsgegenstand dieser Arbeit ebenfalls festgehalten werden: im Vergleich zu ihren Pendants der Generikahersteller haben Biosimilars bisher nicht zu einem ähnlichen Preisverfall nach dem Patentauslauf geführt, wie die Generika. So liegen die Preise für Biosimilars nicht wie bei den Generika üblich um ein Vielfaches, teilweise zwischen 70% und 90%, niedriger als die Preise der Originalpräparate, sondern lediglich bei 10% bis 25% weniger, was bei den hohen Preisen von Biopharmazeutika allerdings dennoch eine erhebliche Kostenreduktion für die Krankenkassen bedeuten kann und zusätzlich weiteren Patienten den Zugang zu solchen Medikamenten ermöglicht[87].

Zusammenfassend lässt sich also feststellen, dass die Bedeutung von Biosimilars für den Markt zwar rapide zunimmt, sich diese Entwicklung allerdings im Moment noch in den Anfängen befindet[88], was so auch für den Patentauslauf der Originalhersteller von Biopharmazeutika berücksichtigt werden muss und einen Einfluss auf die jeweiligen Strategien haben kann.

Nach dieser grundsätzlichen Erklärung der Tätigkeit der drei Hauptmarktakteure und deren Rollen vor und nach dem Patentauslauf werden nun die jeweils größten Hersteller aufgezeigt. Auffällig ist, dass der deutsche Markt dem internationalen Markt in Sachen Marktteilnehmer stark ähnelt und dass die größten Unternehmen in Deutschland meist nur lokale Zweigstellen der international agierenden Großkonzerne sind. Weiterhin ist eine hohe Bedeutung der wirtschaftlich erfolgreichsten Medikamente zu beobachten, sodass teilweise sogar von einer Abhängigkeit der Unternehmen von eben diesen Medikamenten

---

86 Vgl. Dingermann, T./Zündorf, I. (2013): Nicht gleich, aber ähnlich; Biotechnologie-Industrie-Organisation (2012).

87 Vgl. Schüller, T. (2017); Sucker-Sket, K. (2014): Biosimilars den Weg bereiten.

88 Bis 2020 wird der Anteil der Biosimilars am Markt der Biopharmazeutika auf vier bis zehn Prozent geschätzt, vgl. Glöckner, T. (2016): Biosimilars versus Biologika.

gesprochen werden kann, da teilweise bis zu ca. 65% der Gesamteinnahmen durch ein Medikament erzielt werden. Dies unterstreicht einmal mehr die Bedeutung des Forschungsgegenstandes dieser Dissertation, da ein Patentauslauf dieser Medikamente offensichtlich schwerwiegende Einschnitte in die Finanzlage eines Unternehmens bedeuten würde, wenn keine sinnvolle und effektive Patentauslaufstrategie angewandt werden würde. Dies zeigt auch die folgende Abbildung (Abbildung 3) der zehn weltweit größten Pharmaunternehmen mit Verkaufszahlen und dem jeweils umsatzstärksten Medikament – auffällig hier auch die hohe Dichte an Biopharmazeutika (angezeigt in kursiv):

	Verkaufszahlen 2016 in USD Mrd.	**Umsatzstärkstes Medikament 2016 (in USD Mrd.) Kursiv gedruckt: *Biopharmazeutika***
Pfizer	45,9	*Prevnar 13* (5,7)
Novartis	41,6	*Gleevec* (3,3)
Roche	39,6	*Rituxan* (7,4)
Merck & Co.	35,6	Januvia (3,9)
Sanofi	34,2	*Lantus* (6,3)
Johnson & Johnson	31,7	*Remicade* (6,2)
Gilead Sciences	30,0	Harvoni (9,1)
GlaxoSmithKline	27,8	Adavir (4,7)
AbbVie	25,3	*Humira* (16,1)
Amgen	21,9	*Enbrel* (6,0)

Abbildung 2: *Die zehn größten Pharmaunternehmen weltweit*[89]

Betrachtet man nun die umsatzstärksten Originalhersteller in Deutschland, so wird ein ähnliches Bild sichtbar: so gehörten im Jahr 2016 Novartis, Roche, Sanofi, Pfizer, Bayer, Gilead Sciences, Teva, Merck & Co (in Deutschland als MSD tätig), Johnson & Johnson, sowie AbbVie zu den Top Ten der umsatzstärksten Unternehmen[90].

Auf der anderen Seite bilden die Hersteller von Nachahmerprodukten, neben der Konkurrenz aus den eigenen Reihen der forschenden pharmazeutischen

89 Quelle: eigene Darstellung, in Anlehnung an Christel, M. (2017): Pharm Exec's Top 50 Companies 2017.

90 Vgl. Sucker-Sket, K. (2016): Gilead und AbbVie verdrängen Stada.

Hersteller, einen recht schwer zu kontrollierenden Teil des Marktes. Ebenso wie bei den forschenden Herstellern vereinen auch die zehn größten Hersteller[91] von Generika ca. 53% des Apothekenumsatzes und ca. 65% der Packungsausgabe der gesamten Generikaabgaben auf sich. Vom Gesamtmarkt der Apotheken bleibt die Ausgabenmenge weiterhin recht hoch mit 53%, allerdings beläuft sich der Generikaumsatz in Apotheken im Vergleich mit Originalherstellerprodukten lediglich auf 21%. Die zehn größten Hersteller sind: Ratiopharm (Teva), Hexal (Novartis), Aliud Pharma (Stada), 1A Pharma (Novartis), Zentiva Pharma (Sanofi), TAD (KRKA), Heumann (Torrent), ABZ Pharma (Teva), MEDAC (MEDAC), und Stada (Stada)[92]. Neben den großen Generikaherstellern gibt es besonders im Markt der Biosimilars noch weitere spezialisierte Biotechfirmen oder sogar branchenfremde Firmen, welche durch Kooperationen mit Pharmaunternehmen in den Markt einsteigen, meist aus der Technologiebranche (z.B. Samsung)[93].

Diese Auflistung lässt eine Einteilung in drei große Obergruppen zu: so finden sich reine Hersteller von Generika oder Biosimilars, Unternehmen, welche zu forschenden Herstellern gehören, oder Zusammenschlüsse von unterschiedlichen Herstellern. Hierbei ist ebenfalls auffällig, dass die erfolgreichsten Hersteller von Biosimilars oder Generika hochpreisige Medikamente anbieten. Die erzielten Gewinne werden dann oftmals durch aufwendige Vermarktungsmaßnahmen so eingesetzt, dass ihre Markenpräsenz den Originalherstellern in Bekanntheit nicht nachstehen oder diese sogar überstrahlen[94]. Kleinere und preisgünstige Hersteller hingegen können in den wenigsten Fällen von derart großen Marketingbudgets zehren und somit müssen sie oftmals sogar ohne Außendienst tätig sein, was auch den Markt der Generikahersteller über kurz oder lang zu einem noch zentralisierteren Markt werden lässt[95].

Abgesehen von diesen Herstellergruppen sind besonders im Fall des Patentauslaufs eines verschreibungspflichtigen Medikaments noch eine Reihe von weiteren Stakeholdern betroffen. Besonders für die in dieser Dissertation fokussierten marketingbasierten Patentauslaufstrategien ist eine gezielte Analyse der Parteien, welche an der Entscheidung, welches Medikament einem Patienten

---

91 Im Sinne von Umsatz des Jahres 2016.

92 Vgl. IMSPharmaScope (2017): Führende Hersteller im Apothekenmarkt der Generika im Jahr 2016.

93 Vgl. Zylka-Menhorn, V./Korzilius, H. (2014): S. A452.

94 Bedingt durch das Vermarktungsverbot von verschreibungspflichtigen Medikamenten.

95 Vgl. Raasch, A.-C. (2006): S. 8ff.

nach dem Patentauslauf ausgehändigt wird, beteiligt sind, von großer Bedeutung. Das folgende Kapitel widmet sich genau dieser Aufarbeitung.

2.2.2 Die möglichen Adressaten von Patentauslaufstrategien

Die pharmazeutische Branche hat vier primäre Stakeholder, die in die Versorgungskette mit einem Medikament involviert sind und sich somit als mögliche „Adressaten" einer Patentauslaufstrategie eigenen würden. Dies ist bedingt durch die angesprochene, schwierige, gleichzeitig aber auch charakteristische Trennung von Angebot und Nachfrage sowie Kostenübernahme[96]. Im Fall der verschreibungspflichtigen Medikamente fallen nicht nur die Wahl des Produktes und der letztendliche Konsum dieser auseinander, sondern auch die Bezahlung des Produkts erfolgt durch eine andere Partei als die erste Auswahl oder der Konsum des verschriebenen Arzneimittels. Daraus ergibt sich ein interdependentes Einflusssystem, welches auch als „Sozialrechtliches Dreiecksverhältnis" (wenngleich teilweise auch noch mehr Akteure beteiligt sein können) bezeichnet wird[97]. Sowohl das Verhalten, als auch die individuelle Situation und gesammelten Erfahrungen eines jeden Einzelnen der folgenden vier Parteien führen – selbstredend zu einem unterschiedlichen Grad – zu der letztendlichen Auswahl eines Medikaments: zum einen (1) der Patient selbst, (2) der behandelnde und vor allem verschreibende Arzt, (3) der Apotheker und nicht zuletzt auch (4) die Krankenversicherungen, welche durch die Übernahme der Kosten einer Patientenbehandlung stets an einer möglichst kostengünstigen, aber zu gleich effektiven Behandlung interessiert sind[98]. Diese vier Parteien werden deshalb als Adressaten beschrieben, weil sie in unterschiedlicher Konzentration – zumindest aus Marketingsicht – alle Empfänger von Patentauslaufstrategien der pharmazeutischen Branche sein können. Im Folgenden werden daher alle vier Stakeholder und deren individuelle Rollen nach dem Patentauslauf kurz beschrieben, um Ansatzpunkte für mögliche marketinggestützte Patentauslaufstrategien zu geben.

2.2.2.1 Die Patienten

Die zwar sicherlich bedeutendste, jedoch, bedingt zum einen durch die fachliche Informationsasymmetrie und zum anderen die rechtlichen Restriktionen, am wenigsten direkt ansprechbare Partei der Patentauslaufstrategien sind die

96 Vgl. Schachinger, A. (2014): Der digitale Patient, S. 15.
97 Vgl. Mandl, J. (2012): Rabattverträge über patentgeschützte Arzneimittel, S. 17.
98 Vgl. Schweitzer, A./Siewert, M. (2011): S. 649.

Patienten selbst. Das Wohl der Patienten sollte zu jeder Zeit im Produktlebenszyklus, sprich auch im Patentauslauf, stets an oberster Stelle stehen[99], weshalb der Patient auch in dieser Auflistung als erste mögliche Zielgruppe genannt wird.

Im Allgemeinen können Patienten in Deutschland auf eine gesicherte Gesundheitsversorgung zurückgreifen, welche auf der Krankenversicherungspflicht beruht[100]. Hierbei teilt sich der Versicherungsmarkt in private und gesetzliche Versicherungen auf. Während ca. 90% der Bevölkerung durch eine gesetzliche Krankversicherung (GKV) versichert ist, werden die übrigen ca. 10% durch private Krankenversicherungen (PKV) versorgt[101]. Der Versicherungsschutz eines jeden Patienten hat einen großen Einfluss auf die Medikamentenausgabe und somit auf die Situation nach dem Patentauslauf eines Originalpräparats, wie die folgenden Unterkapitel aufzeigen werden. Da die Hauptgruppe der Patienten allerdings aus den gesetzlich-versicherten Patienten besteht, wird sich diese Dissertation nachfolgend primär auf die Regelungen für gesetzlich-versicherte Patienten fokussieren, da diese meist gleichermaßen oder in besserem Maße[102] ebenfalls für die Privatversicherten gelten. Der Sonderfall der privatversicherten Patienten wird in dieser Dissertation nicht näher betrachtet, da die meisten privaten Krankenversicherungen die Verschreibung von Originalpräparaten auch nach dem Patentauslauf übernehmen und dieses Szenario somit für die Fragestellung dieser Dissertation kein Problem darstellt.

2.2.2.1.1 Die Anspruchshaltung von Patienten

Auch wenn der Patient grundsätzlich abgesichert ist, ist seine Einflussnahme auf die Verschreibung eines Medikaments aus genannten und natürlich sinnvollen Gründen zunächst beschränkt. Dies wird auf der einen Seite von einigen Patienten als nicht weiter bedenklich angesehen, da sie kein besonderes

---

99 Wenngleich den meisten Pharmaunternehmen dies im Fall des Patentauslaufs von der öffentlichen Meinung aberkannt wird und oftmals auf die primäre Gewinnoptimierungsabsicht der Unternehmen verwiesen wird.

100 So ist die Aufgabe von Krankenversicherungen die „Absicherung der Versicherten gegen das Risiko und die Folgen von Krankheiten", da die Kosten für Behandlungen oftmals nicht direkt vom Patienten selbst getragen werden können, da diese häufig mit einem Verdienstausfall assoziiert werden müssen. Um also die wirtschaftliche Grundlage dieser Personen nicht zu gefährden, übernehmen die Krankenversicherungen zu einem Großteil die anfallenden Kosten gem. §31 I SGB V und §§15 I, 73 II 1 Nr. 7 SGB V, vgl. Mandl, J. (2012): S. 15ff.

101 Vgl. Ebenda, S. 15f.

102 Auch im Sinne der Hersteller besser, wie die folgenden Absätze zeigen werden.

Informationsinteresse haben und sich daher auch nicht aktiv in die Verschreibung ihres Medikaments einbringen möchten[103]. Bspw. bei einer kurzzeitigen Erkrankung oder einer erstmaligen Verschreibung kann dies oft der Fall sein. Diese Patienten werden sich daher auch nicht im Fall des Patentauslaufs für ein bestimmtes Medikament einsetzen und werden daher für die Patentauslaufstrategien nicht weiter beachtet, da bei fast jeder Veränderung von Rahmenbedingungen – sei es im Gesundheitswesen oder auch im Konsumgüterbereich – meist ein gewisser Teil der ehemaligen Zielgruppe verloren gehen kann.

Auf der anderen Seite gibt es eine immer größer werdende Gruppe an Patienten, die sich aktiv in ihre Gesundheitsversorgung einbringen und ebenfalls in die Verschreibungspraxis ihres Arztes eingebunden werden möchten[104]. Diese Thematik wurde in den letzten Jahren vermehrt unter dem Begriff „Patient Empowerment" gefasst[105]. Zu diesen Patienten zählen immer mehr einfach gesundheitlich aufgeschlossene Personen, die sehr daran interessiert sind, was ihrem Körper zugeführt wird. Eine weitere Gruppe an Patienten, welche aufgrund der Langwierigkeit ihrer Erkrankung tendenziell involvierter in ihrer Gesundheitsversorgung sind als andere Patienten, ist die immer größer werdende Gruppe der chronisch kranken Patienten[106]. So gelten in Deutschland mittlerweile im Durchschnitt über 40% der Patienten als chronisch krank, ab einem Alter von Mitte 40 steigt diese Zahl sogar teilweise auf über 50% und bei den Patienten ab 65 Jahre teilweise auf nahezu 60%[107]. Doch auch wenn diese Patienten vermeintlich eher versuchen würden, auf die Verschreibung ihres behandelnden Arztes Einfluss zu nehmen, vielleicht sogar den Wunsch nach einem spezifischen Medikament äußern und interessiert an ihrer Versorgung sind, ist die Erfüllung dieses Wunschs nicht immer einfach[108]. So haben zum einen die Wirtschaftlichkeitsvorgaben an Ärzte und der Versicherungsschutz eines jeweiligen Patienten eine

103 Vgl. Müller, C.-H. (2011): Zum Verhältnis Patient-Kunde-Arzt – Zukunft der ambulanten ärztlichen Versorgung, S. 102.

104 Vgl. Fritzen, F. (2014): Patienten wollen nur die Originaltablette.

105 Siehe hierzu Fußnote 46 und für eine weiterführende Beschreibung der Beziehung zwischen Arzt und Patient vor dem Hintergrund dieser Entwicklung ab S. 41.

106 „Als chronische Krankheiten werden lang andauernde Krankheiten bezeichnet, die nicht vollständig geheilt werden können und eine andauernde oder wiederkehrend erhöhte Inanspruchnahme von Leistungen des Gesundheitssystems nach sich ziehen", Lange, C./Ziese, T. (2014): Daten und Fakten: Ergebnisse der Studie „Gesundheit in Deutschland aktuell 2012", S. 41.

107 Vgl. Ebenda, S. 42.

108 Vgl. Drerup, D. (2013): S. 25.

beeinflussende Wirkung auf das Verschreibungsverhalten – wie die folgenden Unterkapitel noch weiter unterstreichen werden – und auf der anderen Seite determiniert die individuelle Beziehung zwischen Arzt und Patient, inwieweit die Meinung des Patienten in der Behandlung berücksichtigt wird.

2.2.2.1.2 Modelle der Arzt-Patienten-Interaktion

Grundsätzlich werden hier eine Vielzahl an Beziehungstypen unterschieden, für diese Dissertation werden drei maßgebliche Beziehungstypen vorgestellt, welche im jeweiligen Einbeziehungsgrad des Patienten differieren: (1) das „Paternalistische Modell", das dem paternalistischen Modell gegensätzliche (2) „Partnerschaftliche Modell", und (3) das „Serviceorientierte Modell"[109]. Diese Typen zeigen auch auf, dass die Möglichkeit, als involvierter Patient proaktiv Einfluss auf die Verschreibungspraxis des Arztes zu nehmen, in der Praxis so nicht immer gegeben oder vom Arzt gewollt ist[110].

(1) Im Wesentlichen bildet das paternalistische Modell eine väterlich-fürsorgliche Rolle des Arztes ab, der für den ihm fachwissenstechnisch unterlegenen Patienten Entscheidungen treffen kann und teilweise sogar muss. Dieses Modell findet sicherlich in Notfallsituationen seine Berechtigung, kann aber ansonsten im alltäglichen Praxisleben als eher antiquiert tituliert und vor

---

109 Wenn auch die unterschiedlichen Beziehungstypen alle ihre individuellen Vor- und Nachteile für die beiden beteiligten Parteien haben, so haben sie sicherlich alle in den unterschiedlichen Situationen, die im Alltagsgeschäft auftreten können, ihre Berechtigung und die hier dargestellte Sichtweise soll keinesfalls eine generelle Wertung oder Darstellung einer optimalen Beziehung zwischen Arzt und Patient sein. Zusätzlich sei an dieser Stelle betont, dass auch wenn die Modelle hier jeweils zueinander abgegrenzt dargestellt werden, dies in der Realität nicht immer so vorkommt, sondern eher Mischformen aus den unterschiedlichen Kommunikations- und Handlungsarten entstehen. Oftmals ändert sich dies auch im Verlauf einer Krankheit, entsprechend der individuellen Situation, in der sich der Patient befindet, vgl. hierzu Koenen, A.-K. (2013): Individuelle Gesundheitsleistungen – Fluch oder Segen für die medizinische Versorgung in Deutschland?, S. 13; Hibbeler, B. (2011): Was ist ein „guter Arzt"?, S. A2759f; Schweickhardt, A./Fritzsche, K. (2009): Kursbuch ärztliche Kommunikation, S. 25ff; Langkafel, P./Lüdke, C. (2008): Breaking Bad News: Das Überbringen schlechter Nachrichten in der Medizin, S. 19; Klemperer, D. (2005): Shared Decision Making und Patientenzentrierung – vom Paternalismus zur Partnerschaft in der Medizin, S. 72.

110 Abgesehen davon, dass eine bestimmte Verschreibung noch immer nicht den letztendlichen Erhalt eines Medikaments garantiert, wie die folgenden Kapitel darstellen werden.

allem oftmals von den Patienten als nicht mehr akzeptiert angesehen werden[111]. Die Meinungen der Patienten werden für die Entscheidungsfindung nicht berücksichtigt, was dadurch ein hohes Vertrauen in den Mediziner voraussetzt, da dieser ebenso leicht eine bspw. für ihn persönlich wirtschaftlich sinnvollere Entscheidung treffen kann, welche allerdings nicht immer den individuellen Bedürfnissen des Patienten entsprechen muss[112]. Dies ist besonders vor dem Hintergrund der Patentausläufe relevant, da ein Arzt demnach verschreiben könnte, was seiner persönlichen Zielsetzung entspricht, statt den Wunsch des Patienten miteinzubeziehen (was in diesem Fall meist zur Folge hat, dass der Patient gegen seinen Wunsch von einem Originalpräparat auf ein Generikum umgestellt wird)[113]. Nicht nur, aber auch aus diesem Grund, ist diese Form der Beziehung zwischen Arzt und Patient daher mittlerweile nicht mehr zeitgemäß.

(2) Vielmehr rückt heutzutage das partnerschaftliche Modell in den Vordergrund, in welchem die gemeinsame Entscheidungsfindung fokussiert wird und der immer besser informierte Patient seine Meinung einbringen kann und sogar sollte und somit zu einem (zumindest was die Entscheidungsmacht betrifft) nahezu gleichgestellten Partner während des Krankheitsverlaufs wird[114]. Diese partizipierende Entscheidungsfindung beruht dabei nicht ausschließlich auf den medizinischen Daten eines Patienten, sondern vielmehr auch auf der emotionalen oder psychologischen Verfassung des Patienten[115]. Daher ist diese Form der Beziehung besonders bei langfristigen Behandlungen als vorteilhaft und vor allem realistischer einzustufen[116]. Es setzt allerdings voraus, dass sich der Patient einbringen möchte und vor allem von seinem bisher genutzten, patentgeschützten, verschreibungspflichtigen Medikament überzeugt ist und es keine medizinisch überlegenen Produkte auf dem Markt gibt, welche ihn oder seinen Arzt zu einem Wechsel in Richtung eines anderen patentgeschützten Wirkstoffs bewegen

111 Wenngleich es sicherlich immer noch eine große Zahl an meist älteren Patienten gibt, die diese „Bevormundung" durch den Arzt schätzen, vgl. Hibbeler, B. (2011): S. A2760.
112 Vgl. Schweickhardt, A./Fritzsche, K. (2009): S. 28.
113 Vgl. Bürger, C. (2003): Patientenorientierte Informationen und Kommunikation im Gesundheitswesen, S. 20.
114 Vgl. Hibbeler, B. (2011): S. A2760; Langkafel, P./Lüdke, C. (2008): S. 21; Bürger, C. (2003): S. 20.
115 Vgl. Langkafel, P./Lüdke, C. (2008): S. 21.
116 Vgl. Schweickhardt, A./Fritzsche, K. (2009): S. 33.

könnten[117]. So könnte besonders bei chronisch-kranken Patienten, welche seit Jahren auf ein bestimmtes Arzneimittel und ihren Arzt vertrauen, dies eine Basis für eine Patentauslaufstrategie sein. Da der Behandlungsverlauf gerade dieser Patienten mittlerweile als besonders partnerschaftlich angesehen werden kann, stellt sich hier die Frage, wie diese emanzipierten Patienten erreicht werden können[118]. Ähnlich wie bei Konsumgütern können hier insbesondere digitale Meinungsführer oder grundsätzlich digital gesammelte Informationen einen Einfluss auf das Verhalten der Patienten haben und den Wunsch nach Selbstbestimmung oder sogar nach einem spezifischen Medikament begünstigen, welcher dann, bedingt durch die gute Beziehung, durchaus in die Verschreibungspraxis des Arztes einbezogen werden kann[119].

(3) Dies führt daher in einigen Fällen sogar hin zu einem eher serviceorientierten Modell der Interaktion zwischen Patienten und Arzt. Hierbei kann der Arzt eher zum Anbieter gewisser medizinischer Leistungen werden, was den Patienten teilweise wieder zum Kunden im originären Sinne (Erwerb oder Inanspruchnahme einer Leistung gegen eigene Bezahlung) – bis sogar im Sinne von Konsumgütern – werden lässt[120]. Sollte es bspw. mehrere Ärzte geben, welche eine ähnliche Behandlungsmethode anbieten, ist der Patient durchaus frei in der Wahl seines behandelnden Mediziners[121]. Ähnliches gilt für die Wahl des Arzneimittels, welches der „Kunde" am Ende erhält, selbst

---

117 Auf der anderen Seite finden sich jedoch eine Vielzahl an Patienten, die eventuell noch mit Nebenwirkungen kämpfen oder erst seit kurzem ein verschreibungspflichtiges Originalpräparat nutzen, und daher im Zweifel entweder den Versuch eines neuen Medikaments gutheißen oder bisher keine dauerhafte Beziehung zu Marke oder Produkt aufbauen konnten, sodass ein Wechsel als ambivalent gesehen wird, solange ein ebenbürtiger Heilungsprozess vorhergesagt wird.

118 Diese Beziehung ist daher partnerschaftlich, da sich die Patienten immer stärker mit ihrer Krankheit und den zur Verfügung stehenden Medikamenten auseinandersetzen, für Biopharmazeutika vielleicht in Patienten-Support-Programmen eingeschrieben sind und so auch aktiv in den Heilungsprozess eingreifen möchten. Vgl. Fritz, W., et al. (2008): Direct-to-Consumer (DTC)-Marketing auf dem deutschen Pharmamarkt – Stand und Entwicklungschancen, S. 1.

119 Vgl. Schachinger, A. (2014): S. 17; Fritz, W., et al. (2008): S. 1.

120 Zu beachten ist dennoch, dass auch in dieser Situation der Patient meist nicht die Kosten der Behandlung trägt, sondern dies nur bei individuellen Gesundheitsleistungen oder besonderem Wunsch einer bestimmten Behandlung tut. Vgl. Krones, T./Richter, G. (2008): Ärztliche Verantwortung: das Arzt-Patient-Verhältnis, S. 822.

121 Vgl. Schweickhardt, A./Fritzsche, K. (2009): S. 28; Langkafel, P./Lüdke, C. (2008): S. 20.

wenn dies dann nicht mehr direkt durch die Beziehung zwischen Arzt und Patient bestimmt wird. Sollte also ein Arzt dem Patienten nicht das von ihm gewünschte Arzneimittel verschreiben, bleibt dem Patienten immer noch die Möglichkeit, einen anderen Mediziner aufzusuchen oder direkt sein Wunschmedikament gegen eigene Zuzahlung zu erhalten. Dieses Vorgehen der eigenen Zuzahlung für eine gewünschte, medizinisch notwendige oder sogar nur teilweise notwendige Behandlung, ist grundsätzlich keine Seltenheit in der deutschen Gesundheitsversorgung. So werden bspw. einige gängige ärztliche Leistungen nicht (mehr) von den gesetzlichen Krankenkassen übernommen, welche dann von den Patienten selbst bezahlt werden müssen[122]. Diese sog. individuellen Gesundheitsleistungen sind – wobei die deutsche Gesundheitsversorgung sicherlich im internationalen Vergleich sowieso bereits als sehr gut bezeichnet werden muss – mittlerweile (bedingt durch die kostensparende Unterversorgung der gesetzlichen Krankenkassen) teilweise zum Alltag für die Patienten geworden. Dieses Konzept könnte also auch auf die Medikamentenausgabe als zusätzliche Option übertragen werden, denn Patienten sind grundsätzlich an Zuzahlungen bei bestimmten Gesundheitsleistungen, aber auch bei Medikamenten, gewöhnt. Hinzu kommt die stetig sinkende Zahl der zuzahlungsfreien Medikamente[123]. Grundsätzlich gilt, dass Patienten ein bestimmtes Wunschmedikament auf eigene Rechnung – bzw. zumindest durch eigene Zuzahlung – erhalten können, natürlich nur sofern die Substitutionsvoraussetzungen[124] gem. §129 I 5 SGB V erfüllt sind[125]. Für dieses Wunschmedikament übernehmen Versicherte zunächst selbst die Kosten, können aber eine teilweise Erstattung ihrer Krankenkasse erhalten. Natürlich mag es eine Reihe an Medikamenten geben, besonders bei den Biopharmazeutika, für die die Kosten derart hoch wären, dass diese Option für einige Versicherte nicht in Frage kommen kann. Besonders für chemisch-synthetisch hergestellte Medikamente kann es jedoch von Vorteil sein, dass das Gesundheitsbewusstsein bei den meisten

---

122 Vgl. Fritz, W., et al. (2008): S. 8. Ein typisches Beispiel sind oftmals Vorsorgeuntersuchungen, vgl. Müller, C.-H. (2011): S. 100.

123 Vgl. ProGenerika (2015): Generika in Deutschland, S. 16.

124 Als substituierbar gelten Medikamente, die sowohl einen identischen Wirkstoff als auch Wirkstoffstärke haben, deren Darreichungsform gleich oder zumindest austauschbar ist, für die das gleiche Anwendungsgebiet vorliegt und ein gleiches Packungsgrößenkennzeichen gem. §31 IVSGB V aufweist; vgl. §129 I 2 SGB V.

125 Vgl. Trieb, H. (2014): §29 Verordnung von Arzneimitteln, S. 535.

Patienten mittlerweile so stark gestiegen ist, da das „Wunscharzneimittel gegen Zuzahlung“ durchaus als Option der Patentauslaufstrategie bedacht werden könnte[126].

2.2.2.1.3 Patientenübergreifende Entwicklungen

Über all den vorgestellten Beziehungsarten steht eine Stoßrichtung, welche die Branche seit Jahren prägt: die Patientenzentrierung oder -orientierung[127]. Da mittlerweile von den unterschiedlichen Stakeholdern allübergreifend die wichtigste Rolle in der Versorgung den Patienten zugewiesen wurde, orientiert sich die Branche auch vielfach an den Wünschen der Patienten, was gleichzeitig auch die grundsätzliche Definition von Patientenorientierung darstellt[128]. So ist diese Grundausrichtung der Tätigkeiten nach dem Patentauslauf auch für die Formulierung von Patentauslaufstrategien stets als Leitmaxime zu verstehen.

Neben den einzelnen Patienten gibt es weiterhin auch die Zusammenschlüsse von Patienten zu Patientenverbänden. Auch diese übergreifenden Patientengruppen für den Patentauslauf zu nutzen, könnte einen Ansatz für Patentausläufe darstellen. Dennoch ist der Umgang mit diesen Gruppen noch deutlich stärker mit einer negativen Konnotation belastet, sodass häufiger der Vorwurf aufkommt, dass gewisse Interessensverbände zu sehr von der Industrie beeinflusst werden oder diese sogar proaktiv für eine Gegenleistung unterstützen könnten[129]. Daher ist eine Zusammenarbeit mit diesen Verbänden durchaus vorsichtig zu betrachten und scheint teilweise noch anfälliger für Kritik zu sein als die direkte Interaktion mit den Patienten selbst.

Aufbauend auf der besonderen Stellung der Patienten, der heutzutage immer stärker auftretenden Patientenorientierung sowie Patientenemanzipation, macht dies die „Mitarbeit“ des Patienten im Patentauslauf zu einer möglichen Option für das Arzneimittelmarketing, welche gerade vor den eben angesprochenen Bewegungen näher betrachtet werden sollte.

---

126 Inwiefern dies tatsächlich vor dem Hintergrund der Branche und den rechtlichen Anforderungen an diese möglich ist, wird sich in den nächsten Kapiteln zeigen.

127 Vgl. VFA (2017): vfa-Positionspapier Patientenzentrierung; Burmann, C., et al. (2011): Customer Centricity as a Key to Success for Pharma, S. 51ff; Schweickhardt, A./Fritzsche, K. (2009): S. 34; Bürger, C. (2003): S. 18f.

128 Vgl. und siehe weiterführend Ose, D. (2011): Patientenorientierung im Krankenhaus: Welchen Beitrag kann ein Patienten-Informations-Zentrum leisten?, S. 35f.

129 Vgl. bspw. Viciano, A. (2018): Fragwürdiger Einfluss der Patientenvertreter.

2.2.2.2 Die Ärzte

Wenngleich die direkte Einflussnahme des Patienten in den letzten Jahren zugenommen hat, kann diese dennoch nur durch die Arzt-Patienten-Interaktion wirklich Auswirkungen haben, was die wichtige Rolle des Arztes erneut unterstreicht. Schließlich ist es fast immer der behandelnde Arzt, der über die Verschreibung eines bestimmten Medikaments entscheidet. Selbst unter Einbeziehung der Patientenmeinung oder geäußerten Präferenzen ist der Arzt maßgeblicher Entscheider über Wirkstoffklasse, Substanz und konkretes Präparat, da er das Rezept am Ende ausstellt. Dennoch muss auch hier relativierend festgestellt werden, dass die *abschließende* Entscheidung, welches chemisch-synthetische Medikament[130] der Patient am Ende erhält, mittlerweile, basierend auf den Rabattverträgen, auch stark durch die Krankenkassen und partiell durch Apotheker beeinflusst wird (siehe hierzu das Unterkapitel über die Apotheken und Krankenkassen). Anders ist hier die Situation für die Biopharmazeutika, bei denen die Rechtslage noch eher die Wahlfreiheit und Verschreibung des Arztes schützt und unterstützt. Daher bilden Ärzte die zweite große Stakeholder Gruppe, die in die Verschreibung eines Medikaments und somit auch in die Situation nach dem Patentauslauf maßgeblich involviert ist.

2.2.2.2.1 Das Verschreibungsverhalten für chemisch-synthetische Medikamente

Das Verschreibungsverhalten des Arztes ermöglicht den starken oder weniger erfolgreichen Eintritt von generischer Konkurrenz in einen bestimmten Indikationsmarkt – besonders im Bereich der Biopharmazeutika – während dies für chemisch hergestellte Medikamente nur noch teilweise der Fall ist[131]. Da die grundsätzliche Lösung für Originalhersteller, einfach weiterhin das Originalpräparat zu verschreiben, in diesem Fall viel zu lapidar und kurzsichtig ist, muss hier die – wie im vorherigen Absatz bereits beschrieben – letztendliche Verschreibungsfreiheit des Arztes beleuchtet werden. Diese wird in der Realität nicht immer von rein-medizinischen Argumenten getrieben, sondern teilweise von ökonomischen Vorschriften diktiert. Oftmals kritisiert, aber dennoch bis

130 Hier wird eine klare Unterscheidung zwischen chemisch-synthetischen Medikamenten und Biopharmazeutika getroffen, da die Ausgabe von Biopharmazeutika noch nicht annähernd so von einer kostengetriebenen Erstattungspraxis beeinflusst wird. Der Fall der Biopharmazeutika wird ab S. 49 detaillierter aufgegriffen.

131 Vgl. Dunne, S. S., et al. (2014): Beliefs, Perceptions and Behaviours of GPs Towards Generic Medicines, S. 467.

dato nicht abschließend gelöst, verlangt das Gesundheitssystem in Deutschland – wie bereits angesprochen – auch die Wirtschaftlichkeit ärztlichen Handelns im Allgemeinen und Verschreibungsverhalten im Speziellen. Da dieses Verschreibungsverhalten unterschiedlich für die Verschreibung von chemisch-synthetischen Medikamenten und Biopharmazeutika sein kann, werden nun im ersten Schritt die klassischen Generika und im zweiten Schritt die Biopharmazeutika und ihre Nachahmerprodukte behandelt.

So sind Ärzte besonders im Fall der chemisch-synthetischen Generika an gewisse Zielvorgaben der gesetzlichen Krankenkassen gebunden. Diese sehen primär vor, ressourcenschonend zu verschreiben, was in der Realität eine möglichst hohe Anzahl von günstigen Alternativprodukten, konkret den Generika, und eine deutlich geringere Verschreibungsmenge der teuren Originalpräparate bedeutet[132]. Dies unterstreicht, dass Ärzte stets angehalten sind, zwar im besten Interesse des Patienten, aber eben auch gleichzeitig wirtschaftlich gem. dem sozialrechtlichen Wirtschaftlichkeitsgebot (§12 I SGB V) zu handeln[133]. Daher werden sie letztendlich auch für ihr Verschreibungs-verhalten und die verursachten Kosten verantwortlich gemacht, sollten sie bspw. ihre „Zielquote" der Kassenärztlichen Vereinigung nicht erfüllen können[134]. Um die Erfüllung ihrer Vorgaben zu erreichen, bleibt den Ärzten nur die Möglichkeit, ein bestimmtes Medikament oder einen Wirkstoff zu verschreiben, den erhofften Wirkeintritt der Therapie jedoch mit der *Aut-idem*-Regelung auch durch ein Generikum herbei zu führen. Diese (dt. „oder Gleiches") Regelung hält den Apotheker, bei dem das Rezept eingelöst wird dazu an, die günstigere generische Alternative zu dem verschriebenen Medikament oder Wirkstoff auszugeben, da der Arzt durch diese Regel ein wirkstoffgleiches Generikum nicht aktiv ausschließt[135]. Durch die in dieser Arbeit zu diskutierenden Rabattverträge bleibt den Ärzten somit die finale Einflussnahme auf ein konkretes Medikament oftmals praktisch verwehrt[136].

Dies führt allerdings nicht selten auch zu Problemen, da die meist so wichtige Adhärenz, also Therapietreue der Patienten, durch den Austausch gegen

---

132 Vgl. Drerup, D. (2013): S. 25.

133 Gemäß diesem Gebot „müssen die Leistungen ausreichend, zweckmäßig und wirtschaftlich sein und dürfen das Maß des Notwendigen nicht überschreiten", Mandl, J. (2012): S. 17.

134 Vgl. Drerup, D. (2013): S. 25.

135 Vgl. Ebenda, S. 29; Fricke, F. U. (2008): Steuerungsinstrumente in der Arzneimittelversorgung, S. 53.

136 Vgl. Drerup, D. (2013): S. 25f.

ein Generikum gestört werden kann[137]. Zusätzlich können auch bisher nicht eingetretene Nebenwirkungen entstehen, da die Generika zwar bioäquivalent sein müssen, allerdings doch im Durchschnitt eine Abweichung der Wirkweise der Generika im Vergleich zum Originalpräparat von maximal 4% aufweisen, was bspw. an unterschiedlichen Trägerstoffen liegen kann[138]. Durch eine neuerliche Kombination der unterschiedlichen Wirkstoffe kann es daher zu neuen Nebenwirkungen kommen[139]. Natürlich kann daran kein Arzt interessiert sein, da schon aus rein emotionalen Gründen ein Interesse am Wohle des Patienten besteht. So können durchaus persönliche Beziehungen, aber auch gesammelte Erfahrungen mit dem Medikament oder situationsbedingte Umstände das Verhalten im Umgang mit den verschreibungspflichtigen Medikamenten beeinflussen[140]. Weiterhin gab es immer schon manche, wenn auch wenige, Ärzte, die Zweifel an der äquivalenten Wirksamkeit der Generika haben, was wiederum ihr Verschreibungs-verhalten beeinflusst[141]. Die Rationale dahinter ist vielfältig. So zeigten einige teilweise internationale Studien, dass Ärzte bspw. dann eine eher negative Assoziation zu Generika haben, sollten sie von ausländischen Unternehmen hergestellt werden[142] – dies ist allerdings eher ein internationales, als ein deutsches Problem. Des Weiteren gaben einige Mediziner – dies sogar in einer deutschen Studie – an, dass sie, sollten sie Medikamente für sich selbst

---

137 Vgl. Faasse, K., et al. (2016): Impact of Brand or Generic Labling on Medication Effectiveness and Side Effects, S. 187; Faasse, K., et al. (2013): The Effect of an Apparent Change to a Branded or Generic Medication on Drug Effectiveness and Side Effects, S. 94; Hakonsen, H., et al. (2009): Generic Substitution: Additional Challenge for Adherence in Hyertensive Patients?, S. 2520; Ringe, J. D./Möller, G. (2009): Differences in Persistence, Safety and Efficacy of Generic and Original Branded Once Weekly Bisphosphonates in Patients With Postmenopausal Osteoporosis: 1-year Results of a Retrospec- tive Patient Chart Review Analysis, S. 213ff.

138 Vgl. Dunne, S. S./Dunne, C. P. (2015): What do People Really Think of Generic Medicines? A Systematic Review and Critical Appraisal of Literature on Stakeholder Perceptions of Generic Drugs, S. 2; Davit, B. M., et al. (2009): Comparing Generic and Innovator Drugs: A Revie of 12 Years of Bioequivalence Data from the United States Food and Drug Administration, S. 1588.

139 Vgl. Drerup, D. (2013): S. 29; Fricke, F. U. (2008): S. 54.

140 Vgl. Dunne, S. S., et al. (2014): S. 469; Schweitzer, A./Siewert, M. (2011): S. 649f.

141 Hierzu liegen die letzten Studien aus dem Jahr 2013 (siehe Fußnote 147) vor, allerdings kann dies nach Wahrnehmung der Autorin auch heute noch so argumentiert werden. Vgl. Shrank, W. H., et al. (2011): Physician Perceptions About Generic Drugs, S. 34.

142 Vgl. Patel, A., et al. (2012): Quality of generic medicines in South Africa: perceptions versus reality – a qualitative study, S. 303.

verschreiben, tendenziell eher zu den Originalprodukten greifen würden, was ebenfalls eine gewisse Skepsis gegenüber den Generika illustriert[143]. Letztendlich bewerten aber einige Ärzte auch den Wirkmechanismus- oder zumindest den Placebo-Effekt - von Originalpräparaten als besser und können hier auch oftmals auf langjährige Erfahrungswerte zurückgreifen[144].

Auf der anderen Seite gibt es auch unter den Ärzten einen Großteil, der Generika verschreibt und die positiven Seiten der Substitute für die jeweiligen Gesundheitssysteme als überwiegend ansieht[145]. Daher verschreiben Ärzte Generika bspw. aufgrund des Kosteneinsparpotenzials bei sehr ähnlicher, teilweise sogar vollkommen gleicher Wirkung[146]. Weiterhin wird das Verschreibungsverhalten der Ärzte basierend auf dem Wiedererkennungswert der Generikahersteller und deren Reliabilität positiv beeinflusst[147]. Abschließend hat auch die Krankheit, welche behandelt wird, einen Einfluss, ob Generika verschrieben werden oder nicht[148].

2.2.2.2.2 Das Verschreibungsverhalten für Biopharmazeutika

Wie bereits mehrfach beschrieben, ändert sich diese Situation für die Verschreibung von Biopharmazeutika. Während für eine erstmalige Therapie eines Patienten durchaus die Nutzung von Biosimilars anerkannt ist, stellt besonders die Umstellung eines Patienten nach bisheriger Nutzung des Originalherstellerpräparats eine schwierige und individuell zu entscheidende Situation dar. Da hier die *Aut-idem*-Regelung für Biosimilars ausgeschlossen (bzw. nur für wenige, speziell gekennzeichnete Bioidenticals erlaubt) ist, spielt der Arzt mit seiner individuellen Entscheidung eine deutlich größere Rolle für den abschließenden Erfolg eines Präparats. Die primäre Verschreibungshoheit, außer bei Bioidenticals, liegt nämlich weiterhin bei ihm selbst[149] - was wiederum als wesentliche Ausgangslage für die Rolle des Patentauslaufs beachtet werden kann.

---

143 Vgl. Hamann, J., et al. (2013): Psychiatrists' Decision Making Between Branded and Generic Drugs S. 688.

144 Vgl. Ebenda, S. 687; Shrank, W. H., et al. (2011): S. 35.

145 Vgl. Dunne, S. S./Dunne, C. P. (2015): S. 17; Dunne, S. S., et al. (2014): S. 469.

146 Vgl. Dunne, S. S., et al. (2014): S. 469; Patel, A., et al. (2012): S. 303.

147 Vgl. Dunne, S. S./Dunne, C. P. (2015): S. 17.

148 So sind durchaus einige Medikamente von einem Austausch ausgeschlossen, zu diesen zählen etwa Antikoagulantien, Immunsuppressiva oder Schilddrüsenhormone. Vgl. DAP (2018): Substitutionsausschlussliste; Dunne, S. S., et al. (2014): S. 469.

149 Vgl. Dicheva, S., et al. (2017): Biosimilars.

2.2.2.2.3 Übergreifende Einflüsse auf das Verschreibungsverhalten

Weiterhin muss berücksichtigt werden, dass sich der Praxisalltag weiterentwickelt und durch eine extreme Schnelllebigkeit charakterisiert werden kann. Ein steigender bürokratischer Aufwand, die wachsende Vielfalt an unterschiedlichen Medikamenten sowie die versuchte Einflussnahme durch unterschiedliche Stakeholder der Branche auf die Entscheidungen der Ärzte überfordern diese teilweise und erschweren die Orientierung in der informationsüberladenen Angebotsvielfalt[150]. So betonten bereits Schweitzer und Siewert im Jahr 2011, dass eine intensive Auseinandersetzung mit Arzneimitteln im Praxisalltag nicht mehr vorgenommen werden kann - eine Aussage, die heute vor dem Hintergrund der immer komplexeren Arzneimittel noch stärker gilt[151]. Diese Determinanten, die das Verschreibungsverhalten von Ärzten wesentlich tangieren, sowie der Praxisalltag und die resultierende Unübersichtlichkeit der Angebote, stellen eine der wichtigsten Stellschrauben und Ansatzpunkte für Patentauslaufstrategien der forschenden Pharmaunternehmen dar. Letztendlich ist die Meinung eines Arztes über ein bestimmtes Medikament, besonders der Biopharmazeutika, selbst bei steigender Patientenorientierung und gestärkter Patientenmeinung, weiterhin eine wichtige Grundlage für die Akzeptanz des verschriebenen Arzneimittels[152].

2.2.2.3 Die Apotheken

Apotheken haben die Funktion, die vom Arzt verschriebenen Medikamente an den Patienten auszugeben. Wie in den vorherigen Kapiteln beschrieben, können verschreibungspflichtige Medikamente in Deutschland lediglich in Apotheken bezogen werden. Dadurch nehmen Apotheken als „zweiter Gatekeeper" nach dem Arzt eine weitere wichtige Rolle in der komplexen Lieferkette eines Medikaments vom Hersteller bis zum Patienten ein. Allerdings haben Apotheken, bedingt durch die branchenüblichen, strengen Restriktionen gerade in Bezug auf wirtschaftliches Handeln, einen stark eingeschränkten Spielraum, um auf die Ausgabe eines Medikamentes großen Einfluss zu nehmen. Nichtsdestotrotz hebt das ihnen entgegengebrachte Vertrauen die Apotheker in eine weitere entscheidende Position auch nach dem Patentauslauf, da in der Apotheke die finale Entscheidung (unter Einbeziehung der Vorgaben der Krankenkassen) über die Ausgabe des Originalpräparats auch nach dem Patentauslauf (besonders eines

150 Vgl. Schweitzer, A./Siewert, M. (2011): S. 649ff.
151 Vgl. Ebenda, S. 653.
152 Vgl. Dunne, S. S., et al. (2014): S. 467.

chemisch-synthetischen Medikaments) getroffen wird. Im Fall der Biopharmazeutika rückt besonders die beratende Funktion des Apothekers in den Vordergrund, da die Ausgabe dieser Medikamente bis auf wenige Ausnahmen extrem reguliert ist und (bis dato) vergleichsweise wenig vorkommt. Dies bedeutet, dass der Apotheker weiterhin eine bedeutende Stellung in der Medikamentenausgabe hat, allerdings durch die Krankenkassen, ähnlich wie der Arzt, stark eingeschränkt wird und wenig Spielraum für eigene Entscheidungen bleibt.

2.2.2.3.1 Die Medikamentenausgabe für chemisch-synthetische Medikamente

Um die Rolle des Apothekers für den Patentauslauf eines chemisch-synthetischen Medikaments näher beleuchten zu können, muss zunächst die angesprochene, eingeschränkte Handhabung bei der Medikamentenausgabe betrachtet werden. Der Einfluss auf die Ausgabe von Biopharmazeutika ist noch deutlich geringer, weshalb hier ein Fokus auf „klassische" Medikamente gelegt wird. So kann ein Apotheker nicht jedem Kundenwunsch nach einem bestimmten verschreibungspflichtigen Medikament nachkommen, sondern er muss vielmehr auf die genaue Formulierung des Rezeptes achten. So ist der Apotheker zunächst nach §129 I SGB V dazu angehalten, ein preisgünstiges Arzneimittel auszugeben, sollte nur eine Wirkstoffbezeichnung vorliegen oder der Arzt dem Austausch des Produkts nicht ausdrücklich widersprochen hat (etwas, das der *Aut-idem*-Regelung zuwider liefe). Weiterhin sind in diesem Zusammenhang besonders die Rabattverträge gem. §130a SGB V zu nennen. Dadurch, dass die verschreibungspflichtigen Medikamente in der Regel nicht direkt vom Patienten selbst, sondern von den Krankenkassen gezahlt werden, gab der Gesetzgeber den Kassen eine Möglichkeit, die Kosten der Gesundheitsversorgung (im ersten Schritt zumindest für sich selbst) zu reduzieren. Diese gibt dem Apotheker letztendlich die Ausgabe eines, für die Krankenkasse reduzierten, bestimmten Medikaments vor, für welches dann entweder nur eine geringe oder gar keine Zuzahlung vom Patienten geleistet werden muss[153]. Dementsprechend kann der Apotheker nicht einfach aus freien Stücken einen Wunsch nach einem Originalpräparat erfüllen[154].

153 Vgl. Drerup, D. (2013): S. 25f. So konnten im Jahr 2017 4 Mrd. EUR eingespart werden, wovon 3,4 Mrd. EUR aus Rabattverträgen mit Generikaherstellern und 0,6 Mrd. EUR aus Verträgen mit Originalherstellern resultieren, vgl. ProGenerika (2018).

154 Heckendorf, K. (2011): So können Patienten beim Pillenkauf sparen.

2.2.2.3.2 *Die Medikamentenausgabe für Biopharmazeutika*

Die soeben für Generika beschriebene Austauschpflicht, sprich die *Aut-idem*-Regelung, gilt für biotechnologische Nachahmerpräparate nach §4 des Rahmenvertrages über die Arzneimittelversorgung nach §129 II SGB V nur dann, wenn es sich tatsächlich um Bioidenticals handelt, also „wenn sie in Bezug auf das jeweilige Referenzarzneimittel zugelassen sind, sich in Ausgangsstoffen und Herstellungsprozess nicht unterscheiden (…) und in der Anlage 1 des Rahmenvertrages namentlich aufgeführt sind“[155]. Aktuell umfasst die Anlage 1 die folgenden Wirkstoffe:

Abbildung 3: Anlage 1 des Rahmenvertrags[156]

Wirkstoff	Arzneimittel	Anzuwenden ab
Epoetin alfa	Abseamed	01.10.2011
	Binocrit	
	Epoetin alfa Hexal	
Epoetin zeta	Retacrit	01.10.2011
	Silapo	
Epoetin theta	Biopoin	01.06.2015
	Eporatio	
Filgrastim	Biograstim	01.06.2015
	Ratiograstim	
	Tevagrastim	
Filgrastim	Filgrastrim Hexal	01.06.2015
	Zarzio	
Filgrastim	Accofil	01.06.2015
	Grastofil	
Infliximab	Inflectra	01.06.2015
	Remsima	
Interferon beta-1b	Betaferon	01.10.2011
	Extavia	

So ist dieses Austauschverfahren deutlich strikter und bisher nicht annähernd so zur Regel geworden, wie es bei Generika der Fall ist. Dies liegt unter anderem auch daran, dass Zweifel an der gleichen Wirkung der Biosimilars bestehen, da

155 DAP (2017).

156 Quelle: eigene Darstellung, in Anlehnung an N., N. (2016): Rahmenvertrag über die Arzneimittelversorgung nach §129 Absatz 2 SGB V.

diese nur ähnlich, aber nicht wie bei Generika oder den Bioidenticals, nahezu identisch sind[157]. Ein weiterer Grund hierfür sind die oft starken Nebenwirkungen von Biopharmazeutika. So kann eine Behandlung nur dann positiv verlaufen, wenn der Arzt sicher weiß, welches Medikament ein Patient in der Apotheke aufgrund der Verschreibung erhält[158]. Ähnlich sieht dies der Gesetzgeber: Biosimilars dürfen bis dato nicht einfach ähnlich wie durch die *Aut-idem*-Regelung ausgetauscht werden[159]. Da die Austauschregelung von Arzneimitteln einen erheblichen Einfluss auf den Erfolg oder Misserfolg von Arzneimitteln nach dem Patentauslauf hat, ist diese Unterscheidung zwischen chemisch-synthetischen Medikamenten und Biopharmazeutika von hoher Wichtigkeit für den weiteren Verlauf der vorliegenden Arbeit.

2.2.2.3.3 Der Entscheidungsspielraum des Apothekers

Gleichzeitig rücken die Apotheker während der Ausgabe des Medikaments in eine für den Patienten oftmals stark benötigte Beratungsrolle, wenn es um Wirkweise, potenzielle Nebenwirkungen oder den Einnahmezyklus des Medikaments geht – ganz besonders auch für Biopharmazeutika. Bedingt durch den hektischen Praxisalltag haben viele niedergelassene Ärzte teilweise weder die Zeit noch das detaillierte Produktwissen, Patienten umfangreich zu unterschiedlichen Medikamenten zu beraten[160]. Eine besonders relevante Problematik ist dies gerade, wenn es um den Patentauslauf eines Medikaments geht, welcher dem Patienten entweder nur kurz oder gar nicht erklärt wird. Daher bleibt für den Patienten lediglich die Ausgabesituation in der Apotheke, wo eventuelle Fragen oder Bedenken geklärt werden können. Dies wiederum unterstreicht die Wichtigkeit der pharmazeutischen Beratung durch den Apotheker. Basierend darauf werden Apotheker oftmals auch als die besseren Ansprechpartner bei Medikamentenfragen angesehen als Ärzte selbst, wodurch ihnen ein hohes Maß an Vertrauen entgegen gebracht wird[161]. Dieses Vertrauen wird allerdings dann aufs Spiel gesetzt, wenn der Apotheker dem Wunsch eines Patienten nach einem bestimmten Medikament im ersten Schritt nicht nachkommen kann. Die

157 Vgl. Schüller, T. (2017); Tebroke, E. (2014): Wirksamkeit mit Spareffekt.
158 Vgl. Müller, C. (2016): Rheumatologe mahnt zur Vorsicht.
159 Vgl. DAP (2017).
160 Was allerdings bei einer Zahl von über 100.000 Medikamenten auf dem deutschen Markt nicht verwunderlich sein sollte, vgl. ABDA (2016): Die Apotheke – Zahlen, Daten, Fakten 2016, S. 23.
161 Vgl. Bulsara, C., et al. (2010): ‚Not the Full Monty': a Qualitative Study of Seniors' Perceptions of Generic Medicines in Western Australia, S. 242.

Option der privaten Zuzahlung, wie sie bereits im Unterkapitel der Patienten angesprochen wurde, rückt hier stärker in den Fokus. Diese Option – die Kundenzustimmung natürlich als Basis – bildet eine der wenigen Möglichkeiten, sowohl das Vertrauen der Kunden zu wahren als auch gleichzeitig wirtschaftlich zu arbeiten. Eine weitere Option bilden die sog. „Pharmazeutischen Bedenken". Hierbei wird basierend auf §4 (3) Rahmenvertrag i.V.m. §17 (5) ApBetrO ein anderes als entweder das tatsächlich verschriebene Medikament oder durch einen Rabattvertrag gezwungenermaßen getauschte Medikament ausgegeben, sollte die Substitution den Therapieerfolg gefährden. Dies kann dann der Fall sein, wenn bspw. eine kritische Unverträglichkeit eines Wirkstoffs besteht, eine weitere Indikation vorliegt, welche gegen das verschriebene Arzneimittel spricht oder die Darreichungsform für den Patienten als kritisch einzustufen ist (bspw. im Fall von Gicht oder Rheuma, was die Einnahme von Tabletten erschweren kann). Ist es nicht möglich, diese Komplikationen durch ein Beratungsgespräch zu klären, kann ein Apotheker von seinem Recht, pharmazeutische Bedenken anzumelden, Gebrauch machen[162]. Ähnlich wie bei der *Aut-idem*-Regelung des Arztes entscheiden die Apotheker hier sehr differenziert, wann ein Austausch vorgenommen werden oder ein solcher bedingt durch besondere Gründe nicht durchgeführt werden kann. Ein Beispiel, bei dem Apotheker häufig auf die pharmazeutischen Bedenken zurückgriffen, ist Viani von GlaxoSmithKline. Hierbei stellte die genutzte Darreichungsform der Konkurrenz eine schwerwiegende Anwendungshürde für die Patienten dar, sodass eine maßgebliche Anzahl von Verschreibern und Apothekern entweder durch ein *Aut-idem* oder das Anmelden von pharmazeutischen Bedenken dem Austausch gegen das generische Produkt widersprochen haben[163]. Dies unterstreicht, dass in der Versorgungskette trotz der strikten Vorgaben der Krankenkassen Spielraum für den Austausch eines Medikaments besteht, sollte es hierfür ausreichende Beweggründe geben. Auf der anderen Seite ist hier die Ableitung zu treffen, dass genau unterschieden wird, wann ein Originalpräparat einem Generikum vorgezogen wird oder nicht. Ohne tatsächlichen Mehrwert für den Patienten wird ein reiner Patentauslaufansatz der Hersteller rund um das Thema pharmazeutische Bedenken kaum Anklang finden und im schlimmsten Fall zu Verstimmungen auf Seiten der so

162 Vgl. DAP (2017): Arbeitshilfe Pharmazeutische Bedenken korrekt anwenden; Zentiva (2017): Korrekte Anwendung pharmazeutischer Bedenken.

163 Vgl. Aponettesplauderei (2017): Die schlechtesten Arzneimittel; Arznei-Telegramm (2014): Rolenium Elpenhaler – Anwendung fehlerträchtig.

wichtigen Krankenkassen führen – ein Sachverhalt, der im nächsten Unterkapitel näher erläutert wird.

Hiermit drängt sich allerdings eine anschließende Frage auf, die als ähnliche Diskussionsgrundlage wie die Vermarktung von individuellen Gesundheitsleistungen durch Ärzte gesehen werden kann: Inwiefern stellt der proaktive Hinweis auf die Wahlfreiheit des Patienten eine Bereicherung für das System oder eher eine Belastung dar? Wenngleich für diese Wahlfreiheit einige Vor- und Nachteile auf beiden Seiten gefunden werden können, kann letztendlich festgehalten werden, dass die Option, das gewünschte Medikament zu erhalten, zumindest für einen Teil der Patienten eine ansprechende Option darstellen könnte und daher auch als Ansatzpunkt für den Fall des Patentauslaufs überlegt werden sollte[164].

Letztendlich steht der Apotheker stets zwischen den Fronten der Wirtschaftlichkeit und der Kundenzufriedenheit[165]. Zum einen wollen Kundenbedürfnisse befriedigt werden, sodass Patienten langfristig in dieser Apotheke ihre unterschiedlichen Medikamente erwerben und nicht bspw. auf Internetapotheken umsteigen. Auf der anderen Seite soll wirtschaftlich und gleichzeitig profitabel gearbeitet werden, was also nicht nur im Praxisalltag eines Arztes eine Herausforderung darstellt, sondern laut neuster Zahlen ebenso in den Apothekenalltag Einzug hält[166]. Somit könnte die Option des Wunscharzneimittels, die beide Seiten gleichermaßen – wenngleich für den Patienten dadurch natürlich zusätzliche Kosten auftreten – befriedigen kann, einen Ansatzpunkt für den Patentauslauf darstellen. Sollte also die Einstellung eines Pharmazeuten gegenüber dem Originalpräparat positiv sein, könnte dies ebenso wie die Meinung des Arztes und des Patienten selbst, einen Einfluss auf die letztendliche Wahl bzw. Ausgabe eines Medikaments haben, da er auf die Möglichkeit der privaten Zuzahlung aufmerksam machen oder pharmazeutische Bedenken anmelden könnte. Deshalb sollte auch die Stellung der Apotheken in der Patentauslaufsituation nicht unberücksichtigt bleiben.

2.2.2.4 Die Krankenkassen

Wie eng verwoben die einzelnen Stakeholder untereinander sind, wurde bereits in den vorherigen Absätzen deutlich – das abschließende Zahnrad in der Medikamentenausgabe nach dem Patentauslauf bilden nun die Krankenversicherungen.

164 Die Implikationen hieraus werden im weiteren Verlauf der Dissertation besprochen.
165 Vgl. Hänsel, R./Sticher, O. (2007): Pharmakognosie – Phytopharmazie S. 362.
166 Vgl. Höning, A. (2017): Regierungsgutachten – Tausenden Apotheken in Deutschland droht das Aus.

Diese bilden – wie bereits angedeutet – in den meisten Fällen den monetären Rahmen der Medikamentenausgabe, haben aber gleichzeitig durch die beiden regulatorischen Maßnahmen der Zielquoten für Ärzte und Apotheker und Rabattverträge mit Arzneimittelherstellern einen großen Einfluss auf die Entwicklung eines Medikaments nach dem Patentauslauf. Daher kann festgehalten werden, dass die Krankenkassen in den meisten Fällen großen Einfluss auf die Entscheidung, welches Präparat ein Patient am Ende erhält, haben. Nur in wenigen Fällen sind es tatsächlich Ärzte oder Apotheker, welche über das final auszugebende Medikament vollständig und autark entscheiden.

Wie bereits im Unterkapitel der anderen Stakeholder, Patienten, Ärzte und Apotheker, angesprochen, unterliegt das Gesundheitssystem grundsätzlich Zielvorgaben durch die Krankenkassen. Diese bevorzugen grundsätzlich die Verschreibung von günstigeren Generika statt teurerer Originalmedikamente. Daher geben sie den verschreibenden Ärzten und Apothekern die Richtlinie, im Sinne dieser Maxime möglichst wirtschaftlich zu handeln[167].

Die zweite regulatorische Maßnahme der Versicherungen sind die bereits angesprochenen Rabattverträge. Basierend auf den Einführungen des Beitragssatzsicherungsgesetzes, des Arzneimittelversorgungs-Wirtschaftlichkeitsge-setzes und des GKV-Wettbewerbsstärkungsgesetzes können Krankenkassen direkte Verträge mit Arzneimittelherstellern aushandeln, welche Rabatte von ca. 20 bis zu 60% beinhalten. Dies führt zum einen zu einer festen Abgabemenge für einen individuell ausgehandelten, nicht öffentlich bekannten Preis[168], wodurch andere Segmente unberührt bleiben. Auf der anderen Seite haben die Hersteller, die den Rabattvertrag für eine bestimmte Indikation mit einer Krankenkasse nicht erhalten, quasi kaum eine Chance für die Dauer des Rabattvertrags von zwei Jahren hohe Absatzmengen mit ihrem für diese Indikation bestimmten Medikaments mit Versicherten dieser Krankenkasse zu erzielen. Hierzu zählen oftmals kleinere Hersteller, welche keine ähnlichen Margen haben wie ihre größeren Konkurrenten, weshalb die Rabattverträge auch häufig von der Industrie kritisiert werden. Dennoch ist es so, dass das primäre Ziel der Rabattverträge, die Preise für Medikamente zu senken, durchaus erreicht und die angestrebte Entlastung des Gesundheitssystems – natürlich auf Kosten der Hersteller[169] – erzielt wurde. Abgesehen von der Erreichung dieses Ziels, bieten die Rabattverträge

---

167 Vgl. Drerup, D. (2013): S. 25.

168 Sodass die einzelnen Rabattverträge mit den Krankenkassen unterschiedliche Preise beinhalten können.

169 So ist an dieser Stelle auch zu erwähnen, dass Rabattverträge und der Austausch von Medikamenten nach dem Patentauslauf nicht nur wirtschaftlich schwierig für

trotzdem auch Originalherstellern die Möglichkeit, beide unterschiedlichen Versicherungstypen – gesetzlich oder privat – im Falle des Patentauslaufs mit unterschiedlichen Strategien zu bedienen. So kann bspw. eine Preisdifferenzierung erreicht werden, welche es erlaubt, unterschiedliche Preise für die lukrativen PKV- und weniger gewinnbringenden GKV-Patienten zu erheben, wodurch zum einen das zwar kleine, aber dennoch weiterhin bestehende Segment der privatversicherten Patienten nicht wegbricht, auf der anderen Seite jedoch auch der gesetzliche Markt mit einer potenziell niedrigeren Preisstrategie weiterhin bearbeitet werden kann[170].

Neben den klassischen Rabattverträgen tritt gerade in den letzten Jahren vermehrt auch das „Open-House-Verfahren" als Abwandlung des Rabattvertrags im klassischen Sinne in den Vordergrund der Handlungen von Krankenkassen. Dies sind Verträge, für die einseitig von den Krankenkassen Konditionen für ein Medikament festgelegt werden, ohne dass irgendeine Art von Verhandlungen zwischen Hersteller und Krankenkassen stattfindet. Diesem Vertrag kann jeder Hersteller, welcher die vorgegebenen Vertragskonditionen erfüllt, beitreten – selbst während der Vertragslaufzeit. Damit ähnelt der Open-House-Vertrag im Wesentlichen einem Rahmenvertrag, abgesehen von der soeben beschriebenen Besonderheit, dass jederzeit ein neuer Teilnehmer beitreten kann[171]. Die Folge des Beitritts zu einem solchen Open-House-Vertrag ist, dass alle darunter gelisteten Präparate per se den Status der Wirtschaftlichkeit erlangen. Dies bietet die Basis für die Kritik besonders der Biosimilarhersteller, da diese die Grundlage für günstigere Einstiegspreise ihrerseits als nicht mehr gegeben ansehen. Zusätzlich gelten die Präparate eines Biosimilarherstellers, der selbst ohne dem Open-House-Vertrag beizutreten meist geringere Preise bieten könnte als ein Originalhersteller, dennoch als unwirtschaftlich im Vergleich zum Originalmedikament, dessen Hersteller dem Vertrag beigetreten ist. Und selbst bei einem Beitritt des Biosimilarherstellers könnte jedoch auch weiterhin das Originalpräparat im Vorteil sein, da dieses aus wirtschaftlichen Gründen bevorzugt werden

---

die Originalhersteller sein können. Auch der Umsatz von Generikaherstellern sinkt stetig, sodass auch hier wirtschaftliches Arbeiten, selbst bei niedrigen Kosten für die Herstellung von chemisch-synthetischen Generika, schwierig wird. So halbierte sich auch der Umsatz der Generikahersteller durch die Nutzung von Rabattverträgen, da hier rein nach dem günstigsten Angebot ausgewählt wird. Vgl. Blasius, H. (2017): Fast 27.000 Rabattverträge.

170 Vgl. Drerup, D. (2013): S. 30ff.

171 Vgl. WD (2017): Zur Zulässigkeit von Open-House-Verträgen mit Leistungserbringern in der Hilfsmittelversorgung, S. 4f.

könnte, besonders vor dem Hintergrund der weiterhin etwas schleppenden Annahme von biosimilaren Produkten im Markt[172]. Dies bietet also eine weitere Grundlage, auf der ein Management des Patentauslaufs, besonders eines Biopharmazeutikums, aufbauen könnte.

Dies ergibt sich daraus, dass – wie angesprochen – der Versicherungsschutz des Patienten einen direkten Einfluss auf die Situation nach dem Patentauslauf hat. So unterscheiden sich die Kostenübernahmeregelungen auf Seiten der gesetzlichen und privaten Krankenversicherungen meist deutlich voneinander. Während die gesetzlichen Krankenversicherungen nahezu standardmäßig nur noch einen sofortigen Umstieg auf die preisgünstigeren Generika finanziell übernehmen, bekommen privatversicherte Patienten meist noch die Originalherstellerprodukte verschrieben. Dies liegt daran, dass die privaten Versicherungen auch diese Medikamente weiterhin voll erstatten, sodass in der Regel kein Problem nach dem Patentauslauf für die Originalhersteller entsteht. Bedingt allerdings durch die geringe Zahl der privatversicherten Patienten im Vergleich zu den gesetzlichen Versicherten, macht dies eine nur kleine Konstante nach dem Patentauslauf aus, sodass darauf allein nicht gebaut werden kann, sondern vielmehr die gesetzlich-versicherten Patienten in den Mittelpunkt der strategischen Überlegungen gerückt werden müssen[173].

Daher kann ein gezieltes Management von unterschiedlichen Patentauslaufstrategien für private Krankenversicherungen auf der einen Seite, und den gesetzlichen Versicherungen auf der anderen Seite sehr gewinnbringend sein und sollte auf jeden Fall in der Strategiefindung bedacht werden[174]. Hierbei wird außerdem deutlich, dass ähnlich wie die Apotheker und Patienten, auch die Krankenkassen eine neue, relevante Zielgruppe von Patentauslaufstrategien sein sollten. Das Thema Payer Relations hat traditionell eher einen besonderen Stellenwert für die Markteinführung und Sicherung des dauerhaften Marktzugangs vor Patentauslauf eines Medikaments. Allerdings stellen die Krankenkassen mittlerweile nahezu den wichtigsten Entscheider nach dem Patentauslauf dar, sodass ein frühzeitiges Relationship-Management mit den Krankenkassen gleichfalls von Nöten für ein zeitgemäßes Patentauslaufmanagement ist. Können die Krankenkassen davon überzeugt werden, dass das Originalpräparat weiterhin als vorteilhaft gegenüber der generischen Konkurrenz einzustufen ist und wird so bspw. ein Rabattvertrag gewonnen, können die Unternehmen für zwei weitere Jahre geregelte, wenn auch verminderte Umsätze durch das Medikament

172 Vgl. Draeger, I. (2016): Open-House-Verträge behindert Biosimilars.
173 Vgl. Drerup, D. (2013): S. 26.
174 Für eine detaillierte Darstellung des Versicherungssystems in Deutschland siehe Schöffski, O. (2008): Das Krankenversicherungssystem in Deutschland, S. 3ff.

erwarten und die weiteren Schritte entsprechend sequenziell planen. Der Effekt dieses Verhaltens lässt sich aktuell besonders im Bereich der Biosimilars beobachten, deren Hersteller heftig über die Rabattvertragspraxis der Originalhersteller diskutieren, da sie ihren Markteintritt dadurch als eingeschränkt oder gar behindert ansehen[175]. Dies unterstreicht einmal mehr die besondere Stellung der Krankenkassen für den Patentauslauf, welche bis dato allerdings so noch nicht theoretisch aufgegriffen wurde und daher eine weitere Neuerung für die Branche in Sachen Patentauslauf darstellen sollte.

Als Zwischenfazit kann man daher folgendes festhalten: gerade für die Patentauslaufsituation gibt es unterschiedliche Stakeholder, welchen allen Beachtung bei der Generierung von Strategien geschenkt werden muss. Um diese Strategien jedoch grundsätzlich anwenden zu können, muss ebenfalls geklärt werden, welche rechtlichen Voraussetzungen für die Nutzung dieser bestehen, da diese typischen marketingbasierten Strategien[176] für den Fall eines Patentauslaufs teilweise von vornherein ausschließen.

2.2.3 Rechtliche Restriktionen für die Nutzung von Patentauslaufstrategien

Die bisher beschriebene Situation der Branche zeigt eines sehr deutlich: die Pharmabranche ist eine extrem komplexe Branche, die kaum Parallelen mit anderen Branchen[177] aufweist. Dies lässt sich abschließend ganz besonders im folgenden Unterkapitel unterstreichen, welches sich mit den rechtlichen Voraussetzungen, Regulierungen, und Möglichkeiten der Branche auseinandersetzt. Die Politik und die ihr angeschlossene Legislative bildet somit den letzten, allerdings mit einen der einflussreichsten Stakeholder im Falle eines Patentauslaufs und den korrespondierenden Strategien.

Bevor also mögliche Verteidigungsmechanismen, deren Wirksamkeit und Folgen, näher betrachtet werden können, muss zunächst eine komprimierte rechtliche Grundlage geschaffen werden, an der sich die folgende Argumentationslinie dieser Dissertation orientiert. Wie bereits angedeutet ist die pharmazeutische Industrie „einem solch engen, umfangreichen und unübersichtlichen Regulierungsgerüst unterworfen“[178] wie kaum eine andere Branche. Dieses enge

175 Vgl. DAZ (2016): Die Wirkung entscheidet, nicht die Quote.
176 Z.B. verstärkte Vermarktung
177 Allenfalls vielleicht noch mit der Finanzbranche im Hinblick auf Lukrativität und Reglementierung
178 Schäffner, N. (2015): S. 38.

Geflecht aus unterschiedlichen Rechtsprechungen beinhaltet zwar grundsätzlich voneinander unabhängige Gesetzgebungen, die aber dennoch stark miteinander verbunden sind oder sich sogar gegenseitig bedingen. Das folgende Kapitel behandelt daher einige der grundlegenden, für die strategischen Optionen eines pharmazeutischen Unternehmens im Falle des Patentauslaufs wegweisenden Rechtsbereiche und die damit korrespondierenden Gesetzgebungen. Zu diesen gehören das Patentgesetz (PatG), das Gebrauchsmustergesetz (GebrMG), das ergänzende Schutzzertifikat, das Heilmittelwerbegesetz (HWG) in Verbindung mit dem Gesetz gegen unlauteren Wettbewerb (UWG), dem Arzneimittelgesetz (AMG), sowie dem Sozialgesetzbuch V (SGB V), welches durch das Arzneimittelmarkt-neuordnungsgesetz (AMNOG) novelliert wurde, und abschließend die marketingrelevante Gesetzgebung des Markengesetzes (MarkenG). Es sei darauf hingewiesen, dass diese Arbeit keinen juristischen Fokus verfolgt und daher nicht alle für die pharmazeutische Industrie im weitesten Sinne beeinflussenden Teilbereiche der Gesetzgebung näher beleuchtet werden können, sondern meist nur für die konkrete Fragestellung dieser Dissertation relevante Bereiche aufgegriffen werden[179]. Des Weiteren beschränkt sich die vorliegende Arbeit aus gegebenem Grund primär auf die deutsche Rechtsprechung, wenngleich europäische Regelungen in Teilen – wenn nötig – erwähnt werden.

2.2.3.1 Patentrechtliche und dem nahestehende Gesetzgebungen

2.2.3.1.1 Das deutsche Patentrecht

Im folgenden Kapitel wird zunächst das deutsche Patentgesetz in seinen Grundzügen dargestellt, da dies die wesentliche rechtliche Basis des hier behandelten Themas ist. Patente werden im Bereich der Wirtschaftsforschung oftmals als entscheidende komparative Konkurrenzvorteile[180] von pharmazeutischen Unternehmen beschrieben. Schaut man sich den primären Zweck des Patentrechts genauer an, also den Schutz des geistigen Eigentums bzw. einer Erfindung, wird schnell klar, welch hohe Bedeutung diese Rechtsgrundlage für pharmazeutische

179 Zu den weiteren relevanten Gesetzgebungen zählen die Arzneimittel- und Wirkstoffherstellungsverordnung (AMWHV), das Verwaltungsverfahrensgesetz (VwVfG), zu Teilen das Sozialgesetzbuch (hier im Besonderen das Fünfte Buch) (SBG V), das Wettbewerbsrecht, das Gesetz über Verwaltungsgerichtliche Verfahren (VwGO) sowie das Apothekengesetz, die Apothekenbetriebsordnung und anteilig Privat- und Strafrecht, vgl. Ebenda, S. 41.

180 Für eine detaillierte definitorische Abgrenzung und Erklärung dieses Sachverhalts siehe Kapitel 3.

Firmen hat und dass die Beschreibung von Patenten als elementarer, komparativer Konkurrenzvorteil keine übertriebene Sichtweise darstellt – bedingt durch die bereits aufgezeigten Besonderheiten dieser Branche. Die Erforschung und Entwicklung eines neuen, innovativen Wirkstoffes bedeutet ein enorm hohes finanzielles Risiko sowie das Investment mehrerer Jahre, ohne dass eine letztendliche Zulassung oder der wirtschaftliche Erfolg des Präparates garantiert sind. Ein Patent kann das Ergebnis dieses eingegangenen Risikos effektiv schützen. Natürlich bedeutet dieser Schutz gleichfalls, dass für eine bestimmte Zeit der Fortschritt rund um besagte Erfindung potenziell verlangsamt wird und der Patentinhaber nahezu eine Monopolstellung innehat. Hier drängt sich allerdings regelmäßig die Fragestellung auf, ob dies für teilweise lebensnotwendige Medikamente gesellschaftlich und ethisch vertretbar ist[181].

Konträr zu dieser negativ-konnotierten Aussage kann jedoch festgestellt werden, dass ohne ein Anreizsystem im Sinne des Patentrechts, nur wenige derart stabile Vorteile gegenüber einem Mitbewerber im Markt gegeben wären, was also den enormen Ressourcenaufwand für die Erforschung neuer Wirkstoffe extrem unattraktiv machen würde. Hinzu kommen an dieser Stelle die vergleichsweise sehr geringen Kosten der Nachahmung von pharmazeutischen Patenten, zumindest im Bereich der chemisch-synthetischen Wirkstoffe. Dies liegt zum einen daran, dass die meisten Informationen der Patentanmeldung einem Mitbewerber alle nötigen Grundlagen für die schnelle, eigene Herstellung liefern können. Auf der anderen Seite können auch bereits während der Patentlaufzeit genügend Untersuchungen des Medikaments vorgenommen werden, um dessen Komponenten genau zu erforschen und nachzustellen, sodass im Endeffekt wahrscheinlich nur sehr wenige Firmen aus intrinsischen Gründen Forschung betreiben würden. Ohne ein funktionierendes Patentrecht wäre somit zwar keine Monopolstellung auf rechtlicher Basis möglich, zeitgleich wäre es allerdings fragwürdig, inwieweit überhaupt Forschung auf einem derart teuren Forschungsfeld betrieben werden würde.

Daher kann festgehalten werden, dass das Patentrecht von sehr großer Bedeutung für die pharmazeutische Branche ist und in gewisser Weise auch eine Sicherstellung der Innovationstätigkeit von Unternehmen und Forschern im Allgemeinen unterstützt. Hierbei ist jedoch die entscheidende Fragestellung, zu welchem Grad das bestehende Patentrecht in Deutschland diese Innovationsanreize für pharmazeutische Originalhersteller gibt, während gleichzeitig natürlich das Allgemeinwohl bedacht werden muss[182]. Dazu werden im Folgenden die

---

181 Hierauf wird erneut kurz im letzten Unterkapitel dieses Abschnitts eingegangen.
182 Vgl. Raasch, A.-C. (2006): S. 31ff.

Voraussetzungen für einen Patentschutz sowie die Dauer und der Schutzumfang des Patentrechts beleuchtet. Danach werden Sonderfälle des Patentrechts in Bezug auf Patentauslaufstrategien der pharmazeutischen Branche aufgegriffen und abschließend kurz auf die ethische Diskussion des hier bereits angesprochenen Problems des Patentschutzes eingegangen.

2.2.3.1.1.1 Voraussetzungen für einen Patentschutz

Nach dieser grundsätzlichen Einführung wird der folgende Abschnitt erläutern, was für einen Patentschutz als materielle Voraussetzung gegeben sein muss, damit das Patent erteilt werden kann. So muss ein zu schützender Gegenstand gem. §1 I PatG sowie Art. 52 I EPÜ vier Bedingungen erfüllen, um grundsätzlich für den Patentschutz zulässig zu sein: (1) es muss eine Erfindung auf einem technischen Gebiet sein, die außerdem (2) neu und (3) auf einer erfinderischen Leistung beruht sowie (4) gewerblich anwendbar ist[183].

Eine *Erfindung* ist dann eine Erfindung und nicht nur eine reine Entdeckung einer bisher unbekannten Erscheinung o. Ä., wenn es sich um eine Handlungsanweisung für eine technische Vorgehensweise handelt – eine reine Entdeckung ist nicht patentierfähig[184]. Tatsächlich „Gegenstand des Patentschutzes ist also kein Erzeugnis, kein konkretes Produkt als Ergebnis einer Ausführung, sondern die Handlungsanweisung“[185]. Nachdem nun die Erfindung an sich definitorisch von der Entdeckung abgegrenzt wurde, muss nun noch die zweite Voraussetzung *auf einem technischen Gebiet* erläutert werden. Hier ist der allgemeine Konsens, dass eine Erfindung dann einem technischen Gebiet entspringt, wenn der Mensch in einer Art und Weise die Natur beherrscht, sprich natürliche Stoffe nutzt, Gesetzmäßigkeiten aus der Natur anwendet oder anderweitig auf den Lauf der Dinge einwirkt[186].

Die zweite Bedingung für den Patentschutz ist die *Neuheit* der Erfindung. Laut gesetzlicher Definition gem. §3 I Satz 1 PatG ist eine Erfindung dann als neu anzusehen, wenn diese nicht zum bisherigen Stand der Forschung bzw. Technik gehört[187].

---

183 Vgl. Schäffner, N. (2015): S. 90; Berthold, G. (2011): Evergreening von Arzneimittelpatenten, S. 40.

184 Vgl. Kraßer, R./Ann, C. (2016): Patentrecht, §11 II 1; Schäffner, N. (2015): S. 91; Berthold, G. (2011): S. 41.

185 Vgl. Schäffner, N. (2015): S. 91.

186 Vgl. Ebenda, S. 91f; Götting, H.-P. (2010): Gewerblicher Rechtsschutz, S. 10 Rn 3–5.

187 Dieser aktuelle Stand umfasst weiterhin gem. §3 I Satz 2 PatG alle öffentlich zugänglichen Kenntnisse, welche entweder mündlich, schriftlich, durch Verwendung oder auf

Als dritte Voraussetzung ist die *erfinderische Leistung* genauer zu erläutern. §4 Satz 1 PatG besagt, dass eine Erfindung nicht naheliegender Weise dem Stand der aktuellen Technik oder Forschung entsprechen darf, wobei erneut der Fachmann als Basis gesehen werden sollte. Dies bedeutet, dass eine bestimmte Erfindungshöhe vorgewiesen werden muss, damit von einer erfinderischen Leistung gesprochen werden kann[188].

Abschließend muss eine Erfindung außerdem *gewerblich anwendbar* sein. Rechtlich durch §5 PatG geregelt, bedeutet die gewerbliche Anwendbarkeit, dass eine Erfindung auf einem gewerblichen Gebiet – also bei einer Tätigkeit, welche durchgängig, selbstständig, zulässig und mit einer gewinnerzielenden Absicht ausgeführt wird – angewendet oder hergestellt werden kann[189].

Nichtsdestotrotz muss dennoch festgehalten werden, dass die Patentierbarkeit, selbst bei Erfüllung aller vier Voraussetzungen, nicht immer zulässig ist. So sprechen bspw. ethische Gründe gegen die Gewährung eines Patents. Dies ist besonders für die pharmazeutische Branche von großer Wichtigkeit, da so z.B. weder chirurgische Behandlungsverfahren noch Diagnoseverfahren sowohl für Mensch als auch Tier durch ein Patent zu schützen sind[190]. Damit versucht der Gesetzgeber die Freiheiten des Arztes in der Entscheidungsfindung sowie

---

sonstige Weise bis zum Anmeldetag des Patents weltweit verfügbar gemacht worden sind. Unerheblich ist allerdings, ob die Öffentlichkeit von einer Vorveröffentlichung eines weltweit eingereichten Patents Kenntnis hatte; vgl. Berthold, G. (2011): S. 42; Schäffner, N. (2015): S. 92f. Eine letztendliche Prüfung dieser Neuheit findet im Einzelvergleich aus der Sicht eines Fachmanns statt, wobei als neuheitsschädlich lediglich die komplette Übereinstimmung mit allen Komponenten des Patentkandidaten angesehen wird; vgl. Schäffner, N. (2015): S. 93; Meisinger, C. (2011): Gewerblicher Rechtsschutz, S. 8 Rn 81; Benkard, G. (2006): Patentgesetz Gebrauchsmustergesetz, §3 Rn 12f. Die Kombination von bisherigen Veröffentlichungen kann jedoch nicht als Grundlage einer Ablehnung der Patentanmeldung gesehen werden; vgl. Schäffner, N. (2015): S. 93; Meisinger, C. (2011): S. 8 Rn 78ff; Götting, H.-P. (2010): S. 11 Rn 20.

188 Hierbei ist ebenso die Grundlage, dass kein anderer Fachmann ähnliche Ergebnisse in absehbarer Zeit hätte hervorbringen können; vgl. Schäffner, N. (2015): S. 93; Berthold, G. (2011): S. 42; Benkard, G. (2006): §4 Rn 1. Eine Prüfung dieser erfinderischen Leistung erfolgt durch das sogenannte mosaiksteinartige Betrachtungsverfahren, welches die Gesamtheit der Technik zum aktuellen Stand als Basis nimmt und letztendlich auf Einzelfallbasis entschieden wird; vgl. Schäffner, N. (2015): S. 94; Berthold, G. (2011): S. 43. Bis dato angemeldete, allerdings unveröffentlichte Patente werden für diese Prüfung gem. §4 Satz 2 PatG nicht berücksichtigt; vgl. Schäffner, N. (2015): S. 94.

189 Vgl. Schäffner, N. (2015): S. 94; Berthold, G. (2011): S. 43.

190 Vgl. Schäffner, N. (2015): S. 94f; Berthold, G. (2011): S. 49f.

Therapieentscheidung so wenig wie möglich patentrechtlich einzuschränken und somit nicht die potenzielle Genesung des Patienten zu gefährden[191].

2.2.3.1.1.2 Dauer des Patentschutzes

Grundsätzlich gilt, dass ein Patent im Sinne des §9 Satz 1 und §9a-c PatG einen Patentinhaber berechtigt, als Einziger das zu Schützende, sei es in der pharmazeutischen Branche bspw. eine Molekülkette oder ein bestimmtes Herstellungsverfahren, zu benutzen und zu verwerten[192]. Des Weiteren kann der Patentinhaber allen Dritten, basierend auf §9 Satz 2 PatG, verbieten, das zu Schützende selbst anzuwenden, es herzustellen, anzubieten, oder zu besitzen. Sollte dies dennoch der Fall sein, stehen dem Patentinhaber verschiedene allgemeine Formen der Anspruchsstellung zur Verfügung, zu denen unter anderem der Schadensersatz oder eine Unterlassungsklage gemäß §1004 I BGB und §§139ff PatG gehören[193].

Der eben erwähnte Patentschutz ist jedoch zeitlich nicht unendlich, sondern gem. §16 I 1 PatG auf 20 Jahre beschränkt, beginnend ab dem der Anmeldung folgenden Tag[194]. Die eigentliche Schutzwirkung des Patents nach § 58 I 3 PatG tritt allerdings erst in Kraft, sobald das Patent im Patentblatt veröffentlicht wurde[195]. Die zeitliche Einschränkung ist besonders für forschende Pharmaunternehmen schwierig, da eine Balance zwischen einer möglichst zeitnahen Patentierung von gefundenen Wirkstoffen und dem dadurch gleichzeitig geringer werdenden Zeitraum, in welchem das Medikament vertrieben werden kann, gehalten werden muss[196]. Grund dafür ist, dass nach der Patentierung noch weitere Jahre an einem Medikament geforscht werden muss, bis dieses auf den Markt gebracht werden kann. Dadurch verringert sich die Zeit, in der mit dem Medikament Geld verdient werden kann, maßgeblich.

---

191 Vgl. Schäffner, N. (2015): S. 95; Benkard, G. (2012): EPÜ, §Art. 53 Rn 99ff; Berthold, G. (2011): S. 49f.

192 Vgl. Schäffner, N. (2015): S. 81f; Berthold, G. (2011): S. 39f.

193 Vgl. Schäffner, N. (2015): S. 81f. Hinzu kommt allerdings auch die entgegengestellte Seite, konkret, dass ein Patent eines Originalherstellers angefochten wird. Teilweise resultiert dieses Gerichtsverfahren dann in die frühzeitige Einführung eines Generikums, wenngleich dieses risikobehaftete Vorgehen nicht immer von Erfolg gekrönt ist; vgl. Raasch, A.-C. (2006): S. 37.

194 Vgl. Raasch, A.-C. (2006): S. 32.

195 Vgl. Schäffner, N. (2015): S. 82.

196 Vgl. Raasch, A.-C. (2006): S. 1.

2.2.3.1.1.3 Schutzumfang des Patents

Abgesehen von der zeitlichen Beschränkung des Schutzes, ist auch der Umfang des zu schützenden eine sehr wichtige Determinante des Patentrechts, welche allerdings nicht abschließend geklärt ist. Dies ist insbesondere für die Patentauslaufstrategien in der Pharmabranche von Bedeutung, da der Umfang des Schutzes natürlich den Spielraum der konkurrierenden (Generika- oder Biosimilar-) Hersteller beeinflusst und damit auch festlegt, wann geltendes Recht gebrochen wird und welche Schritte die (Nachahmer-) Konkurrenz dennoch einleiten darf[197]. Grundsätzlich bemisst sich der Schutz jedoch durch die geltend gemachten Ansprüche aus der Patentanmeldung sowie unter den rechtlichen Vorgaben und gesetzlich geschützten Rechten Dritter[198]. Im Folgenden werden zunächst die drei gängigsten Patenttypen vorgestellt. Danach wird der Schutzumfang selbst näher betrachtet.

In einem ersten Schritt sollte die Unterscheidung zwischen (1) Erzeugnispatenten[199], (2) Verfahrenspatenten[200], und (3) Verwendungspatenten getroffen werden, da dies den Schutzumfang wesentlich inhaltlich beeinflusst.

Erzeugnispatente bzw. Stoffpatente schützen (Wirk-)Stoffe, Erzeugnisse oder Vorrichtungen welche komplett neuartig sind[201]. Oftmals werden Erzeugnispatente, besonders für die Entwicklung von Arzneimitteln, als umfassendster Schutz für die Neuheit dargestellt, da §9 Satz 2 Nr. 1 PatG direkte Anwendung findet. Letztendlicher Gegenstand des Schutzumfangs ist jedoch – leicht missverständlich – nicht das Erzeugnis selbst, sondern nur die Anleitung, dieses herzustellen.

Einen weiteren Patentschutz erzeugen die Verfahrenspatente, welche dem Namen sinnlogisch entsprechend, Verfahren zur Herstellung (z.B. eines Arzneimittels) oder einen Arbeitsablauf schützen[202]. Konsequenz eines Verfahrenspatent gem. §9 Satz 2 Nr. 2-3 PatG ist das Monopolrecht für die Verwendung des geschützten Verfahrens und schließt Dritte grundsätzlich von der Nutzung, dem Besitz oder dem Inverkehrbringen der durch das Verfahren hergestellten Erzeugnisse aus, was damit faktisch dem Monopolrecht eines Erzeugnispatents

197 Vgl. Schäffner, N. (2015): S. 83.

198 Vgl. Berthold, G. (2011): S. 40; Müller, E.-M. (2003): Die Patentfähigkeit von Arzneimitteln, S. 11.

199 Im hier vorliegenden chemischen Zusammenhang auch Stoffpatent genannt.

200 Besonders relevant für biotechnologisch hergestellte Medikamente.

201 Vgl. Schäffner, N. (2015): S. 83; Berthold, G. (2011): S. 44; Mes, P. (2011): Patentgesetz Gebrauchsmustergesetz, §1 Rn 127.

202 Vgl. Schäffner, N. (2015): S. 84; Berthold, G. (2011): S. 47.

gleicht[203,204]. In Bezug auf Arzneimittel ist allerdings eine Auslegungsdiskussion des § 9 Satz 2 Nr. 3 PatG zum Zusammenhang zwischen einem Erzeugnis und der diesem vorausgehenden Herstellung von Bedeutung[205]. Die Schwierigkeit, ob eine veränderte Galenik[206] zu einem Patentverstoß führen könnte oder nicht, sollte bei der Wahl des Patents beachtet werden.

Abschließend ist außerdem das sog. Verwendungspatent zu nennen. Auch hier ergibt sich durch die Namensgebung der grundsätzliche Schutz, den es gewährt, d.h. der Schutz für die Verwendung bestimmter Wirkstoffe oder Verfahren. Auch wenn dies grundlegend durch Erzeugnis- und Verfahrenspatente geschieht, kann ein Verwendungspatent dennoch zusätzlichen Schutz bieten, da

---

203 Vgl. Berthold, G. (2011): S. 47; Mes, P. (2011): §9 Rn 14.

204 Der konkrete Schutzgegenstand eines Verfahrenspatents ist eine neue und erfinderische Art und Weise, ein Erzeugnis herzustellen. Inwieweit das Erzeugnis am Ende selbst neu oder besonders erfinderisch ist, ist nicht entscheidend; vgl. Berthold, G. (2011): S. 47f; Mes, P. (2011): §1 Rn 137; Müller, E.-M. (2003): S. 67.

205 So ist der eben genannte Paragraph auf zwei unterschiedliche Arten zu interpretieren; nach dem sogenannten chronologischen Ansatz zählt ein Erzeugnis nur dann tatsächlich durch ein Verfahren bedingt, sollten alle Schritte des Verfahrens angewandt worden sein; vgl. Berthold, G. (2011): S. 47f; Benkard, G. (2006): §9 Rn 55. Die zweite Art der Auslegung zweifelt diese Sichtweise allerdings an: nach der Eigenschaftstheorie ist es fragwürdig, ob ein entstandenes Produkt tatsächlich derart durch seine Herstellungsart geprägt wird, dass dies letztendlich von Bedeutung ist. Der beschriebene Auslegungszwiespalt ist wie angedeutet besonders für die Herstellung von Arzneimitteln relevant, da Arzneimittel oftmals selbst nach grundsätzlicher Herstellung mit einem bestimmten Verfahren durch Zumischen von anderen Stoffen ihre Darreichungsform oder Konzentration ändern. Demnach ist umstritten, ob diese Form der Herstellung dann eine Verletzung des Patents begründet, da sie nicht rein aus den Schritten des patentierten Verfahrens hergestellt ist, bedingt durch die Vermengung mit anderen Stoffen und somit weiteren Verfahrensschritten, welche nicht vom Patent umfasst sind. Diese der chronologischen Auslegung folgende Begründung steht der Eigenschaftstheorie gegenüber, welche besagt, dass lediglich durch die Änderung der Galenik dennoch die Wirkung des Medikaments erhalten bleibt und somit von einem Verfahrenserzeugnis ausgegangen werden kann; vgl. Berthold, G. (2011): S. 47f.

206 Bei der sog. Galenik wird von der Zubereitung durch Hilfs- und Wirkstoffen im Arzneimittelkontext gesprochen, oftmals auch als Formulierung bekannt. Hierbei sind Wirkstoffe Bestandteile von Medikamenten, welche die Wirksamkeit gegen Krankheiten herbeiführen, Hilfsstoffe hingegen haben keine pharmakologische Wirkung, sondern unterstützten den Wirkstoff in eben seiner, damit dieser im Körper agieren kann oder das Arzneimittel in seiner Stabilität gestärkt wird. Vgl. Schäffner, N. (2015): S. 101f; Pschyrembel, W. (2014): Klinisches Wörterbuch, S. 733; 903; Berthold, G. (2011): S. 116f.

es nicht nur ermöglicht, weitere Indikationen mit der Erfindung abzudecken, sondern es auch im Falle einer potenziellen Nichtigkeit des bisherigen Erzeugnispatents schützt[207].

Neben dieser grundsätzlichen Einteilung des Schutzumfangs gemäß der inhaltlichen Ausgestaltung eines Patents, wird dieser weiterhin im Sinne des Wortlautes und Sinngehaltes[208] sowie im Sinne des äquivalenten Nutzens[209] definiert[210]. Zusätzlich zu betonen ist auch, dass das Patentrecht also nicht nur vor der generischen Konkurrenz nach dem Patentauslauf schützt, sondern außerdem durch die Patentbreite auch bereits vor dem Patentauslauf andere Originalhersteller behindert, rechtssicher und legal an einem ähnlichen Medikament zu forschen[211].

Betrachtet man diesen Anspruch des Schutzumfangs vor dem thematischen Hintergrund dieser Arbeit, so ist festzuhalten, dass diese allgemeinen Definitionen nur in Teilen für die pharmazeutische Branche anzuwenden sind. So beschränkt bspw. auch die geltende Rechtsprechung die Auslegung nach äquivalentem Nutzen besonders für die Chemie- und Pharmabranche, sodass es für Unternehmen dieser Branche nahezu unmöglich geworden ist, ein Patent derart zu formulieren, dass auch der äquivalente Nutzen ebenso unter das Patent fällt[212]. Weiterhin unterstreicht die Auflistung der

---

207 Vgl. Berthold, G. (2011): S. 49.

208 Hierzu werden im ersten Fall laut §14PatG 69 I 1 EPÜ sowohl die Beschreibung – was also dem Wortlaut entspricht – als auch, wenn nötig, eine Zeichnung – welche in diesem Fall für den Sinngehalt steht – des Patents zur Bestimmung und Auslegung der Ansprüche herangezogen; vgl. Kraßer, R./Ann, C. (2016): §32 III b) 2ff; Schäffner, N. (2015): S. 84.

209 Weitergehend kann der Schutzumfang um Äquivalente ergänzt werden, wenn nachweislich die folgenden drei Kriterien kumulativ erfüllt sind: (1) Gleichwirkung, was als abgeänderte, dennoch objektiv als gleichwirkend einzustufende Problemlösung laut geltender Rechtsprechung definiert ist; (2) Naheliegen, sprich durch den Fachmann als gleichwirkend einzustufen; und (3) Gleichwertigkeit, vom Fachmann als gleichwirkend zu erkennen und als solches in Betracht zu ziehen; vgl. Schäffner, N. (2015): S. 86. Zusammenfassend ist festzuhalten, dass die Austauschmöglichkeit der beiden Angebote vollständig – betont werden sollte hier, dass weder ein Vergleich einzelner Bestandteile der Lösung, noch der reine Vergleich der Endergebnisse als ausreichend angesehen werden kann – gegeben sein muss, damit ein Schutz im Sinne des äquivalenten Nutzens entsteht; vgl. Kraßer, R./Ann, C. (2016): §32 III d) bb) 1ff; Schäffner, N. (2015): S. 86f; Samer, M. (2011): Gewerblicher Rechtsschutz, S. 10 Rn 186. Vor diesem Hintergrund ist ebenfalls zu betonen, dass der Inhaber des Patents aber gleichfalls den eigenen Schutzanspruch durch eine unzureichende Ausformulierung und Ausgestaltung des Patents minimieren bzw. – im schlimmsten Fall – sogar stark einschränken kann; vgl. Schäffner, N. (2015): S. 87.

210 Vgl. Schäffner, N. (2015): S. 84ff.

211 Vgl. Raasch, A.-C. (2006): S. 32f.

212 Vgl. Schäffner, N. (2015): S. 87ff.; Siehe hierzu BGH, GRUR 2011, 701; BGH GRUR 2012, 45; oder LG Düsseldorf, Urt. V. 23.04.2013, Az. 4a O 192/12, Rn 88.

unterschiedlichen Patentmöglichkeiten, dass Pharmaunternehmen in der Regel eine Vielzahl von unterschiedlichen Patenten für ein Medikament anmelden. Das heißt, dass nicht etwa vom Auslaufen eines Patents gesprochen werden kann, sondern dass vielmehr mehrere Patente gleichzeitig bestehen und daher auch mehrere Patente auslaufen werden[213]. Vor dem Hintergrund der Forschungsfrage dieser Dissertation wird im Sinne der Patentauslaufstrategie auf die entscheidenden Patente Bezug genommen, welche die (generische oder biosimilare) Konkurrenz bis dato von der Vermarktung eines eigenen Produktes abgehalten haben.

2.2.3.1.1.4 Sonderformen des Patentrechts der pharmazeutischen Branche

Des Weiteren gibt es bedingt durch die Besonderheit der pharmazeutischen Branche noch elf Sonderfälle des Patentrechts, welche die folgenden Bereiche betreffen:

(1) Salze[214], Ether, und Ester[215,216];
(2) polymorphe Formen[217,218];

213 Vgl. Raasch, A.-C. (2006): S. 32f.

214 Als Salz im chemischen Sinne wird eine (an-)organische Verbindung beschrieben, welche aus Kationen und Anionen besteht und für die Löslichkeit in Wasser sowie Grundstabilität des Stoffs sorgt, wodurch der Stoff effektiver in den Organismus gelangen kann. Vgl. Schäffner, N. (2015): S. 96; Pschyrembel, W. (2014): S. 1883; Berthold, G. (2011): S. 109.

215 Ester und Ether entstehen durch eine Verbindung mit Alkohol und sind oftmals durch bessere Verträglichkeit und höhere Sicherheit gekennzeichnet. Vgl. Schäffner, N. (2015): S. 96; Pschyrembel, W. (2014): S. 643f; Correa, C. (2007): Guidelines for the Examination of Pharmaceutical Patents: Developing a Public Health Perspective, S. 29.

216 Bedingt durch die einfache Herstellung dieser, mangelt es hier regelmäßig an erfinderischer Leistung. Nur in den seltensten Fällen kann hier durch eine überrasche Steigerung der bisherigen Effizienz des zu Grunde liegenden Wirkstoffs ein Patent erteilt werden. Vgl. Schäffner, N. (2015): S. 96; Berthold, G. (2011): S. 110.

217 Als polymorphe Form wird eine physikalische Neuerung eines Wirkstoffs bezeichnet, wodurch sie oftmals besser löslich und teilweise eine optimierte Bioäquivalenz im Vergleich zum Wirkstoff aufweist. Vgl. Schäffner, N. (2015): S. 97; Correa, C. (2007), S. 10.

218 Dadurch, dass eine reine Modifikation eines Stoffes im Sinne der chemischen Formel tendenziell als nicht neuartig anzusehen ist, ist es wichtig, die physikalischen Eigenschaften der neuen Form stark herauszustellen, um diesem Kriterium gerecht zu werden. Die erfinderische Leistung ist nur dann als gegeben anzusehen, wenn die neue Form eine überraschende oder ungeahnte Eigenschaft aufweist und mit großem Aufwand herzustellen ist; vgl. Schäffner, N. (2015): S. 97ff; Correa, C. (2007), S. 11. Des Weiteren ist es von besonderer Wichtigkeit bei der Patentanmeldung von polymorphen Formen, dass sowohl Schmelzpunkt oder Infrarotspektrum zur eindeutigen Identifizierung aufgeführt werden, damit die technische Lehre tatsächlich abgebildet werden kann; vgl. Berthold, G. (2011): S. 45.

(3) Enantiomere[219,220];
(4) Formulierungen, also die sog. Galenik[221];
(5) Wirkstoffkombinationen[222,223];

---

219 Enantiomere sind zwei sich zueinander spiegelbildlich verhaltende chemische Verbindungen, welche sich in den physikalischen Eigenschaften nur gering unterscheiden, allerdings in der chemischen Reaktivität sowie Bioaktivität teilweise deutlich voneinander abweichen. Sollten beide in einem direkt 1:1-Gemisch vorkommen, ist dies ein sogenanntes Razemat; vgl. Schäffner, N. (2015): S. 99.

220 Sie bilden die Basis für über 50% aller bereits zugelassenen Arzneimittel; vgl. Sollte ein Enantiomer in der Vergangenheit erwähnt worden sein, es zwangsläufig entstehen oder es sich bei einem bereits bestehenden Gemisch um eben einen solchen handeln, ist die Neuartigkeit als nicht gegeben einzustufen, da durch die Kenntnis des einen gleichzeitig die Enantiomer-Struktur des anderen bekannt ist; vgl. Ebenda, S. 99ff. Sollte allerdings nur das Razemat bekannt sein, so muss dies nicht zwangsläufig die Neuheit verhindern, da sich keine deutliche Notwendigkeit der Zurverfügungstellung der beiden Enantiomere ergibt. Ähnlich wie bei den bisherigen Sonderformen ist auch hier im Sinne der erfinderischen Tätigkeit von einer erhöhten Schwierigkeit in der Herstellung auszugehen, um den Patentschutz letztendlich erlangen zu können. Vgl. Schäffner, N. (2015): S., 100f.

221 Hierbei wird der Patentschutz dann gewährt, sollte der Hilfsstoff als neuartig bewertet werden. Problematisch wird die Patentierung, sollten bereits anerkannte Hilfs- und Wirkstoffe anders miteinander verbunden werden, da letztendlich nicht der Wirkstoff an sich, sondern die Kombination der beiden Stoffe das Patent erhält; vgl. Schäffner, N. (2015): S. 103; Berthold, G. (2011): S. 116. Dennoch kann hier die erfinderische Leistung als zweifelhaft gewertet werden, bedingt dadurch, dass die grundsätzliche Zusammensetzung von sowohl Hilfs- als auch Wirkstoffen keine Neuerung darstellt. Um dennoch ein Patent zu erhalten sollte die Verbindung der beiden Stoffe nicht offensichtlich sein und der Effekt der Kombination sollte eine deutliche Verbesserung sein; vgl. Correa, C. (2007), S. 6. Hierbei gilt jedoch, dass eine verbesserte Wirkweise auch bspw. durch eine höhere Stabilität oder angenehmere Darreichungsform erreicht werden kann; vgl. Schäffner, N. (2015): S. 104f; Berthold, G. (2011): S. 116. Diese Darreichungsform an sich kann einem Medikament auch als Grundlage für ein Patent dienen, sollte diese neue Formulierung nicht dem aktuellen Forschungsstand entsprechen und auch nicht offensichtlich sein; vgl. Schäffner, N. (2015): S. 103; Benkard, G. (2006): §5 Rn 46.

222 Wirkstoffkombinationen entstehen beispielweise dann, wenn ein einzelner Wirkstoff erst in Kombination mit einem weiteren seine (volle bzw. eine verbesserte) Wirkung erzielen kann oder diverse Wirkstoffe in einer Darreichungsform zusammengefasst werden Schäffner, N. (2015): S. 105; Fackelmann, C. R. (2009): Patentschutz und ergänzende Schutzinstrumente für Arzneimittel im Spannungsfeld von Wettbewerb und Innovation, S. 108; Benkard, G. (2006): §5 Rn 46.

223 Wie bereits bei den bisherigen Sonderfällen ist auch hier die erfinderische Leistung per se teilweise fragwürdig, da die zu kombinierenden Stoffe meist bereits selbst patentiert sind; vgl. Schäffner, N. (2015): S. 105; Fackelmann, C. R. (2009): S. 108. Im Hinblick

(6) Verbindungsbestandteile[224];
(7) Metaboliten[225];
(8) Prodrugs[226,227];
(9) die zweite bzw. weitere medizinische Indikation;
(10) Analogieverfahren[228]; und

---

auf die verschiedenen Formen der Kombinatorik, werden reine Kombinationen von bisherigen Wirkstoffen in einer Darreichungsform nicht als erfinderische Leistung gewertet. Die andere Funktionsweise der Kombination, sprich eine Verbesserung der eigentlichen Leistung der Wirkstoffe oder ein Ermöglichen der Wirkweise erst durch die Kombination wird hingegen als nötige erfinderische Tätigkeit gesehen; vgl. Schäffner, N. (2015): S. 106; Benkard, G. (2012): §Art. 56 Rn 108; Fackelmann, C. R. (2009): S. 110f. Dadurch, dass die konkrete Kombinatorik aus den verschiedenen Wirkstoffen allerdings regelmäßig als neuwertig und nicht dem aktuellen technischen Stand entsprechend angesehen wird, stellt die Neuheit der Erfindung meist kein Problem dar; vgl. Schäffner, N. (2015): S. 105; Benkard, G. (2012): §Art. 54 Rn 23, 65.

224 Damit hier tatsächlich eine erfinderische Leistung erkennbar ist, bedarf die Isolierung der einzelnen Bestandteile einer Kombination einen erheblichen Aufwand, so bspw. wenn dies Techniken erfordert, die nicht der Standardausbildung des Fachmanns angehören oder keine Vorveröffentlichungen diese Technik anregen; vgl. Schäffner, N. (2015): S. 108; Berthold, G. (2011): S. 115; Correa, C. (2007), S. 14.

225 Der Metabolit ist eine Verbindung, welche während des Stoffwechsels durch eine Reaktion von Enzymen meist nach der Einnahme von Medikamenten im Körper entsteht. Teilweise kann ein Medikament auch erst durch diese Verbindung seine volle pharmakologische Wirkung erzielen; vgl. Schäffner, N. (2015): S. 108f; Pschyrembel, W. (2014): S. 1345; Fackelmann, C. R. (2009): S. 101.

226 Die Prodrug ist eine an sich kaum wirksame Vorläufersubstanz, oft als Grundlage für einen Metaboliten. Sie werden genutzt um die Löslichkeit und Resorption zu optimieren, sowie eine einfachere Einnahme zu ermöglichen; vgl. Schäffner, N. (2015): S. 114; Pschyrembel, W. (2014): S. 1833; Fackelmann, C. R. (2009): S. 100ff.

227 Wie in den meisten Sonderformen bildet die erfinderische Leistung hier die Basis des Patentierproblems. Da eine Prodrug relativ standardmäßig gefunden werden kann, ermöglicht dies lediglich die Patentierung einer unerwarteten Eigenschaft; vgl. Schäffner, N. (2015): S. 114; Fackelmann, C. R. (2009): S. 105f.

228 Der Streitpunkt für Analogieverfahren liegt in den Formen der Verfahren: so wird mit Analogieverfahren entweder versucht, einen bisher ungenutzten Stoff mit einem bereits geläufigen Verfahren zu nutzen, oder einen ähnlichen Effekt mit Mitteln, welche dem geläufigen Verfahren sehr ähneln, zu erzielen; vgl. Schäffner, N. (2015): S. 117; Götting, H.-P. (2010): S. 11 Rn 29; Benkard, G. (2006): §1 Rn 94. Daher ergibt sich eine erfinderische Leistung erst dann, wenn tatsächlich – ähnlich wie in vielen bisherigen Sonderfällen – eine unerwartete und neue wertvolle Eigenschaft oder Reaktion gefunden wird. Danach kann ein Verfahrenspatent erteilt werden; vgl. Kraßer, R./Ann, C. (2016): §11 III b) 2, c) cc); Schäffner, N. (2015): S. 118.

(11) Naturstoffe[229]. Diese Sonderfälle umfassen die Patentierbarkeit von bestimmten Verfahren oder Produkttypen, welche teilweise einen direkten Einfluss auf die Patentauslaufstrategien haben können. Im Folgenden werden daher die beiden relevantesten der elf Fälle näher dargestellt.

Die siebte Sonderform bildet die sogenannten Metaboliten. Diese sind besonders vor dem Forschungsziel dieser Dissertation von hoher Bedeutung, da ein mögliches Metaboliten-Patent potenziell vor der generischen Konkurrenz schützen kann, da diese Patente meist erst sehr spät im Lebenszyklus des Medikamentes angemeldet werden. Dennoch stellt sich die Frage, inwieweit Metaboliten schutzwürdig sind. Oft werden Metaboliten als nicht neuwertig angesehen, hierbei gibt es dennoch einige Ausnahmen. So ist ein Patent zu erteilen, falls der Wirkstoff bisher noch nicht patentrechtlich geschützt ist oder falls das Patent für die *In-vitro*-Erstellung des Metaboliten benötigt werden sollte. Als eindeutig nicht zu patentieren gilt ein Metabolit, sollte dieser bereits klar und deutlich in einem vorherigen Patent beschrieben worden sein[230]. Kurzum[231], so von Schäffner festgestellt, sollte die Patentierung von Metaboliten nicht als Patentauslaufstrategie im klassischen Sinne verwendet werden[232].

Eine weitere, oftmals diskutierte Option in der Verteidigung von Patenten ist die Möglichkeit des Patents auf zweite bzw. weitere medizinische Indikationen. Hierbei sind sowohl die Neuheit des Arzneimittels, aber auch die gewerbliche Anwendbarkeit, zweifelhaft. Um dem Problem der mangelnden Neuheit eines bereits patentierten Medikaments für eine neue Indikation entgegenzuwirken, führte der Gesetzgeber §3 IV PatG ein, welcher besagt, dass durch eine neue Anwendungsform auch ein bereits bestehendes Medikament erneut für eine weitere medizinische Indikation patentiert werden kann. Des Weiteren

229 Hierbei erscheint es zunächst sinnlogisch, dass der reine Fund eines Naturstoffs nicht zu patentieren ist, die synthetische Anfertigung eines Naturstoffes allerdings schon. Dies ist ebenso nachvollziehbar und als sinnvoll zu betrachten, während ein ständiger Dissens (von einer konkreten Diskussion dieses Sachverhaltes wird an dieser Stelle abgesehen, weiterführende Literatur bietet allerdings bspw. Schäffner, Lifecycle Management im Arzneimittelsektor, 2015) in der Literatur bezüglich der Patentierbarkeit von Isolierungen eines natürlichen Stoffs herrscht, bedingt dadurch, dass nicht etwa das Verfahren patentiert wird, sondern der letztendlich gewonnene Stoff; vgl. Schäffner, N. (2015): S. 118; Berthold, G. (2011): S. 41; Benkard, G. (2006): §1 Rn 92.

230 Vgl. Schäffner, N. (2015): S. 110; Fackelmann, C. R. (2009): S. 102.

231 Für eine weiterführende Diskussion dieses Sachverhaltes sieht Schäffner, Lifecycle Management im Arzneimittelsektor, 2015.

232 Vgl. Schäffner, N. (2015): S. 108ff.

urteilte das Europäische Patentamt, dass die Herstellung und letztendlich Verwertung eines Wirkstoffs zu Heilungszwecken einer Krankheit als gewerbliche Anwendung deklariert werden können. Somit können Medikamente auch zur Anwendung für eine weitere Indikation patentiert werden, wenn sie dem sog. *Swiss-type-claim* – also dem „Anspruch auf die Verwendung eines Stoffes oder Stoffgemisches X zur Herstellung eines Arzneimittels Y, welches zur Heilung einer Krankheit Z verwendet wird"[233] – entsprechen[234].

Das vorherige Unterkapitel hat erneut verdeutlicht, dass die pharmazeutische Branche oftmals mit deutlich anderen Situationen umgehen muss, als z.B. die Konsumgüterindustrie. Natürlich mag es auch dort Sonderfälle geben, die Fülle der Ausnahmen für die Arzneimittelbranche aber zeigt, welch hohen legalen Restriktionen die Branche allein durch das PatG unterliegt[235]. Letztendlich kann die Patentierung auf der einen Seite als zwingend notwendig, auf der anderen Seite als Hemmnis für zukünftige Innovationen angesehen werden. Ähnlich wie in vielen weiteren Branchen facht dies regelmäßig die Diskussion an, inwieweit der umfangreiche Patentschutz für Medikamente weiterführende Innovationen behindert oder diese fördert. Das folgende Unterkapitel behandelt diesen Zusammenhang kurz.

2.2.3.1.1.5 Patente als Hemmnis oder Impulsgeber für Innovationen

Abgesehen von den soeben aufgeführten Schutzeigenschaften des Patentrechts, entsteht im Zusammenhang mit diesem gebotenen Schutz regelmäßig die Diskussion, ob und inwieweit diese Patentierung den Fortschritt in der Forschung verhindern oder zumindest verlangsamen darf[236].

Letztendlich mahnen viele Kritiker, dass Firmen nur dann innovativ sind, wenn dies zu einem möglichst guten Ergebnis führt[237]; ein gutes Ergebnis kann jedoch in vielen Branchen nur durch eine möglichst lang gewährte Patentlaufzeit erzielt werden[238]. Dies wiederum könnte jedoch die Weiterentwicklung eines bestimmten Forschungszweigs derart behindern, dass wenn das

233 Ebenda, S. 116.

234 Vgl. Ebenda, S. 114ff.

235 Vgl. Ebenda, S. 118f.

236 Auf diese Diskussion wird die vorliegende Dissertation nur kurz eingehen, weiterführende Publikationen sind beispielweise Fackelmann, Patentschutz und ergänzende Schutzinstrumente für Arzneimittel im Spannungsfeld von Wettbewerb und Innovation, 2009.

237 Vgl. Allred, B. B./Park, W. G. (2007): The Influence of Patent Protection on Firm Innovation Investment in Manufacturing Industries S. 93; Teece, D. J. (1986): Profiting From Technological Innovation: Implications for Integration, Collaboration, Licensing and Public Policy, S. 285f.

238 Vgl. Häckl, D. (2010): Neue Technologien im Gesundheitswesen, S. 141.

patentinnehabende Unternehmen nicht weiterhin in diesen Forschungszweig investiert oder es aus mangelnder Fachkenntnis effektiv nicht kann, sich die Forschung in diesem Bereich erst nach Ablauf des Patents entscheidend verbessern kann. Dass ein Unternehmen nicht weiterhin in die Entwicklung eines bestimmten Produkts oder Wirkstoffs investiert, könnte daran liegen, dass der Patentschutz eine gewisse „Schonfrist" für das Unternehmen darstellt, wodurch nicht zwangsläufig und sofort eine neue Innovation auf den Markt gebracht werden muss[239]. Dies ist allerdings bedingt durch die Besonderheiten des pharmazeutischen Produktlebenszyklus riskant und tendenziell unüblich in der Branche. Eher noch wird manchen Unternehmen vorgeworfen, aus wirtschaftlichen Gründen Marktmanipulationen vorzunehmen, indem strategisch wichtige Teilbereiche durch „strategic patenting" vor einem möglichen Konkurrenten zum Patent angemeldet werden, nur um die Forschung des Konkurrenten möglicherweise zu unterbrechen[240]. Weiterhin wird besonders pharmazeutischen Firmen zur Verlängerung eines bestehenden Patents der Vorwurf des „evergreening" gemacht, wobei Unternehmen vermeintliche „Scheininnovationen" patentieren, die lediglich leichte Modifikationen der vorherigen Formulierung oder Darreichungsform darstellen und somit weiterhin Schutz erhalten, welcher jedoch – aus Sicht der Konkurrenz – nicht gerechtfertigt ist[241].

Wenngleich solche „Schlupflöcher" für Unternehmen bestehen und sicherlich auch Unternehmen die ein oder andere strategische Patentierung vornehmen, kann dennoch festgehalten werden, dass der Innovationsanreiz, gerade für eher weniger lukrative Bereiche oder durch kleinere Firmen oder Erfinder, ohne den möglichen Schutz eines Patents sicherlich deutlich geringer wäre. „Das deutsche und europäische Patentrecht ermöglichen es, einen Ausgleich zwischen Innovationsanreiz und -förderung einerseits und der Notwendigkeit der industriellen Funktionsweise andererseits zu schaffen"[242]. Dies lässt sich vor allem dadurch feststellen, dass Patente in Deutschland nach 18 Monaten veröffentlicht werden müssen, sodass sehr wohl das Wissen weitergetragen wird und somit auch Forscher aus anderen Unternehmen an der vorhandenen Forschung partizipieren oder diese fördern können[243].

239 Vgl. Takalo, T./Kannianem, V. (2000): Do Patents Slow Down Technological Progress? Real Options in Research, Patenting, and Market Introductions., S. 1105ff.

240 Vgl. Häckl, D. (2010): S. 141; Allred, B. B./Park, W. G. (2007): S. 94.

241 Für eine ausführlichere Erklärung des Sachverhalts siehe bspw. Berthold, Evergreening von Arzneimittelpatenten, 2011.

242 Schäffner, N. (2015): S. 118.

243 Vgl. Vfa (2015): Patente für Arzneimittel.

Nach der kurzen Diskussion der Förderung oder Verhinderung von Innovationen durch Patente sei an dieser Stelle weiterhin auf die schwierige ethische Fragestellung von Patentierungen auf teils lebensnotwendige Innovationen in der Pharmabranche eingegangen. Unterschiedliche Hilfsorganisationen oder gar Regierungen, gerade aus Entwicklungsländern, weisen regelmäßig darauf-hin, dass durch die Patentierung von Medikamenten der wichtige Zugang zu ebendiesen für ärmere Nationen der Dritten Welt meist verwehrt bleibt. Weder können die Kosten für die Medikamente aufgebracht werden, noch ist der Zugang zu diesen einwandfrei geregelt[244]. Hier stellt sich die Frage, wie ethisch pharmazeutische Firmen handeln, oder ob nicht vielmehr ein auf die Länder zugeschnittenes Preisniveau anzuwenden ist. Auf der anderen Seite beklagen pharmazeutische Hersteller, dass die internationale Regulierung es ihnen nicht erlaubt, angebrachte Preise für Medikamente zu verlangen[245]. Da diese Arbeit keinen ethischen Fokus verfolgt[246] und die Lösung dieses Problems (wie bei vielen ethischen Dilemma) einem Teufelskreis gleicht, wird an dieser Stelle lediglich auf die neusten Entwicklungen in diesem Bereich hingewiesen, wo bspw. ein führendes Pharmaunternehmen von der Patentierung neuster Wirkstoffe in Entwicklungsländern absieht, damit diese von lokalen Herstellern kostengünstig nachgestellt werden können, während ein weiteres Unternehmen die medizinische Versorgung von sozial schwächeren Patienten über Stiftungen ermöglicht[247].

Nachdem nun das deutsche Patentrecht in seiner Tiefe dargestellt wurde, sowie auf die ethisch schwierigen Fragestellungen rund um den Bereich Patente kurz eingegangen wurde, beschreiben die nächsten Kapitel weitere Optionen, die eine Innovation in der pharmazeutischen Branche vor der einfachen Nachahmung durch Dritte schützen sollen und somit weitere Grundlagen für Patentauslaufstrategien bilden.

---

244 Vgl. Sampat, B. N. (2009): Academic Patents and Access to Medicines in Developing Countries, S. 9.

245 Vgl. Stolpe, M. (2001): Weltweiter Patentschutz für pharmazeutische Innovationen: Gibt es sozialverträgliche Alternativen?, S. 1f.

246 Für weiterführende Diskussionen zu diesem Thema siehe bspw. Anderson, A. J. (2006): Global Pharmaceutical Patent Law in Developing Countries- Amending TRIPS to Promote Access for All, S. 1ff; Sterckx, S. (2004): Patents and Access to Drugs in Developing Countries: an Ethical Analysis, S. 58ff.

247 Vgl. BBCNewsHealth (2016): GlaxoSmithKline to drop patents in poor countries for better drug access; Albrecht, H. (2013): Der hohe Preis des Überlebens. Weiterführend hierzu bspw. auch Sterckx, S. (2004): S. 62ff; Stolpe, M. (2001): S. 1ff.

2.2.3.1.2 Das Gebrauchsmusterrecht

Abgesehen vom Patentschutz durch das Patentgesetz kann ein Arzneimittel ebenfalls durch das Gebrauchsmusterrecht geschützt werden. Dies kann beim Deutschen Patent- und Markenamt (DPMA) entweder mit einer nationalen oder internationalen Anmeldung[248] beantragt werden. Im Folgenden werden die wichtigsten Erkenntnisse zu dieser Rechtsgrundlage zusammengefasst.

Ähnlich Patenten schützen Gebrauchsmuster grundsätzlich Erfindungen – rechtlich identisch definiert wie im Patentrecht – welche eine *Neuheit* vorweisen können, *erfinderische Leistung*[249] widerspiegeln und *wirtschaftlich nutzbar* sind, siehe §1 I GebrMG. Ebenso im Vergleich zu Patenten, können auch Gebrauchsmuster nicht für jegliche Erfindung in diesen Bereichen verwendet werden. Ganz konkret können jedoch, anders als durch ein Patent, Verfahren gem. §2 Nr. 3 GebrMG nicht mit einem Gebrauchsmuster beschützt werden, genauso wenig biotechnologische Erfindungen (§ 1 II Nr. 5 GebrMG). Des Weiteren unterscheiden sich der Stand der Technik im Sinne des PatG und im Sinne des GebrMG. Während im Patentrecht ein absoluter Neuheitsbegriff gilt, genügt für das Gebrauchsmuster ein relativer Neuheitsbegriff. Dies bedeutet, dass gem. §3 I Satz 2 GebrMG alle veröffentlichten Kenntnisse vor dem Tag der Gebrauchsmusteranmeldung den technischen Stand definieren. Internationale Veröffentlichungen werden nicht beachtet[250]. Der Gesetzgeber ermöglicht eine sechswöchige sog. Neuheitsschonfrist (gem. §3 I Satz 3 GebrMG), die besagt, dass Veröffentlichungen, welche innerhalb dieser Zeit auf Basis des Anmelders ausgearbeitet wurden, nicht als neuheitsschädlich zu bewerten sind. Ein weiterer wesentlicher Unterschied stellt die Schutzdauer des Gebrauchsmusters dar, da diese gem. §23 I GebrMG lediglich zehn Jahre beträgt. Zusätzlich wird der Gebrauchsmusterantrag nicht wie die Patentanmeldung auf Erfüllen der Schutzvoraussetzungen gem. §8 I Satz 2 GebrMG hin geprüft, sondern eine rein formelle Ordnungsmäßigkeit gem. §§4, 4a, 8 I Satz 1 GebrMG der Unterlagen festgestellt. Dies erlaubt es jedem Interessierten, das Gebrauchsmuster kritisch zu überprüfen und bei einem Verstoß jederzeit eine Löschung des Gebrauchsmusters zu beantragen, welches die sofortige Ungültigkeit des Gebrauchsmusters hervorruft. Eine aufwendige Nichtigkeitserklärung wie für ein Patent ist hierfür nicht von Nöten[251]. Eine weitere Besonderheit des Gebrauchsmusters ist, dass ein

248 Hierzu Art. 2 lit. I) PCT, Art. 1 II PVÜ Schäffner, N. (2015): S. 132.

249 Im konkreten Wortlaut des Gesetzes handelt es sich hierbei und den „materiellen Schritt“, welcher aber laut diverser Autoren als erfinderische Tätigkeit gesehen wird, siehe hierzu Schäffner, Lifecycle Management im Arzneimittelsektor, 2015, S. 133.

250 Vgl. Schäffner, N. (2015): S. 132.

251 Vgl. Ebenda, S. 134; Götting, H.-P. (2010): S. 29 Rn 4.

Gebrauchsmuster zwar nicht für ein Verfahren ausgesprochen werden kann, dies jedoch eine grundsätzliche Eintragung für die letztendliche Anwendung eines Wirkstoffs für eine andere Indikation nicht behindert[252].

Daher kann festgehalten werden, dass ein Gebrauchsmuster im Vergleich zum Patent als geringwertiger anzusehen ist, da es deutlich angreifbarer sein kann und weniger wesentliche Schutzbereiche umfasst. Auf der anderen Seite kann das Gebrauchsmuster in manchen Fällen Vorteile gegenüber der Patentanmeldung haben. Bspw. sind die deutlich weniger aufwendige Bearbeitung des Antrags und dadurch ein schnellerer Schutz für die Erfindung, bedingt durch die geringere Prüfung des Antrags, zu nennen sowie die etwas geringeren Anforderungen an die Neuheit der Erfindung. Abgesehen davon ermöglicht das Gebrauchsmusterrecht dem Inhaber eines bereits bestehenden Patents bis zu zehn Jahre nach Patentanmeldung auf die gleiche Erfindung ein Gebrauchsmuster anzumelden, was allerdings bedingt durch die lediglich zehnjährige Laufzeit des Gebrauchsmusterschutzes nur unwesentliche weitere Sicherheit bietet[253]. Daher stellt das Gebrauchsmusterrecht nur eine limitierte Option für den Patentauslauf dar, sollte aber dennoch in seiner Wirksamkeit für die individuelle Situation überprüft werden.

2.2.3.1.3 Das ergänzende Schutzzertifikat

Abgesehen von diesen beiden grundsätzlichen und generellen Schutzmöglichkeiten für Erfindungen, ermöglicht das ergänzende Schutzzertifikat *Supplementary Protection Certificate* (SPC) eine weiterführende, speziell auf die Besonderheiten der pharmazeutischen Branche abgestimmte rechtliche Option, die Forschungserfolge eines Unternehmens zu schützen. Bedingt durch die charakteristisch frühe Patentanmeldung erlaubt die VO (EG) Nr. 469/2009 durch das SPC einen auch nach Patentauslauf weiterlaufenden Schutz, wenngleich dieser zeitlich auf maximal fünf Jahre beschränkt ist[254].

Wie eben erwähnt, wird ein SPC gem. Art. 13 II SPC-VO für einen Zeitraum von maximal fünf Jahren gewährt. Der genaue Zeitraum bestimmt sich durch die Differenz zwischen Patentanmeldung und der Genehmigung, sprich dem Inverkehrbringen des Medikaments, abzüglich einer festgelegten Zeit von fünf Jahren, siehe Art. 13 I SPC-VO. In dieser Zeit schützt das SPC den im Grundpatent definierten Schutzgegenstand, sogar mit ähnlicher Stärke wie die des

252 Vgl. Schäffner, N. (2015): S. 135.
253 Vgl. Ebenda, S. 134f.
254 Vgl. Ebenda, S. 119ff; Berthold, G. (2011): S. 72f.

Patents selbst[255]. Um letztendlich ein Arzneimittel mit einem SPC zu schützen, beginnt ab dem Tag der arzneimittelrechtlichen Zulassung des Medikaments – bzw. sollte die Zulassung vor der Erteilung des Patents erfolgen, gilt die Patenterteilung als Stichtag – eine Frist von genau sechs Monaten, in der der SPC-Antrag gestellt werden muss (Art. 7 I-II SPC-VO)[256]. Ein Antrag ist dann erfolgsversprechend, sollte der zu schützende Wirkstoff zum Zeitpunkt der Anmeldung bereits (1) patentrechtlich geschützt sein, (2) bereits die arzneimittelrechtliche Zulassung erhalten haben, (3) nicht bereits ein vorheriges SPC vorliegen, und abschließend (4) der Wirkstoff keine weitere Zulassung als Arzneimittel vorweisen können. Des Weiteren gilt, dass pro Patent auch nur ein Antrag für ein ergänzendes Schutzzertifikat erteilt werden kann[257]. Zusätzlich gibt es aber dennoch die Möglichkeit, selbst ein SPC noch um weitere sechs Monate zu verlängern: sollten der Anmeldung eines SPCs pädiatrische Studien beiliegen, kann diese Verlängerung des SPCs möglich sein, wenn das Medikament in allen EU-Staaten zugelassen ist[258,259]. Auch wenn diese grundsätzliche Möglichkeit, eine patentähnliche Schutzvorrichtung für ein vorhandenes Medikament zu erhalten und somit gerade vor der Hauptfragestellung dieser Dissertation das SPC eine logische Option für die Originalhersteller zu sein scheint, konkretisiert die aktuelle Rechtsprechung besonders des EuGHs regelmäßig, dass eine Bevorteilung des Originalherstellers mit den SPCs nicht per se angedacht ist. Dies bedeutet, dass auch wenn die hohe Profitabilität des Medikaments zwar für den Originalhersteller aufrechterhalten wird, dies nicht zum Vorteil des Herstellers, sondern vielmehr zum Vorteil der Allgemeinheit geschehen soll, da die zusätzlichen Einnahmen in die Erforschung neuer Wirkstoffe investiert werden möchte[260].

2.2.3.1.4 Die Unterlagenverwertungs- und Vermarktungsexklusivität

Nachdem sowohl Patente, Gebrauchsmuster als auch SPCs zwar eine gute Grundlage für den Schutz einer Erfindung darstellen können, gibt es besonders für den Eintritt der generischen Konkurrenz im Falle des Patentauslaufs noch weiterführende Regelungen. Die unter dem Arzneimittelgesetz (AMG)

---

255 Vgl. Schäffner, N. (2015): S. 121; Berthold, G. (2011): S. 73f.

256 Vgl. Schäffner, N. (2015): S. 120f.

257 Vgl. Ebenda, S. 121f; Berthold, G. (2011): S. 72f.

258 Vgl. Schäffner, N. (2015): S. 129ff; Berthold, G. (2011): S. 74.

259 Siehe detailliert hierzu: Schäffner, Lifecycle Management im Arzneimittelsektor, 2015, S. 129ff.

260 Siehe detailliert hierzu: Schäffner, Lifecycle Management im Arzneimittelsektor, 2015, S. 125ff.

aufgehängte Unterlagenverwertungs- und Vermarktungsexklusivität ist patentunabhängig und branchenexklusiv für die pharmazeutische Industrie. Konkret behandelt die Unterlagenverwertungsexklusivität gem. §24b I AMG, dass ein Generikum erst mindestens acht Jahre nachdem das Originalpräparat seine arzneimittelrechtliche Zulassung erhalten hat, ebendiese beantragen kann. Die Vermarktungsexklusivität auf der anderen Seite erlaubt der generischen Konkurrenz erst frühestens zehn Jahre nach der Erstzulassung des Originalpräparates die Vermarktung des eigenen Generikums, allerdings unabhängig von der eigenen Zulassung. In diesem Zusammenhang ebenfalls von Bedeutung ist die 8+2+1-Regel, welche gem. §24b I AMG besagt, dass sich dieser acht- bzw. zehnjährige Schutz außerdem um ein Jahr verlängern kann, sollte der Originalhersteller seine Zulassung um mindestens eine neue Indikation in den ersten acht Jahren nach der Zulassung erweitern können[261].

Dennoch steht die pharmazeutische Branche, ebenso wie bspw. das Patentrecht, vor der grundlegenden Fragestellung, ob die Wettbewerbsförderung oder der Innovationsschutz als voranging anzusehen sind[262]. Zum einen fördern die besagte Vermarktungs- und Unterlagenverwertungsexklusivität das tatsächliche Monopol der Originalhersteller, da nicht selten das Patent sogar schon ausgelaufen ist, die Exklusivität allerdings noch besteht und somit trotz eigentlichen Patentauslaufs ein weiterer Schutz gegeben ist[263]. Demnach könnte es eine sinnvolle Strategie sein, die Zulassung eines Medikaments hinauszuzögern. Bedingt durch das hohe Risiko und die hohen Kosten der Forschung wird dies allerdings in Realität fast nie so gehandhabt[264]. Auf der anderen Seite sind die immensen Kosten für die Erforschung neuer Wirkstoffe und die damit zwangsläufig verbundenen Studien für die Generikahersteller kostenfrei zugänglich, sodass der Anreiz, diese Investitionen zu tätigen, gewährleistet sein muss, da die Generikahersteller von sich aus keine dieser Tests durchführen müssen. Gleichzeitig ermöglichen es die Generika allerdings, die Kosten des Gesundheitssystems weiter zu senken und so eine Entlastung der Ausgaben zu schaffen, was mehr oder weniger nur durch eine zeitnahe Zulassung der Generika nach dem Patentauslauf gewährleistet werden kann. Der abschließende Ausgang dieser fortdauernden juristischen Diskussion bleibt abzuwarten[265].

261 Vgl. Schäffner, N. (2015): S. 136f; Berthold, G. (2011): S. 77f.
262 Vgl. Schäffner, N. (2015): S. 137; Fackelmann, C. R. (2009): S. 467ff.
263 Vgl. Schäffner, N. (2015): S. 138.
264 Vgl. Berthold, G. (2011): S. 33.
265 Vgl. Schäffner, N. (2015): S. 138ff; Berthold, G. (2011): S. 33.

Doch nicht nur für die generische Konkurrenz gibt es gesonderte Exklusivität, sondern auch für die Situation, dass ein neuer Anwendungsbereich eines bekannten Wirkstoffs gefunden wird, gem. §24b VI AMG. Dieser Paragraph besagt, dass ein Medikament, welches seit mindestens zehn Jahren EU-weit verwendet wird, eine weitere Datennutzungsexklusivität von einem Jahr für die neuen Studien erhält. Dieses Jahr kann trotz der Formulierung „nicht kumulierbar" des soeben genannten Paragraphen einmalig mit dem möglichen ergänzenden Jahr des §24b I Satz 3 AMG kombiniert werden. Dementsprechend ist selbst eine Verlängerung der Exklusivität um bis zu zwölf Jahre insgesamt möglich[266].

Weitere Besonderheiten ergeben sich erneut in der pädiatrischen Medizin sowie bei einem Medikament mit sogenanntem Orphan-Drug-Status. Als Orphan-Drug werden Medikamente bezeichnet, welche nur für einen sehr geringen Anteil von 0,05% der Patienten in der europäischen Bevölkerung mit speziellen, dennoch lebensbedrohlich und/oder chronischen Diagnosen eingesetzt werden müssen[267]. Sobald eine Medikation den Orphan-Drug-Status erhält, resultiert dies in einer zehnjährigen Marktexklusivität. Hiermit soll ein Anreiz geschaffen werden, tatsächlich auch solche, tendenziell eher weniger gewinnbringende Krankheiten, zu erforschen[268]. Zusätzlich ist diese Marktexklusivität, anders als bei der generischen Konkurrenz, bspw. auch deutlich strikter ausgelegt und eine bloße Ähnlichkeit reicht bereits aus, um eine Verletzung der Exklusivität darzustellen[269]. Abgesehen von diesem Schutz der Orphan Drugs gibt es weiterhin die Kombination mit einem der pädiatrischen Medizin entsprechenden Antrag, welcher die gewährte Marktexklusivität um weitere zwei Jahre auf insgesamt zwölf Jahre verlängert[270].

2.2.3.2 Vermarktungsbezogene Gesetzgebungen

Abgesehen von den bisherig diskutierten Optionen, welche aus primär auf dem Patentrecht[271] basierenden Möglichkeiten des Schutzes von Arzneimitteln bestanden, gehören natürlich auch marketingbasierte Optionen in das Repertoire eines

266 Vgl. Schäffner, N. (2015): S. 140f; Berthold, G. (2011): S. 75ff.
267 Vgl. Schäffner, N. (2015): S. 141f; Berthold, G. (2011): S. 74; Raasch, A.-C. (2006): S. 82.
268 Vgl. Schäffner, N. (2015): S. 142; Berthold, G. (2011): S. 74; Koenig, C./Müller, E.-M. (2007): Orphan-Drug-Status trotz Zulassung?, S. 294ff.
269 Vgl. Schäffner, N. (2015): S. 142; Hiltl, C. (2001): Orphan Drugs – Zwischenbilanz und Konfliktfelder, S. 308f.
270 Vgl. Schäffner, N. (2015): S. 141f; Berthold, G. (2011): S. 75.
271 Oder Ähnliche Rechtsbereiche.

Arzneimittelherstellers. Korrespondierend zu diesen marketinggetriebenen Optionen fallen weitere Rechtsbereiche in den Fokus dieser Dissertation, welche den Handlungsspielraum der Originalhersteller nach dem Patentauslauf wesentlich beeinflussen. Aus Marketingsicht logische Verfahren des Konsumanreizes nach dem Einstieg von Wettbewerbern sind in der pharmazeutischen Branche nicht einfach möglich. Relevante Rechtsbereiche sind hier das Heilmittelwerbegesetz in Kombination mit dem Gesetz gegen unlauteren Wettbewerb, sowie das Markengesetz und das Arzneimittelgesetz. Diese werden in den folgenden Unterkapiteln dargestellt.

2.2.3.2.1 Das Heilmittelwerbegesetz in Verbindung mit dem Gesetz gegen unlauteren Wettbewerb

Dem Namen entsprechend findet bei der Vermarktung von Arzneimitteln das Heilmittelwerbegesetz (HWG) in Kombination mit dem Gesetz gegen unlauteren Wettbewerb (UWG) Anwendung. Beide Gesetze sind sehr eng miteinander verwoben, welches auf der historischen Entwicklung der Rechtsprechung rund um die Vermarktung von Arzneimitteln basiert. Das folgende Unterkapitel wird dies kurz darlegen.

2.2.3.2.1.1 Schutzwirkung generiert durch das Heilmittelwerbegesetz und das Gesetz gegen unlauteren Wettbewerb

Während historisch zunächst primär die Mitbewerber von pharmazeutischen Unternehmen geschützt wurden, kristallisierte sich schnell ein mindestens ebenso notwendiger Schutz für die Verwender der Heilmittel sowie die Allgemeinheit heraus[272]. Dies ist rein logisch zu erklären, wenn man sich die Primärziele von Werbung vor Augen führt. Da hier oftmals ein Konsumanreiz geweckt wird, der Konsum von Medikamenten allerdings nicht unbedenklich und teilweise sogar mit Risiken behaftet ist (Falschdosierung, Nebenwirkungen, etc.), besteht hier grundsätzlich ein problematischer Zusammenhang[273]. Zusätzlich haben Patienten nur in seltenen Fällen die Möglichkeit und das pharmakologische Fachwissen, Werbeaussagen über Arzneimittel tatsächlich bewerten und deren Akkuratesse einschätzen zu können[274]. Daher kann festgehalten werden,

---

272 Vgl. Poschenrieder, A. (2007): S. 23ff.

273 Vgl. Ebenda, S. 23f.

274 Vgl. Zimmermann, M. (2014): §28 Anforderungen an Arzneimittelwerbung nach dem Heilmittelwerbegesetz (HWG) und dem Gesetz gegen den unlauteren Wettbewerb (UWG), §28 Rn 1; Poschenrieder, A. (2007): S. 26.

dass das HWG schwerpunktmäßig den Schutz des Patienten vor unsachgemäßer Beeinflussung durch Werbung und darauffolgendem unkontrolliertem Verbrauch zum Ziel hat[275]. Als zweites Primärziel sollen allerdings auch medizinische und pharmakologische Fachkreise vor einer Beeinträchtigung ihrer Objektivität bei der Wahl eines geeigneten Arzneimittels bewahrt werden[276]. Daher werden beide Gesetzgebungen im folgenden Unterkapitel gemeinsam näher dargestellt. Um jedoch die Anwendbarkeit des HWG und UWG letztendlich feststellen zu können, muss in einem ersten Schritt zunächst der Begriff der Werbung abschließend vor dem Hintergrund der Rechtslage geklärt werden, da nur solche Handlungen überhaupt unter beide Gesetzgebungen fallen, die als solche klassifiziert werden können.

2.2.3.2.1.2 Der Begriff der Werbung nach dem Heilmittelwerbegesetz

Grundsätzlich regelt das HWG gem. §1HWG die Vermarktung von unter anderem medizinischen Produkten[277] und Therapien, Arzneimitteln[278], aber auch Kosmetika[279]. Da allerdings gerade im pharmazeutischen Bereich die Begriffe „Vermarktung" oder „Werbung" nicht leicht von erlaubten Kommunikationsmaßnahmen abzugrenzen sind, ist es zunächst sinnvoll, diesen Begriff definitorisch im Sinne des HWG darzulegen. Dies ist allerdings dahingehend mit Schwierigkeiten verbunden, da das HWG keine Legaldefinition des Begriffs beinhaltet[280]. Hier muss auf die laufende Rechtsprechung zurückgegriffen werden, die besagt, dass nicht nur eine klassische Werbebotschaft durch eine Wertaussage, sondern eben auch objektiv dargestellte Informationsbotschaften als unerlaubte Werbung gewertet werden müssen. Dies ist dadurch bedingt, dass „klassische Werbeaussagen" oftmals vom Konsumenten als zu aggressiv für ein solch sensibles Themengebiet wie Medikamente angesehen werden. Daher werden gezielte Sachinformationen über ein Arzneimittel eher als Kaufanreiz genutzt, da durch die dadurch ausgestrahlte Seriosität der Patient unterschwellig von der positiven Wirkung der Kommunikation beeinflusst werden kann[281].

---

275 Vgl. Zimmermann, M. (2014): §28 Rn 1; Zuck, R. (2014): §57 Werbung für Arzneimittel, §57 Rn 1; Poschenrieder, A. (2007): S. 26.

276 Vgl. Poschenrieder, A. (2007): S. 26.

277 Gemäß §3 Medizinproduktegesetz

278 Gemäß §2 Arzneimittelgesetz

279 Vgl. Zimmermann, M. (2014): §28 Rn 28; Zuck, R. (2014): §57 Rn 2.

280 Vgl. Zimmermann, M. (2014): §28 Rn 30; Zuck, R. (2014): §57 Rn 3.

281 Vgl. Poschenrieder, A. (2007): S. 28.

Dennoch ist unter diesen Gesichtspunkten weiterhin auch das Korrektiv des subjektiven Tatbestands der Werbung zu berücksichtigen. Rein objektiv könnte zunächst fast ausnahmslos sämtliche Kommunikation als Werbung gesehen werden, was faktisch einem Werbeverbot nahezu gleichen würde. Aus diesem Grund erweitert die subjektive Auslegung der Werbung dieses Verständnis und kombiniert es mit einer Absatzförderungsabsicht desjenigen, der die vermeintliche Werbung kommuniziert[282]. Wenngleich dies teilweise als Argumentationsbasis für Unternehmen genutzt werden könnte, Werbung zu verschleiern und deren Absatzförderungsabsicht abzustreiten, so stellen einige Autoren jedoch fest, dass selbst diese „schwammige" Formulierung der strikt objektiven Auslegung des Gesetzes definitiv noch vorzuziehen ist, um das faktische Verbot sämtlicher Kommunikationsleistungen zu umgehen[283].

Daher kann festgehalten werden, dass der Tatbestand der Werbung laut dem HWG Vermarktung bzw. Werbung als informationsvermittelnde und meinungsbeeinflussende Tätigkeiten beschreibt, welche planmäßig zum Ziel haben muss, andere Personen von einer gewissen Meinung zu überzeugen oder deren Entscheidungsfindung zu beeinflussen[284]. Hierzu zählen gem. Art. 86 I des Gemeinschaftskodex für Humanarzneimittel (GK) „Maßnahmen zur Information, zur Marktuntersuchung und zur Schaffung von Anreizen mit dem Ziel, die Verschreibung, die Abgabe, den Verkauf oder den Verbrauch von Arzneimitteln zu fördern"[285]. Hierbei kommt es weder auf das im Endeffekt genutzte Medium an, noch darauf, ob eigene oder fremde Produkte beworben werden. Maßgeblich ist die Fokussierung auf den Absatz eines bestimmten Produktes, welches eine Kommunikationsmaßnahme nicht gesetzeskonform werden lässt[286]. Eine reine Vermarktung durch die Verwendung des Namens eines Herstellers – im Sinne einer Image- oder Unternehmenswerbung für bspw. Employer Branding Aktivitäten – gilt demnach nicht automatisch als verbotene Werbung im Sinne des HWG[287]. Dies untermauert abermals das HWG selbst, indem es in §1 I Nr. 1

282 Vgl. Ebenda, S. 28f; Doepner, U. (2000): Heilmittelwerbegesetz, S. 1 Rn 8.

283 Vgl. Poschenrieder, A. (2007): S. 29. Weiterhin hätte dies weitreichende Folgen, wie bspw. eine komplette Überlastung der Gerichte oder eine derart eingeschränkte Meinungs- und Pressefreiheit unterschiedlichster Firmen aber auch Medien, siehe hierzu ebenda, S. 29f

284 Vgl. Fritzsche, J. (2014): Gesetz über die Werbung auf dem Gebiete des Heilwesens (Heilmittelwerbegesetz – HWG), §1 Rn 5; Zimmermann, M. (2014): §28 Rn 30; Doepner, U. (2000): S. 1 Rn 10.

285 Vgl. Zuck, R. (2014): §57 Rn 3.

286 Vgl. Fritzsche, J. (2014): §1 Rn 5f; Zimmermann, M. (2014): §28 Rn 30.

287 Vgl. Poschenrieder, A. (2007): S. 30f; Doepner, U. (2000): S. 1 Rn 8.

HWG heißt, dass es lediglich bei der Vermarktung von konkreten Produkten wie Arzneimitteln greift[288]. Diese Rechtslage muss damit für marketingbasierte Patentauslaufstrategien beachtet werden.

Nachdem der Begriff der Werbung nach dem HWG konkretisiert wurde, wird im nächsten Unterkapitel die Schutzwirkung des HWG genauer beschrieben.

2.2.3.2.1.3 Schutzwirkung des Heilmittelwerbegesetzes

Nach der grundsätzlichen Abgrenzung des Begriffs Werbung im Sinne des HWG, gilt es im folgenden Unterkapitel die Schutzwirkung und Schutzfunktion des HWG zu betrachten. Hierbei werden konkrete Tatbestände genannt, welche basierend auf der Wahrnehmung von Werbung laut dem HWG nicht erlaubt sind. Weiterhin werden auch Beispiele von rechtlich möglichen Vermarktungsmaßnahmen genannt.

Wie bereits angedeutet, liegt die primäre Schutzwirkung des HWGs darin, die Gesellschaft vor Gesundheitsgefahren zu schützen[289]. Um dies zu erreichen, sieht die strenge Auslegung des Begriffs der Werbung einige Einschränkungen für die Kommunikationsmaßnahmen von pharmazeutischen Unternehmen vor. Um diesen Sachverhalt greifbarer zu machen, beschreibt der folgende Absatz kurz und beispielhaft, welche konkreten Beschränkungen bestehen.

Eine der typischsten und für Verbraucher ersichtlichsten ist die Pflicht, der Vermarktung von Arzneimitteln außerhalb des medizinischen Fachkreises[290]klar vernehmbar und deutlich von den anderen Werbebotschaften abgegrenzt, die Addition „zu Risiken und Nebenwirkungen lesen Sie die Packungsbeilage und fragen Sie Ihren Arzt oder Apotheker" gem. §4 III HWG anzufügen ist[291]. Dies ist dadurch bedingt, dass §4 I HWG ein Mindestmaß an Informationen fordert, so bspw. den Namen und Sitz der vertreibenden Pharmafirma, die genaue Bezeichnung des Arzneimittels oder dessen Zusammensetzung – die letztendliche Informationstiefe zwischen Publikumswerbung und Vermarktungsaktivitäten in Fachkreisen weist jedoch Unterschiede auf, weshalb Werbung für den Verbraucher klar abgegrenzt sein muss[292]. Des Weiteren ist es von besonderer

---

288 Vgl. Poschenrieder, A. (2007): S. 31f.

289 Vgl. Zuck, R. (2014): §57 Rn 5; Zimmermann, M. (2014): §28 Rn 7.

290 „Fachkreise im Sinne dieses Gesetzes sind Angehörige der Heilberufe oder des Heilgewerbes, Einrichtungen, die der Gesundheit von Mensch oder Tier dienen, oder sonstige Personen, soweit sie mit Arzneimitteln, Medizinprodukten, Verfahren, Behandlungen, Gegenständen oder anderen Mitteln erlaubterweise Handel treiben oder sie in Ausübung ihres Berufes anwenden." Fritzsche, J. (2014): §2.

291 Vgl. Zuck, R. (2014):

292 Vgl. Zimmermann, M. (2014): §28 Rn 58ff; Zuck, R. (2014): §57 Rn 4.

Wichtigkeit, dass die Werbung gem. §4 UWG und §3 HWG inhaltlich nicht irreführend sein darf[293].

Abgesehen davon gibt es eine weitere wirtschaftlich und marktbezogene Schutzrichtung, da es bspw. vor Übervorteilung im wirtschaftlichen Sinne oder Schlechterstellung von besonders Schutzbedürftigen absichern soll, welche allerdings thematisch nicht Inhalt dieser Dissertation sind und daher an dieser Stelle nicht vertiefend beschrieben werden[294].

Der vorherige Absatz hat einige der wichtigsten Einschränkungen der Vermarktung in der pharmazeutischen Branche exemplarisch aufgegriffen. Um jedoch auf der anderen Seite aufzuzeigen, welche Aktivitäten auch unter Berücksichtigung des HWG weiterhin erlaubt sind, behandelt der nächste Absatz – wenn auch nicht allumfassend, sondern erneut beispielhaft – die weiterhin erlaubten Marketingmaßnahmen für Unternehmen der pharmazeutischen Branche.

Wie in der Abgrenzung des Vermarktungsbegriffs im Sinne des HWG bereits angedeutet, sind allgemein gehaltene Imagekampagnen oder die Vermarktung einer Firma selbst grundsätzlich erlaubt, obwohl sie auch im weiteren Sinne verkaufsfördernd wirken bzw. dies sogar zum Ziel haben können[295]. Ebenso erlaubt sind nicht produktbezogene Aufklärungsarbeit über eine Krankheit oder Indikation, sowie allgemeine Kampagnen, welche nicht auf ein spezifisches Produkt

---

293 Vgl. Zimmermann, M. (2014): §28 Rn 49; Zuck, R. (2014): §57 Rn 5. Hierbei ist Irreführung genauso auszulegen wie im Wettbewerbsrecht, gem. §§5 und 5a UWG; vgl. Zimmermann, M. (2014): §28 Rn 50; Artz, M. (2012): Heilmittelwerbegesetz, §3 Rn 5. Dies bedeutet, dass eine Werbung als irreführend zu werten ist, sollte sie bei weiten Teilen der relevanten Entscheidungsdeterminanten für den Konsumenten einen Unterschied zwischen Wirklichkeit und der Vorstellung des Konsumenten erzeugen, so z.B. durch die Hervorhebung von Selbstverständlichkeiten, die Verschleierung bestimmter Tatsachen oder einfach die Benennung falscher Fakten; vgl. Zimmermann, M. (2014): §28 Rn 50; Zuck, R. (2014): §57 Rn 5. Hierbei ist Maßstab, ob der durchschnittlich informierte Konsument (gem. § 2 UWG) – in diesem Zusammenhang der mündige Patient – irregeführt werden könnte, wobei unerheblich ist, ob dies tatsächlich eintritt oder nicht oder ob eine konkrete gesundheitsgefährdende Situation vorliegt; vgl. Artz, M. (2012): §3 Rn 5f; Zimmermann, M. (2014): §28 Rn 50. Typische Beispiele für irreführende Vermarktung im Gesundheitswesen sind Werbung mit nicht vorhandener Wirkung (§3 S. 2 Nr. 1 HWG), eine Irreführung hinsichtlich Erfolgserwartungen oder schädlichen Wirkungen der Werbung (§3 S. 2 Nr. 2 HWG), und Unwahrheiten über die Zusammensetzung der Hersteller (§3 S. 2 Nr. 3 HWG); vgl. Artz, M. (2012): §3 Rn 67f; Doepner, U. (2000): S. 3 Rn 61ff.

294 Vgl. Zimmermann, M. (2014): §28 Rn 9; Zuck, R. (2014): §57 Rn 1; Doepner, U. (2000): S. Einl. Rn 40.

295 Vgl. Fritzsche, J. (2014): §1 Rn 6; Zimmermann, M. (2014): §28 Rn 32.

sondern mehrere, identische Produkte bezogen sein könnten[296]. Hierbei betont bspw. Zimmermann (2014) jedoch die schwierige Trennung zwischen reiner Information und Werbung, da sachlich-informative Publikationen - sei es im Rahmen einer Pressemitteilung oder einer wissenschaftlichen Veröffentlichung - selbst zu einem bestimmten Medikament nicht unter den Begriff der Werbung laut HWG fallen würden, allerdings trotzdem einen potenziellen Einfluss auf die Entscheidungen der Konsumenten haben und somit trotzdem eine Absatzförderungsabsicht aufweisen könnten[297]. Wie jedoch bereits im vorherigen Unterkapitel beschrieben, kann diese Gefahr meist in Einzelfallentscheidungen geklärt werden. Packungsbeilagen oder Etikettierungen gelten solange nicht als Werbung, solange sie nicht klar ihre Funktion als Informationsgrundlage für vorgeschriebene Angaben (siehe hierzu §§11 und 12 AMG) überschreiten und stattdessen übermäßig für Werbung verwendet werden[298]. Ebenfalls erlaubt, wenn auch mit besonderer Vorsicht zu verwenden, sind Sponsoring Aktivitäten unterschiedlichster Art, wissenschaftliche Veröffentlichungen oder Investor Relations[299].

Da die eben beschriebenen Einschränkungen allerdings oft primär für die Publikumswerbung gelten, beschreibt das nachfolgende Unterkapitel eine Besonderheit für verschreibungspflichtige Medikamente, die gerade vor dem Forschungshintergrund dieser Dissertation von enormer Wichtigkeit ist und weiterhin den Forschungshintergrund abermals in seiner Wichtigkeit manifestiert.

2.2.3.2.1.4 Besondere Vorschriften für die Vermarktung von verschreibungspflichtigen Medikamenten

Da der inhaltliche Fokus dieser Arbeit auf verschreibungspflichtigen Medikamenten gem. §48 AMG liegt, behandelt das folgende Unterkapitel Besonderheiten, welche explizit für die Vermarktung von verschreibungspflichtigen Medikamenten[300] gelten.

---

296 Vgl. Zimmermann, M. (2014): §28 Rn 33.

297 Vgl. Ebenda, S. 28 Rn 34f; Willi, C. (2007): Der informierte Patient ist der beste Patient, S. 412ff.

298 Vgl. Fritzsche, J. (2014): §1 Rn 8; Zimmermann, M. (2014): §28 Rn 37f.

299 Vgl. Fritzsche, J. (2014): §1 Rn 13ff.

300 Diese Verschreibungspflicht wird im humanmedizinischen Bereich vom Bundesministerium für Gesundheit nach Anhörungen diverser Sachverständiger bestimmt, sollten Medikamente vorliegen, welche ohne medizinisch-fachliche Überwachung sowohl unmittelbar aber auch mittelbar zu einer gesundheitlichen Gefährdung werden könnten. Die Folgen einer Verschreibungspflicht sind daher, dass diese Medikamente nicht freiverkäuflich in Apotheken erworben werden können, sondern diese

In diesem Zusammenhang stellt der §10 HWG die wichtigste Regelung für verschreibungspflichtige Medikamente dar. Die zusätzliche Schutzfunktion des Paragraphen besteht darin, dass der Patient nicht durch Werbung, welche er aufgrund meist mangelnder medizinischer Kenntnisse nicht einschätzen kann oder die sogar irreführend sein könnte, versucht, das Verschreibungsverhalten seines behandelnden Arztes vehement zu beeinflussen und somit das Vertrauensverhältnis nachhaltig schädigen bzw. sogar den Therapiefortschritt negativ beeinflussen könnte[301]. Da der Patient bereits durch die reine Verschreibungspflicht vor der unrechtmäßigen Einnahme und daher vor der konkreten Gesundheitsgefahr geschützt ist, wird das beschriebene Vertrauensverhältnis so zusätzlich bewahrt, indem für verschreibungspflichtige Arzneimittel nur in einem eingeschränkten Fachkreis geworben werden darf. Unter diesen eingeschränkten Fachkreis fallen „Ärzte, Zahnärzte, Tierärzte, Apotheken und Personen, die mit diesen Arzneimitteln erlaubterweise Handel treiben“[302] – womit ein klares Publikumswerbeverbot für produktbezogene Werbung vorliegt.

Dies unterstreicht erneut, weshalb eine klare Fokussierung auf nur eine der beiden Produktgruppen für die Analyse der Patentauslaufstrategien zunächst aus theoretischer Sicht sinnvoll ist, da die Analyse von nicht verschreibungspflichtigen Medikamenten nicht direkt auf die verschreibungspflichtigen Medikamente anwendbar ist und *vice versa*. Weiterhin betont dies die besondere Schwierigkeit der marketingbasierten Patentauslaufstrategien für verschreibungspflichtige Medikamente.

2.2.3.2.2 Das Markengesetz

Sobald von marketingbasierten Optionen und der Vermarktung von Produkten gesprochen wird, muss zwangsläufig auch das Markengesetz als rechtliche Grundlage erwähnt werden. Die mit diesem Recht korrespondierenden Pflichten aber auch Möglichkeiten sowohl zum Schutz einer Marke als auch für die Vermarktung von Produkten ähneln grundsätzlich denen des Patents, da auch ein Markeninhaber Dritte von der Nutzung dieser Marke ausschließen kann. Die folgenden Absätze zeigen, welche Schutzwirkung das Markengesetz bietet und zeigen weiterhin auf, welche Wichtigkeit das Konzept Marke für die pharmazeutische Branche haben kann.

---

nur nach der Vorlage einer Verschreibung des behandelnden Arztes herausgegeben werden dürfen; vgl. Zimmermann, M. (2014): §28 Rn 40f; Zuck, R. (2014): §57 Rn 7.

301 Vgl. Zimmermann, M. (2014): §28 Rn 7.

302 Poschenrieder, A. (2007): S. 81.

Grundsätzlich schützt das Markengesetz alle Kennzeichen wie (1) die Marke selbst, aber auch (2) die geografische Herkunft einer Marke und unter dieser laufende Produkte sowie (3) geschäftliche Bezeichnungen, wodurch der Regelungsgegenstand des Gesetzes als Kennzeichenrecht beschrieben werden kann[303]. (1) Als eine Marke können gem. §3 I MarkenG „alle Zeichen, insbesondere Wörter einschließlich Personennamen, Abbildungen, Buchstaben, Zahlen, Hörzeichen, dreidimensionale Gestaltungen einschließlich der Form einer Ware oder ihrer Verpackung sowie sonstige Aufmachungen einschließlich Farben und Farbzusammenstellungen geschützt werden, die geeignet sind, Waren oder Dienstleistungen eines Unternehmens von denjenigen anderer Unternehmen zu unterscheiden". Dies zeigt die besondere Funktion der Unterscheidung durch eine Marke, sofern dieses Zeichen nach §4 MarkenG im Register – geführt durch das Patentamt[304] – eingetragen ist[305]. Dies macht die Marke zu einer Registermarke. Weiterhin geschützt sind allerdings auch Benutzungsmarken[306], Notorietätsmarken[307], Kollektivmarken[308], und international registrierte Marken[309]. Der letztendliche Schutz entsteht – neben der Eintragung – durch die Verwendung eines Zeichens, welches Verkehrsgeltung erlangt hat oder durch die notorische Bekanntheit eines Produktes[310]. Der Inhaber einer solchen geschützten Marke kann die Verwendung dieser durch unbefugte Dritte verbieten, allerdings ist der Schutzumfang durch das MarkenG nicht allumfassend, sondern kann bspw. durch ähnliche Drittzeichen abgeschwächt werden[311]. (2) Herkunftsangaben sind als „sonstige Kennzeichen" ebenfalls durch das MarkenG geschützt (§1 Nr. 3). Hierunter zu verstehen sind konkrete Orts- oder Landesangaben, welche entweder unmittelbar (Städtenamen, etc.) oder mittelbar (Landesfarben, etc.) sein können[312]. (3) Geschäftliche Bezeichnungen beziehen sich nach §5 I MarkenG

303 Vgl. Kur, A., et al. (2017): BeckOK Markenrecht, §1 Rn 1–4; Fezer, K.-H. (2009): Markenrecht, §1 Rn 1.

304 Die Führung dieses Registers durch das Patentamt zeigt eine weitere starke Verbindung von Patenten und Marken.

305 Vgl. Ingerl, R./Rohnke, C. (2010): Markengesetz, §1 Rn 5; Fezer, K.-H. (2009): §1 Rn 3.

306 Marken mit Verkehrsgeltung, §4 Nr. 2 MarkenG

307 Notorisch bekannte Marken, §4 Nr. 3 MarkenG

308 Produkte mit einheitlicher Kennzeichnung, welche von mehreren Unternehmen vertrieben werden, §97 Nr. 1 MarkenG

309 §§107, 119 MarkenG

310 Vgl. Ingerl, R./Rohnke, C. (2010): §4.

311 Vgl. Ebenda, S. 4 Rn 5; Fezer, K.-H. (2009): §1 Rn 3.

312 Vgl. Ingerl, R./Rohnke, C. (2010): §1 Rn 7; Fezer, K.-H. (2009): §1 Rn 7.

auf den Namen einer Unternehmung, auf die Unternehmung selbst sowie in diesem Zusammenhang verwendete Zeichen, welche durch die Unternehmung genutzt werden[313].

Die Einbeziehung des Markengesetzes ist von besonderer Bedeutung, da das Konzept der Marke sowohl für Patienten als auch Ärzte und die anderen Stakeholder in Bezug auf Medikamente im Allgemeinen immer mehr an Bedeutung gewinnt[314]. Dies kann von dem grundlegenden Ziel einer Marke abgeleitet werden: Marken stehen stellvertretend als Indikator für einen gewissen Qualitätsstandard, der eine Differenzierung zu konkurrierenden Produkten ermöglicht[315]. Transferiert man dieses Verständnis also auf Medikamente, so kann festgehalten werden, dass aus Patientensicht Marken bei verschreibungspflichtigen Medikamenten zwar an sich nicht per se als entscheidend angesehen werden, da anders als bei Konsumgütern die meisten Marken wahrscheinlich dem Gros an Patienten nicht bekannt sind. Dennoch ist immer mehr Menschen zumindest bewusst, welche Form, Farbe und Größe ihre Verpackung und Tabletten haben, was hier als Markenersatzindikator gewertet werden kann[316]. Zusätzlich zu diesen optischen und haptischen Indikatoren einer Marke kommen oftmals auch weitere, vom Hersteller angebotene sogenannten Value-Added Services, bspw. durch unterstützende Patienten-Support-Programme oder hilfestellende elektronische Gadgets, hinzu, welche das positive Bild rund um ein bestimmtes Medikament stärken können. Doch auch eine subjektive Empfindung der guten Wirkung eines Originalpräparats kann zu einem Markenbewusstsein führen. Auf der anderen Seite ist die Marke auch für Ärzte immer wichtiger. So wurde bereits die Hektik im Praxisalltag angesprochen, welche es für Ärzte immer schwieriger macht, sich ausgiebig mit neuen Medikamenten auseinander zu setzen. Demnach kann eine bekannte Marke zu einer schnellen und einfachen, bestenfalls positiven, Assoziation mit einem Produkt führen[317]. In Anbetracht dieser Argumente, kann eine starke Marke auch als Markteintrittsbarriere für Wettbewerber fungieren, wenngleich dieses Argument primär für Konsumgüter gilt. Dennoch kann es in gewisser Abstufung auch für die pharmazeutische Branche anerkannt werden, besonders für die Kommunikation mit Ärzten[318].

---

313 Vgl. Ingerl, R./Rohnke, C. (2010): §1 Rn 6; Fezer, K.-H. (2009): §1 Rn 6.

314 Vgl. Colgan, S. L. E., et al. (2016): Changing Perceptions and Efficacy of Generic Medicines: An Intervention Study, S. 1247; Dunne, S. S., et al. (2014): S. 471; Fezer, K.-H. (2009): §§1 Rn 13; Hakonsen, H., et al. (2009): S. 2516.

315 Vgl. Esch, F.-R. (2012): Strategie und Technik der Markenführung, S. 18.

316 Vgl. Hakonsen, H., et al. (2009): S. 2516.

317 Vgl. Schweitzer, A./Siewert, M. (2011): S. 249ff.

318 Vgl. Raasch, A.-C. (2006): S. 40.

Auf die weiteren Besonderheiten des MarkenG wird an dieser Stelle nicht weiter eingegangen, da diese für den Sachverhalt nur bedingte Relevanz haben. Stattdessen wird die besondere Funktion der Marke als leistungsbeschreibender Ersatzindikator für Patienten und Ärzte betont. Daher kann auch die gezielte Markenkommunikation durchaus einen Einfluss auf den Patienten und den verschreibenden Arzt sowie die weiteren involvierten Stakeholder haben – was bedeutet, dass die Wertigkeit der Marke an sich, besonders für den Patentauslauf, nicht unterschätzt werden sollte.

2.2.3.2.3 Das Arzneimittelgesetz

Die Wichtigkeit des Arzneimittelgesetzes[319] für die Fragestellungen dieser Dissertation ergibt sich daraus, dass das AMG, neben den Unterlagenverwertungs- und Vermarktungsexklusivitäten, einige elementare Begriffe definitorisch abgrenzt, sowie einen weiteren Kontrollmechanismus für die Branche und deren Vermarktung vorsieht. Daher beschreibt das folgende Kapitel diese beiden zentralen Aufgaben des Gesetzes näher.

Das AMG definiert wesentliche Bestandteile der Kommunikationsmaßnahmen der Branche. So werden nicht nur das Medikament – als Hauptbestandteil – aber auch Zusätze wie die Verschreibungspflicht näher erläutert. Da diese Begriffe bereits für vorherige Kapitel grundsätzlich erläutert wurden, wird an dieser Stelle von einer erneuten Aufarbeitung der beiden Fachtermini abgesehen, sondern primär auf die bis dato noch nicht behandelten Bereiche eingegangen. Zu diesen gehören vor allem die Kontrolle und Überwachung der Arzneimittelwerbung gem. §64 III AMG, welche in Verbindung mit §7 der Allgemeinen Verwaltungsvorschrift zur Durchführung des Arzneimittelgesetzes (AMGVwV) vorsieht, dass die zuständige Behörde kontrollieren muss, dass die

---

319 Der oberste Zweck des Arzneimittelgesetzes ist die Sicherheit bei der Anwendung von Medikamenten sowie eine konkrete Unbedenklichkeit bei der Markteinführung eines neuen Arzneimittels; vgl. Kügel, J. W., et al. (2016): Arzneimittelgesetz, §1 Rn 1–2; Rehmann, W. A. (2014): Arzneimittelgesetz (AMG), §1 Rn 1. Bedingt durch ihren maßgeblichen Eingriff in die menschliche Gesundheit, können Medikamente, ob verschreibungspflichtig oder nicht, oftmals bei Falschdosierung zu weitreichenden Folgen wie dem Tod führen. Daher ist eine strenge Überwachung, was als Medikament gekennzeichnet ist, zwingend notwendig, um die Sicherheit der Bevölkerung zu gewährleisten. Deshalb ist der Verbraucherschutz hier an oberster Stelle zu sehen, was das AMG grundsätzlich zu einem sog. Risikovorsorgerecht macht; Kügel, J. W., et al. (2016): §1 Rn 1–2; Rehmann, W. A. (2014): §1 Rn 1.

von der Branche geschaltete Werbung rechtmäßig ist[320]. Sollten hier Verstöße vorliegen, so wird eine weitere Verknüpfung von UWG und AMG dadurch deutlich, dass ein Verstoß gegen das AMG nach dem UWG geahndet wird, bedingt durch die Wertbezogenheit des AMG[321].

Da diese Aspekte im Sinne der Vermarktung von Arzneimitteln die relevantesten Bereiche des AMG darstellen, wird hier nicht weiter auf für die Fragestellung dieser Dissertation nicht ausschlaggebende Passagen eingegangen. Stattdessen fokussiert sich diese Dissertation nun auf von der Branche selbst definierte Verhaltenskodizes, welche als sinnvolle Addition zu den bisher vorgestellten Rechtsbereichen fungieren.

2.2.3.2.4 Verhaltenskodizes zur Selbstkontrolle der Pharmaindustrie

Zusätzlich zu den gesetzlich geregelten Optionen der Vermarktung in der pharmazeutischen Branche, unter Berücksichtigung der rechtlichen Restriktionen, gibt es auch selbstauferlegte Verhaltenskodizes, welchen Teile der Pharmaindustrie freiwillig folgen. Die forschenden pharmazeutischen Hersteller haben sich in den Vereinen „*Freiwillige Selbstkontrolle der Arzneimittelindustrie e. V.*“ (FSA) und „*Arzneimittel und Kooperation im Gesundheitswesen e. V.*“ (AKG) zusammengeschlossen, um so durch eine Selbstkontrolle die Einhaltung der auferlegten Restriktionen zu gewährleisten[322]. Hierfür wurde eigens der „*FSA-Kodex zur Zusammenarbeit mit Fachkreisen*“ erstellt, welcher die teilnehmenden Unternehmen nach Anerkennung dazu verpflichtet, die „Therapiefreiheit des Arztes nicht zu beeinflussen, um die bestmögliche Versorgung des Patienten zu gewährleisten“[323]. Dieser Kodex ist besonders im Bereich der verschreibungspflichtigen Medikamente bedeutend, da hier die stärkste staatliche Regulierung vorliegt und daher der höchste Bedarf für Kontrolle besteht. Konkret fokussiert sich diese Kontrolle auf produktbezogene Werbung von Arzneimitteln mit Verschreibungspflicht und auf die Zusammenarbeit mit den Fachkreisen für die Bereiche der F&E, aber auch Herstellung und Vermarktung dieser Produkte (auch wenn natürlich ebenso freiverkäufliche Produkte miteingeschlossen werden), da dieses Fachpublikum als einziges überhaupt der Adressat von Werbung im

320 Vgl. Zimmermann, M. (2014): §28 Rn 10.

321 Vgl. Rehmann, W. A. (2014): §1 Rn 1.

322 Vgl. Povel, L. M. (2015): Juristisches Umfeld für den Produktmanager bei der Zusammenarbeit mit Fachkreisangehörigen – Kodex der Mitglieder des Vereins „Freiwillige Selbstkontrolle für die Arzneimittelindustrie e.V.“, S. 68; Zimmermann, M. (2014): §28 Rn 152ff.

323 Povel, L. M. (2015): S. 68.

klassischen Sinne für verschreibungspflichtige Medikamente sein darf[324]. Hauptsächlich orientiert sich dieser Kodex an den Regeln des HWG und UWG sowie denen des ärztlichen Berufsrechts, teilweise jedoch verschärfen sie selbst grundsätzlich nach dem HWG und UWG erlaubte Praktiken, so z.B. in den Bereichen der Gewinnspielwerbung oder für die Zusammenarbeit mit Patientenorganisationen[325].

2.2.3.3 Das Arzneimittelmarktneuordnungsgesetz in Verbindung mit dem Sozialgesetzbuch V

Ein weiteres, besonders für die Einführung von neuen Arzneimitteln, aber auch als grundlegende Neuerung der Legislative im Vergleich zu bisherigen Veröffentlichungen zum Thema Patentauslaufstrategien, wichtiges Gesetz stellt das Sozialgesetzbuch V in Verbindung mit dem Arzneimittelmarktneuordnungsgesetz (AMNOG) dar. Durch seine Einführung im Jahr 2011 veränderte das AMNOG die Rechtslage in Deutschland für Arzneimittelhersteller paradigmenwechselartig. Daher wird an dieser Stelle kurz zusammengefasst, welche wichtigen Neuerungen sich explizit auf die Hersteller im Zusammenhang mit dem Patentauslauf auswirken. Diese Änderungen gelten für alle zukünftig auf den Markt kommenden Medikamente, während die folgenden Verfahrensschritte bisher noch keine Anwendung für die vor dem AMNOG eingeführten Medikamente, sprich also den Bestandsmarkt, finden.

Die Zielsetzung dieser Gesetzgebung ist es, die langfristige Kostendeckung des Gesundheitswesens durch eine nutzenorientierte Preisbildung zu ermöglichen, gleichzeitig verlässliche Rahmenbedingungen für Hersteller von innovativen Arzneimitteln zu schaffen und so letztendlich zu einer Qualitätssicherung beizutragen[326]. Konkret stellt dies eine grundlegende Veränderung der Preisbildung eines Arzneimittels und dessen Erstattungsfähigkeit durch die gesetzlichen Krankenkassen dar – wie bereits am Anfang von Kapitel 2 teilweise angesprochen. Während vor der Einführung des AMNOG Arzneimittelpreise frei in Abhängigkeit zu Kosten und Konkurrenz von den Herstellern bestimmt werden konnten, sieht das AMNOG nun eine konkrete, frühzeitige Nutzenbewertung des einzuführenden Medikaments im Vergleich zu bisherigen Therapien gem.

---

324 Vgl. Ebenda, S. 68f; Zimmermann, M. (2014): §28 Rn 152ff.

325 Vgl. Zimmermann, M. (2014): §28 Rn 152ff.

326 Vgl. Cassel, D./Ulrich, V. (2017): S. 33; Rennschmied, N./Röth, U. (2017): Im Dschungel der Regularien, S. 64; Köhler, A. (2012): Das gebrochene Preismonopol der Pharmaindustrie, S. 74.

§35a SGB V vor, somit also keine kostenbasierte- sondern eine rein patientennutzenbasierte Preisgestaltung. Während dieser Zusatznutzenbewertung wird das Medikament im Hinblick auf seine Vor- und Nachteile im Vergleich zur bestehenden Konkurrenz auf dem Markt bewertet, was auf der Basis eines eingereichten Nutzendossiers geschieht[327], das vom Hersteller angefertigt werden muss. Bis diese Entscheidung gefallen ist, darf das Medikament bis zu einem Jahr für den vom Hersteller festgelegten Preis vertrieben werden. Somit bleibt dem Hersteller im Vergleich eine deutlich kürzere Zeitspanne, das Medikament möglichst profitabel zu vertreiben und gleichzeitig eine positive Positionierung bei den relevanten Stakeholdern zu erlangen. Nach der positiven Nutzenbewertung wird der finale Preis des Medikaments zwischen dem Hersteller und dem Spitzenverband der Gesetzlichen Krankenkassen gem. §130b SGB V verhandelt, bei Nichteinigung unter Zuhilfenahme einer Schiedsstelle[328]. Dieser Preis gilt dann fortlaufend nach dem Ablauf von einem Jahr nach Einführung des Präparats[329].

Dies ist daher von Relevanz für die Situation rund um den Patentauslauf eines Medikaments, da im Vergleich zu früherer Gesetzgebung der wirtschaftliche Erfolg eines Medikaments nun zunehmend reglementiert ist[330]. Die starke Verknüpfung von wirtschaftlichen Gesichtspunkten bei der Auswahl der Vergleichstherapie zeigt die ungünstige Situation, in der sich innovative Pharmaunternehmen befinden[331]. Wenngleich es sicherlich – wie in jeder anderen Branche – Hersteller gegeben haben mag, die in der Vergangenheit in der

327 Relevante Zielgrößen sind hier Sterblichkeitsrate, gezeigte Symptome, mögliche Nebenwirkungen und Folgekomplikationen sowie Lebensqualität der Patienten. Vgl. IQWIG (n. d.): AMNOG seit 2011.

328 Im Falle der negativen Nutzenbewertung wird das Medikament in eine Festbetragsgruppe eingeteilt oder erzielt auf Basis einer individuellen Verhandlung zwischen dem Hersteller und dem Spitzenverband einen Erstattungsbetrag. Grundsätzlich darf dies aber nicht höher sein als die vermeintlich ähnlichen Vergleichstherapiekosten. Vgl. Cassel, D./Ulrich, V. (2017): S. 34f.

329 Vgl. Ebenda, S. 34ff; Rennschmied, N./Röth, U. (2017): S. 64; Burholt, C. (2016): Unternehmerische Reaktionsmöglichkeiten und ihre Grenzen: Zwangslizenzen, Beschränkungen des Parallelhandels, Early Entry- und No (Later)-Entry-Agreements, S. 103f; Ehlers, A. P. F., et al. (2010): Frühbewertung und entsprechende Kompetenzen des G-BA nach dem AMNOG, S. 189f; Jaeckel, R./Kunz, A. (2010): Patentgeschützte Arzneimittel im Regulierungsdickicht des Arzneimittelmarktneuordnungsgesetzes, S. 243ff.

330 Vgl. Tunder, R. (2010): Market-Access – Entwicklung eines konzeptionellen Managementansatzes, S. 2.

331 Vgl. Paar, D. (2016): S. 113.

Preisfindung ihrer Medikamente wohlwollend zukünftige Liquidität berücksichtigt haben, so argumentieren manche Autoren, dass seit der Einführung des AMNOG selbst bei einem hochgradig innovativen Arzneimittel nicht mehr sichergestellt ist, dass die hohen Entwicklungskosten gedeckt werden und bestenfalls noch Gewinne mit dem Medikament erzielt werden können. Dies zeigt das gravierendste Problem des AMNOG-Verfahrens für Hersteller auf. Zusätzlich dazu entsteht eine Preisintransparenz zu Lasten der Hersteller und eine potenziell systemungerechte, unterschiedliche Preisbildung für die Gesetzlichen und Privaten Krankenversicherungen[332]. Neben dieser evtl. nachteiligen Situation für die Gesundheitsversorgung in Deutschland kommen weitere Belastungen für das System hinzu. Zunächst ist das „AMNOG-Paradoxon" zu nennen, welches laut Cassel und Ulrich (2017) dazu führt, dass ein neues Arzneimittel aufgrund der niedrigen Einnahmen seiner Vorgänger und der Regulierung durch das AMNOG noch höhere Preise erzielen muss und somit das System entweder weiterhin auf hohe Arzneimittelpreise hinausläuft oder in einer nachlassenden Innovationsdynamik der Hersteller endet, da diese keine ökonomisch sinnvolle Forschungsbasis mehr sehen[333]. Weiterhin weisen die Autoren auf nachweisliche Versorgungslücken im Sinne von Verfügbarkeit und Verordnung, bedingt durch das AMNOG, hin. Die Verfügbarkeitslücken entstehen dann, wenn Hersteller entscheiden, ein Medikament nicht auf dem deutschen Markt einzuführen, dieses aus dem AMNOG-Verfahren zurückziehen („opt-out") oder es nach Durchlaufen des Verfahrens vom Markt nehmen. Verordnungslücken entstehen durch eine geringere Anzahl an Verordnungen, als dies im AMNOG-Prozess antizipiert wurde[334]. Beide Problemstellungen zeigen auf, wie wichtig das gezielte Management von Medikamenten, welche vor dem AMNOG auf den Markt gebracht wurden, für den Hersteller noch sein kann und unterstreicht abermals den erhöhten Druck vor und nach dem Patentauslauf für nach 2011 eingeführte Präparate.

An dieser Stelle sei außerdem eine Ausnahme für dieses eben beschrieben AMNOG-Verfahren angesprochen: die sog. Orphan Drugs. Da diese ebenfalls für den Patentauslauf relevant sind, ist es von Bedeutung, dass bei Orphan Drugs bis zu einem Jahresumsatz von 50 Mio. EUR der Zusatznutzen bereits durch die Zulassung als belegt gilt. Lediglich das Ausmaß des Zusatznutzens muss dann

---

332 Vgl. Jaeckel, R./Kunz, A. (2010): S. 248.

333 Vgl. Cassel, D./Ulrich, V. (2017): S. 27.

334 Vgl. Ebenda, S. 30f; Burholt, C. (2016): S. 105ff; Stadelhoff, S. (2016): Rechtsprobleme des AMNOG-Verfahrens, S. 188ff.

noch als Basis für die Preisverhandlungen bestimmt werden[335]. Somit stellt die Erforschung in Richtung Orphan Drugs auch vor dem Hintergrund der Preisbildung eine zu beachtende Option für Hersteller dar.

Diese neueste, besonders für die vorliegende Arbeit relevante Gesetzgebung komplementiert den rechtlichen Abriss dieser Dissertation. Die vorhandene Legislative und ihr Effekt auf den ökonomischen Erfolg eines Präparats beeinflusst also maßgeblich die Situation nach dem Patentauslauf, da dies die potenzielle Drucksituation, auch nach dem Patentauslauf weiterhin erfolgreich auf dem Markt zu bleiben, noch deutlich verstärkt. Das folgende Zwischenfazit fasst die wichtigsten Erkenntnisse, welche für Patentauslaufstrategien beachtet werden müssen, zusammen und bildet somit den letzten Teilbereich der branchenspezifischen Analyse.

2.3 Zwischenfazit: Welche branchenspezifischen Besonderheiten haben einen Einfluss auf die Patentauslaufsituation?

Die vorherigen Unterkapitel haben deutlich aufgezeigt, wie komplex die pharmazeutische Branche in Deutschland ist und wie eng verstrickt das rechtliche Geflecht aus sowohl allgemeinen rechtlichen Hintergründen als auch sehr spezifischen und exklusiven Regelungen ist. In dieser, wie beschrieben, extrem regulierten Branche müssen pharmazeutische Unternehmen gerade im Hinblick auf Marketingaktivitäten eine Vielzahl an beschneidenden Regelungen in Kauf nehmen, welche natürlich gerade die Situation nach dem Patentauslauf belasten, da hier klassischerweise mit starken Marketingaktivitäten agiert werden würde, um weiterhin eine überlegene Stellung im Markt halten zu können. Das ausführliche Kapitel über die juristischen Grundlagen hat gezeigt, dass obwohl ein zwanzigjähriger Patentschutz gewährt wird, dieser aber heutzutage kaum noch als ausreichend angesehen werden kann, wenn man die extrem langen Forschungszeiträume und die durch das AMNOG eingeschränkten ökonomischen Erfolgsaussichten betrachtet. Selbst durch die eingeführten, pharmaspezifischen Schutzoptionen wie das SPC kann dieses Problem nicht vollständig gelöst werden, denn ab einem gewissen Punkt sind alle rechtlichen Optionen ausgeschöpft – so hilfreich diese auch bis dahin gewesen sein mögen. Zusätzlich kommt hinzu, dass während der gesamten Patentlaufzeit das Risiko des Innovationswettbewerbs besteht und nicht nur Generika- oder Biosimilarhersteller

335 Vgl. Steyer, C. (2017): Hilfe bei seltenen Leiden.

auf den Auslauf des Patents warten, sondern vielmehr schon während der Laufzeit mit Konkurrenz von Seiten der Originalhersteller gerechnet werden muss. Dies zeigt auf, dass eine rechtlich-basierte Patentauslaufstrategie nur kurzweilig von Erfolg gekrönt sein kann, während ein zeitgemäßes Patentauslaufmanagement vielmehr aus einer Kombination mehrerer, inhaltlich diverser Strategien bestehen muss.

Das wiederum lenkt den Blick in Richtung marketingbasierter Patentauslaufstrategien, die allerdings ebenfalls mit branchenspezifischen Anomalien zu kämpfen haben. Das liegt daran, dass die Branche bei fast allen typischen Marketingansatzpunkten Besonderheiten aufweist. So fallen nicht nur „Konsument" und „Kunde" auseinander, wie dies auch in anderen Branchen der Fall sein mag, sondern vielmehr fallen Verwender (Patient), Entscheider (verschreibender Arzt), und Kostenträger (Krankenversicherungen), auseinander, weshalb in der Vermarktung mindestens diese drei Stakeholder beachtet werden sollten. Weiterhin ist die Rolle des Apothekers als letztmalig beratende Instanz vor der Verwendung des Produkts nicht zu vergessen. Jede der eben genannten Zielgruppen hat eine individuelle Zielsetzung in Bezug auf die Medikamentenvergabe, nicht nur, aber gerade auch nach dem Patentauslauf. Der immer mündigere und zunehmend umfassender informierte Patient möchte oftmals mehr in seine eigene Versorgung eingebunden werden, während der Arzt eine möglichst effektive (und kosteneffiziente) Therapie des Patienten fokussiert. Die Krankenkassen folgen einer ähnlichen Leitmaxime, allerdings unter deutlich ökonomischeren Gesichtspunkten als die meisten Ärzte. Letztendlich haben Apotheker ebenfalls ein Interesse an der finanziellen Situation ihrer Apotheke und übernehmen gleichzeitig eine für den Patienten immer wichtigere Rolle der erklärenden Instanz bei komplexen Medikamenten, da dies oftmals durch den Zeitdruck des behandelnden Arztes nicht mehr von ebendiesem geleistet werden kann.

Die Fragestellung, inwieweit die gerade angesprochenen Zielgruppen im Falle des Patentauslaufs angesprochen werden dürfen, unter Anbetracht der eben aufgezeigten unterschiedlichen Interessensgebiete und den rechtlichen Beschränkungen, stellt somit eine weitere Unterfrage dieser Dissertation dar. Das folgende Kapitel greift die zugrundeliegenden marketingtheoretischen und konzeptionellen Grundlagen auf. Basierend auf einer gezielten Kombination der bis hier aufbereiteten branchenspezifischen Charakteristika und der folgenden konzeptionellen Aufarbeitung der wichtigsten marketingtheoretischen Konzepte kann eine kritische Analyse des Status Quo des Patentauslaufmanagements in Deutschland vorgenommen und somit das explikative Erkenntnisziel dieser Arbeit erreicht werden.

3 Konzeptionelle Grundlagen

Nach den branchenspezifischen Grundlagen behandelt das folgende Kapitel die konzeptionelle Basis dieser Dissertation. Hierbei wird das marketingspezifische Fundament für die Beantwortung der Forschungsfragen gelegt, wodurch eine anschließende analytische Auseinandersetzung mit den Forschungsfragen dieser Dissertation ermöglicht wird.

3.1 Das Konstrukt des Komparativen Konkurrenzvorteils

Wie bereits in der Einleitung angedeutet, stellt der Patentauslauf für forschende Pharmaunternehmen eine teilweise sogar existenzbedrohende Ausnahmesituation dar, welche ebenso oft mit dem Verlust des Komparativen Wettbewerbsvorteils – den das Patent in den meisten Fällen darstellt[336] – gegenüber Mitbewerbern assoziiert wird. Schocksituationen wie diese erreichen ihre volle Durchschlagskraft dann, wenn der vermeintliche Verlust eines Wettbewerbsvorteils nicht zumindest abgefedert werden kann[337]. Die naheliegende Frage, wie dies erreicht werden kann, führt unweigerlich zu einem weiteren Gedanken: wenngleich ein Patentauslauf auf den ersten Blick durchaus als Verlust des Wettbewerbsvorteils eingestuft werden könnte, ist es dennoch zweifelhaft, ob ein Patentauslauf *zwangsläufig* zu einem Verlust des kompletten Vorteils führen muss, oder ob nicht vielmehr nur Teile dieses Vorteils wegfallen und daher durch ein bedachtes Management nicht noch weiterhin von den noch vorhandenen Teilbereichen des Konkurrenzvorteils profitiert werden kann. Daher stellt diese Überlegung eine Zwischenstufe zu der abschließenden Fragestellung dar, wie die Folgen des Patentauslaufs abgemildert werden können. Um diese Einschätzung zu veranschaulichen, erläutert das folgende Unterkapitel zunächst das Konstrukt des Wettbewerbsvorteils, konkret des Komparativen Konkurrenzvorteils (KKV)

---

336 Vgl. Newbert, S. L. (2008): Value, Rareness, Competitive Advantage, and Performance: a Conceptual-level Empirical Investigation of the Resource-based View of the Firm, S. 746; Allred, B. B./Park, W. G. (2007): S. 95; Markman, G. D., et al. (2004): Patents as Surrogates for Inimitable and Non-Substitutable Resources, S. 530.

337 Dennoch haben auch solche auf den ersten Blick verheerende Situationen – wie die meisten Situationen – nicht nur negative Auswirkungen, sondern können diese in manchen Fällen sogar zu neuen KKVs führen, ihre Entwicklung und Nutzung zwangsgetrieben fördern und damit sogar in einer potenziell besseren Ausgangslage als vorher resultieren, vgl. Vollert, K. (2003): S. 238.

nach Backhaus. Nach dieser definitorischen Grundlage nutzt die Autorin selbige in den darauffolgenden Kapiteln, um zu diskutieren, inwieweit der Verlust eines KKVs durch den Patentauslauf tatsächlich vorliegt, sowie welche Möglichkeiten den forschenden Pharmaunternehmen bleiben, um die Situation unter Berücksichtigung der primären Unternehmensziele zu meistern.

Der Konkurrenzvorteil ist ein abstraktes Konstrukt, welches primär auf den Gedanken von Gordon[338], Reeves[339], Simon, Porter und Grant[340] basiert, seit

338 Ausgehend von den Grundgedanken von Gordon entstehen Wettbewerbsvorteile grundsätzlich durch niedrigere Opportunitätskosten für den Kunden gegenüber den Angeboten der Konkurrenz. Vgl. Gordon, M. J. (1959): Dividends, Earnings, and Stock Prices, S. 99.

339 Reeves baut auf diesen Grundgedanken auf und begründet das Konzept der Unique Selling Proposition (USP), indem er argumentiert, ein Vorteil muss durch eine sogenannte *proposition* an den Konsumenten herangetragen werden, welche zum einen die Konkurrenz entweder nicht anbietet oder nicht anbieten kann und zum anderen so stark sein muss, dass eine Vielzahl an Kunden dies erkennt. Vgl. Reeves, R. (1960): Reality in Advertising, S. 49ff.

340 Die Autoren Simon, Porter und Grant vertreten die Auffassung, dass diese Wettbewerbsvorteile nicht nur reine Vorteile im Sinne des Angebots sind, sondern vielmehr als strategisch angesehen werden sollten und betrachten sie teilweise schon basierend auf den Maximen des Ressourcenbasierten Ansatzes; vgl. Grant, R. M. (2015): Contemporary Strategy Analysis S. 14; Weiber, R. (1993): Was ist Marketing? Informationsökonomischer Erklärungsansatz, S. 20. Hier kann festgehalten werden, dass abgesehen von der von Gordon fokussierten Kundenperspektive, also der Überlegenheit gegenüber Mitbewerbern im Sinne von Opportunität, des Weiteren auch die Aspekte der Relevanz und Wahrnehmbarkeit für den Verbraucher benötigt werden, da selbst geringere Opportunitätskosten, ohne dass der Kunde davon weiß oder dies für ihn relevant ist, nicht zwangsläufig zu einem Vorteil führen würden; vgl. bspw. Simon, H. (1988): S. 465. Zusätzlich betonen sie aber auch die Dauerhaftigkeit des Vorteils, welche vorhanden sein müsste, damit das Angebot nicht auf einfache Art und Weise von den Konkurrenten im Markt kopiert werden kann; vgl. Ebenda, S. 4; Porter, M. E. (1990): Competitive Advantage of Nations, S. 73ff. Auch wenn derartige Wettbewerbsvorteile zumindest für eine Zeit zu Erfolg führen können, vermisst diese Ansicht des Wettbewerbsvorteils die Dimension der Wirtschaftlichkeit, da kein Unternehmen ohne ökonomische Arbeitsweisen langfristig erfolgreich sein kann, was dadurch auch die Dauerhaftigkeit als alleinstehende Dimension als schwierig zu erreichende Zielvorstellung erscheinen lässt; vgl. Porter, M. E. (2014): Wettbewerbsvorteile: Spitzenleistungen erreichen und behaupten, S. 41ff; Backhaus, K./Schneider, H. (2009): Strategisches Marketing, S. 39ff. Die Dauerhaftigkeit allein ist weiterhin als Kriterium zu kritisieren, da Unternehmen durchaus auch durch eine Vielzahl an kurzlebigen Wettbewerbsvorteilen erfolgreich sein können, selbst wenn diese schnell von

jeher als Leitmaxime von Unternehmen zur Sicherung einer langanhaltenden Wettbewerbsfähigkeit[341] angesehen, letztendlich aber erst von Backhaus komplementiert wurde, welcher auch den Begriff des Komparativen Konkurrenzvorteils in der deutschen Marketingliteratur prägte. Basierend auf der Grundlage der genannten Autoren erscheint das Konstrukt des Komparativen Konkurrenzvorteils (KKV) nach Backhaus als umfassenderes Konstrukt und sinnvolle Weiterentwicklung dieser Gedankenströme, einen grundsätzlichen Vorteil gegenüber und im Vergleich[342] zu Wettbewerbern zu erreichen. Genauer betrachtet, beinhaltet der KKV neben der Nachfrageseite im Sinne der Effektivitätsdimension auch die Anbieterseite und somit die Effizienzdimension[343]. So besagt das Konstrukt des KKV im Wesentlichen, dass ein komparativer Konkurrenzvorteil sowohl (1) bedeutsam und (2) wahrnehmbar, aber auch (3) verteidigungsfähig und – im Unterschied zu den vorherigen Konzepten – (4) wirtschaftlich sein muss[344]. Mit dieser Addition der Wirtschaftlichkeitskomponente komplementiert Backhaus die Gedanken seiner Vordenker und rundet das Konzept eines strategischen und vor allem kompetitiven Wettbewerbsvorteils, besonders auch in Abgrenzung zum Konstrukt des USP[345], ab. Weiterhin passt die industrielle

---

der Konkurrenz kopiert werden können; vgl. Reckenfelderbäumer, M. (2001): Zentrale Dienstleistungsbereiche und Wettbewerbsfähigkeit, S. 214f.

341 Vgl. Averdung, A. (2014): Erfolgreiches Management von Marketingagenturen im Wandel, S. 13; Bourgeois, L. J., et al. (1999): Strategic Management: A Managerial Perspective S. 56; Simon, H. (1988): S. 465.

342 Daher der Begriff „komparativ".

343 Vgl. Voeth, M./Herbst, U. (2013): Marketing-Management, S. 12; Ellenberg, J. (2011): KKV – der Komparative Konkurrenzvorteil.

344 Vgl. Ellenberg, J. (2011); Backhaus, K./Schneider, H. (2009): S. 39ff; Stender-Monhemius, K. (2002): Marketing: Grundlagen mit Fallstudien, S. 234; Vollert, K. (2003): S. 237. Für eine detailliertere Darstellung der vier Konditionen siehe bspw. Voeth, M./Herbst, U. (2013): S. 12ff; Backhaus, K./Schneider, H. (2009): S. 39ff.

345 Wenngleich dieses Konstrukt des komparativen Konkurrenzvorteils in der Theorie oftmals mit anderen Wettbewerbsvorteils-Konstrukten gleichgesetzt wird, hält sich besonders die Gleichstellung mit der Unique Selling Proposition (USP). An dieser Stelle sei dennoch betont, dass der KKV eher als Weiterführung anstatt als Substitut des USP gesehen werden muss. Wie erläutert, besteht der KKV aus der Effizienz- und Effektivitätsdimension, welche sowohl die Kundensicht als auch die Wettbewerbsperspektive im Sinne von möglichen Alternativen beachtet. Der USP bezieht sich rein auf das Alleinstellungsmerkmal eines Produktes im Vergleich zum Wettbewerb, allerdings nicht auf die Wirtschaftlichkeit eines solchen. Daher kann festgehalten werden, dass der USP nicht mit dem KKV gleichzusetzen ist und der KKV vielmehr den USP miteinschließt und weiterführt. Vgl. Lippold, D. (2017): Marktorientierte

Ausrichtung des KKV von Backhaus zum thematischen Hintergrund dieser Dissertation, weshalb diese Promotion der Auffassung von Backhaus folgt und somit der KKV mit seinem vier Dimensionen als Verständnis eines komparativen Wettbewerbsvorteils im Sinne dieser Arbeit angesehen wird.

Eine Gemeinsamkeit der bisher beschriebenen Konstrukte bleibt jedoch: sowohl ein Wettbewerbsvorteil, ein USP oder auch ein KKV sind in der Realität höchst individuell und können in den unterschiedlichsten Bereichen eines Unternehmens vorkommen. Hier greift bspw. Vollert auf, dass ein KKV nicht nur im Sinne eines Nutzen- oder Kostenvorteils[346] auftreten kann, sondern auch ein überlegener Transaktionsweg als Vorteil gegenüber der Konkurrenz wahrgenommen werden kann[347]. Plinke beschreibt in diesem Zusammenhang seine Ansicht, dass es für einen Wettbewerbsvorteil zwei Betrachtungsweisen gibt, welche gemeinsam einen Konkurrenzvorteil ergeben. So ist zum einen entscheidend, dass es einen primären Kundenvorteil des Anbieters gibt, sprich das Angebot muss entweder durch den – auch von Vollert angesprochenen – Nutzen- oder Kostenvorteil überzeugen. Weiterhin jedoch sieht Plinke ebenfalls, dass auch das Unternehmen an sich einen Ressourcenvorteil haben muss, welcher die notwendige Bedingung und somit zwingende Grundlage für die Erfüllung des Kundenvorteils sein muss[348]. Diese Ressourcen können, nach dem Ressourcenbasierten Ansatz, sowohl tangible als auch intangible Vermögensgegenstände, aber auch Fähigkeiten von Mitarbeitern oder bestimmte Routinen des Unternehmens sein[349]. Barney betont in diesem Zusammenhang die Wichtigkeit, dass die besagten Ressourcen einer Firma es ihr ermöglichen müssen, ihre Effektivität und Effizienz zu optimieren[350]. Dennoch stellt nicht jede Fähigkeit oder jeder Vermögensgegenstand automatisch auch einen Ressourcenvorteil dar, sondern diese müssen ähnlich wie ein allgemeiner Wettbewerbsvorteil

Unternehmensführung und Digitalisierung, S. 163f; Backhaus, K. (2013): Hindernislauf Marketing, S. 28; Vollert, K. (2003): S. 237.

346 Vgl. Vollert, K. (2003): S. 237; Plinke, W. (2000): S. 77ff., wenngleich Reckenfelderbäumer diese Klassifizierung von Plinke kritisiert, siehe hierzu Reckenfelderbäumer, M. (2001): S. 227.

347 Vgl. Kuß, A. (2004): Marketing, S. 418; Vollert, K. (2003): S. 237.

348 Vgl. Plinke, W. (2000): S. 78ff.

349 Vgl. Freiling, J. (2001): Resource-based View und ökonomische Theorie. Grundlagen und Positionierung des Ressourcenansatzes, S. 14; Barney, J. (1991): Firm Resources and Sustained Competitive Advantage, S. 101; Wernerfelt, B. (1984): A Resource-Based View of the Firm, S. 172.

350 Vgl. Barney, J. (1991): S. 101.

bestimmte Kriterien erfüllen. So stellt Barney fest, dass diese Ressourcen den Kriterien „valuable, (…) rare, (…) imperfectly imitable [and that] there cannot be strategically equivalent substitutes for this resource" gerecht werden müssen[351]. Hierbei ist ebenso zu betonen, dass alle der vier Kriterien zwingend erfüllt sein müssen, damit ein Ressourcenvorteil entstehen kann[352]. Dennoch könnten auch Ressourcen, welche diesen Kriterien nicht vollumfänglich gerecht werden, so miteinander kombiniert werden, dass wiederum ein Wettbewerbsvorteil generiert werden kann.

Hans unterstreicht die eben angesprochene Argumentationslinie der Individualität von Wettbewerbsvorteilen dadurch, dass er eine Reihe an unterschiedlichen Wettbewerbsvorteilen beschreibt, zu denen bspw. Vorteile gehören, die (1) aus dem Produkt oder der Dienstleistung selbst resultieren; (2) aus deren Preispolitik oder Kommunikationsstrategie entstehen; (3) durch einen exzellenten Service bedingt sind oder etwa einfach immaterielle Beweggründe sind, wie die Tradition eines Unternehmens oder ein charismatischer Gründer[353].

Porter beschreibt in diesem Zusammenhang drei unterschiedliche Strategien, mit denen ein Konkurrenzvorteil zu erreichen ist: die Kostenführerschaft, die Differenzierung oder die Fokussierung. In kurz steht die Kostenführerschaft rein sinnlogisch für die Strategie der kostengünstigsten Herstellung in einer Branche; die Differenzierung beschreibt die Strategie, dass sich das Angebot derart von dem der Konkurrenten unterscheidet, dass Kunden bereit sind, hierfür einen höheren Preis zu bezahlen; und abschließend verfolgt die Konzentrationsstrategie das Ziel, in einem ausgewählten Teil einer Branche, oftmals unter Ausschluss von Konkurrenten, maßgeschneiderte Angebote zu offerieren, sei es basierend auf einem Kosten- oder Differenzierungsvorteil[354]. Porters Grundintention hinter diesen Strategien ist die gezielte Kombination aus Wettbewerbsvorteil und strategischem Ziel, welche so auf unterschiedliche Bereiche von Branchen angewandt werden können. Dennoch stellt er auch fest, dass ein Unternehmen eine klare Entscheidung für eine der gegebenen Strategien treffen muss, um nicht in die Mittelmäßigkeit abzurutschen[355]. Genau aus dieser Argumentationslinie der

---

351 Ebenda, S. 105f.

352 Vgl. Peteraf, M. A. (1993): The Cornerstones of Competitive Advantage: A Resource-Based View, S. 179ff.

353 Vgl. Hans, N. (2013): Strategische Wettbewerbsvorteile, S. 31f.

354 Diese drei generischen Strategien bedürfen – auch vor dem Forschungsziel dieser Arbeit – keiner detaillierteren Beschreibung, siehe für weitere Darstellung der einzelnen Strategien Porter, M. E. (2014): S. 33ff.

355 Vgl. Ebenda, S. 34f.

Exklusivität der einzelnen Strategien entstand die Kritik an Porters Ansicht[356]. Während Porter eine reine U-förmige Entscheidung zwischen Differenzierung und Kostenführerschaft sieht[357], betonen andere Autoren, dass eine Kombination dieser Strategien theoretisch durchaus möglich – und teilweise sogar erstrebenswert – ist[358]. Weiterhin engt Porter die Anwendbarkeit seiner Strategien selbst ein, indem er betont, dass es stets auf die Branche ankommt und so bspw. eine Kostenführerschaft tendenziell nur mit Standardprodukten und keineswegs mit komplexeren Produkten oder Luxusgütern erzielt werden kann. Weiterhin kann eine Kostenführerschaft nur bei paritätischer Differenzierung gewinnbringend sein, also ein Angebot, das mindestens genauso vom Kunden präferiert wird und daher durch eine Kostensenkung der Konkurrenz nicht gefährdet wird[359]. Einen weiteren Kritikpunkt bringen bspw. auch Rumelt und seine Koautoren über eine der ersten Fassungen von Porters Strategien, indem sie feststellen, dass Porter die benötigten Ressourcen für die Umsetzungen der Strategien nicht genug integriert – was auch in den neueren Auflagen seiner Arbeiten nicht angepasst wurde – und daher seine Sichtweise als nicht vollständig angesehen werden kann[360]. Alleine diese drei Beispiele zeigen, dass eine Anwendung dieser Strategien in der pharmazeutischen Branche als extrem schwierig, wenn nicht unmöglich, beschrieben werden muss, da hier bspw. meist nur durch die besondere Ressource der Patente wirklich eine Differenzierung und somit ein Konkurrenzvorteil geschaffen werden kann. Durch die vielen rechtlichen Besonderheiten der Branche vor dem Hintergrund der speziellen Produkte[361], also den verschreibungspflichtigen Medikamenten, müssen für diese regulierte Branche weitere Möglichkeiten für die Generierung von Wettbewerbsvorteilen gefunden werden.

Neben Porter entwickelte auch Backhaus selbst, als prägender Wissenschaftler des KKVs im deutschsprachigen Raum, drei unterschiedliche Strategien für die bestmögliche Erzielung komparativer Wettbewerbsvorteile, welche sich teilweise mit denen von Porter überschneiden. Er nennt diese Preisführerstrategie, Qualitätsführerstrategie und Zeitstrategie[362]. Während sowohl die Preisführer- als

---

356 Siehe hierzu ausführlich Müller-Rehkopf, T. (2011): Marktorientierung und organisationales Lernen, S. 73ff.

357 Vgl. Porter, M. E. (2014): S. 42.

358 Vgl. Piller, F. T. (2007): Mass Customization, S. 945ff; Plinke, W. (2000): S. 81.

359 Vgl. Porter, M. E. (2014): S. 35f.

360 Vgl. Rumelt, R. P., et al. (1991): Strategic Management and Economics S. 5ff.

361 Siehe hierzu Kapitel 2.

362 Vgl. Backhaus, K./Schneider, H. (2009): S. 85.

auch Qualitätsführerstrategie denen von Porter – konkret der Kostenführerschafts- und Differenzierungsstrategie – sehr nahekommen und daher an dieser Stelle nicht näher betrachtet werden[363], bildet die Zeitstrategie eine Neuerung im Vergleich zu Porter. Diese Strategie fokussiert sich auf einen optimalen Eintritts- und Austrittstermin für einen Markt[364]. Nachdem die ersten beiden Strategien bereits im letzten Absatz in der Diskussion von Porters Wettbewerbsstrategien kritisiert wurde, zeigt auch die dritte von Backhaus generierte Strategie besonders vor dem Hintergrund der pharmazeutischen Branche einige Mängel auf. So sind forschende Pharmahersteller nicht frei in der Ein- und Austrittsstrategie in Märkte, sondern vielmehr ist der Zulassungsprozess in der Branche sehr langwierig und das Ergebnis dessen nicht immer absehbar, besonders durch die Einführung des AMNOG und dem damit verbundenen komplexeren Zulassungssystem. Daher können Unternehmen nicht von einer einfachen und zeitnahen Einführung ihrer Produkte ausgehen – was im Umkehrschluss bedeutet, dass auch die Auflistung von Backhaus' Strategien nicht als universell anwendbar für den vorliegenden Untersuchungsgegenstand genutzt werden.

Aus diesem Grund müssen in sehr innovationsgetriebenen Branchen, wie der pharmazeutischen Branche, unterschiedliche Arten von Wettbewerbsvorteilen generiert werden, da bspw. reine preis- oder kommunikationsbasierte Strategien kaum Anwendung finden können, während auf der anderen Seite eine Kombination von zusätzlich angebotenen Dienstleistungen über die Wirksamkeit des Medikaments hinaus durchaus zu einem weiteren Wettbewerbsvorteil führen kann[365]. Weiterhin ist es gängig, zwischen Tech-Vorteilen und Touch-Vorteilen zu unterscheiden, welche sich im ersten Fall mit dem Produkt selbst und im zweiten Fall mit den weicheren Vorteilen wie Prozessen oder Personen befassen.

Weiterhin bleibt jedoch die Fragestellung offen, auf welcher strategischen Ebene ein solcher komparativer Wettbewerbsvorteil anzusiedeln ist und ob nicht etwa das gezielte Management eben dieser strategischen Ebene einen sinnvolleren Ansatzpunkt für das pharmazeutische Unternehmen bilden kann. So sieht etwa Ellenberg den KKV als „ein Konstrukt aus der marktorientierten Unternehmensführung, das auf Geschäftsfeldebene[366] helfen soll,

363 Siehe für weitere Ausführungen ebenda, S. 87ff., 122ff

364 Vgl. Hofbauer, G./Hellwig, C. (2016): Professionelles Vertriebsmanagement, S. 90f; Backhaus, K./Schneider, H. (2009): S. 149ff.

365 Vgl. Kliche, M. (1991): Industrielles Innovationsmarketing: eine ganzheitliche Perspektive, S. 56.

366 Für eine Definition siehe Kapitel 3.2

Wettbewerbsvorteilspositionen zu erreichen und verteidigen"[367], was bereits unterstreicht, dass ein KKV auf der strategischen Ebene der Geschäftsfelder anzusiedeln ist. Hadwich bekräftigt dies, indem er klarer feststellt, dass ein KKV nur auf der Geschäftsfeldebene zu erzielen ist[368]. Dies ist auch rein sinnlogisch durch die Größe und Vielschichtigkeit moderner Unternehmen zu erklären. Ein Wettbewerbsvorteil auf der gesamtunternehmerischen Ebene würde die Alleinstellung erheblich erschweren und daher ist es nur möglich, Vorteile für einzelne Geschäftsfelder zu erzielen. Ebenso logisch ist die Überlegung, dass selbst bei einem Unternehmen, welches nur ein einziges Geschäftsfeld definiert hat, ein KKV auf Geschäftsfeldebene anzusiedeln ist, da hier die Ebene des gesamten Unternehmens und die des Geschäftsfeldes deckungsgleich sind.

Daher kann festgehalten werden, dass das Konstrukt des KKV ein wichtiges Indiz für Unternehmen ist, inwieweit ihr eigenes Angebot sich von dem ihrer Konkurrenten unterscheidet und welche vier Determinanten einen Konkurrenzvorteil zu einem *strategischen* und *komparativen* Konkurrenzvorteil werden lassen. Ebenfalls wurde herausgestellt, woraus ein KKV besteht und dass dieser auf der Geschäftsfeldebene von Unternehmen anzusiedeln ist. Daher ist es im nächsten Schritt wichtig, diese Ebene grundsätzlich zu definieren, als auch deren Komponenten kurz darzustellen.

3.2 Das Strategische Geschäftsfeld

Strategische Geschäftsfelder (SGF)[369] bieten Unternehmen die Möglichkeit, sowohl ihr Angebot als auch ihre jeweiligen Zielgruppen in gedankliche Konstrukte einzuteilen und somit die jeweils passendste Marketingstrategie für die einzelnen Felder zu finden. Des Weiteren bilden sie die operative Ebene in einem Unternehmen, in welcher sich – wie im letzten Kapitel beschrieben – KKVs zum einen erzielen und zum anderen verteidigen lassen. Damit jedoch diese individuellen und teilweise komplexen komparativen Wettbewerbsvorteile generiert und verteidigt werden können, ist es von großer Bedeutung, zunächst das Konstrukt des strategischen Geschäftsfeldes zu definieren sowie dessen Bestandteile

---

367 Ellenberg, J. (2011).

368 Hadwich, K. (2009): Strategisches Marketing.

369 Das SGF steht in deutlicher Abgrenzung zu strategischen Geschäftseinheiten, welche zwar häufig synonym in der Literatur verwendet wurden, allerdings mittlerweile weithin als nicht korrekt korrigiert wurde, vgl. z.B. Hermanns, A., et al. (2012): Marketing, S. 29; Mattmüller, R. (2012): Integrativ-Prozessuales Marketing, S. 153.

zu analysieren. Dies bildet im weiteren Verlauf den zweiten Teil der theoretischen Grundlage dieser Promotionsschrift.

Grundüberlegungen im Marketing stellen – neben der Frage, wie man sich bestmöglich von der Konkurrenz absetzt – die unterschiedlichen Optionen der Markt- und Kundengruppenbearbeitung dar[370]. Im Wesentlichen werden diese beiden Determinanten im Konstrukt des strategischen Geschäftsfeldes aufgegriffen, was gleichzeitig eine zumindest gedankliche Einteilung der bestehenden Tätigkeiten eines Unternehmens in kleinere Einheiten erlaubt – was wiederum oftmals zu einer Reduktion von Komplexität führt[371]. Strategische Geschäftsfelder stellen Planungseinheiten dar, weshalb die einzelnen Felder in sich stimmig und stabil sowie klar voneinander abgetrennt sein sollten[372]. Diese Trennung kann nach unterschiedlichen Kriterien stattfinden und nicht jede theoretisch mögliche Kombination muss zwangsläufig ein sinnvolles SGF formen[373]. Für die Formulierung eines SGFs sollten im ersten Schritt zunächst die externen Wettbewerbsbedingungen und interne Zielsetzung des Unternehmens berücksichtigt werden[374]. Danach gibt es unterschiedliche Herangehensweisen, wie SGFs tatsächlich zu formulieren sind. Eine der grundlegendsten Einteilungen stammt von Ansoff, der klassischerweise zwischen Produkt und Markt unterschied[375]. Mit dieser zweidimensionalen Herangehensweise blieb Ansoff allerdings nicht lange unumstritten und diverse Autoren kritisierten die mangelnde Anwendbarkeit für die Definition neuer Geschäftsfelder, die Anwendbarkeit primär für wachsende Märkte, die fehlende Komponente der Konkurrenten, sowie die Vernachlässigung der Auslastung der einzelnen SGF sowie dessen Stärken und Schwächen[376]. Aufgrund dieser Kritik setzte sich in der Forschung eine bis heute

370 Meyer und Mattmüller gehen sogar soweit, diese Entscheidungsdeterminanten „den Kern der marketingstrategischen Orientierung eines Unternehmens" zu nennen, siehe Meyer, P. W./Mattmüller, R. (1993): Strategische Marketingoptionen – Änderungsstrategien auf Geschäftsfeldebene, S. 23.

371 Vgl. Bea, F. X./Haas, J. (2016): Strategisches Management, S. 154; Reisinger, S., et al. (2013): Strategisches Management, S. 117.

372 Vgl. Bea, F. X./Haas, J. (2016): S. 155; Mattmüller, R. (2012): S. 150; Meyer, P. W./ Mattmüller, R. (1993): S. 24.

373 Vgl. Meyer, P. W./Mattmüller, R. (1993): S. 24.

374 Vgl. Bea, F. X./Haas, J. (2016): S. 154.

375 Vgl. Ansoff, I. (1966): Management-Strategie, S. 132ff.

376 Vgl. Meffert, H., et al. (2007): Marketing: Grundlagen marktorientierter Unternehmensführung, S. 264f; Mattmüller, R./Tunder, R. (2004): Strategisches Handelsmarketing, S. 52; Köhler, R. (1981): Grundprobleme der strategischen Marketingplanung, S. 268.

genutzte Einteilung nach Abell durch, welcher die drei Dimensionen Kundengruppen (*customer groups served)*, Bedürfnisse der Kunden (*customer functions served*) und notwendige Technologien (*technologies utilized*)[377] unterscheidet und damit einige der Kritikpunkte von Ansoffs Ansatz durch die Dreidimensionalität seines Ansatzes aufgreift[378]. Dieser Ansatz wird oftmals vermeintlich weiterentwickelt, so bspw. von Bea und Haas, die die folgenden fünf Dimensionen nennen: „Technologie, Produkt, Problemlösung, Wettbewerber, Nachfrager", welche an Porter's Five Forces erinnern[379]. Alternativ wird auch oft einfach eine Gruppierung anhand von verschiedenen Produktengruppen oder sogar einzelnen Produkten vorgenommen[380]. Es ist jedoch – ähnlich wie bei den Wettbewerbsvorteilen – auch hier stets eine recht individuelle Frage und sollte anhand der Branche und deren Charakteristika entschieden werden, wie SGF am sinnvollsten gebildet werden können[381].

Im Folgenden werden die einzelnen Komponenten des SGFs nach dem Verständnis dieser Arbeit kurz dargestellt. Als Orientierung gilt hier der dreidimensionale Ansatz von Abell[382]. Diese detaillierte Beschreibung der Komponenten ist von Bedeutung, da dies unter anderem eine der Grundlagen für die folgenden

---

377 Vgl. Abell, D. F. (1980): Defining the Business, S. 16ff.

378 Für eine Erklärung, weshalb Abell die Einteilung nach Ansoff nicht für ausreichend hält, siehe die folgende Definition seinerseits: „The definition we came up with was not one of products or markets; we define our business in terms of technology. We thought that if we defined our business in terms of markets or products, we might finally find ourselves in a lot of unrelated technologies and be unable to stay in a leadership position. Since technology is usually the basis for new products, this could be most serious. I think it is harder to develop good technology than to revise a distribution system and a marketing organization. If you define your business in terms of technologies you have a sounder basis for growth" ebenda, S. 15.

379 Bea, F. X./Haas, J. (2016): S. 155.

380 Vgl. Reisinger, S., et al. (2013): S. 117.

381 Siehe hierzu das Ende des Kapitels und vgl. Meffert, H./Bruhn, M. (2006): Dienstleistungsmarketing, S. 229. Weiterhin beschreiben andere Autoren bspw. auch Probleme, welche bei der Abgrenzung von SGF auftreten können. Diese können sowohl Interdependenzen zwischen SGF sein oder etwa einen Trade-Off zwischen Detailgrad und Überschaubarkeit darstellen, vgl. Kuß, A., et al. (2007): Marketingplanung, S. 77; Kuß, A./Tomczak, T. (1998): Marketingplanung, S. 59; Meyer, P. W./Mattmüller, R. (1993): S. 24.

382 Natürlich ist auch dieser Ansatz nicht ohne Kritik, so wird bspw. die Komplexität des dreidimensionalen Ansatzes im Vergleich zu Ansoffs Methode genannt.

strategischen Optionen darstellt, da sich die wesentlichen Stellschrauben der Optionen in diesen Komponenten widerspiegelt.

Die erste Achse, an der sich ein SGF orientiert, ist die der Kunden- bzw. der Zielgruppe[383]. Eine Marktabgrenzung entlang dieser Achse ist dann sinnvoll, wenn sich viele unterschiedliche Nachfrager im Markt befinden[384]. Grundsätzlich wird zwischen finaler und subfinaler Zielgruppe unterschieden, was besonders vor dem thematischen Branchenschwerpunkt dieser Arbeit relevant ist. So beschreibt die finale Zielgruppe „alle Einzelwirtschaften (Personen, Haushalte, Unternehmen, Organisationen, etc.), die aufgrund nachfragerelevanter Merkmale homogen sind und bezogen auf das Objektprogramm als Letztnachfrager bzw. -verwender (Nutzer) angesprochen werden“[385]. Dies steht neben der subfinalen Zielgruppe, welche „jene Einzelwirtschaften, die aufgrund einflussrelevanter Merkmale homogen sind und das Nachfrageverhalten der finalen Zielgruppen direkt oder indirekt beeinflussen (Meinungsbildner) oder den Absatz an die finale Zielgruppe als Zwischennachfrager/Zwischenanbieter (Händler) erst ermöglichen“[386]. Da verschreibungspflichtige Medikamente in den meisten Fällen den verschreibenden Arzt als Barriere zwischen pharmazeutischem Hersteller und der finalen Zielgruppe, den Patienten, haben, unterstreicht dies die Relevanz für die Fragestellung dieser Dissertation[387].

Die zweite Dimension eines SGF stellen die Kundenbedürfnisse, also die Erfüllung einer konkreten Funktion, dar[388]. Damit zielt diese Dimension auf den Kernnutzen einer angebotenen Dienstleistung oder eines Produktes ab. Hier werden für die pharmazeutische Branche passenderweise Medikamente genannt[389]. Diese Unterteilung eignet sich besonders dann als Grundlage für die Abgrenzung von SGF, wenn die angebotenen Leistungen nicht einfach als Substitut für unterschiedliche Zwecke geeignet sind, sondern spezifisch wirken, wie z.B. ein reines Schmerzmittel und ein Antiallergikum unterschiedlich wirken[390].

Als letzten Bestandteil beschreibt Abell die „Technologien“, welche genutzt werden, um den Kundenbedürfnissen gerecht zu werden[391]. Diese sind nicht

383 Vgl. Abell, D. F. (1980): S. 17.
384 Vgl. Michel, S./Oberholzer Michel, K. (2011): Marketing, S. 23.
385 Mattmüller, R. (2012): S. 211f.
386 Ebenda, S. 212.
387 Siehe hierzu Kapitel 2.2.
388 Vgl. Mattmüller, R./Tunder, R. (2004): S. 53; Abell, D. F. (1980): S. 17.
389 Vgl. Ziouziou, S. (2010): Bau-Marketing, S. 64.
390 Vgl. Michel, S./Oberholzer Michel, K. (2011): S. 24.
391 Vgl. Abell, D. F. (1980): S. 17.

zwingend als Technologien im technischen Sinne anzusehen, sondern umfassen im Übertragenen auch alles an weiteren Produkten, Produktformen, Kompetenzen oder Ressourcen des Unternehmens, was gebraucht wird, um die Kundenbedürfnisse zu befriedigen[392].

Vor diesem Hintergrund und unter Berücksichtigung des Forschungsthemas dieser Arbeit wird nun kurz zusammengefasst, weshalb ein dreispuriger Ansatz, ähnlich dem von Abell, für die pharmazeutische Branche am geeignetsten ist. Während die Achse des Angebots oder der Kundenbedürfnisse durch die verschreibungspflichtigen Medikamente recht klar und einfach zu definieren ist, hat bereits die Zielgruppe eine weitaus weniger klare Definition. So könnten zwar durchaus die Patienten, welche das Medikament letztendlich verwenden, als Zielgruppe gesehen werden; dies ist jedoch bedingt durch die bereits aufgegriffenen, rechtlichen Einschränkungen der Branche kaum möglich. Das wiederum bedeutet konkret, dass forschende Pharmaunternehmen ihre finale Zielgruppe zwar genau abstecken können, allerdings kaum direkten Einfluss auf oder Zugang zu dieser Zielgruppe, den Patienten, haben. Tatsächlich haben sie den meisten Kontakt zu der subfinalen Zielgruppe, den Ärzten. Daher nehmen diese die Rolle der „Technologie" im Sinne des SGF ein. Dies lässt direkt darauf schließen, dass das Geschäftsmodell in der pharmazeutischen Branche zwangsläufig eines mindestens dreidimensionalen Ansatzes bedarf.

Abschließend kann weiterhin festgehalten werden, dass unabhängig von der Art der Aufteilung[393] der Unternehmenstätigkeiten in ein Geschäftsfeld, einige wesentliche Kriterien für den Erfolg eines SGF beachtet werden müssen. Dazu gehören die Eigenständigkeit der Bedürfnisse der Kundengruppe; ein deutlich abgegrenzter Markt; dass das SGF strategisch nicht abhängig von einem anderen SGF ist; das Vorliegen unterschiedlicher Konkurrenzverhältnisse; und letztendlich eine Dauerhaftigkeit des SGF[394]. Abschließend ist besonders relevant, dass eine der wichtigsten Aufgaben von SGF die Erlangung von dauerhaften Konkurrenzvorteilen ist. So werden zunächst Erfolgspotenziale unter vorliegender

392 Vgl. Bea, F. X./Haas, J. (2016): S. 154; Michel, S./Oberholzer Michel, K. (2011): S. 24; Mattmüller, R./Tunder, R. (2004): S. 53; Nijssen, E. J./Frambach, R. T. (2001): Creating Customer Value Through Strategic Marketing Planning, S. 44.

393 Auf die weiteren Methoden wird in dieser Arbeit nicht detailliert eingegangen, da es vor dem Forschungsziel dieser Dissertation nicht zielführend ist.

394 Vgl. Baumgartner, U. (2008): Strategische Geschäftsfelder; Brixle, M. (1993): Neue Geschäftsfelder und Konversionsstrategie, S. 243.

Markt- und Konkurrenzgegebenheiten generiert, welche dann konkret in den SGF in Vorteile umgesetzt werden[395].

Nachdem die marketingtheoretischen Grundlagen im Sinne von komparativen Konkurrenzvorteilen und strategischen Geschäftsfeldern sowohl definitorisch als auch in ihren Bestandteilen dargestellt wurden, gilt es, weiterhin die Frage zu klären, wie man einen solchen Wettbewerbsvorteil nach einem (vorhersehbaren) Schock wie dem Patentauslauf bestmöglich managt. Hierfür müssen die betroffenen Geschäftsfelder derart gesteuert und verteidigt werden, dass weiterhin zumindest von den verbliebenen Teilen des KKV profitiert werden kann. Das folgende Kapitel beschäftigt sich genau mit diesen Fragestellungen und beschreibt daher unterschiedliche, allgemeine marketingstrategische Optionen, die hier Anwendung finden könnten. Dabei wird besonderer Fokus auf die später verwendete Ansicht von Meyer und Mattmüller gelegt. Dies bildet den Abschluss der branchenspezifischen und konzeptionellen Basis, aufgrund derer sich der oben beschriebenen Fragestellung genähert werden kann.

3.3 Klassische marketingstrategische Optionen für das Management von komparativen Konkurrenzvorteilen

Wie in den vorherigen beiden Kapiteln dargestellt, können übergreifende Unternehmensziele nur durch die Schaffung und Sicherung von strategischen, komparativen Wettbewerbsvorteilen auf Geschäftsfeldebene erreicht werden. Bedingt dadurch, dass ein komparativer Konkurrenzvorteil in der pharmazeutischen Branche oftmals ein Patent beschreibt, bindet dies den Patienten und seinen verschreibenden Arzt während der Patentlaufzeit fast immer automatisch an das Produkt[396]. Sobald ein Patent jedoch ausläuft, bleiben den Unternehmen nur noch wenige Maßnahmen zur Verfügung, um zumindest einen partiellen Vorteil gegenüber der generischen oder biosimilaren Konkurrenz aufrecht zu halten[397]. Von der Marketingperspektive ausgehend stünden Unternehmen in solch einem Fall eine Reihe an strategischen Marketingoptionen zur Verfügung. Das folgende Kapitel beschreibt diese strategischen[398] Marketingoptionen nach

---

395 Vgl. Hinterhuber, H. (1996): Strategische Unternehmensführung, S. 13ff.

396 Vgl. Newbert, S. L. (2008): S. 746; Markman, G. D., et al. (2004): S. 540.

397 Siehe hierzu Kapitel 4 ff.

398 Strategien sind laut bspw. Porter „*the creation of a unique and valuable position*", Porter, M. E. (1996): What is Strategy?, S. 1.; Vollert „zukünftige Handlungsrahmen der Unternehmung zur Realisation ihrer Ziele (… und) bestimmen (…) die zukünftigen Betätigungsfelder der Unternehmung, in denen sie KKV schaffen und erhalten möchte". Dies unterstreicht einmal mehr die Relevanz des KKV sowie das Argument,

Meyer und Mattmüller für das Management der Geschäftsfeldebene[399], die die Steuerung von strategischen Geschäftsfeldern ermöglichen und somit gleichzeitig das Management von komparativen Konkurrenzvorteilen fördern[400]. Danach wird zusätzlich kurz auf weitere allgemeine strategische Möglichkeiten der Verteidigung im Falle des Verlusts eines Konkurrenzvorteils eingegangen. Damit beschließt das Kapitel die theoretische Basis der vorliegenden Dissertation und bildet somit die notwendige Grundlage für die folgende Analyse der Anwendbarkeit der strategischen Marketingoptionen für den Fall des Patentauslaufs für pharmazeutische Unternehmen in Deutschland.

3.3.1 Die Ankerpunkte für das Management von Strategischen Geschäftsfeldern

Unternehmen stehen eine Vielzahl unterschiedlicher Strategien für das Management von strategischen Geschäftsfeldern zur effektiven Erzielung, Nutzung und Verteidigung von Konkurrenzvorteilen zur Verfügung. Hierbei werden die Komponenten des strategischen Geschäftsfeldes so novelliert, dass entweder eine eindimensionale Änderung einer der beiden Komponenten, Angebot oder Zielgruppe, oder eine zweidimensionale Veränderung beider Komponenten gleichzeitig, Angebot und Zielgruppe, stattfindet[401]. Weiterhin gibt es branchenspezifische Besonderheiten, die berücksichtigt werden müssen, um das gedankliche Konstrukt des strategischen Geschäftsmodells tatsächlich in jeder Branche anwenden zu können. Dazu gehört, dass es in manchen Branchen eine weitere, dritte Komponente geben muss, welche unweigerlich die Komplexität des Sachverhaltes veranschaulicht. Die Pharmabranche stellt eine dieser Branchen dar,

---

dass KKV in besonderem Zusammenhang mit den strategischen Geschäftsfeldern eines Unternehmens stehen, Vollert, K. (2003): S. 240. Ferner definiert Porter eine Wettbewerbsstrategie als eine Kombination aus Zielen und Mitteln diese zu erreichen, vgl. Porter, M. E. (2013): Wettbewerbsstrategie: Methoden zur Analyse von Branchen und Konkurrenten, S. 28.

399 Besonders vor dem Forschungshintergrund dieser Dissertation, der pharmazeutischen Branche, aber auch branchenübergreifend ist es üblich, die Unternehmensebene in Geschäftsfelder (SGF) herunter zu brechen, um diese handhabbarer zu machen und Komplexität zu reduzieren. Dies geschieht meist, sobald eine Firma in verschiedenen Märkten tätig ist und/oder unterschiedliche Kunden bedient. Das SGF bildet die Planungseinheit und kann daher als Grundlage für die Schaffung von Wettbewerbsvorteilen beschrieben werden. Vgl. Bea, F. X./Haas, J. (2016): S. 154.

400 Vgl. Mattmüller, R. (2012): S. 150.

401 Vgl. Meyer, P. W./Mattmüller, R. (1993): S. 25.

die diese Besonderheit aufweisen. Während das Angebot klar zu definieren ist, unterteilt sich die Zielgruppe – wie im vorherigen Kapitel erklärt – in eine finale und eine subfinale Zielgruppe auf. Während die finale Zielgruppe logischerweise den Patienten beschreibt, ist es im Markt der verschreibungspflichtigen Medikamente dennoch unmöglich diesen Kunden ohne die subfinale Zielgruppe, verschreibenden Arzt und ausgebenden Apotheker, zu erreichen. Diese stellen in Abells Terminologie die „Technologie" dar. Daher wird weiterhin darauf eingegangen, wie die beschriebenen strategischen Optionen in teilweise sogar einer dreidimensionalen Veränderung fortwährend Vorteile aus einem geschwächten komparativen Konkurrenzvorteil erreichen können. Dies zeigt die folgende detaillierte Darstellung der für diese Dissertation als grundlegend angesehenen strategischen Marketingoptionen nach Meyer und Mattmüller auf.

3.3.2 Strategische Handlungsoptionen für das Management von Geschäftsfeldern nach Meyer und Mattmüller

Die Sammlung der Strategien nach Meyer und Mattmüller beschreiben einen wesentlichen marketingtheoretischen Ausgangspunkt dieser Dissertation. Es gibt eine Reihe an unterschiedlichen Strategiesammlungen zum Thema Management von Geschäftsfeldern, allerdings können diese nur in Teilen Anwendung in der pharmazeutischen Branche finden[402]. Durch die Besonderheiten der Branche

402 Ähnliches gilt für weitere Strategien, weshalb diese hier nicht näher aufgegriffen werden. Zu diesen gehören bspw. die vier Marktfeldstrategien nach Hofbauer und Hellwig. Die Autoren Hofbauer und Hellwig beschreiben in ihrer Sammlung von Strategien vier Marktfeldstrategien, welche die strategische Ausrichtung der Geschäftsfelder festlegen und auf der Ansoff-Matrix und der Forschung von Meffert und Bruhn beruhen. Vgl. Meffert, H./Bruhn, M. (2006): S. 238ff; Ansoff, I. (1966): S. 13ff. Diese sind zum einen die Marktdurchdringung, wobei vorhandene Potenziale mit bestehenden Produkten ausgeschöpft werden. Die zweite Option ist die Marktentwicklungsstrategie, wobei neue Kunden für ein bereits bestehendes Angebot gewonnen werden sollen. Als dritte Option nennen sie die Produktentwicklungsstrategie, wobei auf bisher bearbeiteten Märkten Innovationen im Produktangebot eingeführt werden. Letztendlich beschreiben sie die Differenzierungsstrategie, welche neue Produktinnovationen auf bisher nicht bearbeiteten Märkten beschreibt. Diese wiederum gibt es sowohl horizontal, vertikal als auch lateral. (Vgl. Hofbauer, G./Hellwig, C. (2016): S. 89f. Für eine Definition horizontaler, vertikaler und lateralen Differenzierung siehe frühere Veröffentlichungen wie bspw. Meffert, H./Bruhn, M. (2006): S. 243.). Wenngleich diese beschriebenen Strategien denen von Meyer und Mattmüller grundsätzlich ähneln, so beschreiben sie besonders für die pharmazeutische Branche eine weitere wichtige Option des Ausstieges aus einem Markt nicht. Damit komplementieren Meyer und

muss allerdings meist der Erhalt eines Konkurrenzvorteils durch das strategische Management von bereits existierenden Geschäftsfeldern geschafft werden. Hierfür eignen sich die im Folgenden dargestellten strategischen Marketingoptionen nach Meyer und Mattmüller[403] in besonderem Maße. Weiterhin werden zum einen grundsätzliche Schwächen anderer Strategiesammlungen aufgegriffen und zum anderen auf die wichtige Dreidimensionalität der Geschäftsfeldbestimmung in der pharmazeutischen Branche eingegangen[404]. Zu diesen strategischen Marketingoptionen gehören die fünf (bzw. sechs) Strategien „Beibehaltung", „Diversifikation", „Reduktion", „Konversion", und abschließend „Multiplikation" (und „Kontraktion"). Zunächst werden die strategischen Optionen nach Meyer und Mattmüller auf ein- bzw. zweidimensionaler Ebene erläutert, bevor die Autorin in einem abschließenden Unterkapitel diese strategischen Optionen durch eine Weiterführung hin zur Dreidimensionalität für die Nutzung in der Pharmabranche darstellt. Hierbei wird allerdings nur in Grundzügen auf die jeweiligen Hintergrundmotive, Chancen oder Risiken eingegangen, da der Fokus auf andere, für diese Dissertation relevanteste Komponenten gelegt wurde.

3.3.2.1 Beibehaltung

Die Strategie der Beibehaltung beschreibt den grundsätzlichen Erhalt sowohl der Anzahl der Geschäftsfelder als auch deren inhaltlicher Abgrenzung im Sinne von Angebot und Zielgruppe[405]. Diese Strategie ist dann empfehlenswert, wenn die bisherigen Kundenbedürfnisse als erfüllt gewertet werden können und auch die wirtschaftliche Tragfähigkeit der Zielgruppe auf Dauer gesichert ist[406]. Ziel dieser Strategie ist es, die Marktbearbeitung effizienter zu gestalten, was durch strategische und taktische Maßnahmen im Rahmen der gegebenen SGF erreicht

---

Mattmüller die Übersicht der unterschiedlichen Optionen durch eine Komponente, welche bei vielen anderen Autoren so nicht oder nur in Teilen berücksichtigt wird. Aus diesem Grund endet die Auflistung der möglichen Optionen hier, weitere finden sich dennoch bspw. bei Hermanns, A., et al. (2012): S. 78; Walsh, G., et al. (2009): Marketing, S. 181ff; Kuß, A., et al. (2007): S. 123; Meffert, H./Bruhn, M. (2006): S. 238ff; Dichtl, E. (1994): Strategische Optionen im Marketing, S. 161ff.

403 Unter Mitarbeit der Autoren Graßy, Brixle, Trautmann, und Hübner.

404 Siehe hierfür 3.3.2.6.

405 Vgl. Mattmüller, R. (2012): S. 154; Becker, J. (2009): Marketing-Konzeption, S. 149f; Meyer, P. W./Mattmüller, R. (1993): S. 25.

406 Vgl. Mattmüller, R. (2012): S. 154; Berndt, R., et al. (1999): Internationales Marketing-Management, S. 170.

werden kann[407]. Diese Maßnahmen können eine Intensivierung der Absatzbemühungen – z.B. durch eine erhöhte Verwendungsrate, eine aktualisierte Marketingkampagne oder Special Editions, um Trends gerecht zu werden – sein, aber auch Rationalisierungsmaßnahmen beinhalten[408]. Somit kann eine gesteigerte Nachfrage bei der bisherigen Zielgruppe generiert werden[409]. Zusätzlich können allerdings auch neue Kunden, die aber dennoch der aktuellen Zielgruppe entsprechen, akquiriert werden. Hierfür können Kunden von der Konkurrenz durch bspw. Preis- oder Garantieveränderungen abgeworben werden, aber auch bisherige Nichtverwender eines Produkts plötzlich zu einem Verwender werden und damit in die Kundengruppe aufsteigen, ohne dass das Angebot oder die Zielgruppe verändert wurden[410].

3.3.2.2 Diversifikation

Die Diversifikation ist eine der klassischsten strategischen Marketingoptionen und wird daher auch in den meisten Auflistungen der möglichen Strategien mit teils unterschiedlicher Ausprägung genannt[411]. Diese Strategie wird besonders bei angestrebter Renditeverbesserung oder Risikoreduktion angewandt[412]. Die Grundidee basiert auf Ansoff, welcher jedoch eine recht extreme Auslegung im Sinne einer zwangsläufigen Zweidimensionalität – also einer Veränderung der Zielgruppe und des Angebots – der Diversifikation vorgab[413]. Diese als lateral und zweidimensional einzustufende Diversifikation beschreibt die Möglichkeiten einer solchen allerdings nur unzureichend, da durchaus auch eindimensionale Angebots- oder Zielgruppendiversifikationen möglich sind und diese ebenfalls von großer Bedeutung für ein Unternehmen sein können[414]. Daher stellt eine Diversifikation grundsätzlich eine Erweiterung der angesprochenen Zielgruppe und/oder der bisher gebotenen Leistungen dar, sodass durch diese Addition(en)

---

407 Vgl. Mattmüller, R. (2012): S. 154; Wehr, A. W. (2001): Imagegestaltung in der Automobilindustrie, S. 93; Berndt, R., et al. (1999): S. 170.

408 Vgl. Mattmüller, R. (2012): S. 154; Berndt, R., et al. (1999): S. 170; Kuß, A./Tomczak, T. (1998): S. 131.

409 Vgl. Mattmüller, R. (2012): S. 154.

410 Vgl. Ebenda, S. 154f.

411 Siehe bspw. Porter, M. E. (2014): S. 33f; Hermanns, A., et al. (2012): S. 78; Walsh, G., et al. (2009): S. 181ff; Kuß, A., et al. (2007): S. 123; Meffert, H./Bruhn, M. (2006): S. 238ff; Dichtl, E. (1994): S. 161ff.

412 Vgl. Mattmüller, R. (2012): S. 160ff; Graßy, O. (1993): Diversifikation, S. 41ff.

413 Vgl. Ansoff, I. (1966): S. 152ff.

414 Vgl. Mattmüller, R. (2012): S. 156.

neue SGF entstehen[415]. Die grundsätzliche Wirkweise der Diversifikation kann dabei, wie gerade beschrieben, eindimensional oder zweidimensional sein und auf unterschiedliche Arten vollzogen werden[416]. Weiterhin können Diversifikationen als horizontal, vertikal oder lateral klassifiziert werden. Eine horizontale Diversifikation steht in diesem Fall für eine Beibehaltung der bisherigen Marktbearbeitung oder Marktstufe, wodurch eine gewisse Ähnlichkeit zum bisherigen Leistungsangebot besteht. Die vertikale Diversifikation beschreibt die Entwicklung eines Geschäftsfeldes auf einer anderen vor- oder nachgelagerten Marktstufe oder Marktbearbeitung. Auch hier bleibt die Ähnlichkeit zum originären Angebot stets auf gewisse Weise bestehen, wenngleich diese bereits etwas geringer ist als bei der horizontalen Veränderung. Die bereits angesprochene laterale Diversifikation kann sich hingegen sowohl auf einer neuen Marktstufe als auch in einem neuen Marktbearbeitungssystem befinden, dies muss aber nicht der Fall sein. Vielmehr handelt es sich bei der lateralen Diversifikation lediglich um eine inhaltliche Neuausrichtung zum bisherigen Leistungsangebot, was aber nicht automatisch ein neues Marktbearbeitungssystem erfordert oder bedingt[417]. Je weiter sich ein Unternehmen jedoch vom bisherigen Angebot entfernt, desto höher wird das mit der Diversifikation assoziierte Risiko[418]. Abgesehen von diesen unterschiedlichen inhaltlichen Ausgestaltungsmöglichkeiten einer Diversifikation kann selbige weiterhin als proaktiv oder reaktiv beschrieben werden, wobei das Unternehmen sinnlogisch entweder offensiv und frühzeitig in die Diversifikation einsteigt, oder dies aufgrund von marktverändernden Maßnahmen tun muss[419]. Des Weiteren können Diversifikationen offen oder verdeckt stattfinden, sodass Kunden einen Zusammenhang zwischen dem Grundangebot des Unternehmens und dem diversifizierten Angebot herstellen können oder – oftmals aus reputationsschützenden Gründen – kein offensichtlicher Zusammenhang zwischen den Angeboten besteht[420]. Letztendliche Umsetzungsformen können bspw. der Eigenaufbau des neuen Geschäftsfeldes sein, der Zukauf von Knowhow durch Lizenzerwerb, oder der Eintritt in ein Franchise-System[421]. Abschließend bleibt zu betonen, dass jedes neue Geschäftsfeld eines

415 Vgl. Ebenda, S. 155; Wehr, A. W. (2001): S. 93; Graßy, O. (1993): S. 34.
416 Vgl. Wehr, A. W. (2001): S. 93.
417 Vgl. Mattmüller, R. (2012): S. 158ff.
418 Vgl. Wehr, A. W. (2001): S. 93.
419 Vgl. Mattmüller, R. (2012): S. 160; Graßy, O. (1993): S. 39.
420 Vgl. Mattmüller, R. (2012): S. 160.
421 Vgl. Ebenda, S. 162.

Unternehmens zwangsläufig eine Diversifikation darstellt, allerdings nicht jede Veränderung des Produktangebots eine Diversifikation bedingt[422].

3.3.2.3 *Reduktion*

Die Reduktionsstrategie wird teilweise als entgegengesetzte Strategie zur Diversifikation bezeichnet und beschreibt im Wesentlichen die Elimination eines SGF[423]. Zusammenfassend kann die Reduktion daher als ein geplanter und gezielter Rückzug aus einem bisher bearbeiteten Leistungsbereich und/oder der Rückzug aus einer bisherigen Zielgruppe beschrieben werden[424]. Primär dient diese Strategie der Abschöpfung eines höchstmöglichen Preises aber auch der Konzentration auf die Hauptkompetenzen eines Unternehmens[425]. Dennoch beschreibt, ähnlich wie bei der Diversifikation, nicht jeder Rückzug auch gleichzeitig eine Reduktion; hierfür muss analog zum im vorherigen Kapitel beschriebenen Sachverhalt eine Reduktion auf Ebene der Zielgruppe oder auf Ebene des Angebotes passieren[426]. Wie bei den bereits beschriebenen Optionen, kann auch die Reduktion in einer unterschiedlichen Anzahl von Dimensionen stattfinden[427]. So kann sowohl eine eindimensionale Reduktion auf Seiten der Zielgruppe – d.h. das Angebot bleibt dennoch bestehen – oder auf Seiten des Angebots – die bearbeitete Zielgruppe bleibt unverändert – durchgeführt werden, wobei entweder eine Zielgruppe oder ein Leistungsangebot komplett niedergelegt wird. Eine Reduktion kann aus Ertragsschwäche oder quantitativen Gründen, im Sinne von Größe der Zielgruppe, resultieren. Eine Kombination aus den gerade genannten Reduktionsformen beschreibt dann logisch die zweidimensionale Reduktion, welche oftmals auf fehlgeschlagene Diversifikationen zurückzuführen ist[428]. Letztendlich durchgeführt werden kann eine Reduktion entweder durch die Stilllegung eines Unternehmensanteils oder sogar durch den Verkauf eines solchen. Hierbei sind jedoch die Austrittbarrieren zu beachten, welche struktureller oder ökonomischer Natur sein können, starke strategische

---

422 Vgl. Ebenda, S. 158.

423 Vgl. Ebenda, S. 163; Wehr, A. W. (2001): S. 93; Trautmann, M. (1993): Reduktion, S. 140.

424 Vgl. Mattmüller, R. (2012): S. 163.

425 Vgl. Ebenda, S. 165; Auch wenn langfristig oftmals eine Kostenreduktion als Treiber der Reduktionsstrategie gilt, ist diese Strategie dennoch kurzfristig grundsätzlich mit zusätzlichen Kosten verbunden, vgl. Wehr, A. W. (2001): S. 94.

426 Vgl. Mattmüller, R. (2012): S. 164; Trautmann, M. (1993): S. 147.

427 Vgl. Wehr, A. W. (2001): S. 93.

428 Vgl. Mattmüller, R. (2012): S. 164f.

Konsequenzen mit sich bringen oder Widerstände im Management hervorrufen können[429].

3.3.2.4 *Konversion*

Die Konversion bildet grundsätzlich eine Kombination der vorher beschriebenen Diversifikation und Reduktion. Hierbei werden bisherige SGF mit neuen substituiert, allerdings ohne die komplette Aufgabe der Unternehmenskapazität, sondern vielmehr durch die Nutzung der freigewordenen Ressourcen des substituierten Feldes. Dies bildet gleichzeitig eine Hauptintention der Konversion[430]. Eine weitere – vor dem Hintergrund dieser Dissertation besonders interessante – Begründung für eine Konversion kann eine veränderte Gesetzgebung oder sonstige Veränderung sein, sodass ein bisher bearbeitetes Geschäftsfeld nicht mehr bearbeitet werden kann[431]. Als letztendliche Ziele können – bedingt durch die Synthese aus den vorherigen beiden Strategien – die Ziele der Diversifikation und Reduktion übernommen werden[432]. Weiterhin kann die Konversion, genau wie die vorangegangenen Strategien, sowohl ein- als auch mehrdimensional durchgeführt werden[433]. Eine zunächst eindimensionale Veränderung kann auf Angebots- oder Zielgruppenebene umgesetzt werden. Hierbei werden jeweils die zu konvertierende Dimension durch eine neue ersetzt, während die jeweils andere Dimension konstant gehalten wird[434]. Dies kann mit geringen Umstellungskosten verbunden sein, während die zweidimensionale Konversion allerdings durchaus von hohem Risiko geprägt ist. Hierbei werden sinnlogisch sowohl Zielgruppe als auch Angebot durch eine jeweils neue Komponente ersetzt[435]. Während sowohl Diversifikation als auch Reduktion jedoch unterschiedliche Arten der Strategieumsetzung bedeuten, kann die Konversion tendenziell nur durch den Eigenaufbau eines SGF, basierend auf den nicht mehr verwendeten Ressourcen der alten SGF, vollzogen werden[436].

---

429 Vgl. Ebenda, S. 166ff; Porter, M. E. (1976): Please Note Location of Nearest Exit – Exit Barriers and Planning, S. 21.

430 Vgl. Mattmüller, R. (2012): S. 169; Brixle, M. (1993): S. 91.

431 Vgl. Wehr, A. W. (2001): S. 94; Brixle, M. (1993): S. 97.

432 Vgl. Mattmüller, R. (2012): S. 170.

433 Vgl. Ebenda, S. 169; Wehr, A. W. (2001): S. 94.

434 Vgl. Mattmüller, R. (2012): S. 169f.

435 Vgl. Brixle, M. (1993): S. 97.

436 Vgl. Wehr, A. W. (2001): S. 94; Brixle, M. (1993): S. 102f.

3.3.2.5 *Multiplikation und Kontraktion*

Die bisher beschriebenen Strategien haben stets ein bestehendes Angebot derart verändert, dass sie somit als kernverändernd einzustufen sind, da jeweils eine tatsächliche Abänderung des bisherigen Geschäftsfeldes zu verzeichnen war. Die nächste strategische Option der Multiplikation stellt durch eine reine Vervielfältigung – und dadurch keine konkrete Veränderung der einzelnen Dimensionen – des Geschäftsfeldes eine ausschließlich rahmenverändernde Maßnahme dar[437]. Abgesehen von dieser grundsätzlichen Unterscheidung zu den anderen Optionen bleibt jedoch die Gemeinsamkeit der Anwendung auf unterschiedlichen Dimensionen bestehen[438]. Dennoch bilden die Dimensionen in diesem Fall nicht etwa Zielgruppe und Angebot – per Definition bleiben diese bestehen – die Multiplikation findet stattdessen vielmehr auf geographischer Ebene statt. So kann die eindimensionale Multiplikation des Angebots im Sinne einer verstärkten Marktbearbeitung der bisherigen Zielgruppe vollzogen werden, allerdings muss hier eine Vervielfältigung des Leistungsangebotes vorliegen und keine reine Verstärkung durch bspw. Kommunikationsmaßnahmen. Die eindimensionale Multiplikation der Zielgruppendimension hingegen kann rein durch die Marktausschöpfung und damit Erreichung neuer regionaler Kundengruppen für die bestehenden Leistungsangebote geschafft werden. Die zweidimensionale Multiplikation wird dann folgerichtig durch ein deckungsgleiches, vervielfältigtes Leistungsangebot für eine charakteristisch gleiche, jedoch räumlich differierende Zielgruppe erreicht[439]. Umgesetzt werden kann eine Multiplikation klassischerweise durch ein Franchise-System oder eine Filialisierung[440].

Die Kontraktion bildet im Wesentlichen das Gegenstück zur Multiplikation. Sie beschreibt grundsätzlich eine reine Schrumpfung der bisherigen Maßnahmen oder gar deren komplette Aufgabe, ohne jedoch die Unternehmensressourcen ebenso aufzugeben. Diese werden für die verbliebenen Aufgaben verwendet[441].

3.3.2.6 *Kritische Würdigung der Strategischen Marketingoptionen unter Berücksichtigung der branchenspezifischen Besonderheiten*

Letztendlich kann festgehalten werden, dass jedes SGF eine eigenständige Strategie benötigt, um bestmögliche Erfolge und damit Wettbewerbsvorteile

437 Vgl. Meyer, P. W./Mattmüller, R. (1993): S. 26.
438 Vgl. Wehr, A. W. (2001): S. 95; Hübner, C. C. (1993): Multiplikation, S. 199f.
439 Vgl. Mattmüller, R. (2012): S. 172f; Hübner, C. C. (1993): S. 197f.
440 Vgl. Mattmüller, R. (2012): S. 174ff.
441 Vgl. Ebenda, S. 172.

erzielen zu können[442]. Meyer und Mattmüller zeigen unterschiedliche Optionen des Managements dieser Geschäftsfelder auf, sei es die Strategie der Beibehaltung oder eine der genannten Veränderungsstrategien. Dennoch bleiben diese zunächst systemneutralen Optionen nicht ohne eine gewisse Anpassungsanforderung für die pharmazeutische Industrie als Kernbranche dieser Dissertation. So stellt eine deckungsgleiche Anwendung der bisher beschriebenen Optionen für die pharmazeutische Branche ein Problem dar. Wie bereits aufgegriffen, ist eine zweidimensionale Aufteilung eines Geschäftsfeldes heute nur noch teilweise anwendbar, da immer mehr Branchen auf eine dritte Modusachse zurückgreifen müssen. Dieser aufgegriffene Aspekt des Modus bzw. der Art und Weise, wie ein bestimmtes Angebot eine Zielgruppe erreicht – bspw. durch den Transport einer Ware – findet sich so ebenfalls in der pharmazeutischen Branche wieder, wenn auch in etwas abgewandelter Form. Der strategisch hohe Komplexitätsgrad der pharmazeutischen Branche entsteht so nicht vorrangig durch die reine Distribution der Produkte – dies ist durch die Apotheken zum einen klar ausdifferenziert, aber auch zum anderen durch die pharmazeutischen Hersteller nicht wesentlich beeinflussbar – sondern vielmehr durch die bereits mehrfach angesprochene schwierige Trennung zwischen letztendlichem Verwender (Patient) und dem Entscheider (verschreibendem Arzt). Die daraus entstandene Situation, dass ein verschreibungspflichtiges Medikament in Deutschland niemals ohne seine Verschreibung beim Patienten ankommen wird, bedingt die zwangsläufige Dreidimensionalität des Geschäftsfeldes für die pharmazeutische Branche[443]. Änderungen ergeben sich natürlich außerdem in der Verwendung von verschreibungspflichtigen Medikamenten im Krankenhausbetrieb, was allerdings nicht thematischer Schwerpunkt dieser Dissertation darstellt und daher an dieser Stelle nicht weiter thematisiert wird.

442 Vgl. Ebenda, S. 177.

443 Hier zu nennen ist ebenfalls der Apotheker in seiner Rolle als finaler Gatekeeper. Diese Stellung wird allerdings dann ausgehebelt, sollte der Arzt ein Medikament durch den Ausschluss der *Aut-idem*-Regelung verschreiben. Lediglich in Fällen, wenn der Arzt den Austausch eines Medikaments gegen sein generisches Ebenbild nicht ausgeschlossen hat, tritt der Apotheker als zusätzlicher Entscheider konkret in den Zirkel der beeinflussenden Personen ein. Letztendlich liegt es schließlich auch an der Beratung des Apothekers, für welches Medikament sich der Patient am Ende entscheidet, da ja immer noch ein gewisser Teil der Entscheidungsmacht beim Patienten liegt. Daher bieten die Apotheker als zweite Option der Modusachse einen Anhaltspunkt, selbst wenn der Arzt entscheidet, ein Medikament, dessen Patent abgelaufen ist, nicht mehr weiter zu verschreiben.

Ausgehend von dieser Grundüberlegung muss für die Pharmaindustrie eine entsprechende Betrachtung der strategischen Marketingoptionen durch Hinzunahme der pharmacharakteristischen Ausgestaltung der strategischen Geschäftsfelder anhand von Angebot, finaler Zielgruppe und Modusachse, also subfinaler Zielgruppe, vorgenommen werden. Daher widmet sich das folgende Unterkapitel der Ausformulierung der strategischen Optionen nach Meyer und Mattmüller im Sinne der dreidimensionalen Geschäftsfeldgestaltung unter Berücksichtigung der komplexen Trennung von finaler und subfinaler Zielgruppe. Demnach werden die bestehenden Strategien um eine dritte Dimension zunächst beispielhaft erweitert, was eine weitere Grundlage für die Bestimmung der möglichen Patentauslaufstrategien für die Pharmabranche in Deutschland schafft. Eine Beschreibung der finalen Nutzung der Optionen erfolgt im weiteren Verlauf dieser Dissertation, nachdem alle branchenspezifischen und theoretischen Grundlagen geschaffen wurden[444].

Die Beibehaltungsstrategie gleicht einer Strukturfortschreibung und beschreibt daher einen der gängigsten Wege, das Geschäftsfeld des Medikaments mit dem abgelaufenen Patentschutz zu managen. Beispielhaft können Unternehmen versuchen, den Preis nach dem Patentauslauf so stark zu reduzieren, dass die verschreibenden Ärzte und Krankenkassen weiterhin bereit sind, das Medikament zu verschreiben und zu bezahlen, statt auf Generika oder Bioidenticals umzusteigen. Ein weiteres Beispiel wäre die Möglichkeit, sich in der Arztansprache zu spezialisieren und hier die Außendienstbesuche fokussierter zu gestalten, um neue Ärzte für die Verschreibung dazu gewinnen zu können (wenngleich dies natürlich in der Praxis bestenfalls selten geschehen wird).

Neben der reinen Beibehaltung des Geschäftsfeldes stehen Unternehmen auch Änderungsstrategien zur Verfügung, welche teilweise auch im Patentauslauf Anwendung finden sollten. Bei der Änderungsstrategie der Diversifikation kann neben der eindimensionalen Veränderung des Geschäftsfeldes auch eine mehrdimensionale Diversifikation stattfinden. So kann nicht nur das Medikament an sich möglicherweise für eine andere Indikation verwendet werden, sondern gleichzeitig damit auch eine andere subfinale und/oder finale Zielgruppe angesprochen werden, wodurch eine eindimensionale oder mehrdimensionale Diversifikation entsteht.

Eine ähnliche Vorgehensweise kann bei der Reduktion beobachtet werden, welche ebenso durch eine eindimensionale oder mehrdimensionale Reduktion erfolgen kann. So kann ein Unternehmen zwar entscheiden, bspw. die

444 Siehe Kapitel 6.

Außendienstbesuche beim Arzt nach dem Patentauslauf zu reduzieren oder zumindest das Medikament nicht mehr aktiv zu besprechen, gleichzeitig kann aber auch das Medikament komplett vom Markt genommen werden, wenn keine finanziell lukrative Perspektive mehr besteht und das Unternehmen sich entscheidet, das Feld den Generika- oder Biosimilarherstellern zu überlassen. Die Option der reduzierten bzw. gestrichenen Sprechzeit des Außendienstes mit dem Arzt stellt in der Praxis eine häufig gewählte Patentauslaufstrategie dar.

Die Konversion beschreibt, wie bereits im systemneutralen Kapitel, eine Kombination aus Reduktions- und Diversifikationsstrategie. Auch diese Strategie kann für die pharmazeutische Branche angepasst werden, wobei die freigewordenen Ressourcen aus der reduzierten Vermarktung eines Medikaments außerhalb des Patentschutzes direkt weiter in die Vermarktung eines neuen Medikaments oder für die Anwendung bei einer neuen Indikation genutzt werden könnten. Hierbei können sowohl auf individueller Basis als auch in Kombination die Angebotsseite und die Zielgruppe verändert werden.

Die Multiplikationsstrategie als strategische Änderungsoption für das Management eines Geschäftsfeldes in der pharmazeutischen Branche kann ebenfalls mehrdimensional genutzt werden. So sind die Voraussetzungen für die Multiplikation sowohl die Beibehaltung des Angebots und der Zielgruppe – was im Falle der Pharmabranche die finale Zielgruppe darstellt – und eine Differenzierung anhand der Modusachse. So kann besonders eine räumliche Veränderung der Außendienstbesuche zu einer mehrdimensionalen Multiplikation führen, indem dasselbe Angebot für die gleiche finale Zielgruppe – jedoch nicht dieselbe – angeboten wird. Dies geschieht allerdings ebenfalls über eine gleiche subfinale Zielgruppe – allerdings nicht dieselbe.

Die mögliche Umsetzung der strategischen Marketingoptionen nach Meyer und Mattmüller für die pharmazeutische Branche wurde nun beispielhaft anhand einiger weniger Situationen dargestellt. Diese Untersuchung wird nach der Darstellung der Möglichkeiten nach dem Patentauslauf detailliert auch für diesen Fall wiederholt und so eine Einteilung der in der Literatur diskutierten Patentauslaufstrategien in die strategischen Marketingoptionen gegeben.

Das folgende Kapitel geht nun kurz darauf ein, welche konzeptionellen und branchenneutralen Verteidigungsmechanismen bzw. -ansätze Unternehmen grundsätzlich zur Verfügung stehen, um weiterhin zu prüfen, welche dieser Strategien möglicherweise bei pharmazeutischen Herstellern im Fall des Patentauslaufs Anwendung finden können.

3.3.3 Branchenneutrale, strategische Verteidigungsoptionen für den Eintritt von Konkurrenten in den Markt

Nach Beschreibung der Managementoptionen von strategischen Geschäftsfeldern für die Nutzung der verbleibenden Teile eines Konkurrenzvorteils gilt es im nächsten Kapitel, mögliche Strategien besonders für die Verteidigung eines Konkurrenzvorteils zu beleuchten. Hierfür gibt es generell unterschiedliche Ansatzpunkte, welche sich auch anhand des Fortschritts der Intervention durch konkurrierende Unternehmen orientieren. So macht es in der Verteidigung eines strategischen Wettbewerbsvorteils durchaus einen Unterschied, ob Wettbewerber bereits in den Markt eingetreten sind - wie in der pharmazeutischen Branche durch den Eintritt eines anderen Originalherstellers, der eine möglicherweise verbesserte Therapiemöglichkeit auf den Markt bringt - oder dies zwar noch nicht reell geschehen ist, es aber mit hoher Wahrscheinlichkeit zu einem gewissen Zeitpunkt passieren wird - in diesem Fall durch den Eintritt der generischen Konkurrenz nach dem Patentauslauf. Vor dem Hintergrund der pharmazeutischen Branche und dem besonderen Schutz durch Patente, ist natürlich besonders der zweite Fall interessant, da dieser für die meisten Medikamente auch definitiv eintreten wird, während die Einführung eines überlegenen Produkts während der Patentlaufzeit durch einen konkurrierenden Originalhersteller seltener der Fall ist. Im Folgenden beschreibt das Kapitel zunächst beispielhaft einige generelle Verteidigungsstrategien und geht auch auf deren Anwendbarkeit für die pharmazeutische Branche ein. Diese sind zunächst primär vor dem eigentlichen Markteintritt von konkurrierenden Unternehmen anzuwenden. Danach wird auf die Situation nach dem Markteintritt eines Konkurrenten eingegangen.

3.3.3.1 Präventionsstrategien

Einer der stärksten Verfechter der Präventionsstrategie ist Porter. Diese Strategie verfolgt laut Autor „das Ziel, einen Angriff unwahrscheinlicher zu machen, Angriffe in weniger bedrohliche Bahnen zu lenken oder deren Intensität zu verringern“[445]. Eine weitere Definition von Prävention besagt, dass dabei die Kontrolle über relevante Felder zu erreichen ist, damit die Wettbewerber diese nicht besetzen können[446]. Dies geschieht vor allem dadurch, dass ein Unternehmen die bisherigen Wettbewerbsvorteile dauerhafter macht, anstatt diese rein zu

---

445 Vgl. Porter, M. E. (2014): S. 611.

446 Vgl. Wind, J. (1998): Präventionsstrategien, S. 292.

vergrößern, wenngleich dies mit Investitionen verbunden ist[447]. Hierfür sieht Porter drei übergreifende strategische Stoßrichtungen: sowohl (1) strukturbedingte Barrieren als auch (2) die Angst vor Vergeltung der bisherigen Vorteilsinhaber sollten erhöht oder (3) mögliche Anreize für die Konkurrenten abgemildert werden[448].

Die erste Strategie, die strukturbedingten Barrieren für neue Konkurrenten zu erhöhen, basiert auf der Annahme, dass sowohl der Eintritt als auch Austritt aus einem Markt mit Kosten verbunden sind, welche im Idealfall im Eintritt hoch und für den Austritt eher gering sind. Dies bietet zunächst einen gewissen Schutz gegenüber schneller Markteintritte durch Konkurrenten und erlaubt im schlechtesten Fall immerhin eine kostengünstige Austrittschance aus einem verlorenen Industriezweig[449]. Für die pharmazeutische Branche bietet diese Verteidigungstaktik zumindest während der Patentlaufzeit einen sehr guten Schutz, da die Erforschung einer überlegenen Medikation nur mit sehr hohen Kosten gelingen kann. Dies greift allerdings nicht mehr für den Fall des Patentauslaufs, da dann die Kosten des Markteintritts deutlich geringer sind. Nichtsdestotrotz kann der Marktaustritt für die Originalhersteller schnell durchgesetzt werden, sollte die Profitabilität des Produkts nicht mehr gewährleistet sein. Somit bietet diese Strategie nur in Teilen einen Schutz für die Situation nach dem Patentauslauf.

Um die Gefahr der Vergeltung des bisherigen Marktteilnehmers zu erhöhen und dadurch den Markteintritt neuer Konkurrenz unwahrscheinlicher zu machen oder diesen sogar von Grund auf abzuwenden, können Maßnahmen sowohl präventiv als auch während eines Angriffs durchgesetzt werden. Von besonderer Wichtigkeit ist hier die offensichtliche Präsentation von Stärke, welche auch als „signaling" bezeichnet wird. Hierfür sollte jede Handlung oder Veröffentlichung des bisherigen Vorteilsinhabers genau bedacht und bestenfalls strategisch sinnvoll gewählt werden[450]. Das „signaling" in der Pharmabranche kann bspw. durch die Übernahme eines der möglichen Konkurrenten erzielt werden, so z.B. einem Start-Up, welches eine innovative Heilmethode erfunden hat. Dennoch kann dies nicht immer vollzogen werden und stellt daher auch nur eine gewisse Schutzbarriere für den Fall des Patentauslaufs dar.

Als dritte strategische Verteidigungsoption können Anreize für einen neuen Markteintritt verringert werden. Eines der wichtigsten Ziele für neue

447 Porter, M. E. (2014): S. 611.
448 Vgl. Ebenda, S. 618.
449 Vgl. Ebenda, S. 619ff.
450 Vgl. Ebenda, S. 626ff.

Marktteilnehmer sind potenzielle Gewinne. Diese Verringerung kann durch eine Verschmälerung der kurzfristigen Gewinne sowie eine Verschleierung des eigenen Wettbewerbsvorteils erzielt werden, sodass eine Nachahmung durch die Konkurrenz deutlich schwieriger wird[451]. Dies ist nahezu unmöglich in der Pharmabranche. Dadurch, dass die Wettbewerbsvorteile in den meisten Fällen primär durch den jeweiligen Patentschutz erreicht werden, ist eine Verschleierung durch die letztendliche Veröffentlichung des Patents unmöglich. Ebenso können die Gewinne kaum abgemildert oder verschleiert werden; wenn ein Medikament einen gewissen Marktanteil hat, ist dies allen beteiligten Parteien bekannt. Daher stellt diese Strategie keine mögliche Option für die pharmazeutischen Unternehmen dar.

3.3.3.2 Militärstrategische Verteidigungsmechanismen

Eine weitere Verteidigungsstrategieübersicht geben bspw. Kotler und Achrol. In Anlehnung an militärstrategische Verteidigungsmanöver stellten die Autoren insgesamt sechs mögliche Mechanismen zusammen[452]. Die erste Option, der „Stellungssicherung", ist eine Ressourcenkonzentration auf die reine Verteidigung, welche somit aber auch als unflexibel und vor allem nicht realitätsgetreu bezeichnet werden kann. Als zweite Möglichkeit beschreiben die Autoren zwar eine ähnliche Strategie wie in der ersten Option, allerdings stellt diese, wie der Name „mobile Verteidigung" bereits besagt, eine flexiblere Version der Verteidigungslinie dar. Zu betonen ist hierbei, dass eben nicht alle Ressourcen gebündelt für die Verteidigung des Unternehmens und des Wettbewerbsvorteils genutzt werden, sondern vielmehr werden Ressourcen in der Hinterhand behalten, welche dann situationsbedingt zum Einsatz kommen können. Dies ähnelt in Grundzügen der Präventionsintention von Porter und kann sich konkret bspw. in einer Marktdiversifikation oder Marktverbreiterung auswirken. Ebenfalls basierend auf dem Gedanken der Prävention besagt die „Präventivschlag" Strategie, dass offensive Maßnahmen ergriffen werden sollten, bevor der Gegner einen eigenen Angriff ausführen kann. Die vierte Strategie „Flankensicherung" fokussiert sich auf nicht offensichtliche Angriffspunkte und versucht daher möglichst umfassend Nebenschauplätze strategisch abzusichern. Die „Gegenoffensive" Strategie

---

451 Vgl. Ebenda, S. 631ff.

452 Vgl. Kotler, P./Achrol, R. S. (1984): Marketing Strategy and Science of Warfare, S. 94ff. Für weitere militärstrategische Managementmaßnahmen siehe Tiefel, T. (2006): Patente als Waffen? – Die Adaption militärischer Strategieansätze in der Managementlehre, S. 105ff.

stellt eine Option dar, sollte ein Angriff bereits in der Durchführung sein. Hierbei gibt es bspw. die Möglichkeit, entweder gezielt Schwachstellen in der gegnerischen Angriffsstrategie zu attackieren oder das Basisangebot des Angreifers ebenfalls unter Druck zu setzen. Die letzte Strategie ist der „strategische Rückzug", welche dem Namen entsprechend die Konzentration aller Ressourcen beinhaltet, um die Angriffsfläche möglichst gering zu halten und in Ruhe eine Neuausrichtung der betroffenen Geschäftsbereiche vorzunehmen[453].

Auch hier können die beschriebenen Strategien in Teilen Anwendung für die pharmazeutische Branche finden, allerdings weisen auch diese Strategien wesentliche Schwachstellen auf. Daher kann auch von den hier präsentierten Strategien nur in gewissem Maße profitiert werden.

3.3.3.3 Verteidigungsstrategien nach dem Markteintritt von Konkurrenten

Die erste Strategie stellt die Verbesserung der eigenen Position in der Markteintrittsphase des Konkurrenten in den Vordergrund. So soll die eigene Position bspw. durch eine schnelle Adaption der eigenen Technologien hin zu der des neu eintretenden Konkurrenten gesichert oder sogar die Reputation der neuen Firma geschädigt werden[454]. Diese Option ist in der pharmazeutischen Branche allerdings keine sinnvolle, da die meisten Generikahersteller durchaus bereits ein etabliertes Image in relevanten Fachkreisen haben, ähnliches gilt für die Hersteller von Bioidenticals oder Biosimilars, sodass dieses nicht am Anfang beschädigt werden könnte. Weiterhin kann auch die Technologie nicht einfach übernommen werden, da es ja bereits der Generikahersteller ist, der die Technologien kopiert und so ein günstigeres Produkt anbieten kann.

Die zweite Strategie beschäftigt sich mit der Einführung einer günstigeren „Fighter Brand", welche eine ebenbürtige Qualität zu geringeren Preisen anbietet und ebenfalls aus dem Haus des Originalherstellers stammt. So soll die Premiummarke geschützt werden, allerdings ohne, dass die Verbindung zu eben dieser Premiummarke offensichtlich für den Endkonsumenten ist. Dies ist allerdings mit dem Risiko der Kannibalisierung der Premiummarke verbunden[455] und auch diese Strategie ist so nicht einfach auf die pharmazeutische Branche übertragbar. Zwar kann ein Hersteller ebenso eine eigene Version eines Generikums

453 Vgl. Tiefel, T. (2006): S. 109f; Kotler, P./Achrol, R. S. (1984): S. 122ff.

454 Vgl. Yannopoulos, P. (2011): Defensive and Offensive Strategies for Market Success, S. 4.

455 Vgl. Ebenda, S. 4f.

auf den Markt bringen, allerdings ist es äußert zweifelhaft, ob die Verbindung zum Originalpräparat abgestritten werden kann. Da die Anforderungen an die Kennzeichnungspflicht in der Branche hoch sind, können Beteiligungen an der Herstellung von Medikamenten kaum negiert werden. Außerdem ist hier die Frage, ob dies gewollt ist, da eine starke Marke natürlich auch als leistungsbeschreibender Ersatzindikator gilt.

Die dritte und letzte Strategie behandelt die Verteidigung über mehrere Märkte hinweg. So wird in diesem Fall der Angreifer an seiner stärksten Stelle attackiert, welche meist in einem anderen Markt liegt als dem, in welchem gerade der eigene Angriff ausgeübt wird. Somit soll die Konzentration von Angriff auf Verteidigung des neuen Herstellers umgewandelt werden[456]. Übersetzt für die pharmazeutische Branche könnte dies heißen, dass sobald ein Generikum in den Markt eines Originalpräparats eintritt, der Hersteller dieses Präparats bspw. in den größten Markt des Generikaherstellers eintritt und hier als neuer Konkurrent auftritt. Dies ist allerdings mit hohen Kosten verbunden, sollte der Originalhersteller nicht bereits eine generische Marke besitzen. Weiterhin wird dies auch nicht den Erfolg des Eintritts des ersten Generikums vermindern, bedingt durch die Grundsituation des Marktes und die Trennung von Käufer, Verwender und Verschreiber.

Somit kann festgehalten werden, dass auch diese Reihe an allgemeinen strategischen Optionen kaum für die pharmazeutische Branche gelten kann. Daher behandelt das folgende konzeptionelle Unterkapitel eine eher marketinggestützte Herangehensweise für die Verteidigung der Wettbewerbsposition nach dem Eintritt von Konkurrenz in einen Markt, basierend auf dem Gedanken des Lebenszyklusmanagements. Das langfristige Lebenszyklusmanagement ist entscheidend, da der Erfolg der klassischen Patentauslaufstrategien von wesentlichen Grundlagen abhängt, die bestenfalls über den gesamten Lebenszyklus des Präparats aufgebaut werden müssen: Loyalität und Markenstärke. Im Folgenden wird nun eine Verteidigungsstrategie basierend auf dem Lebenszyklusmanagement eines Medikaments dargestellt sowie eine Erklärung der beiden Erfolgsgrundlagen Loyalität und Markenstärke gegeben.

3.3.3.4 Marketingbasierte Verteidigungsstrategien

Typische marketingbasierte Verteidigungsstrategien nutzen die Komponenten Kommunikation, Distribution, Produkt oder Preis, um sich von der Konkurrenz zu differenzieren. Hierbei werden bspw. Kundenbindungsprogramme genutzt,

---

456 Vgl. Ebenda, S. 5.

Preise und Distribution so angepasst, dass ein Anbieterwechsel unattraktiv wird, besondere, teilweise individuelle Services angeboten oder ein angepasstes Produkt angeboten[457]. Dies deckt sich grundsätzlich mit den Anforderungen an das Patentauslaufmanagement für verschreibungspflichtige Medikamente. „Dies liegt nicht zuletzt daran, dass Therapie-Entscheider zukünftig zwischen zwei Arten von Unternehmen wählen können: zum einen Pharmaunternehmen, die wirksame Arzneimittel vertreiben und Pharmaunternehmen, die sowohl wirksame Arzneimittel vertreiben als auch einen umfassenden Service bieten"[458]. Das heißt, dass in Zeiten von zunehmender Austauschbarkeit – eine Situation, die besonders nach dem Patentauslauf auftritt – die Wirkung des Medikaments als selbstverständlich angesehen wird und vielmehr der serviceorientierte Zusatznutzen angeboten wird. Die Vermarktung dieses Vorteils eines Unternehmens ist also entscheidend für den Erfolg eines Produkts in der pharmazeutischen Branche[459]. Dies kann in besonderem Maße für Biopharmazeutika gelten, da hier die Konkurrenz durch die Biosimilars noch nicht so stark wie im chemisch-synthetischen Bereich ist[460]. Um diesen Anforderungen der Differenzierung über den reinen Nutzen des Produkts hinaus gerecht zu werden, müssen jedoch – anders als bei anderen Konsumgütern – die Besonderheiten der Branche beachtet werden. So sind kurzfristige Maßnahmen (wie eine Anpassung des Preises oder der Distribution) entweder nicht möglich oder nicht zielführend. Daher bleiben von den eingangs beispielhaft genannten Strategien lediglich solche übrig, die eine langwierige Vorlaufzeit benötigen, um erfolgreich sein zu können. Dies führt daher dazu, dass das aus der Konsumgüterindustrie bekannte Lebenszyklusmanagement für den Fall des Patentauslaufs in der pharmazeutischen Branche an Relevanz gewinnt. Hierbei werden während der unterschiedlichen Phasen des Produktlebenszyklus bereits die folgenden Phasen bedacht und dafür wesentliche Vorkehrungen getroffen. Dieses Konzept wird nun anhand möglicher Ausgestaltungsmöglichkeiten, adaptiert aus der Konsumgüterindustrie, dargestellt und auf seine Anwendbarkeit für die pharmazeutische Industrie hin überprüft.

---

457 Vgl. Schmolke, H. (2014): Commodity-Marketing der Stromversorger, S. 44; Steffenhagen, H. (2008): Marketing, S. 98.

458 Abdelmoumene, A. (2007): Direct-to-Consumer-Marketing in der Pharmaindustrie, S. 19.

459 Vgl. Brückner, A., et al. (2009): Multichannel Management: Wie Pharmaunternehmen den Außendienst mit innovativen Vertriebskanälen kombinieren, S. 13; Abdelmoumene, A. (2007): S. 20.

460 Vgl. Kissel, K. (2017): Eine strategisch wichtige Ergänzung, S. 33.

3.3.3.4.1 Lebenszyklusmanagement im Bereich F&E

Das Lebenszyklusmanagement eines Produkts beginnt mit dem Start des Produktlebenszyklus. Relevant für die meisten Produkte ist hier die F&E-Phase. Im Sinne des Lebenszyklusmanagements können hier wichtige Lehren aus dem Produktmanagement von Konsumgütern, bspw. besonders der Automobilindustrie gezogen werden.

Die Automobil- und Pharmabranche sind dahingehend vergleichbar, als dass beide Branchen mit starkem und stetigem Innovationsdruck umzugehen haben und versuchen müssen, in einem ständig veränderten Wettbewerbsumfeld weiterhin zu bestehen. Dadurch ist ein konstantes Innovationsmanagement von großer Bedeutung für beide Branchen, weshalb aus der zwar deutlich weniger stark regulierten, aber dafür ähnlich anspruchsvollen Automobilbranche einige Ableitungen für das Lebenszyklusmanagement, im Besonderem für die Forschung und Entwicklung, getroffen werden können[461].

So weisen beiden Branchen in ihren individuellen Herstellungsprozessen Parallelen auf. Sowohl die Automobil- als auch die Pharmabranche bedürfen sehr intensiver Forschungsarbeiten, welche danach ebenfalls aufwendig getestet werden müssen, bevor die Markteinführung und letztendliche Massenproduktion gestartet werden können. Hierbei unterliegen sie sowohl länderspezifischen Anforderungen auf Seiten der Behörden als auch unterschiedlichen Kundenanforderungen. Konkret übernommen werden könnte die konsequente Nutzung von cross-funktionalen Teams in der Forschung und Entwicklung[462]. Dies könnte sowohl in Effizienz und Produktivität resultieren als auch weitere Kostenvorteile erzielen. Eine Studie zeigt, dass die Anwendung derartiger Arbeitsmuster eine Zeitersparnis von 20% erreichen und Entwicklungskapazitäten um 10% reduzieren könnte[463]. Doch nicht nur eine Effizienzsteigerung konnte in der Automobilbranche beobachtet werden, sondern vielmehr ergaben sich noch weitere Vorteile, welche so auch für den Fall des Patentauslaufs genutzt werden könnten. So erlaubt ein frühzeitiges Management des Produkts im Bereich F&E, noch stärker auf die Kunden einzugehen. So würde es zum einen erlauben, individuellere Therapien zu entwickeln, welche somit teilweise als Strategie für den Patentauslauf genutzt werden könnten[464,465]. Zum anderen könnte die

461 Vgl. Pfitzer, D., et al. (2015): Operative Exzellenz in der Neuproduktentwicklung, S. 139ff; Raubold, U. (2011): S. 2f.

462 Vgl. Pfitzer, D., et al. (2015): S. 139ff; Raubold, U. (2011): S. 140f.

463 Vgl. Pfitzer, D., et al. (2015): S. 149ff.

464 Dies wird im weiteren Verlauf dieser vorliegenden Arbeit noch näher betrachtet.

465 Vgl. Pfitzer, D., et al. (2015): S. 155.

Ressourcenersparnis im Bereich F&E sinnvoll in Vorbereitung auf den Patentauslauf in den weiteren Phasen des Lebenszyklus genutzt werden.

Nach der Forschung und Entwicklung des Medikaments folgt der Markteintritt. Da dies ein weiterer entscheidender Moment im Lebenszyklus eines Medikaments ist, gibt es hierfür bereits eine Reihe an Publikationen, welche sich dem Themenfeld *Market Access* ausgiebig widmen[466]. Daher wird in dieser Dissertation auf eine weiterführende Diskussion dieses Themengebiets verzichtet und vielmehr ein Fokus auf die Phasen des Wachstums und der Sättigung gelegt, welche charakteristisch vor dem Patentauslauf eintreten.

3.3.3.4.2 Lebenszyklusmanagement im Bereich des Wachstums und der Sättigung

Aufbauend auf den genannten marketingbasierten Verteidigungsstrategien der Kundenbindungsprogramme oder individuellen Services für Kunden, wird die Wachstums- und Sättigungsphase eines Produkts analysiert. Dies liegt daran, dass diese Maßnahmen aufgrund ihrer aufwendigen Vorbereitung kaum reaktiv und kurzfristig für den Markteintritt von Konkurrenten genutzt werden können, sondern viel eher in diesen Phasen des Lebenszyklus in ihren Grundlagen aufgebaut werden müssen.

Bereits einleitend muss an dieser Stelle jedoch erneut betont werden, dass in der Vergangenheit der „Kunde“ für das Marketing von verschreibungspflichtigen Medikamenten nicht der Endverbraucher, also der Patient, sondern im ersten Schritt der Arzt war und oftmals auch immer noch ist, welcher mit derartigen Services an das Medikament gebunden werden soll. Dies geschieht klassischerweise durch die Nutzung des Außendienstes. Um hier einen individuellen Service und eine Kundenbindung zu erreichen, muss jedoch überprüft werden, inwiefern das typische Außendienstgespräch durch weitere, auf die individuellen Bedürfnisse angepasste Kanäle angereichert werden kann – sprich inwieweit kann hier durch Multichannel Marketing profitiert werden, wie es in anderen Branchen bereits genutzt wird. Da allgemeine Kundenbindungsprogramme wie Kundenkarten in dieser Branche keine Anwendung finden können, wird hier direkt spezifischer auf das klassische Kommunikationsmedium mit dem Arzt eingegangen: den Außendienst. Schließlich kann in der pharmazeutischen Branche zum gegenwärtigen Zeitpunkt nur durch ihn Kundenbindung aufgebaut und beibehalten werden und die Darstellung von individuellen Services erfolgen.

466 Siehe hierfür bspw. Ecker, T., Preuß, K. J., Tunder R. (2010): S. 1ff.

Da sich jedoch – wie auch in der Konsumgüterbranche – die Anforderungen der Ärzte verschieben und sie nicht mehr rein über den Kommunikationskanal des Außendienstes kontaktiert werden möchten, macht es in diesem Zusammenhang Sinn, sich ebenfalls die Nutzung von Multichannel Marketing näher anzusehen. Dies wird bereits erfolgreich auch in anderen Branchen verwendet, um Kunden individuelle Services zu ermöglichen und so eine Bindung zur Marke zu schaffen. Daher wird in einem zweiten Schritt die Nutzung von Multichannel Marketing dargestellt, welches in Kombination mit dem Außendienst für die Ansprache von Ärzten genutzt werden kann.

Weiterhin wurde jedoch dargestellt, dass es nicht mehr ausschließlich um den Arzt als Gatekeeper und damit als Kunden geht, sondern ebenso auch die anderen Stakeholder wie die Apotheker oder Krankenkassen, und zu einem gewissen Grad sogar der Patient selbst, an Wichtigkeit für das Marketing eines pharmazeutischen Unternehmens gewinnen. Das heißt also, dass idealerweise auch in diesen beiden Phasen bereits die weiteren Stakeholdergruppen bedacht werden müssen und in das Marketing miteinbezogen werden, damit diese Maßnahmen der marketingbasierten Verteidigung für den Patentauslauf eines verschreibungspflichtigen Medikaments sinnvoll genutzt werden können.

3.3.3.4.2.1 Rolle des Außendienstes

Während des Wachstums und der Sättigungsphase des Medikaments steht besonders die Nutzung des Außendienstes im Vordergrund der Marketingaktivitäten eines pharmazeutischen Unternehmens, da dies der primäre Kommunikationskanal zu den Ärzten ist. Bereits hier muss eine Differenzierung erreicht werden, um die eingangs erwähnten, zusätzlichen Serviceangebote schaffen zu können.

Grundsätzlich umfasst die Tätigkeit des Außendienstmitarbeiters sämtliche Aktivitäten eines pharmazeutischen Unternehmens, welche dem Verständnis, der Verschreibung und der Informationspflicht über die angebotenen Produkte dienen und auch im weiteren After-Sales unterstützen[467]. So kann der Arzt zum einen von der Wirksamkeit des Produktes überzeugt werden, gleichzeitig kann aber auch eine positive Beziehung zu ihm aufgebaut werden, sodass er für zusätzliche Services überhaupt empfänglich wird. Letzteres bildet die Basis

467 Für eine detaillierte Erklärung des Berufsstandes, dessen Anforderungen und das Tätigkeitsprofil siehe bspw. Otto, G. (2012): Außendienstmitarbeiterunterstützung durch innovative Marketing- und Vertriebsmethoden, S. 50ff.

in der Wachstumsphase des Medikaments, damit marketingbasierte Verteidigungsmaßnahmen ihre volle Wirkung entfalten können.

In den letzten Jahren jedoch wandelte sich der Außendienst hin zu einem umstrittenen, teilweise als zu teuer eingeschätztem Mittel, sodass viele Hersteller die Nutzung des Außendienstmitarbeiters aufgrund dessen angeblich mangelnder Effizienz mindestens hinterfragen, wenn nicht die Zahl der Außendienstler sogar drastisch reduzierten, sie outsourcen oder sogar komplett auf sie verzichten, ganz besonders hinsichtlich des Patentauslaufs[468]. Getrieben wurde dies durch die unsichere Einnahmesituation eines Medikaments nach dem Patentauslauf. Diese Unsicherheit herrscht aber mittlerweile auch bei anderen Medikamenten, die sich in den sehr frühen Phasen des Lebenszyklus befinden, bedingt durch die neue Preisgestaltung seit der Einführung des AMNOG, sodass die Unternehmen weniger Planungssicherheit hinsichtlich zukünftig zu erwartender Einnahmen haben. Des Weiteren entsteht diese Unsicherheit auch durch die teilweise ablehnende Haltung der Ärzte den Mitarbeitern des Außendienstes gegenüber – teilweise sind Sprechzeiten von zwei bis zehn Minuten das Maximum an Zeit, wenn der Außendienst überhaupt noch empfangen wird[469].

Trotz dieser eher negativen Aussichten für die Nutzung des klassischen Außendienstes muss eine Differenzierung und Kundenbindung gerade in Zeiten von verminderter Verschreibungsfreiheit durch die Rabattverträge und immer kleiner werdender Unterschiede zwischen Medikamenten beim Verschreiber geschafft werden[470]. Hierfür könnte eine Renaissance eben dieses Außendienstes durch eine an die neuen Herausforderungen angepasste Verwendung forciert werden, welche so auch besonders für den Fall des Patentauslaufs relevant sein kann, da wesentliche Grundlagen für die Kommunikation für den Patentauslauf gelegt werden.

Hierfür gibt es zwei Möglichkeiten, den Außendienst zu adaptieren, sodass dieser gleichzeitig (wieder) einen Zusatznutzen schaffen und dadurch proaktiv den Patentauslauf vorbereiten könnte.

Als erste Option ist hier die Verschiebung in Richtung eines eher serviceorientierten Außendienstes zu nennen – ein Trend, der bereits in der Branche beobachtet werden kann. Hierbei steht gezielt das Patientenmanagement im Fokus, indem der konkrete Kundennutzen kommuniziert und damit die

---

468 Vgl. Schrage, A. (2012): Pharma-Multichannel-Marketing: Are you ready?, S. 62; Rüger, C. (2012): S. 360f; Brückner, A., et al. (2009), S. 22; Fritz, W., et al. (2008): S. 1.

469 Vgl. Rapp, B., et al. (2017): Der Mensch bleibt auch in Zukunft im Fokus, S. 14; Angelmar, R. (2015): Marketing im Gesundheitssektor, S. 187; Rüger, C. (2012): S. 361.

470 Vgl. Angelmar, R. (2015): S. 187; Otto, G. (2012): S. 65.

Zusammenarbeit des Arztes mit den Patienten erleichtert wird[471]. Dies ist daher erfolgsversprechend, als dass Ärzte eher Mitarbeiter von Pharmarunternehmen empfangen, von welchen sie einen direkten Mehrwert generieren, während sie Produktinformationen auch über andere Kanäle erhalten können[472].

Dieses Argument leitet direkt in den zweiten Ansatz über, welcher darin besteht, den Außendienst als Tandembetreuung in Kombination mit weiteren (digitalen) Multichannel und Patienten-Unterstützungs-Angeboten zu nutzen[473]. So könnte der Außendienstler primär als Kommunikationsmanager einer deutlich differenzierten Zielgruppe agieren[474]. Digitale Lösungen[475] könnten hier als Werkzeuge genutzt werden, die Kundenbeziehung nachhaltig zu stärken, während der persönliche Kontakt weiterhin bestehen bleibt, wenn auch

---

471 Vgl. Rapp, B., et al. (2017): Serviceorientierter Außendienst steigert Therapietreue, S. 18f.

472 Vgl. Gönül, F. F., et al. (2001): Promotion of Prescription Drugs and Its Impact on Physicians' Choice Behavior, S. 80.

473 Vgl. Angelmar, R. (2015): S. 188; Brückner, A., et al. (2009), S. 23.

474 Vgl. Fuchs, L. (2017): Die Zukunft des Vertriebs, S. 36; Angelmar, R. (2015): S. 188.

475 Wie bereits mehrfach aufgegriffen, nutzen die meisten der zeitgemäßen Strategien des Managements von Medikamenten oder deren Patentausläufen digitale Mittel. Doch nicht nur das, oftmals sind sie auch *bedingt* durch die fortschreitende Digitalisierung der globalen Wirtschaft und *bedürften* diese sogar. Daher soll an dieser Stelle kurz die Wichtigkeit der Digitalisierung für die pharmazeutische Branche unterstrichen werden. Speziell in dieser Branche können zwei besondere Ziele durch die Digitalisierung erreicht werden: Wie bereits kurz angedeutet, können vollkommen neue Geschäftsmodelle aufgebaut werden, welche allerdings auch durch die Digitalisierung sämtlicher anderer Branchen in dieser Branche nachgefragt werden. So können tatsächlich zentrierte Strategien verfolgt, innovative Produkt entwickelt und direkter mit den Patienten und Ärzten in Kontakt getreten werden, vgl. Dillmann, R./Kahl, S. (2017): Digitalisierung in der Pharmaindustrie; Kaltenbach, T., et al. (2016): Digital and Disrupted: All Change for Healthcare. Dies legt eine gute Grundlage für den Fall des Patentauslaufs. Des Weiteren können neue und digitale Wege der Innovationsfindung und -förderung angewandt werden. So können besonders Mehrwerte rund um die Medikamente geschaffen werden, was bis dato oftmals von branchenfremden eher Tech-getriebenen Unternehmen umgesetzt wurde. So kann ein vollkommeneres Produktportfolio geschaffen werden, was wiederum gerade im Patentauslauf zu einer weiteren Differenzierung führen kann, vgl. Dillmann, R./Kahl, S. (2017). Insgesamt können so also neue oder verbesserte Einkommensquellen in Märkten mit geringer Differenzierung geschaffen werden, welche entweder durch höhere Marktanteile im Vergleich zur generischen Konkurrenz oder gute Erstattungsvereinbarungen mit den Krankenkassen erzielt werden können, vgl. Kaltenbach, T., et al. (2016). Somit konnte noch einmal die besondere Rolle der Digitalisierung als Anforderung aber gleichzeitig auch Treiber von neuen Patentauslaufstrategien in der Pharmabranche unterstrichen werden.

vielleicht in reduzierter Form[476]. Dadurch könnte auf die individuellen Vorlieben der Ärzte eingegangen und ein tatsächlicher Mehrwert im Vergleich zur Konkurrenz geboten werden[477]. Da dieser Ansatz die Nutzung von unterschiedlichen Kanälen und Multichannel Marketing bedarf, wird dies im nächsten Unterkapitel aufgegriffen.

Diese Modifikationsoptionen zeigen, dass auch wenn die Zahl der Außendienstmitarbeiter sinken mag und die Akzeptanz des klassischen Außendienstlers bei Ärzten abnimmt, die Branche dennoch weiterhin von der Nutzung dieses Systems profitieren könnte, wenn auch nicht ohne gewisse Adaptionen. Wie diese beiden Ansätze beispielhaft darstellen, bedarf es im Bereich des Außendienstes einiger Anpassungen, damit die Außendienstler weiterhin zur Schaffung oder Stabilisierung einer langfristigen Kundenbeziehung beitragen und so besonders für den Fall des Patentauslaufs von Nutzen sein zu können. Nichtsdestotrotz zeigen beide beschriebenen Optionen die Wichtigkeit sowohl der Nutzung unterschiedlicher Kanäle, um auf individuelle Präferenzen eingehen zu können, als auch der Einbeziehung von anderen Zielgruppen als den Ärzten, konkret hier den Patienten – was wiederum auch Einfluss auf weitere Stakeholder haben kann. Daher werden nun zum einen die Nutzung von Multichannel Angeboten und zum anderen die Einbindung von neuen Zielgruppen diskutiert.

3.3.3.4.2.2 Multichannel Marketing

Wie bereits das vorherige Kapitel gezeigt hat, bedarf es nicht nur einer Reform für den Außendienst, um weiterhin den Anforderungen des Marktes gerecht zu werden und langfristige Kundenbindungseffekte zu erzielen, sondern auch seiner gezielten Verknüpfung mit anderen (digitalen) Marketingkanälen. Diese Verbindung unterschiedlicher Maßnahmen unterstreicht die Relevanz des Multichannel Marketing[478] (MCM) für pharmazeutische Unternehmen als Ausgestaltungsmöglichkeit der marketingbasierten Verteidigung – und konkret der Kommunikationsstrategie – da bei diesem Ansatz die Nutzung unterschiedlicher Vermarktungskanäle forciert wird[479]. Dieser Ansatz des Multichannel Marketing

---

476 Vgl. Rapp, B., et al. (2017): S. 15f; Angelmar, R. (2015): S. 188f.

477 Vgl. Fuchs, L. (2017): S. 36; Otto, G. (2012): S. 92f.

478 Der Multichannel Marketing Ansatz beschreibt im Allgemeinen die Nutzung von multiplen Kanälen, über die die gleiche (Werbe-)Botschaft an den Kunden vermittelt wird und er so möglichst über unterschiedliche Medien hinweg beeinflusst werden kann. Vgl. Weinberg, B. D., et al. (2007): Multichannel Marketing: Mindset and program development, S. 385.

479 Vgl. Otto, G. (2012): S. 119.

(MCM) ist zwar bei den Unternehmen der Branche und in der Literatur schon teilweise in seiner grundsätzlichen Wichtigkeit erkannt worden, es besteht in der praktischen Umsetzung allerdings weiterhin Potenzial, besonders für den Patentauslauf, da weiterhin eine sehr starke Produktfokussierung der Branche besteht und daher andere Formen des Marketing bis dato noch nicht konsequent genug umgesetzt werden[480].

Daher findet gerade durch die Zweifel an der klassischen Kommunikation mit der primären Zielgruppe von Pharmamarketing – Ärzten, bei denen in der Vergangenheit eine Außendienst-dominierte Push-Strategie gewählt wurde – ein Umdenken der Hersteller statt. So wandelt sich das Vermarktungsverhalten der Hersteller nun durch veränderte Kundenanforderungen[481] und die Effizienz-Diskussionen der bisherigen Strategie, hin zu einem Multichannel-Ansatz, dessen grundsätzliche Effizienz und Wichtigkeit für die Branche bereits in Studien belegt wurde[482]. Hierbei werden zwar weiterhin eher klassische Kommunikationsmöglichkeiten wie der Außendienstmitarbeiter eingesetzt, allerdings bestimmt immer mehr der Empfänger der Botschaft wie er diese erhalten möchte, sprich durch welche Kanäle welche Informationen ihn erreichen oder dass zwischen unterschiedlichen Kanälen nahtlos gewechselt werden kann[483]. Schließlich belegen Studien, dass die teilweise ablehnende Haltung der Ärzte dem Außendienst gegenüber nicht etwa bedeutet, dass keine Informationen mehr erhalten werden möchten, sondern eher durch ein anderes Medium[484]. Somit stellt das MCM also eine mehrwertgenerierende Herangehensweise dar, sollten die Erfolgsfaktoren[485] dieses Ansatzes berücksichtigt werden. Wenn dies

---

480 Vgl. Sinner, A., et al. (2014): Multichannel Excellence Europe, S. 3, 5; Schrage, A. (2012): S. 61; Brückner, A., et al. (2009), S. 3; Fritz, W., et al. (2008): S. 20.

481 Wie der reduzierten Zeit, welche Ärzte für das Empfangen von pharmazeutischen Außendienstmitarbeitern aufwenden wollen, siehe Kapitel 2.2.2.1 und 2.2.2.2.

482 Vgl. Jost, A. (2015): Multi-Channel-CRM in der Pharma Industrie: Elemente – Trends – Erfolgsfaktoren, S. 153; Sinner, A., et al. (2014), S. 10; Schrage, A. (2012): S. 61f; Brückner, A., et al. (2009), S. 3.

483 Vgl. Jost, A. (2015): S. 153.

484 Vgl. Sinner, A., et al. (2014), S. 8.

485 In der Umsetzung dieses Ansatzes treten in letzter Zeit unabdingbar die Sozialen Medien und das Internet in den Vordergrund, vgl. Kunst, M., et al. (2015): Getting the dose right: A digital prescription for the pharma industry, S. 3; Sinner, A., et al. (2014), S. 7. Einhergehend mit dieser Entwicklung tritt zu den bisher einschränkenden rechtlichen Rahmenbedingungen ein weiteres Themenfeld hinzu, was unbedingt berücksichtigt werden muss für ein erfolgreiches Multichannel-Marketing: der Datenschutz. Besonders die explizite Einwilligung der Verwendung von Daten ist elementar

gelingt, könnte dieser Mehrwert aus der gezielten Nutzung und Vernetzung unterschiedlicher Kanäle, explizit ausgerichtet am Kundenbedürfnis, durch die Schaffung eines einheitlichen Markenerlebnisses und dadurch entstehender Loyalität generiert werden und somit bisher ungenutztes Potenzial besonders für den Patentauslauf ausgeschöpft werden[486].

Die aus der effektiven Nutzung von MCM generierten Vorteile könnten auch die erheblichen Kosten für ein solches System rechtfertigen[487]. Gleichzeitig erklären diese Kosten und der hohe Aufwand allerdings auch, weshalb MCM bereits ab der Wachstumsphase des Medikaments eingesetzt werden sollte[488]. Zum einen würde der hohe Aufwand die ohnehin meist kleineren Marketingbudgets zum Ende der Patentlaufzeit übersteigen. Zum anderen würde das volle Potenzial

---

für diesen Ansatz und unterstreicht den Stellenwert von Opt-In-Optionen, vgl. Jost, A. (2015): S. 154; Sinner, A., et al. (2014), S. 7. Doch nicht nur die rechtlichen Einschränkungen stellen die Hersteller vor Herausforderungen. Auch das grundsätzliche Management von Multichannel-Angeboten kann nur durch einen hohen organisatorischen Aufwand umgesetzt werden, damit es in das Markenbild des Herstellers passt, vgl. Edge, J. (2017): Measuring Multichannel Marketing: Pharma Plays Catch-Up; Umamahesh, B./Lavanya, N. (2015): Multichannel Marketing (MCM) in Pharmaceutical Industry, S. 1. So sind nicht nur sämtliche Marketingkanäle und Marketingbotschaften miteinander zu koordinieren und abzugleichen sowie die Aktivitäten so zu konzipieren, dass diese schnell und flexibel umsetzbar sind, sondern besonders müssen auch die unterschiedlichen Kunden und ihre individuellen Erwartungen systematisch erfasst und analysiert werden und dieses Wissen wiederum für die Erstellung der Marketingbotschaften und die Nutzung der Kanäle miteinbezogen werden, vgl. Schrage, A. (2012): S. 63. Hinzu kommt weiterhin, dass die Mitarbeiter des Herstellers in den Umbruch des Marketingansatzes miteinbezogen werden müssen. Schließlich sind es primär die Außendienstler, die diese wichtigen Informationen liefern können und sich gleichzeitig durch die Integration ihrer Aufgabe in einem MCM-System mit anderen Kanälen in ihrer Arbeit eingeschränkt fühlen könnten. Daher ist es unabdingbar, ein solides Change-Management für die Einführung dieses neuen Ansatzes zu verwenden, vgl. Sinner, A., et al. (2014), S. 13. Neben diesem Erfolgsfaktor ist es weiterhin inhaltlich extrem wichtig, relevanten und zeitlich passenden Content zu bieten. So kann ein System nur funktionieren, wenn wirklich mehrwertgenerierende Informationen mitgeteilt werden. Des Weiteren muss der Hersteller bereit sein, die aufgebauten Beziehungen auf Dauer zu pflegen. Es muss genug Budget und Zeit gegeben werden, damit unterschiedliche Kanäle aufgebaut und miteinander harmonisiert werden können und so die Beziehung zu den Ärzten gehalten werden kann, vgl. Umbach, G. (2017): Marketing-Trends Teil 2: Multi Channel Marketing (MCM), S. 331.

486 Vgl. Sinner, A., et al. (2014), S. 3, 8; Schrage, A. (2012): S. 62; Brückner, A., et al. (2009), S. 6.

487 Vgl. Umamahesh, B./Lavanya, N. (2015): S. 2.

488 Vgl. Brückner, A., et al. (2009), S. 7.

des MCMs nicht komplett ausgelastet, da es ebenso in den anderen Phasen des Produktlebenszyklus sinnvoll genutzt werden kann[489]. Besonders jedoch in den Phasen nach Patentauslauf ist es von elementarer Wichtigkeit, die so wichtige Zielgruppe der Ärzte nicht mit unkoordinierten Marketingaktivitäten negativ zu beeinflussen, sondern vielmehr mit gezielten Informationen anzusprechen, die sie benötigen, um ein Medikament auch nach dem Patentablauf weiterhin zu verschreiben[490]. Besonderes Potenzial kann hier für die Hersteller von Biopharmazeutika bestehen, aufgrund der unterschiedlichen Konkurrenzsituation im Vergleich zu den chemisch-synthetischen Medikamenten. Des Weiteren können durch MCM auch die bis dato teilweise vernachlässigten Interessensgruppen der Patienten, Apotheker oder Krankenkassen miteinbezogen werden[491]. Insgesamt könnte so durch die Nutzung von MCM der für den Patentauslauf so wichtige Loyalitätsstatus erreicht werden, dadurch höhere Umsätze generiert und letztendlich die Effektivität des Marketings gesteigert werden[492]. Dies unterstreicht daher den möglichen Wert von MCM für den Patentauslauf.

3.3.3.4.2.3 Einbindung neuer Zielgruppen

Wie eben angesprochen, könnte ein sorgfältig aufgesetztes Multichannel-Angebot nicht nur Ärzte, sondern eben auch andere, relevante Zielgruppen ansprechen. Dies ist besonders dahingehend von Bedeutung, als dass wie bereits in Kapitel zwei erläutert, die Wichtigkeit anderer Zielgruppen des Verschreibungsprozesses exponentiell stärker steigt als die des Arztes, speziell nach dem Patentauslauf[493]. Außerdem sind besonders zum Ende der Patentlaufzeit bereits die meisten Ärzte mit einem Produkt vertraut, sodass hier wahrscheinlich wenig Spielraum bestehen bleibt, noch neue Ärzte als Kunden zu gewinnen. Um dem entgegen zu wirken, könnten sich Service- und Informationsleistungen daher nicht nur an die behandelnden Mediziner richten, sondern vielmehr neben dem Arzt besonders die Patienten, die Krankenkassen und die Apotheker ins Blickfeld der pharmazeutischen Unternehmen rücken, da diese ebenso wichtige Teile der Versorgungskette mit einem Medikament sind und hier eventuell noch eine Veränderung der bisherigen Zielgruppe möglich ist. Während die Ansprache völlig

489 Vgl. Umamahesh, B./Lavanya, N. (2015): S. 2; Sinner, A., et al. (2014), S. 22.

490 Vgl. Sinner, A., et al. (2014), S. 23ff; Brückner, A., et al. (2009), S. 11.

491 Siehe Kapitel 2.2.2.1–2.2.2.4 sowie das vorherige Unterkapitel 4.1.1.2.3.1.1; vgl. Brückner, A., et al. (2009), S. 10, 12.

492 Vgl. Sinner, A., et al. (2014), S. 7; Brückner, A., et al. (2009), S. 7.

493 Ganz offensichtlich hierbei die Rolle der Krankenkassen im Vergleich zum Arzt. Vgl. Aitken, M., et al. (2008): Internationale Trends in der pharmazeutischen Industrie, S. 449.

neuer Zielgruppen in der klassischen Konsumgüterbranche nur in wenigen Situationen sinnvoll umzusetzen ist, könnte es besonders für die Pharmabranche vor dem Hintergrund des sozialrechtlichen Dreiecksverhältnisses dagegen sehr gewinnbringend sein, mehrere unterschiedliche Zielgruppen anzusprechen – sprich Ärzte, Patienten, Apotheker und Krankenkassen.

Bis dato in der Literatur aufgegriffen wurde nur die gestärkte Rolle des Patienten und hier die Möglichkeiten, auf diese gestärkte Situation einzugehen, indem die Nutzung von Direct-to-Consumer bzw. in diesem Fall Direct-to-Patient-Marketing diskutiert wird. Die Einbeziehung von Apothekern oder Krankenkassen wurde hingegen kaum detailliert betrachtet, wenn überhaupt[494]. Im Folgenden werden nun lediglich die bisher diskutierten Optionen der direkten Patientenansprache aufgegriffen, während auf die Möglichkeiten der Einbeziehung von Krankenkassen und Apothekern in der kritischen Auseinandersetzung eingegangen wird.

Wie bereits besprochen, ändert sich die Rolle des Patienten in seiner Versorgung. Während früher ein mündiger Patient rein der Entscheidung seines Arztes Folge leistete, zeichnet sich das Gesundheitswesen mittlerweile immer mehr durch eine partizipative Entscheidungsfindung zwischen Patient und Arzt aus[495]. Daher scheint es logisch, dass neben dem verschreibenden Arzt auch der Patient selbst oder sogar zusätzlich dessen Angehörige mit in die Behandlung einbezogen werden. Dies kann bspw. durch Patienten-Relationship-Management-Programme oder Patienten-Support-Programme (wobei oftmals die Therapietreue sichergestellt oder zusätzliche Informationen zum Umgang mit der Krankheit und/oder dem verschriebenen Präparat gegeben werden sollen) geschehen. Daher sollten diese Programme als Möglichkeiten diskutiert werden, intensiver mit dem Patienten in Kontakt zu treten und so dessen gestärkte Stellung in der Therapie zu würdigen, bzw. – in Anwendung auf die Fragestellung dieser Arbeit – auch als Ansatzpunkt für den Auslauf des Patents eines Medikaments angesehen werden[496]. Die Einbeziehung des Patienten bspw. über diese Programme erlaubt es, direkt mit dem Konsumenten in Kontakt zu treten. Auch wenn dies natürlich strengen, rechtlichen Beschränkungen unterliegt,

---

494 Vgl. Otto, G. (2012): S. 89f.

495 Auch wenn natürlich weiterhin auch noch die bereits in Kapitel 2.2.2.1.2 aufgegriffenen Beziehungstypen bestehen.

496 Vgl. Halecker, B., et al. (2015): Geschäftsmodelle in der Personalisierten Medizin – Konzeptioneller Rahmen zum Status Quo und Perspektiven, S. 32; Esser, M. (2012): Effiziente Patientenkommunikation, S. 18; Maur, A. (2011): Die Kommunikation zwischen pharamzeutischer Industrie und Patienten, S. 245; Fritz, W., et al. (2008): S. 13f; Abdelmoumene, A. (2007): S. 16.

kann ein solches Angebot auch von den anderen Stakeholdern positiv aufgenommen werden, wenn dieser Datenaustausch konform mit den wesentlichen rechtlichen Beschränkungen durchgeführt wird und den Erfolgskriterien[497]

---

497 Es gibt eine Reihe an Voraussetzungen für die erfolgreiche Gestaltung von Patienten-zentrierter Vermarktung. Diese umfassen indikationsbedingte, markt- oder produktbedingte und unternehmensbedingte Voraussetzungen. Im Sinne der indikationsbedingten Voraussetzungen muss besonders auf die Art der Erkrankung Rücksicht genommen werden. Handelt es sich um chronisch-erkrankte Patienten können Vorteile besonders durch die individuelle und langfristige Konsumentenansprache erzielt werden, wie z.B. durch ein Compliance-Programm. Ebenfalls positiv wirkt sich hier eine große Gruppe an Patienten aus, bedingt durch Skaleneffekte. Bei einer eher diversifizierten Patientengruppe oder um die Aufmerksamkeit einer Großzahl der Bevölkerung zu erreichen, kann DTC-Marketing ebenfalls sinnvoll sein, wie z.B. durch den Einsatz von Aufklärungskampagnen über Massenmedien, vgl. Fritz, W., et al. (2008): S. 22; Abdelmoumene, A. (2007): S. 17. Um mehr über individuelle Präferenzen einer bestimmten Patientengruppe zu erfahren, stellen Soziale Medien für die Hersteller eine weitreichende Basis an Wissen und Erfahrungen der Patienten dar – aktuell betrifft etwa 20% der Kommunikation in sozialen Netzwerken gesundheitsbezogene Themenfelder – welche diese vielleicht so nicht in einer Studie oder Umfrage der Hersteller preisgeben würden. So tauschen sie sich oftmals online über Ängste und Sorgen im Rahmen ihrer Therapie aus, suchen aktiv nach Behandlungsmöglichkeiten, Wirkungen und Nebenwirkungen oder informieren sich allgemein über die ihnen zur Verfügung stehenden Handlungsoptionen, vgl. Mikolajczak, C. (2017): Dem Patienten im Netz zuhören, S. 58; Abdelmoumene, A. (2007): S. 3. Auch wenn dies meist anonym stattfindet, können so doch wichtige Ableitungen für die Ansprache der Patienten oder das Angebot für Patienten getroffen werden. Insgesamt muss genau abgewogen werden, welche Zielgruppe erreicht werden soll, besonders für die Nutzung von DTC für den Patentauslauf, da hier jedes unrentable Investment empfindliche Einschnitte für die verbleibenden anderen Strategien bedeuten kann. Ebenfalls für die Situation nach dem Patentauslauf besonders zu beachten sind die markt- und produktbezogenen Kriterien, da sich die vermittelte Botschaft an den Konsumenten über den Lauf des Produktlebens und auch das gewählte Medium potenziell zwischen der Markteinführung und der Vermarktung nach dem Patentauslauf unterscheiden müssen, um erfolgreich zu sein. Besonders für die Vermarktung von Systemlösungen oder zusätzlichen Services, wie sie nach dem Patentauslauf sinnvollerweise eingesetzt werden können, eignet sich die Nutzung von DTC-Marketing, vgl. Fritz, W., et al. (2008): S. 22; Abdelmoumene, A. (2007): S. 17f. Letztendlich stellt aber auch eine ganzheitlich patientenorientierte Ausrichtung des Unternehmens eine wichtige Grundlage für den Erfolg von an Patienten gerichteten Marketingmaßnahmen dar, welche eine Einbindung der Mitarbeiter beinhaltet und die technologischen Voraussetzungen für die Umsetzung von DTC-Maßnahmen erlauben, vgl. Fritz, W., et al. (2008): S. 22; Abdelmoumene, A. (2007): S. 17f. Weiterhin ist es von besonderer Wichtigkeit, DTC-Maßnahmen nicht isoliert von anderen Marketingaktivitäten zu nutzen, sondern vielmehr relevante Meinungsführer, sprich Ärzte und Apotheker, frühzeitig in die Maßnahmen miteinzubinden, was die Nutzung von Multichannel Marketing ebenfalls zu einer wichtigen Komponente

dieser Maßnahmen entspricht[498].

Grundsätzlich ist dieses Phänomen des – in abgeschwächter Form – Direct-to-Consumer-Marketing (DTC-Marketing), analog wie in anderen Branchen, auch für die Pharmabranche als „die unmittelbare Kommunikation bzw. Interaktion zwischen Arzneimittelherstellern und potentiellen Endverbrauchern (Patienten)“ definiert[499]. Auch wenn die deutsche Rechtslage beachtet wird, gibt es so gewisse Wege, direkt mit dem Konsumenten in Kontakt zu treten – was sonst oftmals als „rotes Tuch“ in der Branche gesehen wird[500]. Zu diesen Möglichkeiten zählen unter anderem unternehmensbezogene Werbung ohne konkrete Produkteinbindung (so z.B. für Employer Branding Zwecke, zur Imageförderung oder zur Gesundheitsaufklärung der Bevölkerung); produktbezogene Informationen, welche auf konkrete Nachforschung des Patienten gefunden werden können (wie z.B. Packungsbeilagen oder weitere Servicematerialien wie Broschüren zur Aufklärung) oder im Rahmen der Zusammenarbeit mit Selbsthilfegruppen oder Patientenverbänden genutzt werden; und abschließend Patienten-Support-Programme, wie sie schon von einigen Unternehmen genutzt werden[501]. Besonders die Hersteller von Biopharmazeutika, welche teilweise kompliziert in der Anwendung sind oder immense Nebenwirkungen haben können, bieten ihren Patienten oftmals Patienten-Support-Programme an, um sie während des Behandlungsverlaufs zu unterstützen, gleichzeitig natürlich auch Daten zu sammeln sowie Loyalität zum Medikament und zur Herstellerfirma aufzubauen. Übergreifend für alle diese Maßnahmen – und für Patienten-Support-Programme im Speziellen – wirkt die Digitalisierung als Hilfsmittel, da sich Patienten, wie bereits beschrieben, oftmals intensiv selbst über eine Krankheit oder ein Medikament (online) informieren möchten, bevor sie einer Behandlung zustimmen oder ein gewisses Medikament einnehmen – gerade im Bereich der chronischen Erkrankungen[502].

Nichtsdestotrotz kann teilweise immer noch ein zögerliches Verhalten der pharmazeutischen Hersteller in Bezug auf zusätzliche Serviceleistungen für den Patienten selbst beobachtet werden[503] – besonders während des Patentauslaufs.

---

für erfolgreiche Marketingmaßnahmen nach dem Patentauslauf werden lässt, vgl. Schrage, A. (2012): S. 64; Fritz, W., et al. (2008): S. 23.

498 Vgl. Esser, M. (2012): S. 18; Höhl, R. (2012): Diese Fallstricke lauern bei Patienten-Programmen.

499 Abdelmoumene, A. (2007): S. 6.

500 Vgl. Esser, M. (2012): S. 18.

501 Vgl. Ebenda, S. 18f; Maur, A. (2011): S. 244ff; Fritz, W., et al. (2008): S. 14; Abdelmoumene, A. (2007): S. 9.

502 Vgl. Otto, G. (2012): S. 102; Abdelmoumene, A. (2007): S. 3.

503 Vgl. Brückner, A., et al. (2009), S. 11f.

Dies ist dahingehend bedenklich, als dass diese Optionen zwar auch nicht frei von Kritik[504] und damit verbundenen Risiken sind, allerdings dennoch einige wichtige Vorteile bzw. Chancen für sowohl die Hersteller als auch Patienten bieten können – ganz besonders für den Patentauslauf.

Zu diesen Chancen zählen besonders der direkte Datenaustausch zwischen Herstellern und Verbrauchern in den Compliance-Programmen oder über die Daten von zusätzlichen Devices, sodass die Unternehmen ihr Angebot noch stärker anhand der Kundenerwartungen orientieren können, was so nicht nur Vorteile für die Patienten selbst hat, sondern ebenso für die Unternehmen und deren Beziehungen zu den Krankenkassen positive Effekte erzielen kann[505]. Gerade für

504 Kritiker verweisen oftmals darauf, dass die Vermarktungsaktivitäten nicht primär die Verbesserung der Patientensituation als übergreifendes Ziel haben, sondern vielmehr auf den reinen Absatz der Produkte abzielen. Gerade im Fall des Patentauslaufs ist dieses Argument sehr hartnäckig und oftmals auch nicht von der Hand zu weisen, wenngleich die Beweggründe dahinter durchaus positiv sein können. Zusätzlich wird regelmäßig die Arzt-Patienten-Beziehung als gefährdet angesehen – allerdings muss hier moderierend hinzugefügt werden, dass Studien ein sehr gemischtes Bild widerspiegeln, ob dies der wirklichen Wahrnehmung der Ärzte und Patienten entspricht, vgl. Ventola, C. L. (2011): Direct-to-Consumer Pharamceutical Advertising, S. 681; Gellad, Z. F./Lyles, K. W. (2007): Direct-to-Consumer Advertising of Pharmaceuticals, S. 1ff. Hinzu kommt weiterhin, dass die Wirkung der jeweiligen Medikamente überspitzt dargestellt werden und Patienten dadurch falsch informiert sein könnten, vgl. Ventola, C. L. (2011): S. 673f; Kuehn, B. M. (2010): FDA Weighs Limits for Online Ads, S. 312. Dieser Kritikpunkt ist allerdings in Deutschland nur indirekt zutreffend, da mit solchen Argumenten nicht proaktiv Werbung gemacht werden darf. Alle drei Punkte könnten sich natürlich negativ auf die Reputation des Unternehmens oder des Medikaments auswirken, jedoch können alle drei Argumente durch geschicktes Vorgehen umgangen werden bzw. finden bedingt durch die rechtlichen Restriktionen in Deutschland keine Anwendung in der Praxis, vgl. Fritz, W., et al. (2008): S. 21. Des Weiteren kommen besonders bei den Patient-Compliance-Programmen noch weitere Fallstricke hinzu. Hierbei ist eine Einschreibung ohne vorherige Zustimmung des Patienten nicht erlaubt. Zusätzlich muss den Patienten aus datenschutzrechtlichen Gründen genau dargelegt werden, welche Daten erhoben und wofür diese Daten verwendet werden. Abschließend dürfen Ärzte für den Hinweis auf ein solches Programm des Herstellers keinerlei wirtschaftliche Zuwendungen erhalten, vgl. Höhl, R. (2012). Alle drei Fallstricke können jedoch einfach umgangen werden und stellen daher keine besonders abschreckenden Argumente gegen die Nutzung solcher Programme dar. Nichtsdestotrotz sollten sämtliche Vermarktungsoptionen, besonders an den Endkunden gerichtet, stets mit besonderer Sorgfalt konzipiert werden.

505 Vgl. Connors, A. L. (2009): Big Bad Pharma: An Ethical Analysis of Physician-Directed and Consumer-Directed Marketing Tactics, S. 275; Fritz, W., et al. (2008): S. 1; Gellad, Z. F./Lyles, K. W. (2007): S. 1.

den Patentauslauf könnte so eine noch deutlichere Differenzierung vom Wettbewerb erzielt, sowie das Vertrauen in die Marke gestärkt und somit auch die Kundenbindung erhöht werden[506]. Die Wichtigkeit der Komponenten Vertrauen, Marke und Loyalität wird ausführlich im nächsten Kapitel diskutiert und daher wird an dieser Stelle von einer weiteren Erläuterung abgesehen. Vielmehr soll an dieser Stelle nur deren Relevanz, ganz besonders für den Patentauslauf, ein weiteres Mal deutlich betont werden. Weiterhin können positive Auswirkungen auf die Adhärenz der Patienten beobachtet werden, da dieser regelmäßig an ein Unternehmen oder ein Medikament erinnert wird und sich daher eher an die Einnahme seiner Medikamente hält. Dies wiederum wirkt sich positiv auf die Wahrnehmung der Marke aus und kann so unter Umständen sogar die Beziehungen zu Krankenkassen stärken, da diese Adhärenz steigernde Maßnahmen tendenziell begrüßen. Zusätzlich können Marketingaktivitäten pharmazeutischer Unternehmen auch mit einer Krankheit verbundene Stigmata[507] mindern und auf gewisse Symptome aufmerksam machen, welche andernfalls evtl. unbehandelt bleiben würden – ein Phänomen, was auch in der Marketingpraxis in Deutschland zu beobachten ist[508]. Wenngleich diese imagefördernden Maßnahmen teilweise mit recht abstrakten Konstrukten wie Vertrauen in Verbindung gebracht werden, zeigen besonders Studien aus den USA auch ökonomische Vorteile der Nutzung von DTC-Marketing. So wurde nicht nur eine erhöhte Anzahl an Verschreibungen beobachtet, sondern auch ein gesteigerter Return on Investment[509]. Diese Effekte seien laut Studien auf die konkrete Nachfrage der Patienten zurückzuführen, aber auch auf die Einstellung der Ärzte, welche eher einem Patientenwunsch folgen, wenn sie das Gefühl haben, der Patient sei ausreichend informiert, wenn er sich in die Behandlung einbringt[510]. Insgesamt könnte so die Einbindung des Patienten in den Patentauslauf nicht

---

506 Vgl. Fritz, W., et al. (2008): S. 1.

507 Bspw. für Hautkrankheiten wie Psoriasis oder AIDS.

508 Vgl. Frosch, D. L., et al. (2010): A Decade of Controversy: Balancing Policy With Evidence in the Regulation of Prescription Drug Advertising, S. 29; Connors, A. L. (2009): S. 275. Als konkretes Beispiel siehe http://www.abbvie.de/about-us/abbvie-in-deutschland/neuigkeiten/stigmafighter-160314.html.

509 Vgl. Daubresse, M., et al. (2015): Effect of Direct-to-Consumer Advertising on Asthma Medication Sales and Healthcare Utilization, S. 51; Kornfield, R., et al. (2013): Promotion of Prescription Drugs to Consumers and Providers, S. 1; Fritz, W., et al. (2008): S. 21.

510 Vgl. Arney, J., et al. (2014): Factors Shaping Physicians' Willing to Accomodate Medication Requests, S. 350; McKinlay, J. B., et al. (2014): Effects of Patient Medication Requests on Physician Prescribing Behavior, S. 298.

nur zusätzliche Informationen liefern, sondern sich ebenso positiv auf die so wichtigen Konstrukte des Vertrauens, der Markenstärke und der Loyalität auswirken, die wiederum entscheidende Faktoren für ein zeitgemäßes Patentauslaufmanagement darstellen.

Nachdem nun Möglichkeiten der marketingbasierten Verteidigung während des Wachstums und der Sättigungsphase des Medikaments besprochen wurden, wird klar, dass diese Maßnahmen nur dann erfolgreich für die weitere Phase des Lebenszyklus, den Patentauslauf, genutzt werden können, wenn bis dahin Markenstärke und Loyalität aufgebaut werden konnten. Daher beschreibt das nächste Kapitel diese beiden Grundlagen für ein erfolgreiches Patentauslaufmanagement.

3.3.3.4.3 Grundlagen für die erfolgreiche Nutzung von Kommunikationsmaßnahmen zur Verteidigung nach dem Patentauslauf

Aufgrund ihrer herausragenden Relevanz für das Marketing werden die Konstrukte Loyalität und Marke häufig verwendete. So wird eine starke Marke oftmals mit Kundenloyalität in Verbindung gebracht, teilweise sogar als „unabdingbar" für das Entstehen von Kundenbindung und -loyalität bezeichnet[511], was dadurch – allgemein gesprochen – eine gute Grundlage für die erfolgreiche Vermarktung eines Produktes auch nach dem Eintritt von Konkurrenz in den Markt darstellt.

3.3.3.4.3.1 Loyalität und die Markenfunktion

Das Konstrukt der Loyalität geht weit über ein wiederholtes Kaufverhalten oder eine Kundenpräferenz hinaus[512]. Die Veröffentlichung von Oliver (1999) im *Journal of Marketing* ist eine der Hauptpublikationen rund um das Konstrukt Loyalität und er gibt eine der bedeutendsten Definitionen. So beschreibt er Loyalität als „a deeply held commitment to rebuy or repatronize a preferred product/service consistently in the future, thereby causing repetitive same-brand or same brand-set purchasing, despite situational influences and marketing efforts having the potential to cause switching behavior"[513]. Weiterhin offeriert er eine

511 Vgl. Abdelmoumene, A. (2007): S. 4.

512 Vgl. Jacoby, J./Kyner, D. B. (1973): Brand Loyalty vs. Repeat Purchase Behavior, S. 1f; Tucker, W. T. (1964): The Development of Brand Loyalty S. 35.

513 Oliver, R. L. (1999): Whence Consumer Loyalty?, S. 34.

der bis heute wichtigsten Einteilungen des Konstruktes in vier Phasen: die kognitive, affektive, konative und die aktive Loyalität.

In der ersten Phase, der kognitiven Phase, welche auch auf den Zustand während der Patentlaufzeit bezogen werden kann, besteht die Loyalität mehr aus Routine. Dies bedeutet, dass die Loyalität keinesfalls als stark bezeichnet werden und jederzeit durch eine andere Marke geschwächt werden kann. In der zweiten, affektiven, Phase hat sich bereits eine positive Haltung der Marke gegenüber entwickelt, die aber dennoch weiterhin nicht stark genug ist, ein potenzielles Wechselverhalten des Konsumenten zum Konkurrenten zu verhindern. Die konative Phase wird bestimmt durch mehrfache, positive Ereignisse, welche die Absicht zu einem markenspezifischen Wiederholungskauf fördern. In der vierten und letzten, der aktiven, Phase ist der Konsument bereits so überzeugt, dass die aus der vorherigen Phase entstandene bloße Absicht, eine Marke erneut zu kaufen, in tatsächlichen Käufen resultiert[514]. Hierbei betonen auch Brakus, Schmitt und Zarantonello die Wichtigkeit der gesammelten Erfahrungen mit einer Marke[515]. Weiterhin ist der Kunde in dieser Stufe auch bereit, evtl. aufkommende Hindernisse zu überwinden, um weiterhin Produkte dieser Marke konsumieren zu können. Zu diesen Schwierigkeiten zählen bspw. das Bedürfnis nach Abwechslung, eine Veränderung des Kundenbedürfnisses oder ein kompletter Rückzug aus der Produktkategorie[516]. Zusätzlich dazu sind auch Veränderungen im Angebot der Konkurrenz wichtige Treiber eines Wechselwunsches des Kunden, so bspw. durch die Veränderung des Preises oder durch ein objektiv verbessertes Produktangebot[517]. Da jedoch die Loyalität des Konsumenten sogar mit einer Akzeptanz von höheren Preisen einhergeht, erzielen diese Bestrebungen oft nicht ihren gewünschten Erfolg[518].

Diese vierte Phase stellt für jeden Hersteller die präferierte Phase der Loyalität dar und könnte so ebenfalls für die pharmazeutischen Hersteller von Relevanz sein. Hinzu kommt für diese besondere Branche, dass die wesentlichen

---

514 Vgl. Ebenda, S. 35ff.

515 Vgl. Brakus, J. J., et al. (2009): Brand Experience: What is it? How is it Measured? Does it Affect Loyalty?, S. 65.

516 Bspw. durch die Aufgabe des Rauchens, aber dennoch dem Wunsch nach Konsum anderer Produkte der Marke.

517 Vgl. Oliver, R. L. (1999): S. 36.

518 Vgl. Palmatier, R. W., et al. (2007): Customer Loyality to Whom? Managing the Benefits and Risks of Salesperson-Owned Loyalty, S. 185; Chaudhuri, A./Holbrook, M. B. (2001): The Chain of Effects From Brand Trust and Brand Affect to Brand Performance: the Role of Brand Loyalty, S. 81.

Wechseltreiber nicht ganz mit denen für Güter anderer Branchen übereinstimmen. So wird das reine Bedürfnis nach Abwechslung nicht das Verschreibungsverhalten von Ärzten oder die Medikamenteneinnahme von Patienten beeinflussen. Des Weiteren ereignet sich eine Veränderung im Angebot oder der komplette Rückzug aus der Produktkategorie meist dann, wenn ein bestimmtes Medikament nicht mehr als hilfreich eingestuft werden kann, wenn der Patient im besten Fall geheilt wurde und im ungünstigeren Fall eine Verschlechterung seines Zustandes hinnehmen muss, für den evtl. andere (stärkere) Medikamente verwendet werden müssen. Eine deutlich größere Beeinflussung stellen die von der Konkurrenz vorgenommenen Veränderungen dar. So kann ein überlegenes Angebot eines Konkurrenten ein bestehendes Medikament sowohl vor Ablauf der Patentlaufzeit als auch nach dem Ablauf dieser sehr schnell obsolet werden lassen, ohne dass der vorherige Hersteller etwas dagegen unternehmen kann. Auf der anderen Seite betrifft eine Veränderung des Preises im erheblichen Maße das Angebot des pharmazeutischen Herstellers, denn nichts anderes stellt der Eintritt von generischer Konkurrenz in den Markt dar. Das Angebot selbst verändert sich lediglich im geringen Maße, dennoch ist der Preisunterschied zwischen den Nachahmerprodukten und den Originalmedikamenten teilweise derart groß, dass dies die Loyalität der involvierten Parteien (hier primär der Ärzte) stark auf die Probe stellen kann. Da dieses Szenario bereits an vorheriger Stelle ausführlich diskutiert wurde, wird nun nicht weiter auf die nachfolgenden Aktionen eingegangen, sondern lediglich noch einmal die enorme Wichtigkeit der Loyalität auf der vierten und letzten Stufe betont. So beschreibt diese Loyalitätsstufe eine Loyalität über Hindernisse hinweg. Sollte es also den Originalherstellern möglich sein, schon während des Patentschutzes einen derart hohen Loyalitätsgrad zu erreichen, könnte sich dies durchaus als wirksame Verteidigungsmaßnahme für die Situation nach dem Patentauslauf auszahlen.

Nun ist weiterhin die Frage zu klären, wie diese äußerste Stufe der Loyalität bei den unterschiedlichen Stakeholdern erreicht werden kann. Bedingt dadurch, dass die tatsächliche Differenzierung durch das Angebot sehr schwierig ist, bilden die Themen Kundenwert[519] und Vertrauen[520] zentrale Ausgangspunkte, da

---

519 Der Kundenwert wird hierbei als „a customer's judgement or a valuation based on a comparison of the perceived benefits and costs received from a product, service or relationship" verstanden. Chai, J. C. Y., et al. (2015): A Two-Dimensional Model of Trust-Value-Loyalty in Service Relationships, S. 24.

520 Das Vertrauen, welches Kunden in eine Marke haben, wird wie folgt definiert: "the willingness of the average consumer to rely on the ability of the brand to perform its stated function". Chaudhuri, A./Holbrook, M. B. (2001): S. 82.

sie nachweislich Wechselbestrebungen des Konsumenten vermindern und Loyalität sowie Kaufentscheidungen positiv beeinflussen[521]. Weiterhin zeigen Studien, dass besonders in Situationen, in denen Patienten die Unterschiede zwischen verschiedenen Medikamenten nicht einfach vergleichen können[522], das Vertrauen zu einer Marke den Wert für den Kunden steigert, da es einen leistungsbeschreibenden Ersatzindikator darstellt und so zumindest eine Erleichterung der Entscheidung ermöglicht[523]. Dies leitet logisch in das nächste Konstrukt über, da der für die Loyalität so wichtige Aufbau von Vertrauen in der Literatur neben der Wirksamkeit eines Produktes stetig mit der Rolle der Marke in Verbindung gebracht wird.

Die Wichtigkeit der Marke als leistungsbeschreibender Ersatzindikator wurde bereits im Kapitel über das Markengesetz[524] in Grundzügen beschrieben. Auch in der Literatur rund um die Vermarktung von pharmazeutischen Produkten wird die Stellung der Marke selbst für verschreibungspflichtige Arzneimittel als immer wichtiger erachtet[525]. Dies wird besonders vor dem Hintergrund des Forschungsziels dieser Dissertation relevant, da die Begründung der Wichtigkeit einer Marke oftmals darin liegt, dass eine Marke ihren Schutz nicht verlieren kann, was somit den entscheidenden Unterschied zu anderen wichtigen Schutz- bzw. Verteidigungsmechanismen wie dem Patent darstellt[526]. Teilweise wird die Loyalität sogar als *die* wichtigste Grundlage des Originalherstellers gegenüber den Generika- oder Biosimilarherstellern bezeichnet[527]. In Zeiten von nicht ausreichend gefüllten Produktpipelines lastet daher erhöhter Druck auf den pharmazeutischen Unternehmen, auch nach dem Patentauslauf eine gewisse monetäre Stärke von Blockbustern oder anderen erfolgreichen Medikamenten zu bewahren. Betrachtet man das Konstrukt der Marke vor diesem Hintergrund, kristallisieren sich schnell eine Reihe an Vorteilen für den Hersteller aber auch den Patienten oder behandelnden Arzt heraus.

---

521 Vgl. Chai, J. C. Y., et al. (2015): S. 24, 29; Anderson, K. C., et al. (2014): Influence of Hedonic and Utilitarian Motivations on Retailer Loyalty and Purchase Intention: a Facebook Perspective S. 774; Chaudhuri, A./Holbrook, M. B. (2001): S. 81; Porter, M. E. (1996): S. 3.

522 Was bedingt durch die strengen Regulationen der Kommunikationsfreiheit der Hersteller quasi immer der Fall ist.

523 Vgl. Chaudhuri, A./Holbrook, M. B. (2001): S. 82.82.

524 Siehe Kapitel 2.2.3.2.2.

525 Vgl. Macit, C., et al. (2016): S. 1.

526 Vgl. Samland, B. M. (2012): Marken in der Pharmaindustrie, S. 18.

527 Vgl. Macit, C., et al. (2016): S. 1; Barak, A./Geoffrey, W. (2003): S. 249.

Für die Hersteller ergeben sich neben der Kundenloyalität weitere, wesentliche Vorteile durch eine starke Marke. Eine Marke differenziert und weckt Begehrlichkeiten, wenn andere Komponenten dies nicht mehr ermöglichen – selbst oder gerade in der pharmazeutischen Branche, in der Patienten und Ärzte unterbewusst nach Ankerpunkten für ihre Entscheidungen suchen. Der zweite Vorteil sind segmentspezifische Marktbearbeitungsmöglichkeiten durch unterschiedliche Marken, auch wenn es sich um den gleichen Wirkstoff handelt. So kann ein Wirkstoff durch unterschiedliches Branding in zwei Indikationsgebieten erfolgreich sein. Als dritten Vorteil können die Transfereffekte der Marke genannt werden. Eine starke Marke in einem Indikationsgebiet kann sich positiv auf die Einführung eines Medikaments oder Erschließung eines neuen Marktgebietes auswirken und somit die Wachstumspotenziale beschleunigen[528]. Besonders branchenspezifisch lässt sich abschließend noch festhalten, dass eine starke Marke ebenfalls ein Türöffner für die Marketingaktivitäten eines Herstellers sein können – ein Effekt, der besonders nach dem Patentauslauf von Bedeutung sein kann[529]. Letztendlich steigert also eine starke Marke auch den Wert eines Unternehmens, da die positiven Abstrahleffekte sich universell auswirken können[530].

Die Patienten und Ärzte auf der anderen Seite profitieren ebenfalls von Marken im Gesundheitswesen. So können die wesentlichen Funktionen einer Marke auch auf den Markt der Medikamente angewandt werden. Zum einen bietet die Marke eine Orientierungs- und Informationsfunktion, welche ausschlaggebend in einem Markt voller Informationsasymmetrien sein kann. Somit kann vor allem die Produktkomplexität von verschreibungspflichtigen Medikamenten reduziert werden. Neben diesen Funktionen bietet die Marke – wie bereits beschrieben – einen gewissen Vertrauensvorsprung. Das ist natürlich von besonderer Bedeutung bei einem verschreibungspflichtigen Arzneimittel, was aufgrund seiner Natur mit gewissen Risiken behaftet ist. Dementsprechend müssen der Patient und sein Arzt Vertrauen haben, dass die verschriebene Arznei den gewünschten Therapieerfolg erzielen kann. Marken unterstützen dieses Vertrauen und werden daher auch teilweise als der wichtigste Erfolgsfaktor für die Interaktion mit dem Patienten bezeichnet[531]. Abschließend kann eine starke Marke auch Symbolwirkung für die betroffenen Akteure des Gesundheitswesens haben. Eines der besten Beispiele hierfür ist die Marke Viagra welche sich

528 Vgl. Burmann, C., et al. (2011): S. 7ff.
529 Vgl. Brückner, A., et al. (2009), S. 13.
530 Vgl. Burmann, C., et al. (2011): S. 7ff.
531 Vgl. Abdelmoumene, A. (2007): S. 16.

derart stark positionieren konnte und sogar zu einem Gattungsbegriff geworden ist, dass selbst in Studien erwiesenermaßen teilweise wirksamere Medikamente nicht an die Stellung dieses Medikaments in den Köpfen von Ärzten oder Patienten herankommen können[532].

Ähnlich den Besonderheiten der Markenfunktion für das Gesundheitswesen hat letztendlich auch das Konstrukt der Loyalität branchenspezifische Beeinträchtigungen. Wenngleich die Markenfunktion relativ deckungsgleich zu anderen Branchen auch in der pharmazeutischen Branche genutzt werden kann, gibt es in der letztendlichen Umsetzung der Loyalität von Ärzten und Patienten Abgrenzungen zu der Loyalität zu einem Konsumgut. Fraglich ist, ob selbst mit einer starken Marke als wesentlicher Grundlage für die höchste Loyalitätsstufe, selbige in einer derart komplexen Branche wie der Pharmabranche erreicht werden kann. Zwar sind Patienten und Ärzte während des Patents an das Medikament gebunden und entwickeln sicherlich in Grundzügen auch ein gewisses Maß an Loyalität durch die Gewohnheit, was aber noch lange nicht als die Loyalität bezeichnet werden kann, die für eine effektive „Verteidigung" nach dem Patentauslauf von Nöten wäre. Daher ist es wichtig, die besonderen Hintergründe der Branche in Bezug auf das Konstrukt Loyalität zu verstehen, um finale Aussagen über dessen Sinnhaftigkeit für pharmazeutische Hersteller treffen zu können. Daher beschreibt das folgende Kapitel Besonderheiten, welche sowohl auf Seiten der Ärzte als auch der Patienten in Bezug auf Loyalität zu Medikamenten bestehen.

3.3.3.4.3.2 „Loyalität" von Ärzten

Ähnlich wie im vorherigen Kapitel über die Markenfunktion diskutiert, weist auch das Konstrukt der Loyalität in der pharmazeutischen Branche gewisse Besonderheiten auf. Allen voran steht hierbei die Erkenntnis, dass die Loyalität eines Arztes nicht zwangsläufig bei einer bestimmten pharmazeutischen Firma liegen muss, sondern auch primär zu dem betreuenden Pharmareferenten bestehen kann, ohne dass die Marke die entscheidende Komponente ist. Folgt man den wissenschaftlichen Veröffentlichungen rund um dieses Themengebiet, stellt man schnell fest, dass Unternehmen, die starke Kunden-Mitarbeiter-Beziehungen vorweisen können, auch Loyalität erzielen. Besonders in den angesprochenen Fällen der schwierigen Produktdifferenzierung zwischen verschiedenen Unternehmen kann die emotionale Bindung zu einem Mitarbeiter elementar für

532 Vgl. Burmann, C., et al. (2011): S. 9ff.

den Erfolg des einen vs. des anderen Produkts sein[533]. Dadurch, dass dies zwar den gewünschten Effekt der Loyalität erzielt, allerdings diese Loyalität eher mit dem Verkäufer assoziiert wird, kann dies für die Firma dahingehend ein Problem darstellen, dass sobald der besagte Mitarbeiter das Unternehmen verlässt, die Kunden potenziell mit abwandern könnten. Bedingt dadurch, dass persönliche Beziehungen oftmals die Verbindung zu den Marken in ihrer Nachhaltigkeit und Intensität übersteigen, ist dies also eher ein zweischneidiges Schwert, wenngleich der gewünschte Endeffekt der Loyalität in gewissem Maß einsetzt[534]. Dennoch zeigen Studien, dass sich Loyalität von Ärzten letztendlich in einem erhöhten Verschreibungsverhalten widerspiegelt – ob nun zu einer Marke oder zu einem Mitarbeiter[535].

Darauf aufbauend muss relativierend festgestellt werden, dass in einem Markt, der derart kostenoptimiert arbeitet und unter starker Kontrolle und Regulierung steht, die letztendliche Ausgabe eines Medikaments eher selten tatsächlich auf reiner Loyalität basiert bzw. basieren kann. So fasste Lundin diese Erkenntnis im Jahr 2000 gut zusammen, indem er argumentiert, dass eine Verschreibung auf Basis von Markenloyalität nur dann realistisch ist, wenn keine Incentivierung zur Kosteneinsparung gegeben ist – knapp 20 Jahre später ist dies jedoch ein extrem dominanter, ausschlaggebender Faktor im Gesundheitswesen[536]. So ist die Schwierigkeit im deutschen Markt besonders, dass selbst wenn der Arzt das Originalpräparat verschreibt, allerdings den Austausch nicht klar ausschließt, dieses bedingt durch die Krankenkasse meist gegen ein Generikum und teilweise gegen ein Bioidentical gemäß Rabattvertrag ausgetauscht werden muss. Daher muss dem Arzt in besonderem Maße der erhöhte Nutzen durch die Verschreibung eines Originalmedikaments auch nach dem Patentauslauf vor Augen geführt werden, damit seine Loyalität genutzt werden kann und er derart von der überlegenen Wirkung des Originals überzeugt ist, dass er dem Austausch gem. der *Aut-idem*-Regelung widerspricht. Dies kann wiederum meist nur durch den Außendienst in Kombination mit gezieltem Multichannel Management[537] passieren, was die Wichtigkeit, aber gleichzeitig auch die Gefahr der „falschen" Loyalität, unterstreicht und somit das Konstrukt der Loyalität für Ärzte im Gesundheitswesen zu einem besonderen macht.

533 Vgl. Yim, C. K., et al. (2008): Strengthening Customer Loyalty Through Intimacy and Passion: Roles of Customer-Firm Affection and Customer-Staff Relationships in Serives, S. 742, 753.
534 Vgl. Palmatier, R. W., et al. (2007): S. 186f, 196.
535 Vgl. Macit, C., et al. (2016): S. 4.
536 Vgl. Lundin, D. (2000): Moral Hazard in Physician Prescription Behavior, S. 640.
537 Für eine ausführliche Erläuterung des Begriffs siehe im Detail S. 148ff.

3.3.3.4.3.3 „Loyalität" von Patienten

Wie bereits beschrieben, werden nach den Meinungen der Ärzte, die letztendlich die Verschreibung eines Generikums, Bioidenticals, Biosimilars oder Originalprodukts vornehmen, auch die Einschätzungen der Patienten beleuchtet. Vor dem Hintergrund der stetig stärker werdenden Patient-Empowerment[538]-Bewegung sehen sich immer mehr Patienten in der Stellung, aktiv auf ihre Gesundheitsversorgung einwirken zu wollen. Vor diesem Hintergrund sind entsprechend auch die Besonderheiten der Loyalität von Patienten relevant für die pharmazeutische Branche. Wenngleich dies besonders für nicht verschreibungspflichtige, freiverkäufliche Medikamente evident wichtig ist, kann es dennoch positive Spillover-Effekte von OTC-Loyalität zu verschreibungspflichtigen Medikamenten geben[539]. Dies kann bedeuten, dass Patienten zumindest versuchen, das Verschreibungsverhalten ihrer behandelnden Ärzte zu beeinflussen oder in der Apotheke gegen eigene Zuzahlung ein Originalpräparat erhalten möchten. Um dies diskutieren zu können, müssen allerdings die Spezifika der Patienten-Loyalität verstanden werden und typische Assoziationen mit Loyalität kritisch überprüft werden.

Die Loyalität-Forschung zeigt folgenden Sachverhalt auf: Wenn ein Kunde loyal ist, ist er bereit, ein gewisses Preispremium zu zahlen, um weiterhin eine Marke nutzen zu können, was angewandt auf die pharmazeutische Branche die persönliche Einbringung in die Verschreibung eines Medikaments oder die eigene Zuzahlung in der Apotheke bedeuten könnte[540]. Die Anwendbarkeit dieser Erkenntnis der allgemeinen Forschung auf die pharmazeutische Branche kann allerdings so nicht einfach angenommen werden. Zwar mag diese Option grundsätzlich bestehen, so kommt es dennoch auf die individuelle Situation des Patienten an, ob er tatsächlich bereit oder im Stande ist, eine teilweise beachtliche Summe an Mehrausgaben für seine Arzneimittelversorgung aufzuwenden. Ebenfalls kommt hinzu, dass selbst Patienten, die grundsätzlich eher Originalprodukte präferieren, eine Umstellung auf ein Generikum wahrscheinlich akzeptieren würden, wenn es sich um keine schweren Erkrankungen handelt[541]. Weiterhin akzeptieren Patienten den Umtausch gegen ein Generikum umso mehr, falls es sich

538 Für eine detaillierte Erklärung siehe S. 16.

539 Vgl. Suppliet, M. (2017): Umbrella Branding in Pharmaceutical Markets, S. 25.

540 Vgl. Palmatier, R. W., et al. (2007): S. 185.

541 Vgl. Dunne, S. S./Dunne, C. P. (2015): S. 20; Omojasola, A., et al. (2013): Perceptions of Generic Drug Discount Programs Among Low-Income Women: A Qualitative Study, S. e57; Sewell, K., et al. (2012): Perceptions of and Barriers to Use of Generic Medications in a Rural African American Population, Alabama, 2011, S. 3.

bei dem Generikum ebenfalls um eine bekannte Marke (oder einen bekannten pharmazeutischen Hersteller) handelt[542]. Umgekehrt sind Patienten dann gewillt, sich gegen die Verschreibung eines Generikums einzusetzen, sollten sie dessen Marke nicht kennen, was erneut die Wichtigkeit der Markenfunktion im Sinne von Orientierung und Vertrauenswürdigkeit für den Patienten unterstreicht[543]. Hinzu kommt, dass Patienten besonders den Fall der Umstellung kritisieren, in dem besagter Medikamentenwechsel nicht ausführlich erklärt wurde. Dementsprechend kann eine sinnvolle Erklärung des betreuenden Mediziners oder Apothekers bereits ein recht gefestigtes Level an Loyalität ins Wanken bringen[544]. Daher scheint die Annahme, dass Loyalität zu einem bereitwilligen Preispremium führt, so nicht einfach auf die Branche übertragbar zu sein, da die Entscheidung für oder gegen ein Medikament ohnehin extrem komplex und multikausal ist – selbst wenn man sich nur auf die Seite des Patienten konzentriert.

Eine andere Auswirkung von Loyalität lässt sich hingegen so auch bei Patienten beobachten: die Empfehlung eines Produktes wirkt sich positiv auf die Loyalität eines Kunden aus[545]. So zeigen Studien, dass immer mehr Patienten „Doktor Google“ und Patienten-Foren zu Rate ziehen, um sich über ihre Krankheit oder Medikamente zu informieren. Digitale Meinungsführer können hier entscheidend auf die Meinung eines Patienten zu einem Medikament einwirken. So kann es auf der einen Seite natürlich die Loyalität eines Patienten bestärken, auf der anderen Seite können aber genauso Umstellungen auf andere Medikamente die Folge einer Onlinerecherche sein. Die hier gebildeten Meinungen lassen sich danach allerdings nur recht schwer wieder revidieren[546]. Dies unterstreicht die Wichtigkeit der Akzeptanz der Stellung von digitalen Medien für den Patienten[547] im Marketingmix eines Unternehmens, gerade auch nach dem Patentauslauf, wenn der Patient erneut versucht, Ungewissheit zu reduzieren.

---

542 Interessanterweise wird die Firma Ratiopharm oftmals selbst als forschendes Pharmaunternehmen angesehen, aufgrund ihrer Bekanntheit, vgl. hierfür Brandmeyer, K./Pirck, P. (2015): Ursache und Wirkung – das Grundprinzip der Markentechnik, S. XI. Vgl. Granlund, D./Rudholm, N. (2008): Consumer Loyality in the Swedish Pharmaceuticals Market.

543 Vgl. Granlund, D./Rudholm, N. (2012): The Prescribing Physician's Influence on Consumer Choice Between Medically Equivalent Pharmaceuticals, S. 208.

544 Vgl. Omojasola, A., et al. (2013): S. e57.

545 Vgl. Roy, S. K. (2013): Consequences of Customer Advocacy, S. 260.

546 Vgl. Klein-Bölting, R. (2015): Die Herausforderung durch Doktor Google: Wie die Gesundheitswirtschaft auf das Internet neue Antworten findet, S. 111.

547 Wenngleich es natürlich auch eine Reihe an Patienten gibt, die aufgrund ihres Alters tendenziell eher weniger digitale Berührungspunkte haben.

Somit kann festgehalten werden, dass durch die Relevanz der Marke und dem ihr entgegengebrachten Vertrauensvorschuss evtl. sogar gewisse Züge von Loyalität ebenso in der pharmazeutischen Branche auf Seiten der Verschreiber und Patienten zu erkennen sind, welche jedoch individuelle Besonderheiten aufweisen und daher nicht per se auf diese Branche angewandt werden können. Auch wenn diese Tendenzen gerade im Bereich der verschreibungspflichtigen Medikamente nicht annähernd an den Stellenwert der Loyalität oder der Marke eines Konsumgutes herankommen werden, so sind dennoch Potenziale vorhanden, die auch im Fall des Patentauslaufs nicht unbeachtet bleiben sollten[548].

Sinnlogisch folgen auf das Wachstum und die Sättigungsphase des Produkts der unumgängliche Patentauslauf. Das folgende Kapitel vier befasst sich hierzu mit den bisher in der Literatur erfassten Patentauslaufstrategien, speziell für die pharmazeutische Branche. Zuvor wird allerdings ein Zwischenfazit der wichtigsten Erkenntnisse dieses Kapitels gezogen.

3.4 Zwischenfazit

Zusammenfassend lässt sich feststellen: die forschende pharmazeutische Branche unterliegt einem vielschichtigen Regelwerk an Einschränkungen, welche die Vermarktung von Produkten einerseits, aber auch die Verteidigung eines Wettbewerbsvorteils andererseits stark beschneiden. Somit sammelt das folgende Zwischenfazit nun komprimiert die wichtigsten bis dato generierten Erkenntnisse dieses Kapitels, um damit die nachfolgenden, in der Literatur existierenden Klassifikationsschemata kritisch beleuchten zu können.

Nachdem sich das letzte Unterkapitel 3.3 mit den marketingstrategischen Optionen des Managements von Strategischen Geschäftsfeldern befasst hat, wobei ein Fokus auf die Strategien nach Meyer und Mattmüller gelegt wurde, wird schnell klar: Grundsätzlich stehen Unternehmen eine Reihe an marketingstrategischen Optionen zur Verfügung, sich von der Konkurrenz abzuheben und somit übergreifende Unternehmensziele erfüllen zu können. Dennoch wurden die bisher genannten Strategien und Optionen primär für Konsumgüter oder Dienstleistungen entwickelt, welche normalerweise keinerlei besonderen Restriktionen unterliegen, abgesehen vielleicht von finanziellen Beschränkungen oder einer örtlichen Verfügbarkeit. Daher sind diese Strategien der Verteidigung eines Wettbewerbsvorteils nicht einfach auf die pharmazeutische Branche

548 Dies bedarf stets einer Situation, in der kein überlegenes neues Originalherstellerprodukt auf den Markt gebracht wurde, sondern lediglich generische Nachahmerprodukte.

anzuwenden, ganz besonders nicht auf den Markt der verschreibungspflichtigen Medikamente. Somit wird deutlich, dass aktuell keine allumfassende und vor allem durchweg akzeptierte Zusammenstellung der strategischen Optionen eines Unternehmens auf Geschäftsfeldebene gefunden wurde, welche universell auch für regulierte Branchen wie die pharmazeutische Branche angewandt werden können. Dies kann allerdings dadurch erklärt werden, dass die pharmazeutische Branche besonders wenige Optionen für die Generierung von starken Wettbewerbsvorteilen hat und sich daher in der Vergangenheit fast ausschließlich auf die Patentierung als Wettbewerbsvorteil verlassen hat. Wie bereits im vorherigen Kapitel 2 aufgegriffen, stellt die Patentierung einen langwierigen Schutz und somit einen objektiven Wettbewerbsvorteil dar. Die eingangs beschriebenen, allgemeinen Strategien sind hingegen in der pharmazeutischen Branche kaum anwendbar. Schaut man sich konkreter die Nutzung von Maßnahmen entlang des Lebenszyklus‘ des Medikaments an, entstehen deutlich mehr Möglichkeiten, um die so wesentlichen Grundlagen für ein erfolgreiches Patentauslaufmanagement zu schaffen: den Aufbau einer starken Marke und Loyalität gegenüber dem Medikament.

Basierend auf diesen Erkenntnissen, beschreibt das nächste Kapitel die in der Literatur erfassten Patentauslaufstrategien der pharmazeutischen Hersteller. Somit kann das deskriptive Erkenntnisziel dieser Dissertation erreicht werden. Danach wird die qualitative Überprüfung der gesammelten Strategien letztendlich zur Erfüllung des explikativen im ersten und des normativen Erkenntnisziels im zweiten Schritt führen.

4 Patentauslaufstrategien in der Pharmabranche

Das vierte Kapitel dieser Dissertation fasst die bis dato in der Literatur diskutierten Ansätze für Patentauslaufstrategien in der pharmazeutischen Branche zusammen. An dieser Stelle soll kurz definiert werden, dass Patentauslaufstrategien im Sinne dieser Arbeit als langfristige, strategische Ausrichtungen des betroffenen Medikaments verstanden werden und keine akuten Lösungen für ein kurzfristiges Management eines Patentauslaufs auf Unternehmensebene darstellen sollen.

Zunächst werden im folgenden Kapitel die wichtigsten Strategien und Lösungsansätze für den Fall des Patentauslaufs dargestellt. Hierbei wird zunächst eine der grundlegendsten und gleichzeitig „aktuellsten" Arbeiten des deutschensprachigen Raums diskutiert, die Veröffentlichung von Raasch aus dem Jahr 2006. Sie erhob als letzte konsequent und übersichtlich die gängigsten Patentauslaufstrategien ihrer Zeit und daher gilt ihre Dissertation seit jeher als Grundlagenwerk für die Fragestellung des Patentauslaufs. Da diese jedoch schon über ein Jahrzehnt zurückliegt und in der Zwischenzeit neue Möglichkeiten entstanden sind, wird die Grundlagenarbeit von Raasch in einem zweiten Schritt durch die neusten Ansätze erweitert. In beiden Abschnitten werden zunächst die jeweiligen Ansätze oder Strategien kurz darstellt, um eine Übersicht des aktuellen Status Quo der Patentauslaufstrategien in Deutschland zu geben und damit das deskriptive Forschungsziel dieser Dissertation zu erreichen. Im zweiten Unterkapitel werden Parameter definiert, anhand welcher die jeweiligen Strategien kritisch überprüft werden. Gleichzeitig wirkt dieses Kapitel als Grundlage für das zu erstellende Schema, welches im dritten Unterkapitel dieser Dissertation ausgearbeitet wird. Dieses dient dann wiederum als Grundlage für die folgende qualitative Untersuchung des Themengebiets. Damit komplementiert dieses Kapitel die Literaturanalyse und vervollständigt das notwendige Grundgerüst für die qualitative Überprüfung der generierten Ergebnisse.

4.1 Bisherige Optionen

Das folgende Unterkapitel beschreibt zunächst einige der bisher in der Literatur zusammengetragenen Ansätze für das Management des Patentauslaufs sowie konkrete Patentauslaufstrategien diverser Autoren. Damit wird der aktuelle Forschungsstand rund um den Themenbereich Patentauslaufstrategien oder strategische Optionen für den Patentauslauf aufgezeigt und damit weiter auf die Beantwortung der eingangs gestellten Forschungsfragen eingegangen.

4.1.1 Strategiesammlung nach Raasch

Die Autorin Raasch beschreibt in ihrer Veröffentlichung aus 2006[549] eine der detailliertesten Auflistungen von Patentauslaufstrategien spezifisch für den deutschen Markt. Diese Strategien werden durch die drei primären Marketingstellschrauben Produkt, Kommunikation und Preis, strukturiert. Besonders für die Anwendung in der pharmazeutischen Branche ist allerdings die mittlerweile deutliche zeitliche Diskrepanz wichtig, weshalb eine Aktualisierung der gewonnen Erkenntnisse von Nöten ist. Weiterhin wurde das Konstrukt der Marke nicht näher betrachtet, was jedoch besonders vor dem Hintergrund der Biopharmazeutika heutzutage erneut an Bedeutung gewonnen hat. Daher stellt ihre Auflistung an Strategien eine grundlegende Basis für die Erforschung der Strategien im deutschen Markt dar, bedarf aber dennoch einer kritischen Überprüfung in Sachen Anwendbarkeit gemäß der neusten Rechtslage und Marktentwicklung, da unter anderem die Produktgruppe der biotechnologischen Medikamente nicht mit in die Arbeit einbezogen und wesentliche Marketingoptionen nicht ausreichend berücksichtigt wurden. Im Folgenden werden die von Raasch beschriebenen Strategien kurz wiedergegeben sowie – wenn nötig – Kritik in Bezug auf Erfolgsaussichten oder Anwendbarkeit an den jeweiligen Strategien geübt.

Die von Raasch beschriebenen Produktstrategien werden unter den vier Oberbegriffen „Prävention“, „Extraktion“, „Adaption“ und „Innovation“ summiert[550]. Die folgende Abbildung (Abbildung 4) zeigt dies in der Übersicht:

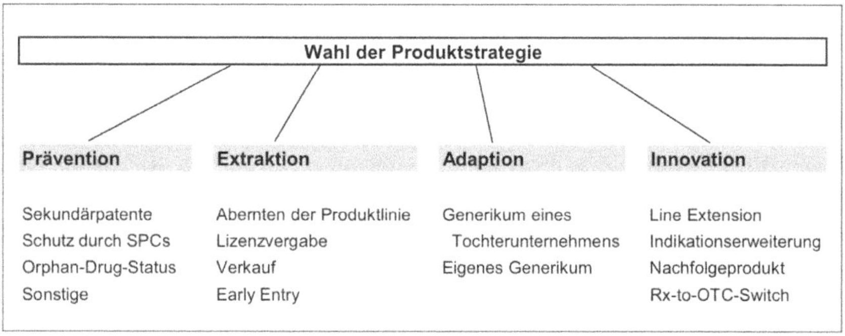

Abbildung 4: Übersicht der Produktstrategien nach Raasch[551]

---

549 In zweiter Auflage erschienen im Jahr 2010, allerdings ohne nennenswerte inhaltliche Veränderungen.

550 Vgl. Raasch, A.-C. (2006): S. 80ff.

551 Quelle: ebenda, S. 80.

Unter der Strategiesammlung der Prävention sieht Raasch eine temporäre Verhinderung des Wettbewerbs durch primär juristische Methoden. Hierzu gehören die Sekundärpatente, SPC, oder der Orphan Drug-Status. Dazu treten sonstige, nicht weiter definierte Strategien. Hiermit beschreibt Raasch auch nach Patentauslauf weiterhin mögliche juristische Maßnahmen der Verteidigung eines Medikaments. Inhaltlich wurde auf diese drei genannten juristischen Optionen bereits in Kapitel 2 näher eingegangen, weshalb nun kurz die von Raasch als „sonstige" verwiesenen Strategien beschrieben werden. Hierbei diskutiert sie die zu diesem Zeitpunkt noch nicht in Deutschland zugelassene pädiatrische Nutzung von Medikamenten, welche eine erneute Verlängerung der Marktexklusivität ermöglicht. Zwei andere von ihr besprochene Strategien stellt sie bereits selbst als mittlerweile rechtlich nicht mehr durchsetzbar und praktisch kaum umsetzbar dar[552].

Unter Extraktionsstrategien fasst Raasch (1) das Abernten der Produktlinie, (2) die Lizenzvergabe oder den Verkauf des Medikaments sowie (3) den verfrühten Markteintritt zusammen. Somit kann die aktuelle Position im Markt ohne eigene Innovationstätigkeit bestmöglich ausgenutzt werden.

Bei Option (1), dem Abernten der Produktlinie, wird das Produkt ohne Modifikationen weitergeführt. In Kombination mit dieser Strategie stehen dem Hersteller dann eine Reihe an sowohl preisbezogenen als auch kommunikativen Möglichkeiten zur Verfügung, weiter mit dem Produkt umzugehen. Dies ist laut Raasch allerdings nur dann erfolgsversprechend, wenn eine Differenzierung durch Kommunikation oder Preis möglich ist. Dennoch betont sie weiterhin, dass diese Strategie nicht langanhaltend zum Erfolg des Produkts nach dem Patentauslauf beitragen kann, sondern lediglich einen Aufschub darstellt. Deutlich häufiger dagegen reduzieren pharmazeutische Unternehmen das Marketingbudget und die Besprechungszeit des Produkts auf ein Minimum bis hin zu einer kompletten Aussetzung. Letztendlich findet sich das Unternehmen mit den Umsatzeinbußen ab und versucht nicht mehr, offensiv mit dem Produkt Gewinne zu erzielen. Wenngleich dies eine der einfachsten Methoden ist, den Auslauf eines Patents zu managen, so ist es allerdings auch eine risikoreiche Option. Wie bereits mehrfach betont, sind Produktpipelines keinesfalls mehr so gefüllt wie noch vor wenigen Jahren und auch das parallele Erforschen mehrerer potentiell sehr erfolgreicher Medikamente, teilweise sogar Blockbuster, ist

552 Vgl. Ebenda, S. 81ff.

inzwischen eher untypisch. Das einfache Abfinden mit dem Patentauslauf sollte daher zukünftig stark hinterfragt werden.

(2) Der Verkauf oder die Lizenzvergabe können als Alternative zu einem vollständigen Rückzug aus einem Indikationsgebiet gesehen werden. So könnte je nach Vertragsgegebenheiten weiterhin am Verkauf des Produkts partizipiert oder durch eine Einmalzahlung Kapital für andere Produkte eingesammelt werden.

(3) Die Option, dass ein oder mehrere Generikahersteller gegen eine Zahlung an den Originalhersteller in den Markt eintreten, bevor ein Patent ausgelaufen ist, ist die dritte Möglichkeit der Extraktionsstrategien. Da diese Möglichkeit aber sowohl Vorteile als auch Nachteile für den Originalhersteller haben kann, ist die Nutzung dieser Option bei Herstellern unterschiedlich beliebt[553].

Die Adaption als dritte der vier Produktstrategien kann sich entweder durch ein eigenes Generikum oder das Generikum eines Tochterunternehmens ausdrücken. Damit kann der Hersteller durch den Eintritt in den Markt der Generika selbst an einem wahrscheinlichen Erfolg partizipieren, während das Originalprodukt in seiner Wichtigkeit und Profitabilität abnimmt. Auch wenn sich dies auf den ersten Blick nach einer hauptsächlich für den Patentauslauf sinnvollen Strategie anhört, so stellt die Einführung einer eigenen generischen Marke den Hersteller vor einige Schwierigkeiten. So trägt der Originalhersteller weiterhin hohe Kosten für die Erforschung neuer Medikamente, wenngleich die Herstellung des Generikums mit recht geringen Kosten zu realisieren wäre. Dennoch entsteht dadurch den reinen Generikaherstellern gegenüber ein Nachteil. Die geringen Margen, welche die Generika im Gegenzug erwirtschaften, können oftmals diesen Nachteil nicht wettmachen. Zusätzlich kommen eine mangelnde Glaubwürdigkeit sowie ein anderes Selbstverständnis der Mitarbeiter des Originalherstellers erschwerend hinzu. Auf der anderen Seite kann eine unabhängig agierende Tochtergesellschaft durchaus auch für die Diversifikation eines Unternehmens von Vorteil sein. So könnte ein Hersteller bisher nicht genutzte Kapazitäten auslasten oder durch Weitergabe von Informationen noch vor dem Patentauslauf die First-Mover-Stellung im Nachahmermarkt ermöglichen. Auf der anderen Seite kann auch ohne die Nutzung einer Tochtergesellschaft von der Einführung eines Generikums profitiert werden. Dies wird allerdings in der Praxis eher durch die Einführung einer Fighter Brand realisiert. Wie bereits im vorherigen Kapitel besprochen, stellt die Fighter Brand eine Möglichkeit dar, eine günstigere Zweitmarke zu positionieren. Dies kann aber auch nur dann

553 Vgl. Ebenda, S. 84ff.

erfolgreich sein, wenn sich der First-Mover-Advantage ausspielen lässt. Weiterhin kann, wie bereits kritisiert, diese Strategie auch einfach zu einer Kannibalisierung des Originalprodukts bei gleichzeitig geringen Einkünften der Zweitmarke führen, wenn die Einführung nicht zeitig genug durchgeführt wird und somit nur ein Second-Mover-Status erreicht werden kann[554].

Des Weiteren kann die Innovation eine Produktstrategie darstellen, um Wettbewerb durch Konkurrenz auszuweichen. Hierbei werden durch (1) Line Extensions, (2) Indikationserweiterungen, (3) ein Nachfolgeprodukt oder (4) einen Rx-to-OTC-Switch versucht, Angriffe der Generikahersteller zu kompensieren.

(1) Die Line Extension funktioniert ähnlich wie die klassische Erweiterung im Konsumgütermarkt. So kann sowohl das Produkt selbst verbessert werden, als auch die Verpackung oder das Herstellungsverfahren. Diese Strategie kann dann von Erfolg gekrönt sein, wenn sie früh genug vor dem Patentauslauf umgesetzt wird, aber vor allem ebenfalls in einem patentierbaren Produkt resultiert. Andernfalls kann auch diese Neuerung von den Generikaherstellern kopiert werden und der vermeintliche Vorteil verpufft ohne den erhofften Alleinstellungseffekt. Bei der Nutzung dieser Strategie wird den Herstellern oftmals der Vorwurf gemacht, durch Scheininnovationen ein strategisches „Patentdickicht" aufzubauen, um den Marktzugang für Wettbewerber zu verhindern.

(2) Sollte ein Hersteller während der Patentlaufzeit eine weitere Indikation entdecken, für welche das Medikament verwendet werden kann, so kann sich die Schutzdauer der Marktexklusivität verlängern. Dieser Fall wurde bereits in Kapitel 2 diskutiert und wird daher an dieser Stelle nicht erneut aufgegriffen.

(3) Eine der erfolgreichsten Strategien für den Patentauslauf stellt die Einführung eines verbesserten Produktes dar und somit der gezielten Kannibalisierung durch ein neues, patentgeschütztes Produkt. Hierfür ist allerdings die deutliche Verbesserung des Produkts zu beachten, da andernfalls Verordner oder auch Krankenkassen eher selten von der Sinnhaftigkeit der Verbesserung überzeugt werden können. Auch besteht in einem solchen Fall die Gefahr, dass das Produkt nur als strategische Verhinderung von Konkurrenz gesehen wird. Gleichzeitig ist dies eine Strategie, die selbstverständlich auch von anderen Konkurrenten während der Patentlaufzeit angewandt werden kann. Hinzu kommt außerdem die Entscheidung über die Handhabe des alten Produktes sowie die Schwierigkeiten der Abhängigkeit von Zulassungsbehörden. Letztendlich stellt die Erforschung eines verbesserten Produktes viele Unternehmen auch vor einen erneuten großen F&E-Aufwand, welcher ähnlich der Erforschung des vorherigen Wirkstoffs

554 Vgl. Ebenda, S. 88ff.

keinesfalls sicher zu einer erfolgreichen Entwicklung führt[555]. Daher ist diese Strategie auch mit dem Risiko einer Fehlinvestition verbunden.

(4) Als letzte Strategie beschreibt Raasch den Wechsel von der Verschreibungspflicht zu einem apothekenpflichtigen Medikament. Hierbei wird besonders auf die Markentreue der Patienten abgezielt. Dieses Vorgehen bedarf daher einer Markenbekanntheit und Loyalität bereits während der Patentlaufzeit. Weiterhin gilt ähnlich der Einführung eines eigenen Generikums die Wichtigkeit des frühen Markteintritts, welcher hier ebenso Vorteile in Sachen Loyalität des Konsumenten bringt – allerdings unter Berücksichtigung der Kannibalisierung des verschreibungspflichtigen Medikaments. In diesem Zusammenhang ist die Kenntnis des Marktes und die Höhe des Marketingbudgets ebenfalls entscheidend für den Erfolg eines dann freiverkäuflichen Medikaments. Dennoch bietet diese Strategie auch einige Risiken, da letztendlich nicht jedes Therapiegebiet einfach an den Endkonsumenten ohne ärztliche Betreuung herausgegeben werden kann. Abgesehen von dieser Grundproblematik stellt der Wegfall der Erstattungsfähigkeit eine weitere Ungewissheit für das Unternehmen dar. Somit argumentiert Raasch, dass der Switch primär für Produkte sinnvoll ist, die ohnehin nicht erstattungsfähig sind[556]. Dies ähnelt der Diskussion um das Wunschmedikament gegen eigene Zuzahlung im Verschreibungsmarkt und stellt die Hersteller hier vor das gleiche Problem der extrem hohen Loyalität als Grundvoraussetzung für das Wirken der Strategie.

Im Sinne von Preisstrategien nennt Raasch drei übergreifende Möglichkeiten: Preise erhöhen, beibehalten oder senken. Preise zu erhöhen sei hier allerdings eher unüblich, da das preisunelastische Segment zu klein sei und die guten Beziehungen zu Versicherern nicht aufs Spiel gesetzt werden wollen. Preise beizubehalten ist die meistgewählte Option laut Raasch. So werden Preisdiskussionen umgangen und der Verlust einer gewissen Menge an Marge hingenommen. Die dritte Option, den Preis zu senken, kann durchaus zur Abschreckung der Generikahersteller dienen. So kann eine Preissenkung proaktiv durch den Außendienst an die Ärzte herangetragen werden, was sich wiederum positiv auf das Verschreibungsverhalten auswirken (allerdings auch langfristig zu einer Wahrnehmung als „Low Budget Hersteller" führen) kann[557].

555 Vgl. Ebenda, S. 91ff.
556 Vgl. Ebenda, S. 96ff.
557 Vgl. Ebenda, S. 99ff

Abschließend geht Raasch auf die Kommunikationsstrategien ein, wobei sie darauf hinweist, dass die Nutzung von Kommunikation allein nicht zum Erfolg eines mittlerweile patentfreien Medikaments beitragen kann. Nichtsdestotrotz beschreibt sie zwei Extreme der Kommunikationsstrategien. Zum einen kann bei der Carry-over-Strategie von einer völligen Einstellung der Kommunikation, besonders der Außendienstgespräche, schon vor dem Patentauslauf gesprochen werden. Durch eine starke Marke wird antizipiert, dass das Produkt auch ohne Investitionen in dessen Kommunikation weiterhin Umsätze erzielt[558]. Dem gegenüber steht die extensive Kommunikation, welche eine Intensivierung der Kommunikationsmaßnahmen bedeutet und dann zum Tragen kommen sollte, wenn tatsächlich Unterschiede zwischen den Produktangeboten der Originalhersteller und der Generika bestehen. Da sie dies allerdings als nicht allzu häufig als gegeben sieht, geht sie nicht detaillierter auf eine konkrete Ausgestaltung der Kommunikationsstrategien ein. Demnach wird hier einmal mehr deutlich, dass noch weiterer Forschungsbedarf besteht, um die Erkenntnisse rund um dieses Themenfeld für das Gesundheitsmarketing zu komplementieren. Hieran wird die vorliegende Dissertation im Wesentlichen ansetzen. Abgesehen von dieser Forschungslücke beschreibt Raasch eine weitere kurze Überlegung, die in die Entscheidungsfindung für die eine oder andere Strategie einfließen sollte: So sind zum einen die erreichbaren Umsätze bei einem gewissen Kosteneinsatz zu bedenken sowie die Risikobereitschaft des Unternehmens zu beachten. Weiterhin betont Raasch, dass sollte die Kommunikation unter einem bestimmten kritischen Niveau in Bezug auf Share of Voice bleiben, diese wahrscheinlich von den Verschreibern nicht wahrgenommen wird. Dies unterstreicht in ihren Augen die Wichtigkeit, sich entweder vollkommen der Kommunikation anzunehmen, oder die Investitionen gänzlich einzustellen, um nicht unnötig Ressourcen zu verschwenden[559].

Zusammenfassend lässt sich festhalten, dass Raasch eine sehr detaillierte und durchdachte Zusammenstellung der strategischen Optionen im Fall des Patentauslaufs bietet und berechtigterweise auch heute noch die Grundlage vieler Veröffentlichungen rund um dieses Themenfeld darstellt. Somit weist sie zwar trotz des zurückliegenden Veröffentlichungsdatums immer noch eine gewisse

558 An dieser Stelle erscheint es etwas seltsam, dass Raasch hier auf die Wichtigkeit der Marke für den Erfolg dieser Strategie hinweist, diese allerdings sonst nicht in der Arbeit aufgreift, und gleichzeitig eine Kombination der drei übergreifenden Strategiegruppen für den Patentauslauf empfiehlt.

559 Vgl. Raasch, A.-C. (2006): S. 103ff.

Aktualität auf[560], dennoch bedarf ihre Zusammenstellung einer Überarbeitung. Nicht nur fehlen einige der neusten Optionen der Hersteller, sich gegen den Markteintritt der Generikahersteller zu wehren (wie z.B. Rabattverträge). Es wird außerdem auch nicht ausführlich genug auf die Marke als wesentliches Grundkonstrukt eingegangen, welches besonders im Zusammenhang mit den immer wichtiger werdenden Biopharmazeutika erneut an Bedeutung gewinnt – die ebenfalls nicht in Raaschs Ausarbeitung vorkommen, und somit auch für deren Patentauslauf genutzt werden könnte. Zusätzlich kommt hinzu, dass einige der Strategien, die Raasch beschreibt, heutzutage obsolet sind und mittlerweile so nicht mehr angewandt werden (können) (z.B. der frühzeitige Markteintritt gegen Zahlung)[561].

4.1.2 Weitere in der Literatur diskutierte Patentauslaufstrategien

Wie bereits angedeutet, stellt die Zusammenstellung von Raasch zwar eine grundlegende Basis für die bis zu ihrer Zeit möglichen Patentauslaufstrategien dar, diese können jedoch nicht mehr als aktuell und allumfassend angesehen werden, da es in der Zwischenzeit sowohl rechtliche Neuerungen als auch eine Veränderung der Nachfrageseite gegeben hat. Erschwerend kommt hinzu, dass es ebenso eine wichtige Ergänzung bei den Produkten der pharmazeutischen Branche gegeben hat, da die neue Produktgruppe der Biopharmazeutika immer mehr auf den Markt drängt und in ihrer Wichtigkeit zunimmt. Da auch hier mittlerweile die „generische" Konkurrenz durch Biosimilars und Bioidenticals zu einem Problem für die Biopharmahersteller geworden ist, macht es durchaus Sinn, außerdem die Besonderheiten für diese Produktgruppe aufzugreifen, da es zwischen ihrem und dem Management von chemisch-synthetischen Medikamenten einige Unterschiede gibt.

Daher beschreibt das nächste Kapitel weitere, in der Literatur diskutierte Ansätze, welche potenziell das Management des Patentauslaufs von klassischen Medikamenten, aber besonders auch Biopharmazeutika optimieren können. In den darauffolgenden Kapiteln werden diese Ansätze dann einer kritischen Würdigung unterzogen, diese Erkenntnisse mit Vertretern der Branche diskutiert und abschließend in das Raster der strategischen Marketingoptionen nach Meyer und Mattmüller eingeteilt.

---

560 Siehe bspw. Kakkar, A. K. (2015): Patent cliff mitigation strategies: giving new life to blockbusters, S. 1357f.

561 Vgl. Natz, A. (2008): Rebate Contracts: Risks and Chances in the German Generic Market, S. 100f.

4.1.2.1 Rabattverträge und Open-House-Verträge

Eine vollkommen neue Ergänzung zu den Strategien von Raasch bilden die Optionen in der Preisgestaltung unter Berücksichtigung der Rabattverträge. Hierbei ergeben sich unterschiedliche Möglichkeiten der Preisgestaltung für die PKV und GKV. Zum einen besteht die Option, den Preis des Medikaments für die privaten Krankenkassen beizubehalten und das preisunsensible Segment der privatversicherten Patienten so weiterhin mit einem unveränderten Preis zu erreichen, während gleichzeitig ein erneuerter Rabattvertrag mit den gesetzlichen Krankenkassen geschlossen wird. Durch diese Kombination der Preisgestaltung können weitere Marktanteile geschützt und eine Kannibalisierung im PKV-Bereich vermieden werden[562]. So kann quasi eine Verlängerung der Marktexklusivität erzielt werden, wenn ein Originalhersteller noch vor Ablauf des Patents einen Rabattvertrag mit den Krankenkassen abschließen kann[563]. Als nicht empfehlenswert wird die Option beschrieben, Preise proaktiv zu senken, da aufgrund der unterschiedlichen Kostenstrukturen ein Originalhersteller bei drastischer Preissenkung kaum profitabel arbeiten könne. Gleiches gilt für die Option der Preissteigerung, welche ebenfalls wenig Sinn vor dem Hintergrund des Versicherungssystems macht. Hinzu kommt der Vorteil für die Originalhersteller, dass diese die Rabattverträge bereits vor dem Patentauslauf eingehen können, was somit den Markteintritt der Generikahersteller erschweren oder sogar, teilweise allerdings nur kurzfristig, unwahrscheinlich machen könnte[564]. Damit erscheinen Rabattverträge als eine sehr sinnvolle Option des Patentauslaufmanagements, welche definitiv in einem zeitgemäßen Patentauslaufmanagement beachtet werden muss.

Eine Weiterführung der Rabattverträge stellen die bereits angesprochenen Open-House-Verträge dar. Sollte ein Hersteller es schaffen, einem dieser besonders für Biopharmazeutika oftmals angewandten Verträge beizutreten, kann eine gewisse Weiterführung der Verschreibung eines Medikaments erzielt werden, auch wenn dadurch Rabatte in einer nicht verhandelbaren Höhe hingenommen werden müssen[565].

Nichtsdestotrotz stellen Rabattverträge von Herstellern nicht zwangsläufig die allumfassende Lösung für zukünftige Verschreibungen eines Medikaments dar. Rabattverträge laufen nur für zwei Jahre, wodurch ein anderes Unternehmen

562 Vgl. Drerup, D. (2013): S. 31.
563 Vgl. Glöckner, T. (2016).
564 Vgl. Drerup, D. (2013): S. 31.
565 Vgl. Draeger, I. (2016).

nach dieser Zeit einen besseren Vertrag aushandeln könnte, was wiederum den Effekt des bisherigen Vertrags verpuffen ließe[566]. Besonders für chemisch-synthetische Wirkstoffe ist die Wahrscheinlichkeit extrem hoch, dass spätestens hier ein Austausch gegen ein günstigeres Generikum vorgenommen wird. Besser sieht die Situation für Biopharmazeutika aus, allerdings sind auch hier große Potenziale für den Austausch durch ein Biosimilar bisher ungenutzt, was die Nutzung von Rabattverträgen langfristig zu einer notwendigen, allerdings nicht hinreichenden Option macht[567]. Hinzu kommt, dass gerade bei den Open-House-Formen der Rabattverträge alle Konditionen der Krankenkassen ohne Verhandlungsoption übernommen werden müssen. Dies kann durchaus ebenso wesentliche Einschnitte für die Hersteller bedeuten, allerdings wird so natürlich die Wirtschaftlichkeit des Medikaments bescheinigt.

Positiv beeinflussen können Hersteller die Beziehung zu Krankenkassen, wenn sie aktiv versuchen, die Behandlungskosten zu senken (bspw. durch eine Erhöhung der Compliance und Adhärenz der Patienten, welche durch angebotene Patienten-Support-Programme erreicht werden soll). Dies wiederum verschafft den Herstellern ebenfalls eine bessere Position in der Verhandlung über einen klassischen Rabattvertrag[568]. Gerade für die Hersteller von Biosimilars muss dadurch die Frage gestellt werden, wie niedrig der Preis angesetzt werden kann, damit der Patientenvorteil durch zusätzliche Supportprogramme der Originalhersteller ausgeglichen, gleichzeitig aber profitabel produziert werden kann. Demnach kann ein Originalhersteller von Biopharmazeutika durch ein umfangreiches Support-Programm versuchen, die Biosimilarhersteller vom Eintritt in den Markt abzuhalten, da dies evtl. für sie nicht mehr profitabel sein könnte. Gleichzeitig müssen bei dieser Überlegung allerdings auch die zusätzlichen, hohen Kosten für ein professionelles Patienten-Support-Programm bedacht werden.

Dementsprechend bilden Rabattverträge eine sinnvolle und sicher auch notwendige Komponente für ein zeitgemäßes Patentauslaufmanagement für verschreibungspflichtige Medikamente – sie sollten allerdings nicht alleine stehen, da ihre Langfristigkeit nicht gegeben ist. Um eine langfristig erfolgreiche Strategie für den Patentauslauf zu entwickeln, sollten weitere Serviceangebote der Hersteller das Patentauslaufmanagement komplementieren. Basierend darauf

566 Vgl. ABDA (2018): Rabattverträge.
567 Vgl. Glöckner, T. (2016).
568 Vgl. Esser, M. (2012): S. 18; Giese, D./Grimberg, L. (2012): Late Lifecycle Management für Pharma-Produkte, S. 2.

kann die Nutzung einer Lebenszyklusstrategie für ein Medikament bedacht werden. Diese könnte in Anlehnung an ähnliche Konzepte aus dem klassischen Produktmanagement als Teil des Marketings, aber auch in Bezug auf die F&E Anstrengungen eines Unternehmens auf die Besonderheiten der Pharmabranche übertragen werden und somit eine vorteilhafte Situation für den Patentauslauf schaffen. Im folgenden Kapitel wird diese Überlegung aufgegriffen und ihre Anwendbarkeit für die pharmazeutische Branche diskutiert.

4.1.2.2 Geschäftsmodellinnovationen

Ein weiterer Forschungsstrang in Bezug auf den Patentauslauf von Medikamenten bezieht sich auf Geschäftsmodellinnovationen. So werden Geschäftsmodelle und deren Innovation als immer wichtiger für die pharmazeutische Branche für ein kontinuierliches Wachstum bezeichnet. Das liegt nicht zuletzt an der durch die Innovation erreichten, teilweise starken Differenzierung, welche sowohl die Schaffung als auch Sicherung von Wettbewerbsvorteilen zur Folge haben kann[569]. Daher könnte dieser Ansatz ebenso Potenziale für den Patentauslauf bieten[570]. Wie dieses Kapitel aber zeigen wird, muss die Rolle von Geschäftsmodellinnovationen als Umsetzungsform von Patentauslaufstrategien im Sinne dieser Arbeit hinterfragt werden, da sie stattdessen eher als übergreifende Strategie für das Unternehmen gewertet werden muss. Das folgende Kapitel beschreibt kurz das Geschäftsmodell und seine Komponenten. Danach wird auf die Geschäftsmodellinnovation und deren Anwendbarkeit auf den Patentauslauf eingegangen.

Geschäftsmodelle werden in der Literatur eingehend diskutiert und definiert, aus dieser Reihe erscheint besonders die Ansicht von Stähler als wertbringend für die vorliegende Arbeit, da sie wesentliche Kernelemente des Geschäftsmodells aufgreift[571]. So argumentiert Stähler, dass ein Geschäftsmodell aus drei Komponenten besteht: (1) dem Kundennutzen, der sog. „*Value Proposition*", (2) der Beschreibung, wie der Kundennutzen geniert werden kann, also der „*Architektur der Wertschöpfung*" und abschließend (3) wie mit dem Kundennutzen

---

569 Vgl. Wirtz, B. W. (2010): Business Model Management, S. 70f.

570 Vgl. Song, C. H./Han, J.-W. (2016): Patent Cliff and Strategic Switch: Exploring Strategic Design Possibilities in the Pharmaceutical Industry, S. 8; Halecker, B., et al. (2015): S. 10.

571 Weitere relevante Definitionen des Begriffs „Geschäftsmodell" bieten bspw. Osterwalder, A./Pigneur, Y. (2010): Business Model Generation, S. 14; Teece, D. J. (2010): Business Models, Business Strategy and Innovation, S. 191; Wirtz, B. W. (2010): S. 70.

Einnahmen zu erzielen sind, sprich dem „*Ertragsmodell*". Ähnlich dem strategischen Geschäftsfeld kann auch das Geschäftsmodell nur eine Annäherung an und abstrakte Darstellung des Geschäftes sein[572]. Die folgende Graphik (Abbildung 5) zeigt, welche inhaltlichen Bestandteile die drei Kernkomponenten des Geschäftsmodells haben.

(1) Value Proposition
- a) Für Kunden
- b) Für Wertschöpfungspartner

(2) Architektur der Leistungserstellung
1. *Produkt-/Marktentwurf*
2. *Interne Architektur*
   - a) Ressourcen als Bausteine
     - i. Kernkompetenzen
     - ii. Strategische Vermögenswerte
   - b) Stufen der Wertschöpfung
   - c) Kommunikationskanäle und Koordinationsmechanismen
   - d) Abgrenzung zur externen Architektur
3. *Externe Architektur*
   - a) Kundenschnittstelle
     - i. Distributionskanäle
     - ii. Kundeninformationen
     - iii. Kommunikationskanäle
   - b) Wertschöpfungspartner
     - i. Aktive Wertschöpfungspartner
     - ii. Passive Wertschöpfungspartner
   - c) Kommunikationskanäle und Koordinationsmechanismen
4. *Grad der Stabilität der Architektur*

(3) Ertragsmodell

Abbildung 5: Inhaltliche Bestandteile der Komponenten des Geschäftsmodells[573]

Basierend auf dieser Definition und Beschreibung der Komponenten des Geschäftsmodells kann dessen Modifikation – bekannt als Geschäftsmodellinnovation – näher betrachtet werden. Geschäftsmodellinnovationen beschreiben

572 Vgl. Stähler, P. (2002): Geschäftsmodelle in der digitalen Ökonomie: Merkmale, Strategien und Auswirkungen, S. 51f.

573 Quelle: eigene Darstellung, in Anlehnung an ebenda, S. 47. Für eine detaillierte Beschreibung der in der Abbildung aufgeführten Inhalte siehe ebenda, S. 42ff.

im Allgemeinen die Neukonfiguration eines bestehenden Geschäftsmodells, welche es dem Unternehmen ermöglicht, mit einem neuen Wertversprechen bestehende oder neue Kunden zu erreichen und sich so vom Wettbewerb zu differenzieren[574]. Stähler beschreibt dies im Sinne der von ihm definierten Komponenten wie folgt: „Einerseits kann eine Geschäftsmodellinnovation dazu dienen in einer bestehenden Industrie die Art und Weise der Wortschöpfung zu verändern, um ein bestehendes Bedürfnis von Kunden zu befriedigen, andererseits kann eine Geschäftsmodellinnovation bewusst in entstehenden, neuartigen Märkten eingesetzt werden, um überhaupt diese Märkte zu erschliessen(!)“[575].

Zusammengefasst erlaubt die Geschäftsmodellinnovationen eines der wichtigsten Elemente zu erreichen, welches ebenso von einem erfolgreichen Patentauslaufmanagement erwartet wird: die Differenzierung vom Wettbewerb[576]. Dennoch besteht weiterhin die Frage, ob eine Geschäftsmodellinnovation tatsächlich als Patentauslaufstrategie gewertet werden kann oder ob nicht vielmehr aufgrund der langwierigen Implikationen diese vielmehr eine – dem Namen sinnlogisch entsprechende – Option der Umwandlung der generellen Geschäftsstrategie darstellt[577]. Da die Patentauslaufstrategie im Sinne dieser Arbeit die weitere Bearbeitung eines Medikaments nach dem Patentauslauf betrachtet, liegt hier die Überlegung nahe, ob dies durch die Geschäftsmodellinnovation tatsächlich erreicht werden kann oder ob nicht so vielmehr eine neue Ausrichtung des Unternehmens erreicht wird – allerdings ohne, dass das Medikament hierfür zwangsläufig näher einbezogen wird. Die folgenden Beispiele für Geschäftsmodellinnovationen in der pharmazeutischen Branche zeigen dies klarer: Die Wandlung hin zu einem „Medical Re-Discovering“ Geschäftsmodell setzt bspw. auf die Wiederverwendung von in der Vergangenheit nicht zugelassenen Wirkstoffen und versucht, diese durch neue Verfahren weiter bis zur Marktreife zu entwickeln. Eine zweite Option stellt das „Early Diagnosis for Prevention“ Geschäftsmodell dar. Hierbei soll anstelle von Krankheitsbehandlung eher die

---

574 Vgl. Euchner, J. G., A. (2014): Business Model Innovation in Practice, S. 33; Massa, L./Tucci, C. (2014): Business Model Innovation, S. 424; Casadesus-Masanell, R./Zhu, F. (2013): Business Model Innvoation and Competitive Imitation: The Case of Sponsor-Based Business Models, S. 464; Schallmo, D. (2013): Geschäftsmodelle erfolgreich entwickeln und implementieren, S. 23; Osterwalder, A./Pigneur, Y. (2010): S. 136.

575 Stähler, P. (2002): S. 52.

576 Vgl. Halecker, B., et al. (2015): S. 10ff.

577 Was wiederum das Medikament mit dem ausgelaufenen Patent betreffen könnte, dies aber nicht zwangsläufig muss und daher auch nicht direkt als Patentauslaufstrategie für das Medikament gesehen werden kann. Es ist eine übergreifende Änderung der Unternehmung.

Gesundheitserhaltung durch Prävention geschafft werden[578]. Beide Beispiele zeigen, dass wenig Anhaltspunkte für die Verwendung des Medikaments mit abgelaufenem Patent bestehen, sondern sich vielmehr auf eine Neuerung des grundsätzlichen Ansatzes des Unternehmens konzentriert wird. Hierbei werden im Vergleich zur Konversion wesentliche Veränderungen der Marktbearbeitung vorgenommen, sodass die Option der Geschäftsmodellinnovation als zu langfristig und übergreifend eingestuft werden muss und daher nicht als Patentauslaufstrategie im Sinne dieser Arbeit gelten kann.

4.1.3 Übersicht der in der Literatur diskutierten Patentauslaufstrategien

Nachdem nun alle in der Literatur bisher diskutierten Patentauslaufstrategien dargestellt wurden, fasst das folgende Kapitel diese Erkenntnisse in einer Abbildung (Abbildung 6) zusammen[579]:

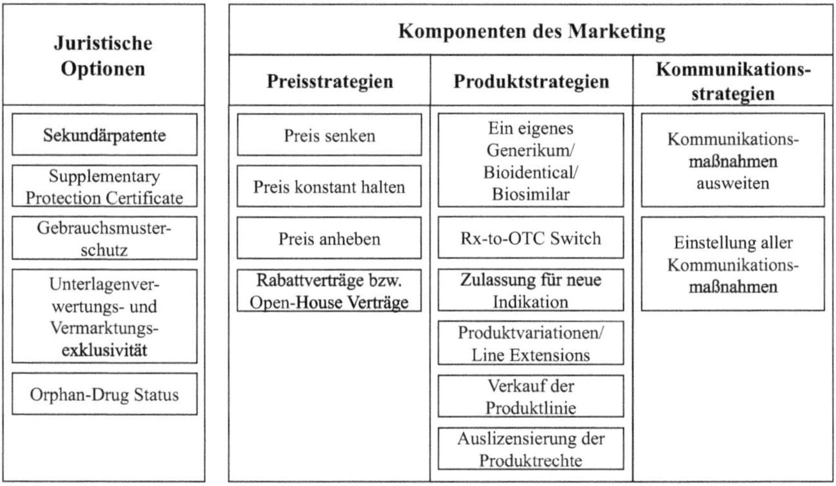

Abbildung 6: Zusammenstellung der Patentauslaufstrategien für die pharmazeutische Branche

578 Vgl. und für eine detaillierte Beschreibung der möglichen Geschäftsmodellinnovationen siehe Halecker, B./Kamprath, M. (2013): Patentrezepte für die Pharmaindustrie. Für weitere Beispiele siehe Song, C. H./Han, J.-W. (2016): S. 8f; Halecker, B., et al. (2015): S. 10; Philipp, M. P. (2011): S. 71ff.

579 Hier ist zu betonen, dass die Strategien in dieser Abbildung lediglich hinsichtlich ihrer grundsätzlichen Ausrichtung sortiert wurden. Im weiteren Verlauf dieser Dissertation

In den folgenden Kapiteln werden diese Erkenntnisse als Basis genutzt, um sowohl eine kritische Hinterfragung der tatsächlichen Anwendbarkeit der jeweiligen Strategien vorzunehmen als auch um abschließend Thesen für die Expertenbefragung zu generieren.

4.2 Thesenbildung für ein zeitgemäßes Patentauslaufmanagement

Nachdem im vorherigen Kapitel diverse Möglichkeiten für das Management von Patentausläufen beschrieben wurden, werden diese im folgenden Kapitel zusammenfassend einer kritischen Würdigung unterzogen und so überprüft, inwieweit sie vor dem Hintergrund der aktuellen Rechtsprechung für den vorliegenden Fall der Patentausläufe in Deutschland verwendet werden können. Weiterhin werden Thesen aufgestellt, welche basierend auf der geübten Kritik neuartige Herangehensweisen und Handlungsoptionen für das Management des Patentauslaufs darstellen, die im folgenden Kapitel in den Experteninterviews diskutiert werden. So wird versucht, das explikative Erkenntnisziel dieser Arbeit zu erreichen.

4.2.1 Zusammenfassende, kritische Würdigung der vorgestellten Strategien

Die bis dato vorgestellten Strategien, sei es die Sammlung von Raasch, aber auch die zusätzlich vorgestellten Optionen, stellen eine Reihe von möglichen, allerdings teilweise nicht ohne Einschränkungen anwendbaren Strategien für ein zeitgemäßes Patentauslaufmanagement in der pharmazeutischen Branche dar, wie die Kritik bzw. jeweiligen Erweiterungen der Gedankengänge in den Kapiteln aufgezeigt haben. Zusammenfassend wird an dieser Stelle auf die zum Teil bereits angedeuteten Schwachstellen der beschriebenen Optionen eingegangen – wo dies bisher noch nicht geschehen ist, wird detaillierter auf wesentliche Kritikpunkte hingewiesen, welche die Anwendbarkeit der Strategie oder des Ansatzes für den Patentauslauf mindern. Dies bildet die Grundlage für die zu definierenden Kernthesen für ein zeitgemäßes Patentauslaufmanagement dieser Dissertation.

---

wird diese Einleitung verfeinert und eine Einteilung der Strategien in die strategischen Marketingoptionen nach Meyer und Mattmüller vorgenommen, weshalb an dieser Stelle bspw. die Einstellung der Kommunikationsmaßnahmen als reine Kommunikationsstrategie und noch nicht etwa als Reduktion im Sinne der strategischen Marketingoptionen beschrieben wird.

Ein absoluter Standard unter den Schutzmechanismen gegen den Markteintritt konkurrierender Unternehmen für die pharmazeutische Branche sind juristische, präventive Maßnahmen, mit denen Medikamente, deren Herstellungsverfahren, etc. geschützt werden können. Ein solider Patentschutz bildet zunächst die Grundlage für eine erfolgreiche Einführung und Vermarktung eines Medikaments, sodass über den Zeitraum des Patentschutzes wesentliche Umsätze generiert werden können. Dieser Schutz ist allerdings nicht unendlich wirksam. Daher gibt es speziell für den pharmazeutischen Markt entwickelte Mechanismen, welche die legale Schutzbarriere zumindest für eine weitere Zeit aufrecht erhalten können[580]. Diese diskutierten juristischen Methoden sind so auch weiterhin als gültig und anwendbar zu werten. Nichtsdestotrotz erreichen alle genannten Maßnahmen früher oder später ihren Zenit und können entweder nicht verlängert oder aber juristisch angefochten werden[581]. So liegen die Verbesserung des Produkts und Behinderung der Mitbewerber oft – zumindest aus rechtlicher Sicht – doch derart nah beieinander, dass die Beweisführung angreifbar ist[582]. Abgesehen davon, gibt es eine Reihe weiterer rechtlicher Möglichkeiten, welche teilweise schon von Autoren gefordert und so jederzeit eingeführt werden könnten, die sich besonders gegen Sekundärpatente und Line-Extensions richten und somit die juristischen Optionen eines Herstellers in ihrer Durchschlagskraft einschränken könnten. So könnten die Zulassungsverfahren für die Einführung von Sekundärpatenten im Vergleich zum Zulassungsverfahren für Generikahersteller verschärft werden. Des Weiteren könnten ein grundsätzliches Patentverbot für Sekundärpatente ausgesprochen, entschädigungslose Zwangslizenzen für diese Medikamente erteilt oder etwa die Erstattungsbeträge deutlich restriktiver designt werden[583]. Schäffner geht sogar noch weiter und argumentiert, dass mit diesen Strategien keine Verlängerung des Patentschutzes erwirkt werden kann. Einzig das SPC könnte hier als Verlängerungsmechanismus genutzt werden, allerdings ist auch dieses nicht ohne Weiteres zu erhalten[584]. Alleine diese kurze Diskussion der Anwendbarkeit der unterschiedlichen Maßnahmen und der aufgezeigten Gegenmaßnahmen unterstreichen, dass eine rein juristische Verteidigungsstrategie nicht als vielversprechend bezeichnet werden kann. Auch wenn selbst eine kurze Verlängerung der Exklusivität bei besonders ertragreichen Medikamenten bereits eine große

580 Teilweise nur bis zu sechs Monaten.
581 Vgl. Philipp, M. P. (2011): S. 14.
582 Vgl. Ebenda, S. 44.
583 Vgl. Berthold, G. (2011): S. 238ff.
584 Vgl. Schäffner, N. (2015): S. 335ff.

Summe an Einnahmen bedeuten kann, muss dennoch festgehalten werden, dass diese Strategien alleine kein zukunftsträchtiges und vor allem sinnvolles Patentauslaufmanagement darstellen. An dieser Stelle sei nochmals betont, dass die anfängliche Anwendung dieser Strategien nicht als unwirksam angesehen wird, sondern vielmehr als nicht ausreichend. Die juristischen Maßnahmen müssen daher mit einer Reihe weiterer (Marketing-) Optionen verbunden werden.

Abgesehen von den juristischen finden sich in der Literatur noch eine Reihe weiterer Optionen, um mit dem Patentauslauf eines Medikaments umzugehen. Eine weitere oftmals diskutierte Möglichkeit stellt die Einführung einer generischen Version des Wirkstoffs dar. Hier bedarf es expliziter Kenntnisse des (Generika-)Marktes und weiterhin Investitionen in die neue Marke. Natürlich erlaubt diese Einführung eines eigenen Generikums einen frühzeitigen Markteintritt und dadurch potenzielle First-Mover-Vorteile, allerdings führt dies logischerweise zu einer Kannibalisierung der bisherigen Original-Marke. Schwierig wird diese strategische Marketingoption bspw. dann, wenn andere Generikahersteller weiter in den Preiskampf einsteigen und so der Preis des Generikums ebenfalls in nicht profitable Bereiche rückt. Interessanterweise stellt allerdings gerade der Eintritt in den Biosimilarmarkt einen Trend unter den forschenden Pharmaherstellern dar. Auch wenn hier nicht die eigenen Produkte in einem Generikum oder Bioidentical hergestellt werden, sondern deutlich mehr Forschungsleistung in die Entwicklung eines neuen Herstellungsprozesses für ein fremdes Biopharmazeutikum aufgebracht werden muss, scheinen die Gewinnchancen in diesem Bereich die möglichen Risiken zu übertreffen. Auch hier wirkt die Möglichkeit des First-Mover-Advantages besonders relevant[585].

Als Weiterführung dieses Gedankens und, um die Risiken des bisher unbekannten Generikamarktes etwas zu umgehen, steht Unternehmen bspw. der Rx-to-OTC-Switch zur Verfügung. Geswitchte Produkte haben einen hohen ökonomischen Nutzen für die Gesundheitsversorgung in Deutschland – sie werden in den meisten Fällen vom Patienten selbst gezahlt und entlasten daher die Krankenkassen – und ermöglichen dem Hersteller eine Preisgestaltung ohne das regulatorische Mittel der Rabattverträge und einen direkten Marketingzugang zu Patienten. Um diesen Wechsel jedoch erfolgreich umsetzen zu können, bedarf es einer umfassenden Aufklärungskampagne für alle wichtigen Stakeholder, d.h. für Ärzte, Apotheker und Patienten. Da besonders der Patient von der Umstellung des Medikaments erfahren muss, da er im Zweifel die Kosten seiner Behandlung von nun an selbst tragen muss, sind die Hersteller hier besonders auf die Mitarbeit der Ärzte und Apotheker angewiesen, da diese die wesentlichen

585 Vgl. Färber, U. (2015): Chancen und Risiken für die Biosimilar-Hersteller, S. 15.

Informationen übermitteln werden müssen. Hierfür tritt einmal mehr die Wichtigkeit des Marketings in den Vordergrund, da nur durch eine sinnvolle Kampagnenplanung eine solche Hürde genommen werden kann. Weiterhin spielt auch hier das Thema Loyalität und Marke eine wesentliche Rolle, da nur wenn die Patienten wissen, welches Medikament sie verwenden und obendrein bereit sind, weiterhin für dieses ihr Medikament zu bezahlen, eine erfolgreiche Durchsetzung dieser Strategie erzielt werden kann. Abgesehen von dieser Anforderung an die praktische Umsetzung, ist es dennoch nur eine kleine Zahl an Präparaten, welche aufgrund ihrer Indikation oder Wirkweise tatsächlich für einen Switch in Frage kommen, weshalb diese Option in der Realität nur selten genutzt wird und daher immer einer besonderen Einzelfallprüfung bedarf.

Weitere Optionen wie die der Line Extension, der Indikationserweiterung und des Nachfolgeprodukts sind sicherlich Möglichkeiten, welche grundsätzlich genutzt werden könnten. Die Line Extension kann jedoch, wie bereits angesprochen, juristisch angefochten werden. Weiterhin bedarf die Anwendung dieser Varianten einer stetigen Innovationsleistung. Dies bedeutet, dass es einen langfristigen Innovationsplan für das Medikament geben muss, sowie Budgets für die Forschung bereitgestellt werden müssen. Dies unterstreicht einmal mehr die notwendige, langfristige Ausrichtung des Managements des Patentauslaufs, denn nur so können derartige Pläne umgesetzt werden und gewinnbringend für den Patentauslauf gestaltet werden. Hinzu kommen hier die notwendigen Investitionen in die Vermarktung der jeweiligen Neuerungen, welche zwingend über den Außendienst an Verschreiber herangetragen und in ihrer Überlegenheit bei den Krankenkassen platziert werden müssen. Da heutzutage die meisten Innovationen eher selten wesentliche Durchbrüche in vollkommen neuen Feldern darstellen, sondern eher geringfügige Verbesserungen mit sich bringen, bedarf es einer verständlichen Aufklärungskampagne, da die Unterschiede zu den vorherigen Versionen sehr wahrscheinlich nicht für sich selbst sprechen werden. Somit wird das Marketing auch hier eine wesentliche Voraussetzung für die erfolgreiche Einführung von Innovationsstrategien für den Patentauslauf, was bedeutet, dass diese Strategien nicht allein bestehen können.

Das Abstoßen des Medikaments durch einen Verkauf oder eine Lizenzvergabe löst natürlich kurzfristig das Problem des Managements des Medikaments nach dem Patentauslauf. Hier ist allerdings an der Langfristigkeit des Erfolgs dieser Strategie zu zweifeln, da der Hersteller eines Medikaments, dessen Patentschutz ausgelaufen ist, wahrscheinlich erhebliche Reduktionen des Verkaufspreises hinnehmen muss. Weiterhin ist eine Abstoßung des Produkts dahingehend schwierig, als dass damit womöglich das komplette Geschäftsfeld abgegeben wird. In Zeiten der kaum gefüllten Produktpipelines ist es schwierig, eine potenziell auch nach Patentauslauf noch starke Marke abzustoßen. Das liegt daran, dass das Unternehmen bereits eine hohe Expertise in dieser Indikation erlangt hat und so potenziell nützliches Wissen ebenfalls abgeben bzw. verlieren könnte. Weiterhin hat die Marke bereits eine hohe Markenwahrnehmung und bestenfalls einen Kreis an loyalen Ärzten, die das Produkt gerne aufgrund seiner Wirkweise verschreiben – und zwar auch nach dem Patentauslauf. Somit könnte die übergreifende Dachmarke des Unternehmens eine wichtige Assoziation durch die Marke verlieren. Sollte jedoch zukünftig eine Neuausrichtung des Forschungsschwerpunkts des Unternehmens erfolgen und sich ein Unternehmen daher aus einem bestimmten Indikationsgebiet zurückziehen, kann eine Auslizenzierung oder sogar der Verkauf eine sinnvolle Option darstellen. Allgemein gesprochen, stellen Verkauf oder eine Auslizenzierung eine sehr langfristige bis endgültige Option dar, da alleine durch die intensiven Verhandlungen mit potenziellen Käufern oder Lizenznehmern von einer langfristigen Planung gesprochen werden muss, die selbstredend auch mit der grundsätzlichen strategischen Ausrichtung eines Unternehmens im Einklang sein muss. Dies ist zwar prinzipiell konform mit der Anforderung der Langfristigkeit einer Patentauslaufstrategie, allerdings birgt diese Strategie auch einige Gefahren, die sorgsam abgewogen werden wollen, bevor eine Entscheidung getroffen wird. So kann ein Unternehmen eine starke Marke im Portfolio verlieren, welche so der übergreifenden Dachmarke des Unternehmens schaden könnte.

Neben Produktstrategien werden weiterhin unterschiedliche Preisstrategien in der Literatur besprochen. Hier zeigt sich, dass in der Realität meist nur die Strategien der Rabattverträge bzw. Open-House-Verträge genutzt werden, da sich andere Strategien als nicht wirksam erwiesen haben. Letztere sind deshalb zwar nicht per se zu kritisieren, dennoch muss hier festgestellt werden, dass Literatur und Praxis auseinandergehen, wie bereits im Kapitel über die Rabattverträge aufgegriffen.

Konträr zu den Meinungen, die Geschäftsmodellinnovationen als Patentauslaufstrategien beschreiben, kann dies nach Prüfung so nicht bestätigt, sondern muss sogar negiert werden. Auch wenn die Profitabilität eines Unternehmens langfristig gesichert werden kann[586], hat diese Strategie keine direkten Berührungspunkte mit dem ursprünglichen Medikament mehr. Basierend auf dieser Erkenntnis mag die Geschäftsmodellinnovation zwar auf Unternehmensebene erfolgsversprechend und potenziell sinnvoll sein, allerdings weist sie zum Patentauslauf des spezifischen Produkts in den meisten Fällen keinen direkten Bezug auf und sollte daher nicht als Patentauslaufstrategie tituliert werden.

586 Was also dem Ziel der Patentauslaufstrategien grundsätzlich entspricht.

Übergreifend muss festgehalten werden, dass bei den meisten Strategien die Rolle und Wichtigkeit der Marke und das damit verbundene Marketing kaum berücksichtigt werden, obwohl diese doch entscheidend zum Erfolg der meisten Strategien beitragen. Letztendlich können auch sinnvolle Produktvariationen nur dann vom Arzt wahrgenommen werden, wenn dieser darüber informiert wurde. Gleiches gilt bspw. auch für die Preisfindung. Auch hier kann nur dann eine sinnvolle Preisstrategie eingesetzt werden, wenn ein tatsächlich differenzierender Faktor die Krankenkassen davon überzeugt, dass ein Produkt dem generischen oder biosimilaren Produkt überlegen ist, was faktisch anhand der reinen Wirksamkeit der Produkte nicht mehr gewährleistet ist. Daher sollten Ansätze aus dem klassischen Produktmarketing, wie die Einbeziehung neuer Zielgruppen, die Nutzung von einem angepassten Außendienst und Multichannel Marketing sowie die konsequente Akzeptanz der Wichtigkeit der Konzepte „Loyalität" und „Markenstärke" während des Produktlebenszyklus' bedacht werden. Dieser Punkt führt somit logisch zu den nun zu formulierenden Thesen, welche ein marketingbasiertes Patentauslaufmanagement als zeitgemäßes Management von Patentausläufen nahelegen.

Die folgende Abbildung (Abbildung 7) zeigt die final als Patentauslaufstrategien bezeichneten und weiterhin sinnvollerweise anzuwendenden Strategien, schraffiert sind die Optionen gekennzeichnet, welche aufgrund von mangelnder Anwendbarkeit für den Patentauslauf nicht mehr weiter betrachtet werden.

Juristische Optionen	**Komponenten des Marketing**		
	Preisstrategien	**Produktstrategien**	**Kommunikationsstrategien**
Sekundärpatente	Preis senken	Ein eigenes Generikum/ Bioidentical/ Biosimilar	Kommunikationsmaßnahmen ausweiten – Stärkere Nutzung des Außendienstes – Multi-Channel Marketing einsetzen – Neue Zielgruppen ansprechen
Supplementary Protection Certificate	Preis konstant halten	Rx-to-OTC Switch	Einstellung aller Kommunikationsmaßnahmen
Gebrauchsmusterschutz	Preis anheben	Zulassung für neue Indikation	
Unterlagenverwertungs- und Vermarktungsexklusivität	Rabattverträge bzw. Open-House Verträge	Produktvariationen/ Line Extensions (Lebenszyklusmanagement)	
Orphan-Drug Status		Verkauf der Produktlinie	
		Auslizensierung der Produktrechte	

Abbildung 7: Aktualisierte Zusammenstellung der Patentauslaufstrategien- bzw. Ansätze für die pharmazeutische Branche

Mit diesem Zwischenfazit werden zwei der drei übergeordneten Zielsetzungen dieser Dissertation erfüllt. Zum einen konnte der Status Quo der Patentauslaufstrategien in Deutschland dargestellt und somit Lösungen für eines der bedeutendsten Probleme der pharmazeutischen Branche aufgezeigt werden, was der Erfüllung des deskriptiven Erkenntnisziels dieser Arbeit entspricht. In einem zweiten Schritt konnte mit der kritischen Analyse der Ergebnisse die explikative Zielsetzung erreicht und somit die Langfristigkeit dieser Strategien überprüft und herausgearbeitet werden, weshalb gewisse Strategien vor dem Hintergrund der Besonderheiten der Branche im Allgemeinen und der deutschen Regularien im Speziellen weiterhin als sinnvoll einzustufen sind oder nicht. Damit bildet dieses Kapitel die unumgängliche Basis für die folgende qualitative Überprüfung der bisher generierten Ergebnisse, um somit abschließend auch das normative Erkenntnisziel erfüllen zu können. Hierfür werden im nächsten Schritt Thesen aufgestellt, wie ein zeitgemäßes, marketingbasiertes Management von Patentausläufen auszusehen hat.

4.2.2 Thesen für ein zeitgemäßes Patentauslaufmanagement

Aus den bis dato generierten Erkenntnissen dieser Dissertation können einige grundlegende Thesen für ein zeitgemäßes Patentauslaufmanagement formuliert werden, welche die Grundlage für die abschließende Bewertung der dargestellten Sachverhalte bilden. Das folgende zentrale Erklärungsmodell (Abbildung 8) zeigt graphisch auf, wie diese Thesen abgeleitet wurden, bevor diese detaillierter in den nächsten Unterkapiteln erläutert werden. Hierfür wird jeweils die ausformulierte These am Anfang des Kapitels in kursiv vorgestellt, gefolgt von der jeweiligen Herleitung.

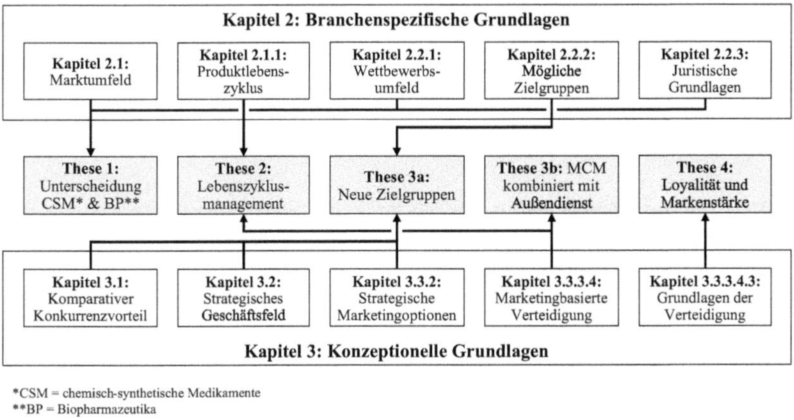

Abbildung 8: Erklärungsmodell der aufgestellten Thesen

4.2.2.1 *These 1: Unterscheidung zwischen chemisch-synthetischen Medikamenten und Biopharmazeutika für das Management von Patentausläufen*

Das Management von Patentausläufen von chemisch-synthetischen Medikamenten (CSM) und Biopharmazeutika (BP) läuft aufgrund der unterschiedlichen Markt- und Wettbewerbsverhältnisse verschieden ab und es sind daher unterschiedliche Schwerpunkte für ein erfolgreiches Patentauslaufmanagement zu setzen.

Wie bereits besonders in den Kapiteln 2.1, 2.2.1 und 2.2.3 aufgezeigt, gibt es wesentliche Unterschiede zwischen den beiden Präparattypen chemisch-synthetischer Medikamente und Biopharmazeutika. Aufgrund dieser beschriebenen Unterscheidungen kann angenommen werden, dass die Optionen für den Patentauslauf der beiden Präparate ebenfalls variieren müssen. Konkret baut diese Überlegung auf folgenden Faktoren auf: Die Preiserosion nach dem Eintritt von Biosimilars fällt deutlich geringer aus als durch Eintritt von Generika[587]. Des Weiteren kommt moderierend hinzu, dass die Wirksamkeit der wenigen Bioidenticals und Biosimilars im Vergleich zu Generika noch bei weitem nicht so anerkannt ist. Daher wird ein Austausch eines Biopharmazeutikums in der Apotheke deutlich seltener vorgenommen, als dies für Generika der Fall ist. Wenn ein Austausch vorgenommen wird, darf dieser nur mit einem Bioidentical realisiert werden, der Tausch mit einem Biosimilar ist bis dato aufgrund der geringeren Bioäquivalenz verboten[588]. Folglich bleiben die Verschreibungsraten von Alternativprodukten für Biopharmazeutika noch weit hinter dem möglichen Potenzial zurück. Dementgegen steht die Situation im Generikamarkt: Hier wird in den meisten Fällen ein direkter Austausch des Medikaments vorgenommen, sobald die Generika in den Markt eintreten – dies führt oftmals zu Preisabfällen von bis zu 90%. Daraus ergibt sich die Ableitung, dass unterschiedliche Strategien für beide Arten von Produkten gewählt werden müssen.

4.2.2.2 *These 2: Ganzheitliches Lebenszyklusmanagement*

Um im Fall des Patentauslaufs möglichst effektiv handeln zu können, sollte anstatt von Aktionismus zum Ende der Patentlaufzeit ein ganzheitliches Lebenszyklusmanagement genutzt werden.

---

587 Dies mag daran liegen, dass oftmals andere forschende Pharmaunternehmen den Einstieg ins Biosimilargeschäft wagen und nicht nur reine Generikahersteller.

588 Siehe hier die Erklärung beider Arten von Produkten und Anlage 1 des Rahmenvertrages wie dargestellt auf S. 34f.

Die zweite These behandelt den Zeithorizont der Maßnahmen des Patentauslaufmanagements. Primär aufbauend auf den Erkenntnissen der Kapitel 2.1.1 und 3.3.4.2 über den Produktlebenszyklus‘ eines Medikaments und über die Verteidigungsmaßnahmen entlang des Lebenszyklus‘ ergeben sich diverse Punkte, an denen ein Patentauslaufmanagement ansetzen kann. So kann in allen Bereichen des Zyklus‘ der anstehende Patentauslauf bedacht und vorbereitet werden, sodass das Gelingen der vorgestellten, langfristigen Umsetzungsstrategien zumindest aufgrund des Zeithorizontes garantiert werden kann. Während die meisten Publikationen einen Zeithorizont von nur wenigen Jahren – meist zwei bis drei Jahre – für das Management von Patentausläufen vorschlagen, zeigen bspw. auch Kapitel 2.2.2 über den Beziehungsaufbau zu neuen Stakeholdern und Kapitel 3.3.4.2.2 über die Ausweitung der Kommunikation entlang des Lebenszyklus‘, dass derartige Strategien kaum über kurze Zeit effektiv eingeführt und genutzt werden können. Anhand der Übertragung von wesentlichen Erkenntnissen aus anderen Branchen können weiterhin Rückschlüsse für das Lebenszyklusmanagement, insbesondere im Bereich der F&E, gezogen werden. Sollte es ein Unternehmen schaffen, bereits während der frühen Phasen des Produktlebenszyklus‘ wichtige Investitionen für die Vorbereitung des Patentauslaufs zu tätigen und somit initiale Ansatzpunkte für eine Veränderung des Wirkstoffs o. Ä. im genetischen Code des Medikaments einbringen zu können, kann der Verlust des Komparativen Konkurrenzvorteils deutlich abgemildert werden. Des Weiteren ermöglicht es diese Ausrichtung auch, bereits während der Patentlaufzeit besser auf Konkurrenz durch andere Originalhersteller eingehen zu können. Daher ist es durchaus sinnvoll, bereits frühzeitig im Lebenszyklus des Produkts für den Patentauslauf vorzusorgen.

4.2.2.3 These 3: Ausgestaltung des Lebenszyklusmanagements durch Kommunikationsstrategien

These drei fokussiert sich auf die mögliche inhaltliche Ausgestaltung des Lebenszyklusmanagements im Sinne der Kommunikationsstrategie nach dem Patentauslauf bzw. über die gesamte Patentlaufzeit hinweg. Hierfür wird es eine zweigeteilte Unterkategorisierung der These geben. These 3a) beschränkt sich hierbei auf die Nutzung neuer subfinaler Zielgruppen für die Kommunikation während und besonders nach dem Patentauslauf. These 3b) befasst sich mit dem Außendienst in Kombination mit einem Multichannel Ansatz.

4.2.2.3.1 These 3a: Einbeziehung neuer subfinaler Zielgruppen

Eine Einbeziehung neuer subfinaler Zielgruppen für das Management von Patentausläufen stellt eine wesentliche Grundlage für deren Erfolg dar.

Diese These basiert auf der Erkenntnis, dass Komparative Konkurrenzvorteile durch die Anpassung der drei Komponenten *Angebot*, *finale Zielgruppe* und *subfinale Zielgruppe* eines strategischen Geschäftsfeldes geschaffen werden können. Durch die Veränderungen dieser drei Komponenten können unterschiedliche Marketingoptionen genutzt werden, welche Potenzial für das Management von Patentausläufen haben. Im konkreten Fall der Einbeziehung neuer subfinaler Zielgruppen muss hier von einer Diversifikation gesprochen werden, da sowohl das Angebot als auch die finale Zielgruppe bestehen bleiben, während die Modusachse geändert und anstelle von Ärzten auf Apotheker oder Krankenkassen eingegangen wird. Neben dieser „theoretischen" Herleitung, speist sich These 3a ebenso daraus, dass die Relevanz der Ärzte und teilweise Patienten für den Patentauslauf bereits erkannt, die Einbeziehung von Apothekern oder Krankenkassen in das Management von Patentausläufen hingegen bisher kaum bzw. gar nicht beachtet wurden, trotz des in Kapitel 2.2.2 erläuterten Stellenwertes auch dieser Stakeholder. Die Bedeutung dieser beider neuer Stakeholder für den Patentauslauf wird nun kurz erneut zusammengefasst.

Die Rolle des Apothekers während der Medikamentenausgabe und dessen Einfluss auf die letztendliche Auswahl wird oftmals unterschätzt. Wie bereits beschrieben, liegt dies größtenteils an der strengen Regulierung der Arzneimittelausgaben, welche von der Rechtslage[589] diktiert und den Krankenkassen sowie den Ärzten in der Verschreibung eines konkreten Medikaments ausgeführt wird. Allerdings muss auch die für den Patienten signifikante Stellung des Apothekers nach dem Patentauslauf bedacht werden, da dieser meist mit einem potenziellen Medikamentenwechsel zu einem anderen Medikament einhergeht. Nicht nur sind Apotheker oft Ansprechpartner, wenn es um Medikamente und deren Wirkweisen geht – was ihnen mehr Vertrauen der Patienten sichert – sondern sie können ebenso – wenn auch in kleinerem Ausmaß und in der Praxis eher selten gezielt genutzt – auf die Ausgabe eines Medikaments einwirken. Wie ebenfalls bereits aufgezeigt, können Apotheker pharmazeutische Bedenken anmelden, wenn sie anders als der Arzt dem Austausch eines Medikaments nicht zustimmen. Weiterhin besteht auch in der Apotheke die Möglichkeit für den Patienten, ein Medikament auf eigene Zuzahlung zu erhalten. Wenngleich beide Optionen

589 Insbesondere hier für den Austausch von Biopharmazeutika.

nicht die Regel sind, sind es dennoch Ansatzpunkte und Beispiele aus der Vergangenheit die zeigen, dass eine positive Einstellung des Apothekers gegenüber einem Originalpräparat durchaus einen Einfluss auf die letztendliche Ausgabe eines Medikaments haben kann. Aufgrund dieser Tatsache ist der Beziehungsaufbau zu einem Apotheker ein weiterer sinnvoller Schritt zu einem zeitgemäßen Patentauslaufmanagement.

Abschließend sollten auch Krankenkassen in die Marketingaktivitäten eines Unternehmens einbezogen werden. Sie sind eine weitere entscheidende Stelle in der Versorgungskette, da sie die Kosten einer Therapie tragen und mit ausgehandelten Rabattverträgen die letztendliche Verschreibungs- und Ausgabefreiheit des Arztes und Apothekers einschränken können. Dadurch haben sie mittlerweile in den meisten Fällen die finale Entscheidung für oder gegen ein Originalpräparat nach dem Patentauslauf inne (abgesehen von den Möglichkeiten des *Aut-idem* oder der pharmazeutischen Bedenken). Während die sog. „Payer Relations" gerade für die Einführung eines Medikaments sehr hohe Relevanz haben, sollten – wie Apotheker – auch Krankenkassen während der Patentlaufzeit in das Management des Lebenszyklus' eingebunden werden, damit durch gezieltes Beziehungsmanagement Einfluss auf die Aufrechterhaltung der Stellung nach dem Patentauslauf genommen werden kann.

4.2.2.3.2 These 3b: Außendienst in Kombination mit Multichannel Marketing

Die Vertriebsstrategie eines pharmazeutischen Unternehmens für den Fall des Patentauslaufs sollte nicht nur auf der Nutzung des Außendienstes beruhen, sondern selbigen vielmehr sinnvoll mit Multichannel Marketingaktivitäten kombinieren.

Wie bereits in Kapitel 3.3.3.4 erläutert, war die Nutzung des Außendienstes seit jeher ein gängiges Mittel in der Vermarktung von Arzneimitteln. In den letzten Jahren konnte vor dem Hintergrund der hohen Kosten allerdings zunehmend eine gezielte Reduktion der Außendiensttätigkeit beobachtet werden, insbesondere für ein Medikament ohne Patentschutz. Wie das Kapitel weiterhin aufgezeigt hat, können jedoch wesentliche Effekte in der Vermarktung auch nach dem Patentauslauf durch die Nutzung eines modernisierten Außendienstes in Verbindung mit einem konsequent umgesetzten Multichannel Marketing erreicht werden. Konkret kann durch einen gezielten Einsatz dieser angepassten Kommunikationsmaßnahmen die angestrebte Differenzierung vom Wettbewerb und damit Verteidigung des Komparativen Konkurrenzvorteils erreicht werden. Abgesehen von den positiven Effekten auf die Kommunikation mit Ärzten, können so natürlich auch Spill-Over-Effekte auf andere Stakeholder, wie z.B. Krankenkassen oder Patienten, erreicht werden.

4.2.2.4 These 4: Loyalität und Markenstärke als wesentliche Parameter für die Wahl des Managements von Patentausläufen

Die Determinanten, an denen ein zeitgemäßes und marketingbasiertes Management von Patentausläufen ausgerichtet werden sollte, sind die Konstrukte „Loyalität“ und „Markenstärke“.

Diese vierte These widmet sich den Auswahlkriterien für eine Patentauslaufstrategie. Um über die Auswahl eines möglichst effektiven Patentauslaufmanagements zu entscheiden, sollte an dieser Stelle bedacht werden, auf welchen Grundlagen besonders marketinggestützte Strategien erfolgreich sein können. Um die bereits aufgezeigte Verteidigung des Komparativen Konkurrenzvorteils zu ermöglichen, muss hierfür – wie bereits in Kapitel 3.3.3.4.3 erklärt – besonders der Aufbau einer langfristigen Loyalität und Markenstärke einbezogen werden, da diese wesentliche Schlüsselfaktoren für den Erfolg von Patentauslaufstrategien darstellen. Dies ist besonders für Biopharmazeutika relevant, weshalb die Auswahl einer möglichen Strategie, basierend auf deren Auswirkungen auf beide Konstrukte, getroffen werden sollte.

Aufbauend auf diesen aufgestellten Thesen, wird im nächsten Kapitel die kritische Überprüfung dieser Überlegungen anhand von explorativen Experteninterviews durchgeführt.

5 Praktische Überprüfung der generierten Thesen für ein marketingbasiertes Patentauslaufmanagement

Nachdem in den vorherigen Kapiteln sowohl die branchenspezifische als auch die konzeptionelle Basis dieser Dissertation gelegt und aufbauend darauf Thesen formuliert wurden, werden diese Thesen nun in der Praxis überprüft. Ziel dieses Kapitels ist es daher, ausgehend von der Zielsetzung dieser Arbeit, eine kritische Überprüfung der aufgestellten Thesen anhand von explorativen Experteninterviews vorzunehmen. Somit kann ein erster Schritt für die Beantwortung des normativen Erkenntnisziels dieser Arbeit getätigt werden, welche dann im anschließenden sechsten Kapitel komplementiert werden soll. Hierfür werden zunächst Methodik und Vorgehensweise der explorativen Experteninterview kurz dargestellt, bevor das Kapitel mit der Auswertung der Interviews in Bezug auf die fünf aufgestellten Thesen schließt.

5.1 Methodik der Interviews und Auswahl der Experten

Da diese Dissertation einem theoretisch-deduktiven Forschungsansatz folgt, konnte basierend auf der umfassenden Literaturanalyse der vorherigen Kapitel eine erste Zusammenstellung an potenziell gewinnbringenden Ansätzen für den Patentauslauf eines verschreibungspflichtigen Medikaments erfolgen. Diese Thesensammlung soll nun mit Vertretern der pharmazeutischen Branche oder dieser nahestehenden Berufsgruppen (wie Unternehmensberatern mit Fokus auf die pharmazeutische Branche) zusätzlich diskutiert werden, um die vorliegende Arbeit so durch praktische Erfahrungen anzureichern.

In diesem ersten Unterkapitel wird die angewandte Methodik beschrieben. Hierbei wird in 5.1.1 zunächst auf die explorativen Experteninterviews an sich eingegangen und deren konkreter Anspruch im Sinne dieser Arbeit im Vergleich zu einer klassischen qualitativen Untersuchung dargestellt. Danach wird in Unterkapitel 5.1.2 die Auswahl der Interviewpartner erläutert. In 5.2 folgt die Auswertung der geführten Interviews anhand der aufgestellten Thesen. Das Kapitel endet mit einem Zwischenfazit, welches die Grundlage für die zu generierenden Handlungsempfehlungen des sechsten Kapitels bildet.

5.1.1 Methodik und Anspruch der explorativen Experteninterviews

Übergreifendes Ziel dieser zusätzlichen Befragung von Experten ist es, ein möglichst realitätsnahes Bild der tatsächlichen Nutzung der in der Theorie diskutierten Patentauslaufstrategien in der Branche zu erlangen. Hierbei wird ferner auf die unterschiedlichen Einflussfaktoren für die Wahl einer geeigneten Patentauslaufstrategie eingegangen. Mit dem aus den Interviews gewonnenen Wissen sollen also die aus der Theorie abgeleiteten Erkenntnisse für die Wahl einer Patentauslaufstrategie abgeglichen und, wenn nötig, ergänzt bzw. angepasst werden, damit ein aktuelles Ordnungsschema an relevanten, zeitgemäßen und gewinnbringenden Patentauslaufstrategien erstellt werden kann.

Grundsätzlich stehen in der empirischen Forschung zwei Methodenstränge zur Verfügung. So kann ein Sachverhalt entweder durch quantitative oder durch qualitative Untersuchungsmethoden analysiert werden. Wenngleich sich die quantitative Methode durch die Nutzung von objektiven Entscheidungskriterien und statistischen Verfahren auszeichnet und somit eine gewisse Reliabilität und Objektivität – auch bedingt durch die meist recht große Stichprobengröße – gewährleisten kann, ermöglicht es die qualitative Forschung mit ihren unterschiedlichen Untersuchungsmethoden, gezielt Meinungen oder tiefgehende Erfahrungen von Personen zu erfassen[590]. Die Frage, welche der beiden Methoden für ein Forschungsvorhaben am sinnvollsten ist, hängt auch mit der gestellten Forschungsfrage zusammen, da diese die Datenerhebung wesentlich beeinflusst[591]. In diesem Fall bilden die Patentauslaufstrategien in der pharmazeutischen Branche den Hauptforschungsgegenstand, welcher aufgrund seiner Brisanz und Sensitivität für die Unternehmen keine große Stichprobengröße zulässt, da die erwartete Rücklaufquote als sehr gering einzuschätzen ist – besonders wenn kein persönlicher Kontakt zu den Unternehmen besteht. Weiterhin bedingt auch die konkrete Forschungsfrage die Analyse von persönlichen Erfahrungen und Einschätzungen anstelle einer großangelegten Untersuchung, da es um eine persönliche Bewertung der unterschiedlichen Thesen des Patentauslaufmanagements, basierend auf individuellen Erfahrungen, geht. Dies unterstreicht einmal mehr, weshalb die Forschungsmethodik in diesem Fall grundsätzlich von qualitativer Natur sein muss.

Innerhalb der qualitativen Forschung gibt es eine Reihe an unterschiedlichen Methoden, die genutzt werden können. Hierbei stellt sich besonders das

590 Vgl. Bähring, K., et al. (2008): Methodologische Grundlagen und Besonderheiten der qualitativen Befragung von Experten in Unternehmen: Ein Leitfaden, S. 91.

591 Vgl. Yin, R. K. (2009): Case Study Research: Design and Methods S. 8.

Experteninterview als geeignete Datenerhebungsmethode heraus, da es die Generierung von Spezialwissen ermöglicht, wie es in der vorliegenden Arbeit benötigt wird[592]. Diese Art der Datenerhebung zeichnet sich dadurch aus, dass nicht etwa der Befragte als Person an sich im Mittelpunkt des Forschungsinteresses steht, sondern es vielmehr um praxisrelevantes Wissen und branchenspezifische Erfahrungen geht, welche der zu Befragende in seiner bisherigen persönlichen oder professionellen Laufbahn sammeln konnte[593]. Ein Experte im Sinne dieser Dissertation ist also eine Person, die sich durch ein fachspezifisches Wissen in einem besagten Themenfeld auszeichnet, in gewisser Art und Weise Verantwortung für eine Problemlösung trägt oder über nicht frei zugängliches Wissen für die Beantwortung der Fragestellung dieser Arbeit verfügt[594]. Weiterhin gilt es, noch das Experteninterview in seiner Ausrichtung abzugrenzen. Im vorliegenden Fall bietet sich die Nutzung eines explorativen Experteninterviews an, da dieses einen bis dato unerforschten Themenbereich präzisieren und weiterhin die in dieser Arbeit getroffenen Ableitungen mit praxisnahen Informationen anreichern kann[595]. Bedingt durch diese Eigenschaften eignet sich die Nutzung von explorativen Experteninterviews für das vorliegende Forschungsvorhaben, da besonders die Einbeziehung der Marke und Loyalität für den Patentauslauf eines verschreibungspflichtigen Medikaments oder die Untersuchung von Patentauslaufstrategien für Biopharmazeutika bis dato in der deutschen Literatur kaum Beachtung gefunden hat und demnach durchaus ein neues Forschungsfeld vorliegt[596]. Meistens werden diese Interviews in teilstrukturierter Form durchgeführt. Auch wenn die Fragen tendenziell eher offen gestellt werden, um weitestgehend flexibel agieren zu können, freie Antworten zu erhalten und so einen größtmöglichen Einblick in die Praxis zu erlangen, bietet der teilstandardisierte Interviewleitfaden dennoch die nötige Struktur, um

592 Vgl. Gläser, J./Laudel, G. (2010): Experteninterviews und qualitative Inhaltsanalyse als Instrument rekonstruierender Untersuchungen, S. 10.

593 Vgl. Borchardt, A./Göthlich, S. E. (2009): Erkenntnisgewinnung durch Fallstudien, S. 38; Hessenkamp, V. (2009): Das Vertrauen von stationären PatientInnen in Krankenhäusern, S. 870.

594 Vgl. Gläser, J./Laudel, G. (2010): S. 12; Borchardt, A./Göthlich, S. E. (2009): S. 38f; Meuser, M./Nagel, U. (2005): Vom Nutzen der Expertise, S. 259.

595 Vgl. Gläser, J./Laudel, G. (2010): S. 64; Hessenkamp, V. (2009): S. 869; Kromrey, H. (2000): Empirische Sozialforschung, S. 67.

596 Vgl. Borchardt, A./Göthlich, S. E. (2009): S. 38; Lamnek, S. (2002): Qualitative Interviews, S. 173; Meuser, M./Nagel, U. (1991): ExpertInneninterviews: vielfach erprobt, wenig bedacht, S. 449.

eine Vergleichbarkeit der unterschiedlichen Interviews zu gewährleisten[597]. Des Weiteren dient der Leitfaden dem Interviewer als Orientierung und erlaubt es ihm, dem Interviewpartner gegenüber Vertrautheit mit der Materie zu demonstrieren. Letzteres ist besonders vor dem beruflichen Hintergrund, der jahrelangen Praxiserfahrung und damit einhergehend hohen Position der Befragten im Unternehmen entscheidend für die erfolgreiche Durchführung des Interviews[598].

Während die vorherigen Absätze von der Nutzung explorativer Experteninterviews mit teilstrukturiertem Leitfaden im Sinne einer originären, qualitativen Studie mit explikativem Charakter ausgegangen sind, wird nun kurz der Anspruch an die Interviews im Sinne dieser Dissertation abgegrenzt. Basierend darauf, dass die Arbeit einer logisch-deduktiven und keiner empirischen Herangehensweise folgt, dienen die Interviews in dieser Dissertation nur als zusätzliche, flankierende Art der Datengewinnung und Anreicherung der theoretisch generierten Erkenntnisse. Somit wird im Folgenden auch nicht von einer qualitativen Studie gesprochen.

Das nächste Unterkapitel beschreibt die Auswahl der Interviewpartner. Danach folgt die Auswertung der Ergebnisse.

5.1.2 Die Auswahl der Interviewpartner

Insgesamt wurden sieben Interviews mit Vertretern von pharmazeutischen Herstellern und Unternehmensberatern geführt (siehe Abbildung 9). Diese Interviews wurden im Zeitraum von 13. April bis zum 07. Mai 2018 geführt. Bei der Auswahl der Interviewpartner wurde darauf geachtet, dass die Interviewpartner in Deutschland tätig sind, da aufgrund der individuellen Rechtslagen in unterschiedlichen Ländern eine internationale Ausrichtung der Studie vor dem besonderen Forschungshintergrund nicht zielführend wäre. Der deutsche Markt gilt international nicht nur als Richtmarkt für das europäische Ausland, er wurde ebenso aufgrund der kulturellen und geografischen Nähe gewählt.

---

597 Vgl. Borchardt, A./Göthlich, S. E. (2009): S. 39; Pfadenhauer, M. (2009): Das Experteninterview, S. 455; Meuser, M./Nagel, U. (1991): S. 453.

598 Vgl. Bähring, K., et al. (2008): S. 98.

Teilnehmer	Unternehmen
Experte A	Pharmahersteller
Experte B	Unternehmensberatung
Experte C	Pharmahersteller
Experte D	Pharmahersteller
Experte E	Unternehmensberatung
Experte F	Pharmahersteller
Experte G	Unternehmensberatung

Abbildung 9: *Übersicht der Interviewpartner und deren Unternehmenszugehörigkeit*

Aufgrund der Brisanz des zu untersuchenden Forschungsfeldes gestaltete sich die Identifikation und Kontaktierung möglicher Interviewpartner als nicht komplikationslos. Da die Teilnahme an den Interviews einen gewissen Vertrauensvorsprung bedingte, wurde die Kontaktaufnahme außer bei zwei Interviews stets durch eine gemeinsame Bekanntschaft der Autorin und den jeweiligen Interviewpartnern hergestellt. Somit konnte sichergestellt werden, dass die Interviewpartner von der Seriosität der Untersuchung und dem vertrauensvollen Umgang mit den Daten von Beginn an überzeugt werden konnten.

Vor der eigentlichen Durchführung der Interviews wurde der konzipierte Interviewleitfaden im Rahmen einer kleinen Vorstudie getestet. Auch wenn die Wichtigkeit der Vorstudie im Vergleich zu einer originären qualitativen oder quantitativen Studie als gering eingestuft werden kann, so konnten dennoch einige mögliche strukturbedingte oder gar inhaltlich kritische Problemquellen identifiziert werden[599]. Nach der erfolgreichen Durchführung der Vorstudie mit zwei Teilnehmern, wurde eine finale Version des Interviewleitfadens vor der Durchführung der jeweiligen Gespräche an den Großteil der Teilnehmer versandt.

Von den sieben Interviews fanden zwei persönlich statt, die weiteren fünf wurden telefonisch durchgeführt. Während des jeweiligen Interviews wurden die Daten (bei Einwilligung der Interviewpartner) sowohl per Tonbandaufzeichnung erfasst als auch durch handschriftliche Notizen komplementiert. Da nicht jeder Interviewpartner einer Tonbandaufzeichnung zustimmte, konnten bei manchen Interviews lediglich handschriftliche Notizen vorgenommen werden. Durchschnittlich betrug die Interviewzeit 52 Minuten, abhängig von der jeweiligen terminlichen Verfügbarkeit der Interviewpartner. Die unterschiedlichen Längen der Interviews von knapp 45 bis 75 Minuten resultierten hierbei

599 Vgl. Ebenda, S. 97.

außerdem auch aus der individuellen Informationsbereitschaft der Interviewpartner sowie aus der offenen Formulierung der Fragen des Interviewleitfadens.

Um ein möglichst holistisches und adäquates Bild der unterschiedlichen Strategien und Einschätzungen zu generierten Thesen zu erlangen, welche teilweise unterschiedliche Kompetenzen von den Experten erforderlich machten, war es für die Auswahl der Interviewpartner bedeutend, unterschiedliche Experten zu interviewen, die in ihren jeweiligen Expertisen zur Diskussion beitragen konnten.

Der Interviewleitfaden unterteilte sich in vier übergreifende Themenfelder und wurde den Interviewteilnehmern, wenn gewünscht, aufgrund des sensitiven Themas vor den Interviews zur Verfügung gestellt. Zu Beginn des Interviews wurden einführend kurz allgemeine Fragen über die pharmazeutische Branche in Deutschland besprochen. Hierbei wurde zunächst auf den Stellenwert von Blockbuster-Medikamenten für Hersteller eingegangen, bevor die Folgen des Verlusts eines Patents kurz umrissen wurden. So konnte einfach in den Themenbereich eingeführt und gleichzeitig eine gewisse Vertrauensbasis aufgebaut werden. Nach dieser Einführung in das Interview ging es in einem nächsten Schritt um die Definition des Konzepts „Patentauslaufstrategie“ sowie die unterschiedlichen Parameter für die Wahl des Managements von Patentausläufen. So wurden hier besonders die von der Autorin entwickelten Ansätze diskutiert, aufgrund derer wichtige Ableitungen für die letztendliche Formulierung dieser Parameter getroffen werden konnten. Im dritten Teil der Befragung wurde auf die Patentauslaufstrategien selbst eingegangen. Nachdem die Ziele und der zeitliche Rahmen von Patentauslaufstrategien besprochen wurden, ging es im weiteren Verlauf um die aus der Theorie abgeleiteten Thesen bezüglich der Strategien. Hierbei wurde der Fokus gemäß der übergreifenden Forschungsfrage dieser Dissertation auf die Verwendung von marketingbasierten Strategien gelegt und teilweise explizit, teilweise implizit, die aufgestellten Thesen der Autorin besprochen. Abschließend wurde im letzten Abschnitt des Interviews auf Aspekte eingegangen, welche die Interviewpartner über die bisher diskutierten Bereiche hinaus als hinsichtlich des Forschungsthemas relevant erachteten. So wurde den Interviewpartnern Spielraum gegeben, weitere, eigene Gedanken einzubringen, welche durchaus noch neue Diskussionspunkte lieferten und einzelne interessante Aspekte hervorbrachten.

Inhaltlich zeigte sich jedoch über diese individuelle Endpassage hinaus, dass auch die Fragereihenfolge und teilweise -intensität in jedem Interview etwas adaptiert werden musste, basierend auf den unterschiedlichen Kompetenzen der Gesprächspartner zu einzelnen Themenfeldern. So konnten jeweils die individuellen Stärken der Interviewpartner profitierend genutzt werden und es mussten nicht unnötigerweise Themenfelder diskutiert werden, zu denen die betreffenden Personen nicht ausreichend Hintergrundwissen haben.

Die geführten Interviews wurden nach der Fertigstellung zunächst ausführlich, jedoch stichwortartig transkribiert. Diese Art der Transkription ist für eine Glättung der Aussagen sinnvoll, wenn Zwischengeräusche nicht wesentlich für die Interpretation der Informationen relevant sind und gleichzeitig aufgrund der Sensibilität der Informationen weitere Anonymität gewährleistet werden sollte, da so noch weniger Rückschlüsse auf die Interviewpartner gezogen werden können[600]. Im Vergleich zu anderen Themenfeldern ist bei einer Beurteilung von Strategien und Thesen nicht primär der persönliche Geschmack, sondern vielmehr die berufliche Erfahrung bedeutend, weshalb sich diese Art der Transkription weiterhin für das vorliegende Untersuchungsfeld eignet, da lediglich die Kernaussage von Bedeutung ist. Nachfolgend wurden die Interviews zunächst einzeln analysiert und anschließend summarisch untersucht. In der Analyse der erhaltenen Informationen ging es um eine Herausarbeitung von gemeinsamen Deutungsmustern der Interviewpartner, weshalb dieses Vorgehen als sinnvoll einzustufen ist[601].

Im folgenden Kapitel werden nun die zentralen Ergebnisse diskutiert und mit den zuvor aus der Literatur abgeleiteten Thesen verglichen. Basierend auf diesen Ergebnissen werden abschließende Implikationen abgeleitet sowie ein Handlungsschema entworfen, woran sich Unternehmen für die Wahl einer zeitgemäßen Patentauslaufstrategie orientieren können.

5.2 Auswertung der Ergebnisse

Das folgende Kapitel beschreibt die Resultate der geführten explorativen Experteninterviews. Durch diese Auswertung können die theoretisch generierten Ergebnisse komplementiert und angereichert werden. Damit wird die Basis für die abzuleitenden Handlungsempfehlungen gelegt, welche im folgenden Kapitel sechs vorgestellt werden.

5.2.1 These 1

Eine sehr eindeutige Antwort fanden alle Experten auf die These, ob grundsätzlich ein Unterschied zwischen dem Management des Patentauslaufs für chemisch-synthetische Produkte und dem für Biopharmazeutika bestehen sollte. So sahen grundsätzlich alle Interviewpartner einen Unterschied zwischen dem Management beider Arten von Medikamenten und zwar ohne, dass hierzu eine konkrete Frage gestellt worden wäre. Die Ausprägung der Unterschiede wurde

600 Vgl. Ebenda, S. 101.

601 Vgl. Hessenkamp, V. (2009): S. 870; Meuser, M./Nagel, U. (2005): S. 80.

allerdings als unterschiedlich stark bewertet. So gab es Befragte, welche einen sehr extremen Unterschied sahen, während andere nur kleine, aber dennoch erkennbare Differenzen im Management der Patentausläufe wahrnahmen.

Die Vertreter der „extremen" Sichtweise betonen, dass ganz besonders für die Hersteller von klassischen, chemisch-synthetischen Medikamenten nahezu keinerlei Möglichkeit mehr bestehe, ein ökonomisch weiterhin erfolgreiches Marktauftreten nach dem Patentauslauf beizubehalten. Die Konkurrenzsituation im Bereich der Generika sei mittlerweile derart intensiv, dass die in der Literatur erwähnte 70 bis 90%ige Preiserosion für die allermeisten Medikamente als realistisch und aktuell bezeichnet werden müsse[602]. Die einzige Option, auch als Hersteller eines klassischen Medikaments weiterhin erfolgreich auf dem Markt agieren zu können, läge in der Kombination aus Wirkstoff und überlegener Darreichungsform des Originalpräparats. So beschrieb Experte A den konkreten Fall eines Originalherstellers, welcher anhand einer deutlich überlegenen Darreichungsform in Form eines Devices besonders Ärzte und Apotheker von der besseren Anwendbarkeit des eigenen Produkts überzeugen konnte, selbst wenn diese nicht direkt von den Krankenkassen erkannt wurde und selbige zunächst den Austausch gegen ein Generikum vorsahen. Als Resultat konnte hier um ein Vielfaches mehr als sonst die *Aut-idem*-Regelung der Ärzte und die pharmazeutischen Bedenken der Apotheker beobachtet werden[603].

Dies lässt darauf schließen, dass ein erheblicher Vorteil im Sinne von Darreichungsform, bspw. eines Devices oder ähnlichem gegeben sein muss, damit der Originalhersteller eines klassischen Medikaments die Chance hat, nach dem Patentauslauf wirklich noch kompetitiv auf dem Markt auftreten zu können[604]. Sollte eine nicht eindeutig vorteilige Darreichungsform vorliegen, scheint wenig Hoffnung für den Patentauslauf des Medikaments zu bestehen und es sollten ressourcenschonende Maßnahmen ergriffen werden.

Doch die extreme Situation, in die Hersteller hier geraten, führt offenbar bereits soweit, dass selbst Generikahersteller genau abwägen müssen, inwieweit ein Indikationsgebiet mit Cent-Beträgen als Gewinnmarge lukrativ sein kann, sobald hier mehrere Konkurrenten gleichzeitig auf dem Markt sind[605]. In einer solchen Situation sei also basierend auf der Marke eines Präparats oder Loyalität der Patienten oder Ärzte kaum bis gar nicht damit zu rechnen, dass weiterhin

602 Vgl. Experten B, E, und G.
603 Vgl. Experte A.
604 Vgl. Experten A und B.
605 Vgl. Experten C, D, und F.

eine starke Marktposition gehalten werden kann, da hier rein die Krankenkassen das günstigste Angebot auswählen[606].

Auf der anderen Seite beschreiben die Interviewpartner, dass die Situation im Bereich der Biopharmazeutika noch eine vorteilhaftere sei. Während der Austausch gegen Generika für chemisch-synthetische Medikamente heutzutage der Regelfall ist, wie auch in der Literatur eingehend besprochen, ist dies bis dato für Biopharmazeutika noch nicht der Fall und stattdessen sogar verboten. Basierend auf diesem Wissen, sehen die Experten hier ein deutlich höheres Potential, über Marketingkonstrukte wie Loyalität und Markentreue auch nach dem Patentauslauf zu profitieren. Besonders den vielfach angebotenen Patienten-Support-Programmen wird hier eine Schlüsselrolle zugesprochen[607].

Ohne an dieser Stelle näher in die Auswertung zu gehen, kann die erste These, dass es Unterschiede für das Management des Patentauslaufs eines chemisch-synthetischen Medikaments und eines Biopharmazeutikums gibt, klar bejaht werden. Somit unterstützen die Experten aus der Praxis diese aus der Literatur abgeleitete These.

5.2.2 These 2

Die zweite These basiert auf dem Gedanken des ganzheitlichen *Lebenszyklus*managements eines Medikaments, anstatt eines reinen *Patentauslauf*managements. Während dies besonders von den Unternehmensberatern und sich nicht direkt in der Branche befindlichen Interviewten als sehr guter Ansatz beschrieben wurde, wurde dies in der Branche selbst anscheinend noch nicht derart „enthusiastisch" aufgegriffen[608]. Für Experte A war es zwar selbstverständlich, sich rechtzeitig aber nicht zu frühzeitig auf den Patentauslauf vorzubereiten, allerdings war die Idee des Lebenszyklusmanagements, besonders im Hinblick auf eine potenzielle Vorbereitung des „genetischen Codes" des Medikaments für den Patentauslauf, neu[609].

An dieser Stelle muss auch festgehalten werden, dass die Experten hier keinen wesentlichen Unterschied zwischen einem chemisch-synthetischen Präparat und einem Biopharmazeutikum sehen. Die Hersteller beider Typen von Medikamenten könnten sich gleichermaßen auf den unausweichlichen Patentauslauf vorbereiten.

---

606 Vgl. Experten A–G.
607 Vgl. Experte B
608 Vgl. Experten B, E, und G.
609 Vgl. Experte A.

Allerdings beschreibt ein Experte die Gefahr, dass für klassische Medikamente, für welche die elementaren Durchbrüche in Sachen Neuentwicklung größtenteils bereits erzielt wurden, Probleme bei der Neuzulassung auftreten könnten – und zwar durch das strategische Zurückhalten von Neuerungen oder Verbesserungen an der den Patentauslauf betreffenden Rezeptur. Da durch das AMNOG ein konkreter Beleg über den Nutzen gegeben sein muss, damit das Medikament gestärkt bzw. überhaupt in die Preisverhandlungen gehen kann, könnten hier Abstriche zu verzeichnen sein, wenn nicht eine volle Innovationsleistung dargelegt wird – ein Zustand, der bei der Einbehaltung möglicher besonders innovativer Leistungen auftreten könnte. Weiterhin könnte dies im Hinblick auf die Patentanmeldung schwierig werden, da für jede Änderung des Medikaments potenziell eine neue Patentanmeldung erfolgen muss (bzw. kann, je nachdem wie stark der Grad an Neuerung tatsächlich ist), sodass ohne Patentschutz auf die mögliche Änderung auch ein Konkurrent bereits während der Patentlaufzeit versuchen könnte, das Medikament an sich zu verbessern und dann die erzielten Ergebnisse selbst patentieren lassen könnte. Abschließend könnten die zurückgehaltenen Verbesserungspotenziale natürlich auch zum Ende der Patentlaufzeit bereits obsolet sein, da zu diesem Zeitpunkt die schnelllebige Forschungslandschaft bereits viel weiter sein könnte[610].

Bei den komplexeren Biopharmazeutika sehen die Experten weniger Risiken, allerdings aufgrund des deutlich komplexeren Herstellungsverfahrens auch Schwierigkeiten, ein wirksames Medikament auf den Markt zu bringen, welches nicht die volle Leistung erzielt. Letztendlich wies ein Interviewpartner in diesem Zusammenhang auch auf die ethische Verpflichtung von Unternehmen hin, welche (in heilbaren Indikationen) stets die Heilung von Patienten anstrebt, weswegen er daher die strategische Zurückhaltung von Wirkstoffen für die spätere Nutzung als Patentauslaufstrategie kritisch bewertete[611].

Die zweite These kann daher nicht direkt bejaht, aber auch nicht verneint werden. So scheint besonders die pharmazeutische Branche noch nicht die vermeintlichen Potenziale einer Übertragung des Wissens aus anderen Branchen auf die eigene im Bereich Produktmanagement, so unterschiedlich die Produkte auch sein mögen, zu sehen, sondern vielmehr die Risiken und ethischen Komponenten der Situation als gegenwärtig ausschlaggebend zu priorisieren.

610 Vgl. Experte D.
611 Vgl. Experte B.

5.2.3 These 3a

Die dritte These bezieht sich im ersten Teil auf die Einbeziehung von neuen, bisher nicht direkt angesprochenen Zielgruppen, besonders für den Patentauslauf. Wie bereits in der Auswertung der Ergebnisse aus These eins werden hier zwei unterschiedliche Meinungsbilder für chemisch-synthetische Medikamente und Biopharmazeutika offensichtlich. Während die besonderen Potenziale von neuen Zielgruppen zwar bei allen Experten gesehen werden, scheinen die Erfolgsaussichten anhand des Medikamententypen zu differieren.

Übergreifend scheinen besonders Hersteller von Biopharmazeutika die Wichtigkeit anderer Zielgruppen früh erkannt zu haben und hier in der Vermarktung stärker auf Aufklärung der Öffentlichkeit und die Einbindung der Patienten, besonders durch Patienten-Support-Programme, zu setzen[612]. Auch der frühzeitige Beziehungsaufbau zu Krankenkassen kann im Moment noch genutzt werden, um die Kassen weiterhin von der Überlegenheit der eigenen Produkte im Vergleich zu Biosimilars zu überzeugen[613].

Auf der anderen Seite wurden ebenso Möglichkeiten für chemisch-synthetische Medikamente besprochen. Ähnlich wie bereits in der Theorie in einer Studie[614] aufgegriffen, sieht auch Experte A an dieser Stelle für klassische Medikamente die Option, stärker von den Erfahrungen aus dem OTC-Geschäft zu profitieren. Da immer mehr Unternehmen sowohl eine Rx als auch eine OTC-Sparte in ihrem Portfolio haben, äußerte der Experte, dass eine bessere Zusammenarbeit der beiden Bereiche für den Patentauslauf des verschreibungspflichtigen Medikaments genutzt werden könnte, da für die Apotheker bereits oftmals eine enge Beziehung zu einem Außendienstmitarbeiter des OTC-Bereichs besteht. Diese Spillover-Effekte könnten so für das verschreibungspflichtige Medikament genutzt und demnach auch der Apotheker in das Management nach dem Patentauslauf integriert werden[615].

Unterschiedlicher Auffassung sind hingegen die Experten, wenn es um die Integration der Krankenkassen in das Management von Patentausläufen geht. Hier sieht besonders Experte B die Zusammenarbeits-Bereitschaft der Krankenkassen als sehr gering an und betont das reine Kostenoptimierungsverhalten der Kassen[616]. Auf der anderen Seite sieht Experte A hier mehr Potenziale, da

612 Vgl. Experte B.
613 Vgl. Experte G.
614 Vgl. Suppliet, M. (2017): S. 2ff.
615 Vgl. Experte A.
616 Vgl. Experte B.

besonders vor dem Patentauslauf bereits adäquate Verträge mit den Versicherungen geschlossen werden könnten, von denen schließlich nach dem Patentauslauf profitiert werden könne. Krankenkassen seien durchaus an einer langfristigen und sicheren Behandlung der Patienten interessiert, ohne das Risiko einer Umstellung einzugehen[617]. Dementgegen sprechen allerdings andere Experten davon, dass selbst wenn ein Originalhersteller während der Patentauslaufzeit noch Verträge mit den Krankenkassen abschließen könne, diese nach Auslauf sehr wahrscheinlich auf eine günstigere Option umsteigen würden[618].

Somit kann für These 3a übergreifend festgehalten werden, dass ein zeitgemäßes Patentauslaufmanagement sehr wohl ebenso andere Zielgruppen als den Arzt umfasst, wenngleich die Einbeziehung nicht für alle Stakeholder gleich effektiv sein könnte. Besonders effektvoll wird dies für Biopharmazeutika, obwohl auch für die chemisch-synthetischen Medikamente noch Möglichkeiten gesehen werden, das Management des Patentablaufs dahingehend zu verbessern.

5.2.4 These 3b

Die Nutzung des Außendienstes in Kombination mit Multichannel Marketing als möglichem Ansatz einer Kommunikationsstrategie nach dem Patentauslauf wurde von den Experten gemischt aufgefasst, größtenteils allerdings, entgegen den Erwartungen der Autorin, als nicht sonderlich wirksam abgetan.

Experte A ging durchaus auf die Wichtigkeit des MCM und des Außendienstes für den Hersteller ein und hob dabei hervor, dass besonders die Verwendung von MCM-Maßnahmen vom Außendienst langsam an den Arzt herangetragen werden muss. Schließlich müsse dieser lernen, mit den unterschiedlichen Medien umzugehen und die Informationen abzurufen, die er erhalten möchte, sodass es vielleicht einen kleinen Effekt für den Patentauslauf haben könnte. Konträr zu dieser Aussage bezweifelten die anderen Experten recht einstimmig die Wirksamkeit der Maßnahme für den Patentauslauf, besonders für chemisch-synthetische Medikamente[619].

Ein etwas anderes Bild ergab sich bei den Biopharmazeutika, da hier deutlich stärker das Potenzial besteht, dass der Arzt auch nach dem Patentauslauf weiter von dem Medikament überzeugt ist bzw. überzeugt werden kann. Hierfür eignen sich im Vergleich zu den „einfachen" Präparaten sowohl der Außendienst als auch Multichannel Marketing. Somit kann die beschriebene Option für diesen

---

617 Vgl. Experte A.
618 Vgl. Experten B und G.
619 Vgl. Experten A-G.

Fall einen Mehrwert liefern, obwohl die Experten auch hier betonen, dass dieser wahrscheinlich nicht auf Dauer bestehen werde und dass auch hier die Biosimilars irgendwann einen ähnlich akzeptierten Platz in der Gesellschaft einnähmen, wie es die Generika bereits tun[620].

Somit muss insgesamt die Bedeutung des MCM und des angepassten Außendienstes für chemisch-synthetische Produkte angezweifelt werden, während auf der anderen Seite noch Chancen für die Biopharmazeutika bestehen.

5.2.5 These 4

Für These Nummer vier wurden mit den Experten auch mögliche Determinanten für die Auswahl einer Patentauslaufstrategie besprochen. Hierbei wurden Loyalität und Markenstärke als wesentliche Parameter diskutiert, welche bei der Wahl von Strategien bedacht werden sollten.

Ähnlich der Annahme der Autorin, allerdings deutlich klarer, sprechen besonders Experten B, C, D, und F davon, dass besonders für chemisch-synthetische Präparate Loyalität und Markenstärke entweder keinerlei Einfluss auf den Erfolg nach dem Patentauslauf oder nur geringe Bedeutung für bestimmte Strategien haben. Im Hinblick auf die geringe Bedeutung wurde der Rx-to-OTC-Switch aufgegriffen, da hier logischerweise extrem auf die Marke und Loyalität des Patienten gesetzt werden müsse. Weiterhin bestünde auch die Möglichkeit, direkt mit den Konsumenten für Marketingmaßnahmen in Kontakt zu treten, sodass die Stärkung der Marke, gerade gegenüber den bekannten Generikaherstellern ein Muss sei, um im Markt bestehen zu können[621]. Ein gutes Beispiel hierfür stellt bspw. Aspirin von Bayer dar, wenngleich dieses Szenario natürlich nur für sehr viel weniger Medikamente tatsächlich in Frage kommen kann.

Unklar ist bei dem Ganzen hingegen, inwieweit und wie lange dies bei den Biopharmazeutika tatsächlich wirken kann. So warf besonders Experte B ein, dass dies bis dato noch nicht abschließend bewertet werden könne, da bisher kaum Biopharmazeutika aus dem Patent gelaufen seien, als dass abschließende Auswertungen im Hinblick auf die Konstrukte Loyalität und Markentreue abgeleitet werden könnten. Hier könnten allerdings deutlich stärkere Potenziale genutzt werden, als bei den klassischen chemisch-synthetischen Medikamenten, sodass die Nutzung von Loyalität und Markenstärke zunächst Einfluss auf die Wahl von Strategien nehmen sollte[622].

---

620 Vgl. Experten C, D, und F.

621 Vgl. Experten B, C, D, und F.

622 Vgl. Experte B.

Somit ist These vier als belegt anzusehen. Auch wenn dies für chemisch-synthetische Medikamente nur dann als vielversprechend zu werten ist, wenn das Präparat für einen möglichen Rx-to-OTC-Switch angedacht ist, scheinen hier besonders für Biopharmazeutika gute Ansatzpunkte zu bestehen, ein zeitgemäßes und marketingbasiertes Management von Patentausläufen auf Loyalität und Markenstärke aufzubauen.

5.3 Resümee der sonstigen Ergebnisse

Mit der durchgeführten explorativen Expertenbefragung sollte untersucht werden, inwiefern aus dem klassischen Marketing generierte Überlegungen auch für die pharmazeutische Branche im Allgemeinen und den Fall des Patentauslaufs im Speziellen angewandt werden könnten. Zunächst kann diese Frage lediglich mit „teilweise" beantwortet werden. Eine klare Antwort wie entweder „ja" oder „nein" kann nur dann getroffen werden, wenn eine strikte Unterscheidung zwischen den beiden Hauptproduktgruppen der pharmazeutischen Branche getroffen wird, den chemisch-synthetischen Medikamenten und den Biopharmazeutika. Mit dieser Haupterkenntnis wird nun ein abschließendes Resümee der sonstigen generierten Ergebnisse aus den Interviews gezogen, bevor die final zu formulierenden Implikationen für die Theorie und Praxis folgen.

Übergreifende weitere interessante Gedanken und Ansätze ergaben sich aus den anderen Gesprächsthemen mit den Experten. Während die Einleitung der Interviews zunächst lediglich in das Themenfeld der Befragung einführen sollte, stellte bereits der erste Abschnitt eine gewinnbringende Diskussion mit den Teilnehmern der Interviews dar. Während in der Literatur mehrfach die These propagiert wird, dass klassische Blockbuster wahrscheinlich nicht mehr ewig Bestand haben werden, sondern diese eher von „Nichebustern" oder Ähnlichem ersetzt werden, sprachen sich hier die meisten Experten anders aus. So werde die Erforschung von klassischen Blockbustern natürlich immer schwieriger, dennoch werde es auch in Zukunft sehr erfolgreiche Medikamente, besonders im Bereich der Biopharmazeutika, geben[623]. Nichtsdestotrotz stelle der Patentablauf eines jeden Medikaments ein Problem für einen Hersteller dar, ob dieses nun ein Blockbuster sei oder nicht, denn sobald irgendein Potenzial der Generika- oder Biosimilarhersteller gesehen würde, würden diese in den Markt eintreten und die Marktmacht des Originalherstellers angreifen. Dies sei besonders bei Orphan Drugs zu beobachten, welche durchaus meist eine deutlich kleinere

623 Vgl. Experten A und B.

Gewinnsumme als die benötigten 1 Mrd. EUR erzielen. Daher ist die Fragestellung, inwieweit besonders Blockbuster von dem Auslauf eines Patents getroffen werden, als eher unwichtig einzustufen. Der Verlust eines jeden Patents kann einschneidend für den Hersteller sein, ob dieses Medikament ein Blockbuster ist oder nicht.

Die Folgen eines Patentauslaufs werden (wie in der Literatur) in der Praxis ebenfalls stets als „gravierend“[624], „extrem“[625] oder „drastisch“[626] beschrieben. Somit stimmen die in der Literatur als verheerend dargestellten Situationen nach dem Patentauslauf auch so mit der praktischen Wirtschaft überein. Allerdings wurde hier einmal mehr auf den Unterschied zwischen chemisch-synthetischen Medikamenten und den Biopharmazeutika hingewiesen, da der genaue Ablauf nach dem Patentauslauf noch nicht final abgeschätzt werden könne, sondern lediglich Vermutungen auf Basis von wenigen Beispielen getroffen werden könnten, sodass hier auch noch andere Optionen genutzt werden sollten als bei klassischen Medikamenten[627].

Einen weiteren interessanten Punkt brachte erstaunlicherweise nicht etwa ein Unternehmensberater, sondern vielmehr ein Experte aus einem pharmazeutischen Unternehmen auf. So bemängelt besonders Experte A die immer noch nicht ausreichend konsequent umgesetzte Patientenfokussierung in der Branche. Während zumeist, und ganz besonders nach dem Patentauslauf, immer noch zu viele Unternehmen das Management des Patentauslaufs auf der reinen Produktwirksamkeit basieren, könnte eine kommunizierte Message mit klaren Patientenvorteilen gewinnbringender sein, als die Kommunikation reiner Produktvorteile. Besonders für chemisch-synthetische Medikamente, die durch eine besondere Darreichungsform die Einnahme für den Patienten verbessern, sollte diese stärker hervorgehoben werden[628]. Für Biopharmazeutika auf der anderen Seite, könnte noch etwas stärker von der reinen Wirksamkeit der Produkte profitiert werden, allerdings kann auch dieser Vorteil in Zukunft verpuffen und der Patientenfokus sollte daher auch hier konsequent umgesetzt werden[629].

Nachdem die Einschätzungen der Experten zu den aufgestellten Thesen diskutiert wurden, sowie auf weitere interessante Erkenntnisse aus den Interviews eingegangen wurde, muss zunächst moderierend festgehalten werden, dass die

624 Vgl. Experte B.
625 Vgl. Experte A.
626 Vgl. Experte C.
627 Vgl. Experte B.
628 Vgl. Experte A.
629 Vgl. Experten C, D, und F.

Anzahl der geführten Interviews im Vergleich zu anderen Branchen und Fragestellungen natürlich in ihrer Menge limitiert war. Dennoch konnten größtenteils übereinstimmende und daher gewinnbringende Erkenntnisse generiert werden, ^dass die Befragung als sinnvoll und weitestgehend abschließend für diese Dissertation gewertet werden kann, da mit den letzten Interviews lediglich zustimmende aber kaum neue Erkenntnisse generiert werden konnten, sodass eine Informationssättigung erreicht wurde. Durch diese Herangehensweise konnten so nicht nur aus der Literatur abgeleitete Ansätze mit deren praktischer Anwendbarkeit angereichert, sondern ebenso neue Aspekte aufgegriffen werden, welche so in der Literatur bisher keinen Einzug gefunden hatten. Das folgende Kapitel beschreibt nun Implikationen, welche aus den bisher dargelegten Informationen abgeleitet werden konnten.

6 Implikationen für Theorie und Praxis

Nachdem sowohl die theoretische Aufarbeitung des Themas als auch eine praktische Überprüfung der davor generierten Ergebnisse erfolgt ist, stellt das folgende Kapitel die wesentlichen Handlungsempfehlungen für die Marketingtheorie und -praxis zusammen. Somit kann das normative Erkenntnisziel dieser Dissertation erfüllt werden und ein Beitrag zur aktuellen Forschungslage rund um das Themenfeld der Patentauslaufstrategien im Bereich Pharmamarketing geleistet werden.

In einem ersten Schritt werden die vorgestellten Theorien den strategischen Marketingoptionen zugeordnet. Anschließend werden allgemeingültige Handlungsempfehlungen für ein Patentauslaufmanagement abgeleitet. Nachdem diese grundsätzlichen Empfehlungen ausgesprochen wurden, wird spezifisch auf unterschiedliche Marktszenarien der chemisch-synthetischen Medikamente und der Biopharmazeutika eingegangen, in denen sich Hersteller nach dem Patentauslauf befinden können. Abschließend wird eine Anleitung zur Auswahl der jeweiligen Strategien vorgestellt, wie diese Anwendung in der Realität finden und somit, basierend auf den Erkenntnissen dieser Dissertation das Management von Patentausläufen optimieren könnte. So kann neben dem normativen Handlungsziel dieser Arbeit auch die übergreifende Forschungsfrage eines zeitgemäßen Patentauslaufmanagements unter Zuhilfenahme von strategischen Marketingoptionen erörtert werden.

6.1 Theoretische Implikationen: Einteilung in strategische Marketingoptionen

Durch die Einteilung in die strategischen Marketingoptionen *Beibehaltung*, *Diversifikation*, *Reduktion*, *Konversion* und *Multiplikation* nach Meyer und Mattmüller kann die Grundausrichtung der jeweiligen Strategien im Sinne vom Herantreten an die (finale und subfinale) Zielgruppe und Veränderungsgrad des Angebotes übersichtlich dargestellt und von Entscheidungsträgern erfasst werden. Demnach bietet diese Einteilung eine sinnvolle Erweiterung bzw. Weiterführung bisheriger Ansätze, da sie die Strategien nicht nach ihrer grundsätzlichen Funktion im Sinne von Preisstrategie, Produktstrategie, etc. aufteilt, sondern vielmehr direkt zeigt, an welchen Stellschrauben angesetzt werden kann bzw. muss, um die jeweilige Strategie anwenden zu können. Eine Übersicht der Einteilung der möglichen Strategien in die unterschiedlichen strategischen

Marketingoptionen nach Meyer und Mattmüller gibt folgende Abbildung (Abbildung 10).

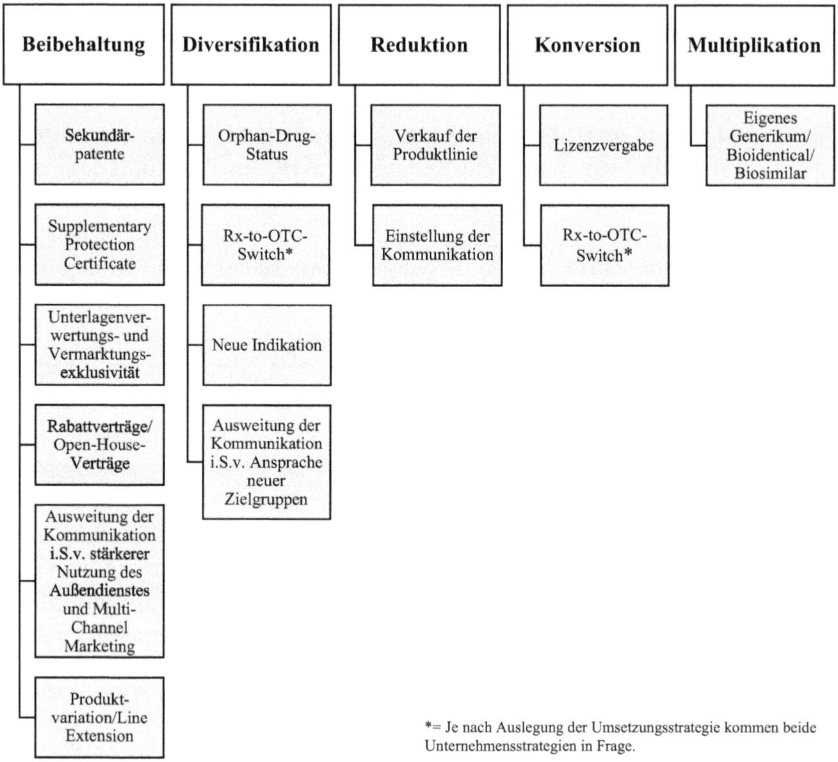

Abbildung 10: Übersicht der strategischen Marketingoptionen für den Patentauslauf

Eine Erklärung der jeweiligen Einteilung der Umsetzungsstrategien (grau hinterlegt) in die Unternehmensstrategien (weiß hinterlegt) folgt in den nächsten Unterkapiteln, bevor Handlungsempfehlungen abgeleitet werden.

6.1.1 Beibehaltungsstrategien

Unter der strategischen Marketingoption der Beibehaltung wird – sinnlogisch dem Namen entsprechend – keinerlei strukturelle geschäftsfeldrelevante Veränderung des Angebots und der finalen oder subfinalen Zielgruppe verstanden. Zu dieser Gruppe der Unternehmensstrategie zählen die meisten der aufgeführten Umsetzungsstrategien.

Unter Beibehaltungsstrategien fallen hauptsächlich juristische Optionen, sprich die Anmeldung eines Sekundärpatents, die Beantragung eines SPCs sowie von der Unterlagenverwertungs- oder Vermarktungsexklusivität zu profitieren, abgesehen jedoch von der Orphan Drug-Strategie. Sollten die Strategien erfolgreich sein, wird lediglich ein verstärkter Schutz für das bestehende Präparat erwirkt, wodurch sich die Dauer der exklusiven Marktposition verlängert und das Medikament weiterhin durch andere Schutzmechanismen gesichert wird.

Preisstrategien können grundsätzlich als Beibehaltungsstrategien klassifiziert werden, da weder das Angebot noch die finalen oder subfinalen Zielgruppen geändert werden, sondern lediglich der Preis. Während die Strategien der Preissenkung, Erhöhung oder Beibehaltung jedoch kaum mehr in der Realität genutzt werden, sondern vielmehr der Eintritt in einen Rabatt- oder Open-House-Vertrag vorgezogen wird, wird final also nur diese letzte Option weiter in dieser Dissertation betrachtet und der Beibehaltung zugewiesen, obwohl alle anderen auch eine Beibehaltung dargestellt hätten.

Die Ausweitung der Kommunikation kann teilweise unter die Beibehaltung fallen. Das Angebot an sich wird bei der stärkeren Nutzung des Außendienstes und Multichannel Marketing nicht verändert, gleiches gilt für die finale oder subfinale Zielgruppe des Präparats. Einzige Ausnahme hiervon bildet die Kommunikation an neue Zielgruppen (nämlich Krankenkassen oder Apotheker), da sich hierdurch die subfinale Zielgruppe ändert und die Umsetzungsstrategie daher eher als Diversifikation bezeichnet werden muss.

Die letzte Umsetzungsstrategie, welche als Beibehaltung bezeichnet werden kann, ist die Nutzung von Produktvariationen oder sogar Line Extensions. Hierbei werden alle Achsen des Geschäftsfeldes konstant gehalten und das Angebot nur unwesentlich angepasst. Dies ist bspw. dann der Fall, wenn mehrere (Darreichungs-)Formen eines Medikaments parallel auf dem Markt auftreten (z.B. in Tabletten- und Cremeform).

6.1.2 Diversifikationsstrategien

Die Diversifikation beschreibt eine Ausweitung des Angebots und bzw. oder, entsprechend der jeweiligen Dimensionalität der Strategie, der finalen und/oder subfinalen Zielgruppe. Nach der Beibehaltung umfasst die Diversifikation die zweitmeisten – in dieser Dissertation – vorgestellten Strategien.

Als eine Diversifikation ist daher die Anpassung hin zu einer Orphan Drug zu bezeichnen. Hierbei wird wahrscheinlich eine andere Zielgruppe angesprochen und teilweise sogar das Angebot noch marginal angepasst. Es kann daher von einer Diversifikation gesprochen werden, da die Verwendung eines bestehenden Präparats durch einen Nebeneffekt auch für eine seltene Krankheit genutzt werden und daher neben der primären Zielgruppe auch eine weitere, deutlich kleinere Gruppe an Patienten mit dem gleichen Medikament behandelt werden kann.

Eine zweite Umsetzungsstrategie, die ebenfalls unter die Diversifikation fallen kann, ist der Rx-to-OTC-Switch, sprich die Wandlung eines verschreibungspflichtigen Präparats zu einem freiverkäuflichen, apothekenpflichtigen Medikament. Auf der einen Seite kann hierbei das bestehende Präparat mit einem angepassten Leistungsangebot, meist einer deutlich geringeren Dosierung, entweder unter der gleichen Marke oder einer etwas angepassten, dennoch ähnlichen Marke (wie bspw. durch einen Zusatz zum eigentlichen Markennamen), neben der Rx-Marke vertrieben werden. Durch das angepasste Leistungsangebot können so weitere Zielgruppen erreicht werden, welche so vorher nicht Teil der finalen Zielgruppe waren (da sie z.B. nicht so schwer erkrankt sind, dass sie das Medikament verschrieben bekommen müssten). Weiterhin wird so auch potenziell die subfinale Zielgruppe geändert, wenn sich Patienten statt an einen Arzt an einen Apotheker wenden können, um ein Medikament zu erhalten. Dadurch kann ein zweites Geschäftsfeld entstehen und es kann sich um eine Diversifikation handeln[630]. Auf der anderen Seite gibt es die Option, ein Medikament nur noch als OTC-Medikament zu verkaufen. In diesem Fall handelt es sich eher um eine Konversionsstrategie.

Als dritte Umsetzungsstrategie bedeutet die Ausweitung der Zulassung auf eine neue Indikation recht offensichtlich eine Diversifikation. Hierbei kann mit einem gleichen Angebot eine neue finale und vielleicht sogar subfinale Zielgruppe erreicht werden, sollte es sich um spezielle Medikamente handeln, welche hauptsächlich von Fachärzten und weniger von Hausärzten verschrieben werden[631].

Die letzte Diversifikationsstrategie ist, wie bereits beschrieben, die Ausweitung der Kommunikation durch die Nutzung neuer Zielgruppen. Da hier eine neue subfinale Zielgruppe angesprochen wird, wie z.B. der Apotheker, handelt es sich um eine wesentliche Veränderung und sollte daher als neues Geschäftsfeld betrachtet werden.

630 Ein typisches Beispiel hierfür ist Schmerzmittel, was oftmals leicht dosiert freiverkäuflich ist, während jedoch hohe Dosierungen stets von einem Arzt verschrieben werden müssen.

631 Ein Beispiel hierfür wäre Humira von AbbVie, was für unterschiedliche Krankheiten wie Morbus Crohn, aber auch Psoriasis zugelassen ist.

6.1.3 Reduktionsstrategien

Von einer Reduktion ist die Rede, wenn ein Leistungsbereich und/oder eine Zielgruppe nicht weiter angesprochen wird.

Diese Situation tritt im vorliegenden Fall dann auf, wenn eine Produktlinie verkauft wird. In dieser Situation wird von da an weder die gleiche noch eine angepasste Leistung weiterhin angeboten, noch wird die finale oder subfinale Zielgruppe weiterhin angesprochen.

Eine weitere Option stellt die Einstellung der Kommunikation dar. Aufgrund der inhaltlichen Zielsetzung handelt es sich hierbei nicht um eine Beibehaltung, da diese Maßnahme im Sinne des „Downsizing" die negativen Effekte einer Stilllegung des Geschäftsfeldes abmildern soll, indem zwar keinerlei Kommunikation mehr betrieben wird, das Medikament aber dennoch in seiner ursprünglichen Form weiterhin zu erwerben ist. Daher ist diese Umsetzungsstrategie ebenfalls als Reduktion zu klassifizieren.

6.1.4 Konversionsstrategien

Die vierte strategische Marketingoption ist die Konversion. Hierbei wird ein bisher bearbeitetes Geschäftsfeld durch ein neues substituiert, wobei allerdings die vorhandenen Ressourcen des ausgetauschten Geschäftsfeldes für das neue genutzt werden und somit eine Kombination aus Diversifikation und Reduktion entstehen kann. Es gibt im vorliegenden Fall zwei Möglichkeiten, eine Konversionsstrategie zu nutzen, die Lizenzvergabe oder der Rx-to-OTC-Switch.

Die Lizenzvergabe erlaubt es einem anderen (Generika-/Biosimilar-)Hersteller, ein Medikament zu erzeugen und vertreiben, während der Originalhersteller hierfür eine vereinbarte Entlohnung erhält. Dadurch werden Ressourcen des Originalanbieters nicht reduziert, sondern können vollständig für die Erforschung eines anderen Medikaments verwendet werden, sodass in diesem Fall eine Konversion vorliegt.

Eine Konversion kann ebenfalls dann vorliegen, wenn wie bereits beschrieben, ein Rx-to-OTC-Switch so durchgeführt wird, dass am Ende lediglich die OTC-Version des Medikaments bestehen bleibt, während das verschreibungspflichtige Medikament vom Markt genommen wird.

6.1.5 Multiplikationsstrategien

Abschließend stellt die Option der Multiplikation eine reine Vervielfältigung des Angebots dar, ohne dies jedoch inhaltlich anzupassen. Genauso kann die

Multiplikation allerdings auch rein aus der Vervielfachung von nur dem Angebot oder nur der Zielgruppe oder einer Kombination aus beiden Bereichen bestehen.

Diese Möglichkeit tritt dann auf, wenn ein Unternehmen ein eigenes Generikum herstellt, bzw. im Fall der biotechnologischen Präparate, ein eigenes Bioidentical oder Biosimilar des eigenen Originalpräparats. Hierbei wird die Leistung relativ unverändert[632] repliziert, während teilweise die gleiche finale und subfinale Zielgruppe angesprochen wird, allerdings mit einer anderen Marke. Besonders im Fall der extrem teuren Biopharmazeutika kann es auch zu neuen Patienten oder Ärzten für die Zielgruppe bei größtenteils gleichem Angebot kommen, da viele Patienten erst im Fall von günstigeren Optionen auf ein Biopharmazeutikum eingestellt werden, sollten keine schwere Form der Krankheit vorliegen. Dennoch gehören sie zum gleichen Kreis der potenziellen Patienten.

Während diese Umänderung der Marke eine Multiplikation darstellt, kann die Überlegung aufkommen, weshalb nicht der Rx-to-OTC-Switch ebenfalls als Multiplikation anzusehen ist. Im Vergleich zu einem Rx-to-OTC-Switch, welcher entweder eine Diversifikation oder Konversion darstellt, ist ein eigenes Generikum, Biosimilar oder Bioidentical eine Multiplikation, da hier weiterhin im gleichen Markt verblieben wird. Durch die Umwandlung zu einem apothekenpflichtigen, freiverkäuflichen Präparat kann in einen vollkommen anderen Markt eingetreten werden, sodass eher eine Diversifikation oder Konversion vorliegen kann.

6.2 Handlungsempfehlungen für ein zeitgemäßes Patentauslaufmanagement

Nachdem nun die Einteilung der in der Literatur diskutierten Patentauslaufstrategien in die strategischen Marketingoptionen nach Meyer und Mattmüller vorgenommen wurde, gilt es nun, neben dieser ersten Erkenntnis, Handlungsoptionen für die Hersteller und Branche basierend auf den theoretischen und praktischen Erkenntnissen zu formulieren. Das folgende Unterkapitel widmet sich zunächst den allgemeinen Handlungsempfehlungen, welche sowohl an die Hersteller eines Medikaments mit ausgelaufenem Patentschutz adressiert sind,

632 Auch wenn dies im Fall der Biosimilars und Bioidenticals natürlich aufgrund der Herstellungsweise nicht immer der Fall ist und doch Unterschiede im finalen Produkt auftreten können.

aber auch die anderen Stakeholder der Branche in Teilen betreffen. Danach folgen konkrete Handlungsempfehlungen für die Hersteller von chemisch-synthetischen Medikamenten auf der einen und für die Hersteller von Biopharmazeutika auf der anderen Seite.

6.2.1 Allgemeine Handlungsempfehlungen für die Hersteller und die Branche

Folgende übergreifende Handlungsempfehlungen können ausgesprochen werden:

(1) Wie bereits angedeutet, gestaltet sich der Patentauslauf eines rein tablettenbasierten Wirkstoffes deutlich schwieriger als ein Wirkstoff in Kombination mit einer besonderen Anwendungsform. Der Patentauslauf muss daher genau auf die gegebene Indikation und Wirkstoffdarreichungsform angepasst werden und kann nicht analog bzw. per se für jedes Medikament gleich gestaltet werden. Auch wenn die Auflistung der unterschiedlichen Strategien in dieser Arbeit eine Anwendung auf alle Medikamente zu erlauben scheint, unterscheidet sich diese dennoch sehr stark anhand ihrer Anwendbarkeit für den individuellen Patentauslauf eines Präparats. Daher müssen Entscheidungsträger sehr stark differenzieren, wo weiterhin der KKV eines Medikaments nach dem Patentauslauf liegen kann und welche Möglichkeiten dieser im Vergleich zu den generischen oder biosimilaren Produkten bietet. Kann hierauf keine klare Antwort gefunden werden, ist es extrem schwierig eine erfolgreiche Patentauslaufstrategie besonders unter Zuhilfenahme von strategischen Marketingoptionen durchzuführen.

(2) So individuell wie die Situationen eines Patentauslaufs sein können, einen Startpunkt des Patentauslaufmanagements sollten alle Hersteller während der Patentlaufzeit ansetzen. Um wirklich einen Wettbewerbsvorteil nach dem Patentauslauf einbringen zu können, sollten langfristige Beziehungen nicht nur mit den offensichtlichen Stakeholdern, sondern vielmehr mit allen relevanten Interessensgruppen aufgebaut werden. Dies basiert darauf, dass die Adressaten von Patentauslaufstrategien über den klassischen Adressaten (Arzt) hinausgehen müssen. Während der Arzt zwar weiterhin einen hohen Stellenwert in der Versorgungskette hat, kann ein erfolgreiches Management nicht alleine auf der Interaktion mit dem Arzt beruhen. Vielmehr müssen neben dem Arzt auch die anderen, wichtigsten Stakeholder Patienten, Krankenkassen und Apotheker im Rahmen der rechtlichen Möglichkeiten in das Management miteinbezogen werden, da sie einen mittlerweile immer wichtigeren Teil in der Auswahl eines Medikaments spielen. Dies

kann allerdings nur dann gewinnbringend erreicht werden, wenn bereits während der Patentlaufzeit eine positive Beziehung mit eben diesen Stakeholdern geschaffen werden konnte. Daher sollten Unternehmen über den Tellerrand der typischen Vermarktung hinweg schauen und bis dato eher weniger beachtete Gruppen, vorbereitend für den Patentauslauf, mit in den Fokus rücken.

(3) Wie bereits in den ersten beiden Handlungsempfehlungen aufgegriffen wurde, kann auch eine über Jahre aufgebaute, positive Beziehung nur dann nach dem Patentauslauf Früchte tragen, wenn weiterhin ein Vorteil gegenüber der Konkurrenz in der einen oder anderen Weise besteht. Auf dieser Grundannahme basiert die dritte Handlungsempfehlung. So zielt diese Empfehlung darauf ab, dass eine stetige Verbesserung des Produkts und seiner Darreichungsform von Nöten ist, um nach dem Patentauslauf in den unterschiedlichen Handlungsspielräumen erfolgreich sein zu können. Ohne kontinuierliche Forschung bis hin zum Patentauslauf kann weder ein juristischer, noch ein marketingbasierter Vorteil gehalten oder geschaffen werden. Dies bedeutet, dass während der Patentlaufzeit zwingend weitere Forschung – natürlich neben der Forschung an gänzlich neuen Wirkstoffen – für die Verbesserung des Produkts getätigt werden muss, damit für den Patentauslauf eine Basis auf Produktseite vorliegt. Um diesen Prozess effektiver und einfacher zu gestalten, könnte ein weiterer, allerdings risikobehafteter Ansatzpunkt sein, dass ähnlich wie in anderen Branchen üblich, bereits während der initialen Erforschung eines Medikaments dieses in seinem „genetischen Code" mit gewissen Merkmalen ausgestattet wird, welche über den Produktlebenszyklus eingesetzt werden können bzw. auf die später im Lebenszyklus zurückgegriffen werden kann, gerade wenn die Erforschung anderer, neuer Wirkstoffe nicht derart positiv verläuft wie vielleicht anfänglich antizipiert. Durch dieses Lebenszyklusmanagement statt eines reinen Patentauslaufmanagements können optimierte Möglichkeiten entstehen, weiterhin von einem vermeintlich nicht mehr margenstarken Produkt zu profitieren.

(4) Weiterhin sollte die (Marketing-)Ausrichtung der pharmazeutischen Hersteller noch deutlich konsequenter als bisher die Patientenfokussierung statt einer Produktfokussierung anstreben. Zwar wird diese Durchsetzung von den meisten Unternehmen propagiert, die tatsächliche Umsetzung davon ist allerdings teilweise mangelhaft. Daher muss hier, besonders auch für den Patentauslauf, eine stärkere Patientenorientierung umgesetzt werden, welche so dann auch für den Patentauslauf genutzt werden kann. Wenn also der Patient im Zentrum der Orientierung eines Unternehmens steht, kann

sich dies besonders nach dem Patentauslauf lohnen. So sollten bspw. Unternehmen, welche – wie bereits angesprochen – keinen zusätzlichen Mehrwert außer der reinen Originalhersteller-Formel bieten können, eine andere Preisstrategie im Sinne des Patienten verwenden, als Hersteller, welche tatsächlich ein überlegenes Angebot (bspw. durch zusätzliche Darreichungsformen) vorweisen können. Durch eine klare Patientenfokussierung sollte es also langfristig möglich sein, weg von einer Push- hin zu einer Pull-Strategie überzugehen, sodass die Zielgruppen ein Präparat nach dem Patentauslauf weiterhin aktiv nachfragen.

(5) Alle bereits dargestellten Handlungsempfehlungen basieren auf einer Annahme: der konsequenten und systematischen Datengenerierung und Datenerfassung auf allen Seiten. Daten müssen noch zielgerichteter gesammelt und ausgewertet werden. Nur durch eine vollkommen strukturierte Sammlung aller relevanten Daten kann eine marketingbasierte Strategie für den Patentauslauf gelingen. Auch wenn dies für viele Branchen bereits eine gängige Handhabe ist und natürlich auch in Sachen Datenschutz hier immer das Recht eines Einzelnen beachtet werden muss, müssen gerade die pharmazeutischen Hersteller ihre Fähigkeiten weiter ausbauen. Besonders im Vergleich zu Start-Ups und Tech-Unternehmen, welche immer mehr in den Gesundheitsmarkt eindringen, handeln die pharmazeutischen Hersteller immer noch sehr zurückhaltend, obwohl viel mehr Daten, besonders durch den Außendienst, durch Kontakt zu Patienten oder den anderen Stakeholdern generiert werden könnten.

Neben diesen allgemein abgeleiteten Handlungsempfehlungen werden sich die nächsten beiden Unterkapitel mit spezifischen Handlungsempfehlungen für die Hersteller von chemisch-synthetischen Medikamenten und Biopharmazeutika befassen. Danach werden mögliche Parameter für die Auswahl von geeigneten Patentauslaufstrategien für einen pharmazeutischen Originalhersteller vorgestellt, welche unterstützend wirken können und so ein effizienteres Handeln ermöglichen sollen.

6.2.2 Handlungsempfehlungen für die Hersteller von chemisch-synthetischen Medikamenten

Besonders Hersteller von chemisch-synthetischen Produkten befinden sich meist in keiner einfachen Situation, wenn es um das Management von Patentausläufen geht. Natürlich ist diese Situation für jeden Hersteller mit Herausforderungen verbunden, dennoch kann festgehalten werden, dass Medikamente in einfacher Tablettenform, ohne sonstige Darreichungsformen oder Besonderheiten, noch stärkere Schwierigkeiten haben werden, nach dem Patentauslauf weiterhin erfolgreich auf dem Markt zu agieren. Trotz dieser recht negativen Erkenntnis, kann dennoch eine spezifische Handlungsempfehlung für diese Hersteller abgeleitet werden:

So sollte für den Patentablauf besonders auch im Bereich der internen Zusammenarbeit und Vernetzung innerhalb der pharmazeutischen Hersteller mehr getan werden – gerade bei Herstellern von chemisch-synthetischen Medikamenten, welche oftmals mehrere Geschäftsbereiche haben und mögliche Synergieeffekte zwischen diesen zu wenig nutzen. So haben eine Reihe von Herstellern entweder selbst bereites ein OTC-Angebot oder arbeiten eng mit einem solchen Hersteller in diesem Bereich zusammen. Hier könnte also vielmehr von den Erfahrungen aus dem Bereich OTC, gerade für die Zusammenarbeit mit dem Apotheker, auch für den Bereich Rx profitiert werden. Hierdurch könnten bisherige Versäumnisse im Bereich des Beziehungsaufbaus mit dem Apotheker wahrscheinlich leichter durch die guten Beziehungen aus dem Bereich OTC aufgeholt werden. Wenngleich es in diesem Bereich bisher kaum Forschungsergebnisse gibt, tun sich hier eine Reihe an Möglichkeiten auf, wenn man die Zusammenlegung einer speziellen Gruppe an Außendienstlern in einem Unternehmen zumindest andenken würde, so z.B. in einer Patentauslauf-Division bzw. zumindest in einer Patentauslauf-Arbeitsgruppe, welche sich aus Vertretern des Rx- und OTC-Geschäfts bilden könnte. Weiterhin könnten hier für den – zwar nicht pauschal einsetzbaren, aber dennoch möglichen – Weg des Rx-to-OTC-Switches wichtige Informationen gesammelt werden. Dies würde den Einstieg des vorhandenen Präparats in den OTC-Markt erleichtern, da wichtige Kenntnisse und Qualitäten in diesem Bereich bereits im Unternehmen vorhanden sind. Somit sollte auf die sich im Unternehmen befindlichen Erfahrungen im Bereich OTC zurückgegriffen und hier für den Patentauslauf, soweit möglich, Lehren gezogen werden.

6.2.3 Handlungsempfehlungen für die Hersteller von Biopharmazeutika

Im Vergleich zu den soeben diskutierten Herstellern von chemisch-synthetischen Medikamenten, haben die Hersteller von Biopharmazeutika einige wesentliche Vorteile. So ist die Konkurrenzsituation nach dem Patentauslauf bei weitem noch nicht so intensiv, wie dies bei den chemisch-synthetischen Medikamenten der Fall ist. Generika sind fast in allen Bereich der „klassischen" Medizin angekommen und einem Austausch in der Apotheke ist nahezu nichts entgegenzusetzen. Diese Situation ändert sich, wenn man den Markt der Biopharmazeutika anschaut. Der Austausch gegen ein Biosimilar ist derzeit noch verboten; ein Austausch ist lediglich gegen die so nah wie möglich am Original produzierten Bioidenticals möglich. Hier sind allerdings noch lange nicht die Sicherheit und Akzeptanzwerte von Generika erreicht, sodass das Management eines Patentauslaufs eines Biopharmazeutikums noch anders ablaufen muss bzw. kann, als dies bei den chemisch-synthetischen Medikamenten der Fall ist. Daher können auch hier spezifische Handlungsempfehlungen formuliert werden:

(1) In der Ausgestaltung einer Kommunikationsstrategie nach dem Patentauslauf bieten sich durch die Nutzung von MCM und Außendienst weiterhin Potenziale für die Hersteller von Biopharmazeutika. Hierbei geht es darum, den relevanten Stakeholdern, in diesem Fall primär den Ärzten, langfristig die Zusammenarbeit über diverse Kanäle und mit unterschiedlichem inhaltlichen Fokus näher zu bringen. So kann nicht nur ein besseres Verhältnis zwischen Arzt und Außendienst hergestellt, sondern auch ein besonderer Kundenvorteil generiert werden, wenn ein inhaltlich anderer Fokus gesetzt wird und so bzw. auch ein stärkerer Patientenfokus erreicht werden kann.

(2) Basierend auf der vorherigen Argumentationslinie sollten für den Patentauslauf von Biopharmazeutika die Konstrukte Marke und Loyalität genutzt werden, solange die Marktsituation dies erlaubt. Solange die biosimilaren Präparate noch keine derartige Akzeptanz wie die Generika erreicht haben, sollte eine möglichst intensive Beziehung und sogar Loyalität der beteiligten Patienten und Ärzte aufgebaut werden. Dies sollte primär über den Schaffung einer starken Marke geschehen, welche sogar Abstrahlungseffekte auf die anderen Stakeholder haben könnte, konkret auf Apotheker oder Krankenkassen. Durch eine klare Positionierung bei allen Beteiligten kann so im Moment noch ein Vorteil gegenüber der Konkurrenz geschaffen werden.

(3) Biopharmazeutika-Hersteller befinden sich meist in einem Markt, besonders nach dem Patentauslauf, der sich nicht zwingend durch eine derart hohe Anzahl von Wettbewerbern auszeichnet, wie dies im chemisch-synthetischen Markt der Fall sein kann, da in ersterem besonders hohe Eintrittskosten für andere Unternehmen vorliegen. Daher können in dieser Produktgruppe andere Strategien sinnvoll sein, als für chemisch-synthetische Medikamente. So könnte es z.B. weniger Sinn machen, in diesem Wettbewerbsumfeld ein eigenes Biosimilar zu entwickeln, da die Originalmarke deutlich weniger aggressiv spezifisch auf dem Preislevel angegriffen wird, als in den anderen Marktszenarien und bspw. durch Open-House-Verträge auch eine weitere Verschreibung gesichert werden könnte. Auch ein Verkauf

dieses Medikaments könnte schwierig werden, wenn eine besondere Kompetenz aus den Händen gegeben würde.

Nachdem nun konkrete Handlungsempfehlungen sowohl für Hersteller von chemisch-synthetischen Medikamenten als auch für Hersteller von Biopharmazeutika ergänzt wurden, schließt das folgende Kapitel die Handlungsempfehlungen des sechsten Kapitels ab. Hierin werden mögliche Parameter für die Auswahl einer Patentauslaufstrategie in Form einer „Checkliste" vorgestellt.

6.3 Parameter für die Auswahl einer Patentauslaufstrategie

Neben den soeben aufgestellten Handlungsempfehlungen kann eine weitere mögliche Hilfestellung für Unternehmen basierend auf den nun zu besprechenden Parametern erfolgen. Um letztendlich von der Zusammenstellung der zeitgemäßen Patentauslaufstrategien im Schema der strategischen Marketingoptionen profitieren zu können, bedarf es weiterhin sinnvollerweise eines Anforderungskatalogs, welcher als Grundlage für die Auswahl einer der vorgestellten Umsetzungsstrategien dient. Hierfür müssen Leitfragen oder Parameter aufgestellt werden, anhand welcher diese Überprüfung durchgeführt werden kann, sodass das übergreifende Ziel der Maximierung der Erfolgschancen erreicht werden kann.

Neben der finanziellen Analyse einer gewissen Strategie – welche immer als quantitativer Teil des Auswahlprozess einer Strategie berücksichtigt werden muss, allerdings im Rahmen dieser Arbeit nicht weiter vertieft wird[633] – sollte auch der Wertbeitrag der Optionen beachtet werden – was einer qualitativen Perspektive entspricht. Dadurch kann entschieden werden, inwieweit Strategiealternativen grundsätzlich einen Wertbeitrag für die übergreifenden Ziele des Unternehmens leisten können. Hierfür werden Strategiealternativen in der Literatur klassischerweise anhand der Aspekte „Plausibilität", „Fit" und „Machbarkeit" diskutiert, welche als Grundlage für die in dieser Dissertation definierten Parameter genutzt werden[634].

Folgende Parameter können als Entscheidungsgrundlage für die Analyse des zu antizipierenden Erfolgs einer Patentauslaufstrategie genutzt werden:

---

633 Siehe für eine ausführliche Bewertung der unterschiedlichen finanziellen Bewertungsmethoden bspw. Hungenberg, H. (2012): Strategisches Management in Unternehmen, S. 287ff.

634 Vgl. Ebenda, S. 285ff; Johnson, G., et al. (2005): Exploring Corporate Strategy, S. 286ff.

1. *Sinnhaftigkeit:* Dieser erste Parameter bezieht sich auf die grundsätzliche, rein theoretische Sinnhaftigkeit der Strategie und entspricht damit der in der Literatur besprochenen Plausibilitätsprüfung. Hierbei sollte überlegt werden, ob die getroffenen Annahmen über die Strategiealternative generell sinnvoll für das Management des Produkts sein können, ohne jedoch etwaige Strategien aufgrund von möglichen Restriktionen zu verwerfen.
   Mögliche Leitfragen sind: Ist diese Strategie passend für die individuelle Markt- und Wettbewerbssituation? Hat das Medikament einen signifikanten Stellenwert im Produktportfolio, sodass ein weiteres Investment gewinnbringend sein könnte? Wie loyal sind Ärzte oder Patienten zu diesem Medikament? Können bis dato ungenutzte Potenziale ausgeschöpft werden? Können bislang nicht adressierte oder erreichte Ärzte oder Patienten angesprochen werden?
2. *Anwendbarkeit:* Die praktische Anwendbarkeit hinterfragt – losgelöst von der Sinnhaftigkeit der Strategie – ob diese sowohl den relevanten „legal check" bestehen und somit den rechtlichen Restriktionen der Branche entsprechen würde, als auch ob die Maßnahme mit dem vorhandenen Budget und in der gegebenen Zeit umsetzbar wäre. Somit wird die essentielle Frage geklärt, ob das Unternehmen die Strategie umsetzen könnte, was der Machbarkeit der Strategie entspricht.
   Mögliche Leitfragen könnten sein: Ist die Strategie rechtlich umsetzbar? Sind Kosten und Nutzen der Strategie in einem ausgewogenen Verhältnis? Sind ausrechend Ressourcen (Budget, Verfügbarkeit von Mitarbeitern, Zeit) für die Umsetzung der Strategie vorhanden?
3. *Langfristigkeit:* Das Thema Langfristigkeit ist insbesondere für Patentauslaufstrategien von Relevanz und kann in diesem Zusammenhang anteilig für den übergreifenden Entscheidungspunkt „Fit" verstanden werden. Sollte eine Strategie nur eine minimale Verlängerung der Exklusivität oder einen kurzfristigen Effekt erzielen, muss in Betracht gezogen werden, inwiefern sich eine Investition in diese Strategie rentiert.
   Basierend auf den an die Literatur angelehnten, klassischen Auswahlkriterien für Strategiealternativen, müssen diese speziell für den Fall der Hersteller von Biopharmazeutika noch um zwei zusätzliche Elemente erweitert werden, damit ein tatsächlicher Fit gegeben ist. Wie bereits aufgezeigt, sind besonders die Komponenten Marke und Loyalität entscheidend für den Erfolg des marketingbasierten Managements des Patentauslaufs. Die folgenden beiden Parameter ermöglichen die Einbeziehung dieser Konstrukte und erfüllen daher gemeinsam mit der Langfristigkeit den „Fit" der Strategie für das marketingbasierte Management des Patentauslaufs.

4. *Positiver Einfluss auf die Marke:* Wie bereits erläutert, stellt die Marke auch im Gesundheitswesen immer mehr einen differenzierenden Faktor dar. Anstatt mit der reinen Wirkweise werden zunehmend die Marke und damit verbundene Vorteile, wie z.B. angebotene Zusatzleistungen, entscheidend für die Verschreibung eines Medikaments. Denn diese zusätzlichen Angebote können nicht nur für den Arzt und den Patienten von Vorteil sein, sondern ebenso Kosten für das Gesundheitswesen reduzieren und werden daher auch von den so wichtigen Krankenkassen unterstützt. Ebenso hat eine starke Marke abschreckenden Charakter für die Biosimilarhersteller und sollte daher für das Patentauslaufmanagement der Zukunft besondere Beachtung finden.
   Da dieses Konstrukt, wie im ersten Kapitel dieser Dissertation beschrieben, für den Patentauslauf bis dato nicht umfangreich im deutschen Markt untersucht wurde, unterstreicht diese Dimension erneut die Erweiterung des Verständnisses rund um das Themenfeld Patentauslaufmanagement in der deutschen Literatur.
   Als Leitfragen könnten genutzt werden: Hat diese Strategie einen Einfluss auf die Wahrnehmung der Marke für die relevanten Stakeholder? Hat diese Strategie einen Einfluss auf die Bekanntheit unserer Marke für die relevanten Stakeholder?
5. *Positiver Einfluss auf Loyalität:* Letztendlich sollte durch eine starke Marke eine Stufe der Loyalität erreicht werden, bestenfalls natürlich die aktive Loyalität[635]. Wichtig ist zu betonen, dass diese Loyalität allerdings alleine aufgrund der Eigenschaften des Produkts – ein Medikament nimmt man meist nur ein, wenn man krank ist und damit schwingt stets eine negative Tonalität mit – nie mit einem Konsumgut im Sinne von Markenliebe oder Ähnlichem zu vergleich sein wird. Dennoch kann, besonders bei chronisch kranken Patienten sowie deren Ärzten, eine Art der Loyalität erreicht werden, indem sie über Jahre mit einem Medikament arbeiten und dieses bereits während der Patentlaufzeit schätzen lernen. Daher kann die starke Marke im weiteren Verlauf bestenfalls in Loyalität übersetzt werden.
   Eine Leitfrage ist hier: Kann durch die angewandte Umsetzungsstrategie eine aktive Form der Loyalität bei den Stakeholdern erreicht werden? Als wie stark kann diese Loyalität klassifiziert werden?

---

635 Siehe hierfür ausführlich Kapitel 3.3.3.4.3.

Wichtig für das Verständnis der soeben aufgestellten Parameter ist, dass diese anfänglich chronologisch zu verwenden sind. Die ersten beiden Kategorien sollen zunächst als Trichterfunktion genutzt werden, welche es so erlauben, nicht umsetzbare Strategien frühzeitig aus dem Planungsprozess zu eliminieren. Die dann folgende Langfristigkeit stellt die abschließende Determinante für die Auswahl einer Umsetzungsstrategie für die Hersteller von chemisch-synthetischen Medikamenten dar. Sollten alle drei Kriterien als erfüllt angesehen werden, sollte die Umsetzungsstrategie genutzt werden. Sollte die Langfristigkeit nicht gegeben sein, sollte zunächst genau geprüft werden, ob die Umsetzungsstrategie dann dennoch gewinnbringend sein könnte und die Kurzfristigkeit des Erfolgs in Kauf genommen werden möchte.

Die Hersteller von Biopharmazeutika sollten neben der Langfristigkeit ebenso die Determinanten vier und fünf „Positiven Einfluss auf die Marke" und „Positiven Einfluss auf die Loyalität" in den Entscheidungsprozess miteinfließen lassen. Genau wie die Hersteller von chemisch-synthetischen Medikamenten sind hier die beiden hauptsächlich ausschlaggebenden Faktoren, Sinnhaftigkeit und Anwendbarkeit, zu prüfen. Wurden beide bejaht, sollten neben der Langfristigkeit beide soeben genannten Parameter bedacht werden. Wenn alle drei ebenfalls zutreffen, kann die Umsetzungsstrategie als absolut wertbringend verstanden werden, weshalb eine Umsetzung ratsam wäre. Für den Fall, dass nicht alle drei Determinanten erfüllt werden können, muss genau geprüft werden, welcher Effekt mit der Umsetzungsstrategie primär erzielt werden soll und basierend darauf entschieden werden, inwieweit ein Nichterfüllen eines Parameters diesen angestrebten Effekt wesentlich beeinflusst. Sind alle drei zu verneinen, gilt es, die gleiche Überlegung wie die Hersteller für chemisch-synthetische Medikamente in diesem Fall zu treffen.

Die folgende Abbildung (Abbildung 11) zeigt dies vereinfacht noch einmal graphisch für die Hersteller von chemisch-synthetischen Medikamenten:

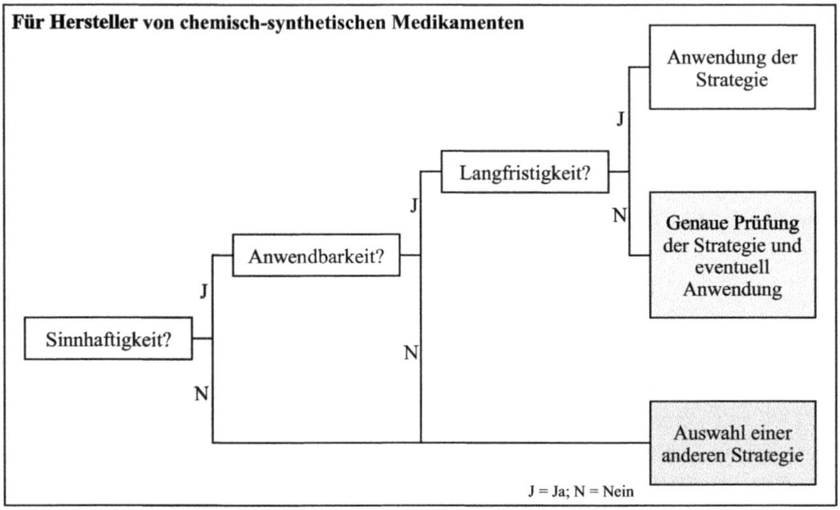

Abbildung 11: Entscheidungsbaum für die Hersteller von chemisch-synthetischen Medikamenten

Abbildung 12 zeigt eine graphische Darstellung des Entscheidungsbaumes für die Hersteller von Biopharmazeutika:

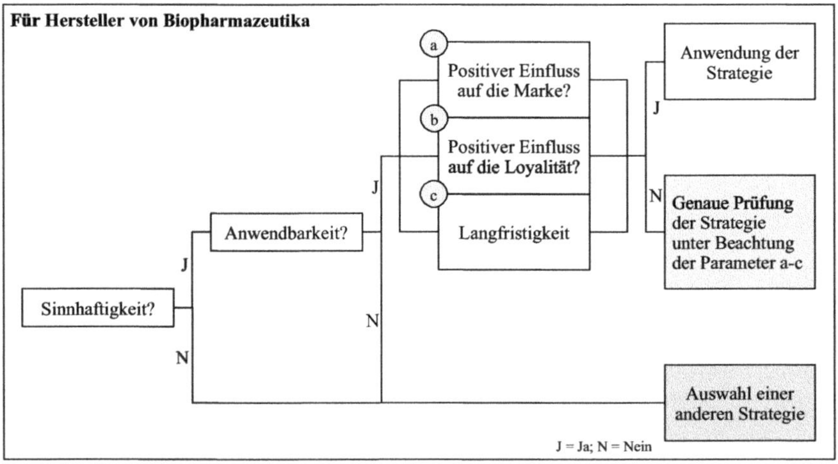

Abbildung 12: Entscheidungsbaum für die Hersteller von Biopharmazeutika

Neben diesen Faktoren gibt es auch noch Weitere, die die Wahl einer Patentauslaufstrategie beeinflussen sollten. So spielt, recht intuitiv wie in den meisten anderen Branchen auch und ebenfalls bereits angesprochen, durchaus die individuelle *Markt- und Wettbewerbssituation* eine Rolle, ob und inwieweit eine Strategie erfolgreich sein kann. Hierfür kommt besonders die bereits vielfach aufgegriffene Unterscheidung zwischen einem chemisch-synthetischen Medikament und einem Biopharmazeutikum zum Tragen. So können manche Strategien durchaus in einem biotechnologischen Markt sehr sinnvoll sein, während sie in einem chemisch-synthetischen Markt mit vielen Unternehmen keinen wirklichen Erfolg versprechen und *vice versa.* Daher müssen besonders auch diese Hintergründe für die Auswertung von Patentauslaufstrategien berücksichtigt werden. Abschließend muss daher festgehalten werden, dass diese Einteilung Herstellern eine gewisse Planungsgrundlage für das Management von Patentausläufen liefern soll, wenngleich die jeweilige Ausgestaltung des Managements natürlich weiterhin eine höchst individuelle Situation bleibt und daher auch nicht vollkommen pauschalisiert werden kann oder darf.

7 Zusammenfassung und Ausblick

Die forschende pharmazeutische Branche in Deutschland befindet sich in einer sehr prekären Ausgangslage, wenn es um die Verteidigung von komparativen Wettbewerbsvorteilen im Falle des Patentauslaufs von verschreibungspflichtigen Medikamenten geht. Insgesamt muss die umfangreiche Aufgabe gemeistert werden, auch nach dem Patentauslauf den Nutzen und Konkurrenzvorteil eines Medikaments derart aufrecht zu erhalten, dass mögliche Wechselkosten übertroffen werden. Das ist hinsichtlich der strikten rechtlichen Einschränkungen, einer Vielzahl von unterschiedlichen, aber allesamt relevanten Stakeholdern, sowie eines extrem starken Wettbewerbsdrucks nach dem Patentauslauf eine schwierige und zugleich entscheidende Aufgabe, die ein zeitgemäßes Patentauslaufmanagement erfordert. Letzteres hat diese Regularien und Besonderheiten zu berücksichtigen, aber gleichzeitig auch alle rechtlich möglichen Optionen auszuschöpfen. Besonders hinsichtlich der ganzheitlichen Ausschöpfung sämtlicher Möglichkeiten besteht allerdings in der Theorie wie auch in der Branche selbst Uneinigkeit und Unsicherheit, besonders was die Ausgestaltung von marketingbasierten Strategien neben der Preis- und Produktdimension anbelangt. Hierin liegt auch der größte Forschungsbedarf. Während bereits einige Autoren die Wichtigkeit und Relevanz von Patentausläufen für die pharmazeutische Branche untersucht haben, scheint es einen Mangel an Forschungstätigkeit für den Bereich Marketingmanagement zu geben. Diese bisher unerforschten Bereiche für den Fall des Patentauslaufs eines verschreibungspflichtigen Medikaments umfassen insbesondere die Nutzung von Marketing- bzw. konkreter Kommunikationsmaßnahmen als Strategie, mit dem Patentauslauf umzugehen. Folglich stellt dies den Ansatzpunkt für die vorliegende Dissertation dar, welche somit versucht, die soeben skizzierte Forschungslücke zu schließen, indem in einem ersten Schritt, dem deskriptiven Forschungsziel dieser Dissertation, der Status Quo der Patentauslaufstrategien erfasst und somit eine aktuelle Zusammenstellung der in der Literatur diskutierten Strategien und Ansätze erstellt wurde.

Basierend auf diesen Erkenntnissen wurden die einzelnen Ansätze einer kritischen Würdigung vor dem Hintergrund der rechtlichen Möglichkeiten und praktischen Sinnhaftigkeit unterzogen, was anschließend durch die Erkenntnisse der geführten Experteninterviews validiert und vervollständigt wurde. Dadurch konnte eine Konkretisierung der bis dato in der Literatur kaum behandelten marketingbasierten Patentauslaufstrategien vorgenommen werden. Diese sind aus dem klassischen Produktmanagement abgeleitet und auf die pharmazeutische Branche übertragen worden. Basierend darauf konnte anhand einer explorativen Expertenbefragung deren Anwendbarkeit für die Präparattypen (1) chemisch-synthetisch hergestelltes Medikament und (2) Biopharmazeutikum überprüft werden. Durch diese Herangehensweise wurde das formulierte explikative Forschungsziel dieser Arbeit erfüllt.

Im dritten Schritt wurde als normatives Erkenntnisziel dieser Arbeit eine Einteilung der noch anwendbaren Strategien in die von Meyer und Mattmüller entwickelten strategischen Marketingoptionen vorgenommen und somit ein Klassifikationsschema geschaffen, welches als Hilfestellung für die Auswahl einer Patentauslaufstrategie dienen soll. Zusammen mit weiteren abgeleiteten Handlungsempfehlungen konnte so das normative Erkenntnisziel dieser Arbeit erfüllt werden. Übergreifend wurde die Relevanz des Marketings für den Patentauslauf untersucht, um somit die Hauptforschungsfrage dieser Dissertation beantworten zu können:

> *„Wie kann ein zeitgemäßes Patentauslaufmanagement für forschende pharmazeutische Unternehmen unter Zuhilfenahme von strategischen Marketingoptionen aussehen?"*.

An dieser Stelle soll diese Frage, aber auch und zunächst die weiteren, im einführenden Kapitel dieser Dissertation aufgestellten Unterfragen, abschließend beantwortet werden. Konkret wurden folgende zusätzliche Unterfragen gestellt, die zu der Beantwortung der soeben aufgestellten Hauptforschungsfrage hinleiten sollten:

(1) *Existieren Unterschiede für das Management von ausgelaufenen Patenten für die Hersteller von chemisch-synthetischen Medikamenten und Biopharmazeutika?*
Die erste Unterfrage, welche sich auf die Unterschiede zwischen chemisch-synthetischen und biotechnologischen Medikamenten bezieht, kann eindeutig mit ja beantwortet werden, welches sowohl die Literatur als auch die Experteninterviews bestätigten. Diese wesentliche Erkenntnis bildet das Fundament für die Auswertung der folgenden Fragen sowie der Hauptforschungsfrage.

(2) *Wenn ja, welche Unterschiede existieren und welchen Einfluss haben sie für das Management des Patentauslaufs der jeweiligen Präparate?*
Die wesentlichen Unterschiede liegen in der Akzeptanz der jeweiligen Nachahmerprodukte und daraus resultierender unterschiedlicher Ausgangslagen für Patentauslaufstrategien. Während Generika fast vollständig in der Branche akzeptiert sind, gilt dies nicht für Biosimilars und nur in Ansätzen für Bioidenticals. Somit können die Hersteller der Biopharmazeutika aus einer

anderen Ausgangssituation heraus agieren, als Hersteller von chemisch-synthetischen Medikamenten. Sie sind in der Lage bspw. deutlich eher über die Nutzung von Markenstärke und den Aufbau von Loyalität ihre Position nach dem Patentauslauf zu bewahren.

(3) *Inwieweit kann eine Übertragung klassischer Verteidigungsstrategien – und im Besonderen Marketingmaßnahmen – für das Management von Patentausläufen für beide Arten von Präparaten stattfinden?*
Klassische, aus dem Produktmarketing übertragene Optionen können teilweise auf die pharmazeutische Branche übertragen werden. Allerdings ist wie bereits eingangs beschrieben, eine Unterscheidung zwischen den chemisch-synthetischen Medikamenten und den Biopharmazeutika zu beobachten. So ist es für die Erstgenannten deutlich weniger erfolgsversprechend, über diese Komponenten zu agieren als für die Hersteller von Biopharmazeutika, da hier deutlich andere Grundvoraussetzungen gegeben sind (bspw. ist der Austausch durch Biosimilars verboten und der Preisverfall nach Eintritt der Biosimilars in den Markt ist deutlich weniger stark als bei den Generika).

(4) *Welchen Einfluss hat die Nutzung von Außendienstmitarbeitern nach dem Patentauslauf für die beiden Präparattypen?*
Eine fortdauernde Nutzung des Außendienstes wird, auch nach einer möglichen Adaption hin zu stärkerem Kundennutzen, sehr wahrscheinlich nicht sinnvoll für chemisch-synthetische Produkte sein. Hier können keine wesentlichen Neuerungen mehr präsentiert werden, sodass es für den Außendienstler wenig Grundlage für die Besprechung des Präparats gibt. Daher sollte die wenige Zeit, die dem Außendienstler für das Gespräch mit dem Arzt zur Verfügung steht, genutzt werden, um profitable Produkte bzw. Produktneuheiten vorzustellen. Für Biopharmazeutika auf der anderen Seite ergeben sich noch weitere Möglichkeiten, da bedingt durch die Ungewissheit in Bezug auf den Austausch gegen ein Biosimilar der Arzt weiterhin von der Wirksamkeit und Sicherheit des Originalpräparats überzeugt werden kann.

(5) *Kann die Einbeziehung von neuen Zielgruppen für Patentauslaufstrategien für Hersteller von klassischen Medikamenten oder Biopharmazeutika vorteilhaft sein?*
Für die Hersteller von Biopharmazeutika kann die Einbeziehung von neuen Zielgruppen für das Marketing nach dem Patentauslauf (in unterschiedlicher Ausprägung) gewinnbringend sein. So kann besonders die Entwicklung eines Patienten-Support-Programmes förderlich für die Einbeziehung von Patienten und im weiteren Sinne auch von Krankenkassen sein, da hier die Behandlung und besonders die Adhärenz der Patienten unterstützt wird, was wiederum von den Kassen meist honoriert wird. Ebenso mag es hier

vorteilhaft sein, auch Apotheker besonders zu integrieren, da diese Schulungen in der Anwendung der Medikamente übernehmen und so auch selbst eine loyale Verbindung zu dem Präparat aufbauen könnten.
Wenngleich auch die Hersteller von chemisch-synthetischen Medikamenten versuchen könnten, Patienten oder Krankenkassen in die Vermarktung miteinzubeziehen, scheint dies deutlich weniger sinnvoll zu sein. Patienten sind den Austausch gegen ein Generikum grundsätzlich gewöhnt und Krankenkassen haben strikte Austauschregeln, welche nur durch extreme Differenzierung tatsächlich umgangen werden können. Sollte kein wesentlicher Produktvorteil bestehen, bspw. durch eine besondere Darreichungsform, können auf diese Weise keine Erfolge erzielt werden. Ähnlich sieht die Situation bei den Apothekern aus, da diese ansonsten Retaxierungen der Krankenkassen fürchten müssen. Dennoch sollte gerade in diesem Bereich zukünftige Forschung die ersten Ergebnisse rund um die Einbindung von Apothekern in den Patentauslauf verifizieren oder falsifizieren.

(6) *Inwiefern sollte die Nutzung von Multichannel Marketing Teil einer Patentauslaufstrategie für forschende Pharmahersteller werden?*
Multichannel Marketing scheint ähnlich wie die bisherigen beiden Unterfragen lediglich für die Hersteller von Biopharmazeutika sinnvoll für den Patentauslauf zu sein und sollte hier eingesetzt werden, um die veränderten Kundenwünsche auf Seiten der Ärzte und Patienten besser ansprechen zu können.

(7) *Welche Wirkung können die Konstrukte Loyalität und Marke für den Patentauslauf von Biopharmazeutika oder chemisch-synthetischen Medikamenten haben?*
Auch diese Unterfrage muss anhand der übergreifenden Idee, dass die meisten marketingbasierten Möglichkeiten lediglich für Biopharmazeutika-Hersteller greifen können, beantwortet werden. Allerdings kann auch für Biopharmazeutika nur durch eine effektive Einbindung und ein langfristiges Beziehungsmanagement mit unterschiedlichen Stakeholdern von diesen beiden Konstrukten profitiert werden.

Nachdem soeben die herleitenden Forschungsfragen für das übergreifende Erkenntnisziel beantwortet wurden, gilt es nun eine Antwort auf die finale Forschungsfrage zu geben.

Basierend auf den soeben beschriebenen Erkenntnissen, muss die finale Antwort erneut zweigeteilt ausfallen, zum einen speziell für die Hersteller von chemisch-synthetischen Medikamenten, zum anderen speziell für die Hersteller von Biopharmazeutika.

Das Management des Patentauslaufs für ein chemisch-synthetisches Medikament: Zunächst muss festgehalten werden, dass in Zeiten mangelnder Differenzierung nach dem Patentauslauf eines Medikaments, welches ohne jegliche zusätzliche Besonderheit in der Darreichungsform oder Anwendung auskommt, eine auf Kommunikationsmarketing basierte Patentauslaufstrategie kaum gewinnbringend sein wird. Hier müssen die Grenzen der Kommunikation erkannt werden: Aufgrund der extremen Drucksituation, in die die Beteiligten des Gesundheitswesens und genauer der Versorgungskette des Patienten gebracht werden, wird auch eine durchdachte und angepasste Marketingstrategie nicht weiterhin die Gewinnmargen garantieren können, die wie vor dem Patentauslauf realisierbar waren. Das liegt besonders auch daran, dass (im Vergleich zu Biopharmazeutika) derart viele Komponenten des KKVs wegbrechen, dass eigentlich schon nicht mehr von diesem profitiert werden kann.

Stattdessen sollte hier auf die anderen in dieser Dissertation vorgestellten Strategien zurückgegriffen werden. Zunächst, wie auch für Hersteller von Biopharmazeutika, sollte der juristische Spielraum voll ausgenutzt werden. Sollte es wesentliche Weiterentwicklungen des Produkts geben, können diese als Basis für die Strategie gelten, sodass z.B. entweder eine Verwendung für eine neue Indikation oder ein Sekundärpatent anzumelden sind. Sobald hier alle Maßnahmen ergriffen wurden, sollte versucht werden, einen Rabattvertrag zu schließen oder einem Open-House-Vertrag beizutreten. So sind bestenfalls unterschiedliche Preissetzungen für private und gesetzliche Krankenkassen zu schaffen, um weiterhin von der lukrativen Patientengruppe der PKV zu profitieren, ohne vermeidbare Einbußen verzeichnen zu müssen. Eine weitere mögliche Option wäre auch, entweder ein eigenes Generikum zu entwickeln und vertreiben und somit einen First-Mover-Advantage zu haben, oder etwa (sollte es das Medikament zulassen) einen Rx-to-OTC-Switch vorzunehmen. Dies wäre vor allem sinnvoll, wenn das Unternehmen bereits Kenntnisse im freiverkäuflichen Apothekenmarkt hat. Sollten all diese Optionen für die individuelle Situation nicht erfolgsversprechend sein, kommt schließlich auch der Verkauf der Produktlinie in Frage, sodass potenziell Kosten gespart werden können – obwohl natürlich gleichzeitig mit einem großen Wertabschlag gerechnet werden muss.

Das Management des Patentauslaufs für ein Biopharmazeutikum: Das Management von Patentausläufen für Biopharmazeutika unterscheidet sich von dem für chemisch-synthetische Medikamente, wie bereits vielfach beschrieben. So ist es hierbei von besonderer Bedeutung, sich darüber bewusst zu sein, dass auch wenn der Patentauslauf eines Produkts zunächst den Anschein des Verlusts eines Konkurrenzvorteils erweckt, dennoch insbesondere bei Biopharmazeutika einige spezifische Teilkomponenten eben dieses komparativen

Konkurrenzvorteils bestehen bleiben, konkret die Touch-Komponenten, auf denen das Management des Patentauslaufs basiert werden kann.

Abgesehen von dieser wesentlichen Unterscheidung, gibt es jedoch auch eine zentrale Übereinstimmung des Managements für beide Medikamente in der Umsetzung. Zunächst sollten auch die Hersteller von Biopharmazeutika versuchen, mögliche Weiterentwicklungen oder Anwendungsbereiche für neue Indikationen, basierend auf dem diskutierten Lebenszyklusmanagement, juristisch durch alle möglichen Wege abzusichern.

Aufbauend auf den während des Patentauslaufs gepflegten Beziehungen zu den wesentlichen, relevanten Stakeholdern können außerdem noch, und wieder im Gegenteil zu den Herstellern von chemisch-synthetischen Medikamenten, wesentliche Kommunikationsmaßnahmen über die vorgestellten Ausgestaltungsmöglichkeiten genutzt werden. Hierfür muss weiterhin bedacht werden, dass eine angepasste Kommunikationsstrategie erforderlich ist. Dabei sticht besonders die Variante des Multichannel Marketing heraus, welche es erlaubt, die relevanten Informationen für den Arzt oder die anderen Stakeholder in der individuell präferierten Art und Weise zu erhalten. Teilweise sind die Pharmaunternehmen hier auch auf die Mitarbeit und vor allem Mithilfe der Ärzte in der Kommunikation der möglichen Patienten-Support-Programme an den Endverbraucher angewiesen, weshalb diese Zielgruppe vor dem Hintergrund der Einbeziehung vieler neuer Ansprechpartner nicht vergessen werden darf. Eine gezielte Verbindung mit dem Außendienst stellt hier eine geeignete Art dar, die Kommunikation in die richtige Richtung zu lenken. Weiterhin profitieren die Unternehmen von dem enormen Wissensschatz der Außendienstmitarbeiter, welche „ihre“ Ärzte genau kennen und so auf das benötigte Anforderungspotenzial eingehen und das Angebot entscheidend – zum Entstehen eines Vorteils hin – formen können.

Basierend darauf kann festgehalten werden, dass der Patentauslauf am sinnvollsten und gewinnbringendsten durch ein gezieltes Management der Beziehung zu allen relevanten Stakeholdern, der konsequenten Durchführung passender Kommunikation mit den benannten Stakeholdern in Verbindung mit einer juristischen Strategie und einer Preisstrategie, welche größtenteils aus der Einigung auf einen Rabatt-Vertrag oder dem Beitreten eines Open-House-Vertrags, durchgeführt werden kann.

Wenngleich die Herangehensweise letztendlich immer höchst individuell gestaltet werden muss, sollen durch diese Dissertation einige grundsätzliche Forschungslücken geschlossen, Ansätze für eine zeitgemäße Herangehensweise geliefert und so das Verständnis für Management von Patentausläufen optimiert und gewinnbringende Erkenntnisse für die Marketingwissenschaft und auch die pharmazeutische Branche, d.h. die Praxis, generiert werden.

Neben einer Zusammenfassung und finalen Beantwortung der Forschungsfragen, soll dieses siebte Kapitel ebenso weitere mögliche Ansätze für relevante, weiterführende Forschung aufzeigen. Da diese Dissertation lediglich zu einer ersten Auseinandersetzung mit einigen Themenfeldern im Stande war, soll an dieser Stelle zu einer Weiterentwicklung der hier aufgegriffenen Untersuchungsstränge aufgerufen werden. Zusätzlich gibt es auch in dieser Dissertation noch nicht aufgenommene, aber dennoch denkbare Ansätze für nächste Forschungsprojekte.

In Sinne weiterer Forschungsansätze rund um das Themenfeld der strategischen Optionen für den Patentauslauf, welche bis dato in dieser Dissertation noch nicht aufgegriffen wurden, wäre es eine weitere Überlegung neben den bereits angesprochenen neuen Zielgruppen, das Pflegepersonal, welche bei Patienten-Support-Programmen mitwirken und die Patienten faktisch vor Ort unterstützen (z.B. Diabetesberaterinnen), in die Reihe der anzusprechenden Parteien für den Patentauslauf miteinzubeziehen. Auch hier könnte ein potenziell wichtiger Meinungsbildner Einfluss auf den Patienten oder den behandelnden Arzt haben, sodass dies weiterführend untersucht werden sollte.

Bereits angesprochen aber noch nicht abschließend erforscht ist auch der Einfluss, welcher der OTC Markt auf den Rx Markt haben könnte. Dadurch, dass heutzutage immer mehr Unternehmen über mehrere Marken in unterschiedlichen Bereichen, sprich sowohl im OTC als auch im Rx Bereich tätig sind, gibt es hier deutlich mehr Möglichkeiten, dies proaktiv für den übergreifenden Unternehmensvorteil zu nutzen. Auch wenn natürlich alle Bereiche für sich versuchen müssen und werden, so profitabel wie möglich zu sein, stellt sich dennoch die Frage, ob nicht für den Unternehmenserfolg im Ganzen stärker zusammengearbeitet werden könnte. Daran stellen sich auch die Anschlussfragen, welche Barrieren hierfür existieren könnten, wie erfolgreich eine stärkere Zusammenarbeit sein könnte und welche Bereiche besonders von dieser Zusammenarbeit profitieren könnten, sprich wo diese Erfolge am Ende beobachtet werden könnten.

Ein weiteres großes Feld, welches die Erforschung des Managements von Patentausläufen sehr anregen würde, wäre die weitere Vertiefung der Erforschung von Ansätzen für das Management von Biopharmazeutika. Hierbei wird es besonders interessant zu sehen, wie die Entwicklung in Sachen Akzeptanz und Austauschbarkeit von Biosimilars laufen wird und welche Einflüsse dies auf die Originalhersteller hat. So könnten in einigen Jahren potenziell größer angelegte Studien genutzt werden, welche diverse Patentausläufe und deren Auswirkungen auf die Biopharmazeutika untersuchen und so das aus dieser Arbeit generierte Verständnis validieren könnten. Besonders der Patentauslauf der wichtigsten und erfolgreichsten Biopharmazeutika, welche in den nächsten Jahren anstehen, an erster Stelle ist hier etwa Humira von AbbVie zu nennen, werden sicherlich interessante Erkenntnisse liefern und sowohl das theoretische als auch praktische Verständnis anreichern können.

Abschließend kann daher festgehalten werden, dass auch wenn diese Dissertation noch nicht alle soeben dargestellten möglichen Erweiterungen der hier getätigten Grundgedanken miteinbeziehen, dennoch das Verständnis des Themenfeldes Management von Patentausläufen für pharmazeutische Hersteller optimiert werden konnte. So wurde basierend auf dem Status Quo der genutzten Patentauslaufstrategien in einer kritischen Würdigung deren Anwendbarkeit für die Branche unter der neusten Rechtslage geprüft. Diese Erkenntnisse erlaubten es, wesentliche Rückschlüsse für ein zeitgemäßes Patentauslaufmanagement unter Zuhilfenahme von strategischen Marketingoptionen zu ziehen. Letztendlich kann es ein pharmazeutisches Unternehmen aber nur dann schaffen, auch nach dem Patentauslauf erfolgreich auf dem Markt zu agieren, wenn eine sinnvolle Kombination an für das Unternehmen passenden Patentauslaufstrategien gefunden und angewandt wird.

Anhang

Interviewleitfaden für explorative Experteninterviews

Inspiring Personalities. EBS Business School

April/Mai 2018

Interviewleitfaden Dissertation:

„Strategische Marketingoptionen in regulierten Märkten – Das Management von Patentausläufen in pharmazeutischen Unternehmen"

Einführung – Die pharmazeutische Branche in Deutschland:

1. Stellenwert von Blockbuster-Medikamenten für Hersteller
2. Folgen des Verlusts eines Patents

Parameter für die Wahl des Managements von Patentausläufen:

3. Definition einer Patentauslaufstrategie
4. Parameter, die das Management von Patentausläufen beeinflussen

5. Wichtigkeit und Einfluss von Markt- und Wettbewerbsbedingungen
6. Trichterfunktion: theoretische Sinnhaftigkeit, praktische Anwendbarkeit (legal check, Ressourcenverfügbarkeit)
7. Wichtigkeit und Einfluss der Langfristigkeit von Strategien auf deren Auswahl
8. Wichtigkeit von Loyalität und Einfluss auf unterschiedliche Stakeholder
9. Wichtigkeit von Markenstärke und Einfluss auf unterschiedliche Stakeholder

Patentauslaufstrategien:

10. Ziele des Managements von Patentausläufen

11. Zeitlicher Rahmen von Patentauslaufstrategien

12. Wichtigkeit von Kommunikation/Marketing eines Pharmaunternehmens als differenzierender Aspekt für den Patentauslauf
13. Aktuelle Adressaten von Patentauslaufstrategien
14. Einbindung neuer Zielgruppen für den Patentauslauf (z.B. Patient, Apotheker, Krankenkassen)
15. Rolle des Apothekers für den Patentauslauf
16. Payer Relations für den Patentauslauf
17. Direkte Patienteninteraktion für den Patentauslauf

18. Wichtigkeit der Marke für den Erfolg einer Patentauslaufstrategie
19. Wichtigkeit von Loyalität für den Erfolg einer Patentauslaufstrategie
20. Ganzheitliches Lebenszyklusmanagement statt Patentauslaufmanagement

21. Veränderungen der Nutzung des Außendienstes
22. Nutzung von Multi-Channel Marketing
23. Kombination von Außendienst und Multi-Channel Marketing

24. Vollständiger Rückzug aller Kommunikationsmaßnahmen

Abschluss:

25. Sonstige Aspekte, die bisher nicht aufgegriffen wurden

Quellenverzeichnis

ABDA (2016): Die Apotheke – Zahlen, Daten, Fakten 2016, elektronisch abgerufen am 31.01.2018 unter: https://www.abda.de/fileadmin/assets/Pressetermine/2016/TdA_2016/ABDA_ZDF_2016_Brosch.pdf

ABDA (2018): Rabattverträge, elektronisch abgerufen am 28.02.2018 unter: https://www.abda.de/themen/recht/verbraucherrecht/rabattvertraege/

Abdelmoumene, A. (2007): Direct-to-Consumer-Marketing in der Pharmaindustrie, Reutlingen.

Abell, D. F. (1980): Defining the Business, Englewood Cliffs.

Aitken, M., et al. (2008): Internationale Trends in der pharmazeutischen Industrie, in: Schöffski, O., et al. (Hrsg.): Pharmabetriebslehre, 2. Aufl., Berlin Heidelberg, S. 445–470.

Albrecht, H. (2013): Der hohe Preis des Überlebens, elektronisch abgerufen am 21.10.2017 unter: http://www.zeit.de/2013/15/pharmaindustrie-entwicklungslaender-medikamente-patente

Allred, B. B./Park, W. G. (2007): The Influence of Patent Protection on Firm Innovation Investment in Manufacturing Industries in: Journal of International Management, 13 Jg., S. 91–109.

Anderson, A. J. (2006): Global Pharmaceutical Patent Law in Developing Countries- Amending TRIPS to Promote Access for All, in: bepress Legal Series, Paper 1109, S. 1–48.

Anderson, K. C., et al. (2014): Influence of Hedonic and Utilitarian Motivations on Retailer Loyalty and Purchase Intention: a Facebook Perspective in: Journal of Retailing and Consumer Services, 21. Jg., S. 773–779.

Angelmar, R. (2015): Marketing im Gesundheitssektor, in: Knaebel, H.-P./Wente, M. (Hrsg.): Scientific Marketing in der Medizin, Wiesbaden, S. 173–197.

Ansoff, I. (1966): Management-Strategie, München.

Aponettesplauderei (2017): Die schlechtesten Arzneimittel, elektronisch abgerufen am 19.04.2018 unter: https://aponettesplauderei.wordpress.com/2017/04/18/die-schlechtesten-arzneimittel/

Arney, J., et al. (2014): Factors Shaping Physicians' Willing to Accomodate Medication Requests, in: Health Services Research and Practice, Vol. 37, Nr. 3, S. 349–365.

Artz, M. (2012): Heilmittelwerbegesetz, in: Artz, M., et al. (Hrsg.): Heilmittelwerbegesetz, 4. Aufl., Köln, S. 168–225.

Arznei-Telegramm (2014): Rolenium Elpenhaler – Anwendung fehlerträchtig, elektronisch abgerufen am 19.04.2018 unter: https://www.arznei-telegramm.de/html/htmlcontainer.php3?produktid=064_01&artikel=1406064_01k

Averdung, A. (2014): Erfolgreiches Management von Marketingagenturen im Wandel, Wiesbaden.

Backhaus, K. (2013): Hindernislauf Marketing, Wiesbaden.

Backhaus, K./Schneider, H. (2009): Strategisches Marketing, 2. Aufl., Stuttgart.

Bähring, K., et al. (2008): Methodologische Grundlagen und Besonderheiten der qualitativen Befragung von Experten in Unternehmen: Ein Leitfaden, in: Die Unternehmung, 62. Jg., Nr. 1, S. 89–111.

Barak, A./Geoffrey, W. (2003): Pricing Policies to Handle Patent Loss or Expiry, in: Journal of Medical Marketing, 3 Jg., Nr. 3, S. 245–249.

Barney, J. (1991): Firm Resources and Sustained Competitive Advantage, in: Journal of Management, 17. Jg, Nr. 1, S. 99–120.

Baumgartner, U. (2008): Strategische Geschäftsfelder, elektronisch abgerufen am 19.08.2017 unter: http://www.signa.ch/fileadmin/redaktion/Vortraege/Referat_SGF_k.pdf

BBCNewsHealth (2016): GlaxoSmithKline to drop patents in poor countries for better drug access, elektronisch abgerufen am 21.01.2017 unter: http://www.bbc.com/news/health-35933692

Bea, F. X./Haas, J. (2016): Strategisches Management, 8. Aufl., Konstanz und München.

Becker, J. (2009): Marketing-Konzeption, 9. Aufl., München.

Beisbart, C. (2009): Kritik am D-N-Modell der Erklärung, elektronisch abgerufen am 13.12.2017 unter: http://www.fk14.tu-dortmund.de/medien/ifpp/Philosophie/Beisbart/teaching/su2009/cau/cau4.pdf

Benkard, G. (2006): Patentgesetz Gebrauchsmustergesetz, 10. Aufl., München.

Benkard, G. (2012): EPÜ, 2. Aufl., München.

Berndt, R., et al. (1999): Internationales Marketing-Management, Berlin Heidelberg.

Berthold, G. (2011): Evergreening von Arzneimittelpatenten, Baden-Baden.

Biotechnologie-Industrie-Organisation (2012): Hintergrundpapier der BIO Deutschland zum Thema Biosimilars, elektronisch abgerufen am 08.05.2018 unter: https://www.biodeutschland.org/de/biothek.html?file=files/content/medien/biothek/verschiedenes/BIO-D_Hintergrundpapier_Biosimilars_0312.pdf.

Blasius, H. (2017): Fast 27.000 Rabattverträge, elektronisch abgerufen am 12.05.2018 unter: https://www.deutsche-apotheker-zeitung.de/news/artikel/2017/11/14/fast-27-200-rabattvertraege

Borchardt, A./Göthlich, S. E. (2009): Erkenntnisgewinnung durch Fallstudien, in: Albers, S., et al. (Hrsg.): Methodik der empirischen Forschung, Wiesbaden, S. 33–48.

Bourgeois, L. J., et al. (1999): Strategic Management: A Managerial Perspective 2. Aufl., Oak Brook.

Brakus, J. J., et al. (2009): Brand Experience: What is it? How is it Measured? Does it Affect Loyalty?, in: Journal of Marketing, 73. Jg., Nr. 3, S. 52–68.

Brandmeyer, K./Pirck, P. (2015): Ursache und Wirkung – das Grundprinzip der Markentechnik, in: Brandmeyer, K., et al. (Hrsg.): Medizin trifft Marke, Wiesbaden, S. VII–XIV.

Brixle, M. (1993): Neue Geschäftsfelder und Konversionsstrategie, Augsburg.

Bromberger, S. (1966): Why Questions?, in: Colodny, R. (Hrsg.): Mind and Cosmos: Essays in Contemporary Science and Philosophy, Pittsburgh, S. 86–108.

Brückner, A., et al. (2009): Multichannel Management: Wie Pharmaunternehmen den Außendienst mit innovativen Vertriebskanälen kombinieren, elektronisch abgerufen am unter: http://www.gesundheitspolitik.de/wp-content/uploads/2014/11/Accenture_Studie_Multichannel_Management_Pharmaindustrie_2009.pdf

Bulsara, C., et al. (2010): ‚Not the Full Monty': a Qualitative Study of Seniors' Perceptions of Generic Medicines in Western Australia, in: Australian Journal of Primary Health, 16 Aufl., S. 240–245.

Bürger, C. (2003): Patientenorientierte Informationen und Kommunikation im Gesundheitswesen, Wiesbaden.

Burholt, C. (2016): Unternehmerische Reaktionsmöglichkeiten und ihre Grenzen: Zwangslizenzen, Beschränkungen des Parallelhandels, Early Entry- und No (Later)-Entry-Agreements, in: Voit, W. (Hrsg.): Marktzugang unter den Bedingungen des AMNOG – Werbung auf dem Markt, Baden-Baden, S. 103–118.

Burmann, C., et al. (2011): Customer Centricity as a Key to Success for Pharma, in: Journal of Medical Marketing, 11. Jg., Nr. 1, S. 49–59.

Casadesus-Masanell, R./Zhu, F. (2013): Business Model Innvoation and Competitive Imitation: The Case of Sponsor-Based Business Models, in: Strategic Management Journal, 34. Jg., Nr. 4, S. 464–482.

Cassel, D./Ulrich, V. (2017): AMNOG-Check 2017, Band 58, Baden-Baden.

Chai, J. C. Y., et al. (2015): A Two-Dimensional Model of Trust-Value-Loyalty in Service Relationships, in: Journal of Retailing and Consumer Services, 26. Jg., S. 23–31.

Chaudhuri, A./Holbrook, M. B. (2001): The Chain of Effects From Brand Trust and Brand Affect to Brand Performance: the Role of Brand Loyalty, in: Journal of Marketing, 65. Jg., Nr. 2, S. 81–93.

Chen, Y.-S./Chang, K.-C. (2010): The Relationship Between a Firm's Patent Quality and Its Market Value – The Case of US Pharmaceutical Industry, in: Technological Forecasting and Social Change, 77. Aufl., S. 20–33.

Christel, M. (2017): Pharm Exec's Top 50 Companies 2017, elektronisch abgerufen am 9.10.2017 unter: http://www.pharmexec.com/pharm-execs-top-50-companies-2017

Colgan, S. L. E., et al. (2016): Changing Perceptions and Efficacy of Generic Medicines: An Intervention Study, in: Health Psychology, 35. Jg, Nr. 11, S. 1246–1253.

Connors, A. L. (2009): Big Bad Pharma: An Ethical Analysis of Physician-Directed and Consumer-Directed Marketing Tactics, in: Albany Law Review, 73. Jg., Nr. 1, S. 243–282.

Correa, C. (2007): Guidelines for the Examination of Pharmaceutical Patents: Developing a Public Health Perspective, elektronisch abgerufen am 12.04.2017 unter: http://www.ufrgs.br/antropi/lib/exe/fetch.php?media=correa_pharmaceutical-patents-guidelines.pdf

DAP (2017): Biologicals, elektronisch abgerufen am 10.05.2018 unter: https://www.deutschesapothekenportal.de/fileadmin/user_upload/download/dialog/schwerpunktthemen/dap_dialog_39_schwerpunktthema.pdf

DAP (2017): Arbeitshilfe Pharmazeutische Bedenken korrekt anwenden, elektronisch abgerufen am 18.04.2018 unter: https://www.deutschesapothekenportal.de/rezept-retax/dap-retax-arbeitshilfen/pharmazeutische-bedenken/pharmazeutische-bedenken-korrekt-anwenden/

DAP (2018): Substitutionsausschlussliste, elektronisch abgerufen am 21.02.2018 unter: https://www.deutschesapothekenportal.de/rezept-retax/substitutionsausschlussliste/

Daubresse, M., et al. (2015): Effect of Direct-to-Consumer Advertising on Asthma Medication Sales and Healthcare Utilization, in: American Journal of Respiratory and Critical Care Medicine, Vol. 192, Nr. 1, S. 40–56.

Davit, B. M., et al. (2009): Comparing Generic and Innovator Drugs: A Revie of 12 Years of Bioequivalence Data from the United States Food and Drug Administration, in: The Annals of Pharmacotherapy, 43. Jg., S. 1583–1597.

DAZ (2016): Die Wirkung entscheidet, nicht die Quote, elektronisch abgerufen am 12.05.2018 unter: https://www.deutsche-apotheker-zeitung.de/news/artikel/2016/01/06/die-wirkung-entscheidet-nicht-die-quote

Dicheva, S., et al. (2017): Biosimilars, elektronisch abgerufen am 12.05.2018 unter: https://www.akdae.de/Arzneimitteltherapie/LF/PDF/Biosimilars.pdf

Dichtl, E. (1994): Strategische Optionen im Marketing, 3. Aufl., München.

Dillmann, R./Kahl, S. (2017): Digitalisierung in der Pharmaindustrie, elektronisch abgerufen am 03.02.2018 unter: http://www.chemanager-online.com/themen/strategie/digitalisierung-der-pharmaindustrie

Dingermann, T./Zündorf, I. (2013): Nicht gleich, aber ähnlich, elektronisch abgerufen am 08.05.2018 unter: https://www.pharmazeutische-zeitung.de/index.php?id=49000

Doepner, U. (2000): Heilmittelwerbegesetz, München.

Dogramatzis, D. (2002): Pharmaceutical marketing: a practical guide, New York.

Draeger, I. (2016): Open-House-Verträge behindert Biosimilars, elektronisch abgerufen am 12.05.2018 unter: http://probiosimilars.de/presse/versorgung/open-house-vertraege-behindern-biosimilars/

Drerup, D. (2013): Patentauslauf und Markteintritt generischer Arzneimittel. Marktmodellierung bei Existenz von Rabattverträgen, München und Mering.

Dunne, S. S./Dunne, C. P. (2015): What do People Really Think of Generic Medicines? A Systematic Review and Critical Appraisal of Literature on Stakeholder Perceptions of Generic Drugs, in: BMC Medicine, 13 Jg., Nr. 173, S. 1–27.

Dunne, S. S., et al. (2014): Beliefs, Perceptions and Behaviours of GPs Towards Generic Medicines, in: Family Practice, 31. Jg, Nr. 4, S. 467–474.

Ecker, T., Preuß, K. J., Tunder R. (2010): Handbuch Market Access, Düsseldorf.

Edge, J. (2017): Measuring Multichannel Marketing: Pharma Plays Catch-Up, elektronisch abgerufen am 14.03.2018 unter: http://insights.gfk.com/hubfs/Landing_Pages_PDF/Health/Global_201704_White_paper_Measuring_multichannel_marketing_Pharma_plays_catch-up.pdf?t=1521044441114

Ehlers, A. P. F., et al. (2010): Frühbewertung und entsprechende Kompetenzen des G-BA nach dem AMNOG, in: Ecker, T., et al. (Hrsg.): Handbuch Market Access, Düsseldorf, S. 189–208.

Ellenberg, J. (2011): KKV – der Komparative Konkurrenzvorteil, elektronisch abgerufen am 1.8.2017 unter: http://johannesellenberg.de/kkv-der-komparative-konkurrenzvorteil/

Esch, F.-R. (2012): Strategie und Technik der Markenführung, 7. Aufl., München.

Esser, M. (2012): Effiziente Patientenkommunikation, in: PM-Report, 7. Jg., Nr. 29, S. 18–19.

Euchner, J. G., A. (2014): Business Model Innovation in Practice, in: Research Technology Management, 57. Jg., Nr. 6, S. 33–39.

Faasse, K., et al. (2013): The Effect of an Apparent Change to a Branded or Generic Medication on Drug Effectiveness and Side Effects, in: Psychosomatic Medicine, 75. Jg., S. 90–96.

Faasse, K., et al. (2016): Impact of Brand or Generic Labling on Medication Effectiveness and Side Effects, in: Health Psychology, 35. Jg., Nr. 2, S. 187–190.

Fackelmann, C. R. (2009): Patentschutz und ergänzende Schutzinstrumente für Arzneimittel im Spannungsfeld von Wettbewerb und Innovation, Köln.

Färber, U. (2015): Chancen und Risiken für die Biosimilar-Hersteller, in: Apo-Fokus, Ausgabe 1, S. 13–19.

Fezer, K.-H. (2009): Markenrecht, 4. Aufl., München.

Franke, N. (2002): Realtheorie des Marketing, Tübingen.

Freiling, J. (2001): Resource-based View und ökonomische Theorie. Grundlagen und Positionierung des Ressourcenansatzes, Wiesbaden.

Fricke, F. U. (2008): Steuerungsinstrumente in der Arzneimittelversorgung, in: Schöffski, O., et al. (Hrsg.): Pharmabetriebslehre, 2. Aufl., Berlin Heidelberg, S. 47–72.

Fritz, W., et al. (2008): Direct-to-Consumer (DTC)-Marketing auf dem deutschen Pharmamarkt – Stand und Entwicklungschancen, Bensheim.

Fritzen, F. (2014): Patienten wollen nur die Originaltablette, elektronisch abgerufen am 07.01.2018 unter: http://www.faz.net/aktuell/politik/inland/streit-um-medikamente-patienten-wollen-nur-die-originaltablette-13177954.html

Fritzsche, J. (2014): Gesetz über die Werbung auf dem Gebiete des Heilwesens (Heilmittelwerbegesetz – HWG), in: Spickhoff, A. (Hrsg.): Medizinrecht, 2. Aufl., München, S. 1013–1064.

Frosch, D. L., et al. (2010): A Decade of Controversy: Balancing Policy With Evidence in the Regulation of Prescription Drug Advertising, in: American Journal of Public Health, 100. Vol., Nr. 1, S. 24–32.

Fuchs, L. (2017): Die Zukunft des Vertriebs, in: Pharma.Berater, Nr. 2, S. 36.

Gellad, Z. F./Lyles, K. W. (2007): Direct-to-Consumer Advertising of Pharmaceuticals, in: American Journal of Medicine, 120. Jg., Nr. 6, S. 1–11.

Giese, D./Grimberg, L. (2012): Late Lifecycle Management für Pharma-Produkte, in: Sempora Health Care, S. 1–3.

Gläser, J./Laudel, G. (2010): Experteninterviews und qualitative Inhaltsanalyse als Instrument rekonstruierender Untersuchungen, 4. Aufl., Wiesbaden.

Glöckner, T. (2016): Biosimilars versus Biologika, elektronisch abgerufen am 09.05.2018 unter: https://www.pharmazeutische-zeitung.de/index.php?id=63489

Gönül, F. F., et al. (2001): Promotion of Prescription Drugs and Its Impact on Physicians' Choice Behavior, in: Journal of Marketing, Vol. 65, Nr. 3, S. 79–90.

Gordon, M. J. (1959): Dividends, Earnings, and Stock Prices, in: The Review of Economics and Statistics, 41. Jg., Nr. 2, S. 99–105.

Götting, H.-P. (2010): Gewerblicher Rechtsschutz, München.

Govender, M., et al. (2015): Clinical and Neurobiological Perspectives of Empowering Pediatric Cancer Patients Using Videogames, in: Games for Health Journal, 4. Jg, Nr. 5, S. 362–374.

Granlund, D./Rudholm, N. (2008): Consumer Loyality in the Swedish Pharmaceuticals Market, elektronisch abgerufen am 13.02.2018 unter: http://www.konkurrensverket.se/globalassets/forskning/projekt/consumer-loyalty-in-the-swedish---pharmaceuticals-market.pdf

Granlund, D./Rudholm, N. (2012): The Prescribing Physician's Influence on Consumer Choice Between Medically Equivalent Pharmaceuticals, in: Review of Industrial Organization, 41. Jg., S. 207–222.

Grant, R. M. (2015): Contemporary Strategy Analysis 9. Aufl., Chichester.

Graßy, O. (1993): Diversifikation, in: Meyer, P. W./Mattmüller, R. (Hrsg.): Strategische Marketingoptionen, Stuttgart; Berlin; Köln, S. 30–73.

Grebmer, K. v./Sproll, T. (1989): Ökonomische Bedeutung des Preises im Pharmamarkt, in: Simon, H., et al. (Hrsg.): Wettbewerbsstrategien im Pharmamarkt (Schriften), Stuttgart, S. 73–88.

Guminski, W. (2008): Produktlebenszyklus und die Möglichkeiten seiner Gestaltung, in: Schöffski, O., et al. (Hrsg.): Pharmabetriebslehre, 2. Aufl., Berlin Heidelberg, S. 199–214.

Häckl, D. (2010): Neue Technologien im Gesundheitswesen, Wiesbaden.

Hadwich, K. (2009): Strategisches Marketing, elektronisch abgerufen am 17.8.2017 unter: https://www.uni-hohenheim.de/fileadmin/einrichtungen/dlm/Strategisches_Marketing_Handout.pdf

Hakonsen, H., et al. (2009): Generic Substitution: Additional Challenge for Adherence in Hyertensive Patients?, in: Current Medical Research & Opinion, 25. Jg., Nr. 10, S. 2515–2521.

Halecker, B./Kamprath, M. (2013): Patentrezepte für die Pharmaindustrie, elektronisch abgerufen am 31.07.2018 unter: https://www.chemanager-online.com/news-opinions/nachrichten/patentrezepte-fuer-die-pharmaindustrie

Halecker, B., et al. (2015): Geschäftsmodelle in der Personalisierten Medizin – Konzeptioneller Rahmen zum Status Quo und Perspektiven, in: Eppinger,

E., et al. (Hrsg.): Dienstleistungepotenziale und Geschäftsmodelle in der Personalisierten Medizin, Wiesbaden, S. 1–38.

Hamann, J., et al. (2013): Psychiatrists' Decision Making Between Branded and Generic Drugs in: European Neuropsychopharmacology, 23. Jg., S. 686–690.

Hans, N. (2013): Strategische Wettbewerbsvorteile, 2. Aufl., Wiesbaden.

Hänsel, R./Sticher, O. (2007): Pharmakognosie – Phytopharmazie 8. Aufl., Heidelberg.

Harms, F., et al. (2008): Pharma-Marketing, 2. Aufl., Stuttgart.

Heckendorf, K. (2011): So können Patienten beim Pillenkauf sparen, elektronisch abgerufen am 08.02.2018 unter: https://www.welt.de/finanzen/verbraucher/article13531135/So-koennen-Patienten-beim-Pillenkauf-viel-Geld-sparen.html

Hempel, C. G./Oppenheim, P. (1948): Studies in the Logic of Explanation, in: Philosophy of Science, 15 Jg., Nr. 2, S. 135–175.

Hermanns, A., et al. (2012): Marketing, München.

Hessenkamp, V. (2009): Das Vertrauen von stationären PatientInnen in Krankenhäusern, in: Buber, R./Holzmüller, H. H. (Hrsg.): Qualitative Marktforschung, Wiesbaden, S. 863–882.

Hibbeler, B. (2011): Was ist ein „guter Arzt"?, in: Deutsches Ärzteblatt, 108. Jg, Heft 51–52, S. A2758–A2762.

Hiltl, C. (2001): Orphan Drugs – Zwischenbilanz und Konfliktfelder, in: PharmR, 10. Jg., S. 308–312.

Hinterhuber, H. (1996): Strategische Unternehmensführung, 6. Aufl., Berlin.

Hofbauer, G./Hellwig, C. (2016): Professionelles Vertriebsmanagement, 4. Aufl., Erlangen.

Höhl, R. (2012): Diese Fallstricke lauern bei Patienten-Programmen, elektronisch abgerufen am 22.03.2018 unter: https://www.aerztezeitung.de/praxis_wirtschaft/praxismanagement/praxisfuehrung/article/812432/diese-fallstricke-lauern-patienten-programmen.html

Homburg, C. (2007): Betriebswirtschaftslehre als empirische Wissenschaft – Bestandsaufnahme und Empfehlungen, in: Zeitschrift für betriebswirtschaftliche Forschung, Sonderheft 56/2007, S. 27–60.

Höning, A. (2017): Regierungsgutachten – Tausenden Apotheken in Deutschland droht das Aus, elektronisch abgerufen am 08.02.2018 unter: https://www.rundschau-online.de/wirtschaft/regierungsgutachten-tausenden-apotheken-in-deutschland-droht-das-aus-29287790

Hübner, C. C. (1993): Multiplikation, in: Meyer, P. W./Mattmüller, R. (Hrsg.): Strategische Marketingoptionen, Stuttgart; Berlin; Köln, S. 186–228.

Hungenberg, H. (2012): Strategisches Management in Unternehmen, 7. Aufl., Wiesbaden.

Hunt, S. D. (1990): Truth in Marketing Theory and Research, in: Journal of Marketing, 54, S. 1–15.

Hunt, S. D. (1991): Modern Marketing Theory: Critical Issues in the Philosophy of Marketing Science, Cincinnati.

IMSPharmaScope (2017): Führende Hersteller im Apothekenmarkt der Generika im Jahr 2016, elektronisch abgerufen am 5.9.2017 unter: https://www.imshealth.com/files/web/Germany/Publikationen/Infografiken/Fuehrende-Generikahersteller-2016-Infografik-QuintilesIMS-042017.pdf

Ingerl, R./Rohnke, C. (2010): Markengesetz, 3. Aufl., München.

IQVIA (n.d.): Anteil von Biopharmazeutika am deutschen Pharmamarkt in Vergleich der Jahre 2006 und 2017, elektronisch abgerufen am 08.05.2018 unter: https://de-statista-com.library.myebs.de/statistik/daten/studie/762621/umfrage/anteil-von-biopharmazeutika-am-deutschen-pharmamarkt/

IQWIG (n. d.): AMNOG seit 2011, elektronisch abgerufen am 24.07.2018 unter: https://www.iqwig.de/de/ueber-uns/10-jahre-iqwig/amnog-seit-2011.6333.html

Jacoby, J./Kyner, D. B. (1973): Brand Loyalty vs. Repeat Purchase Behavior, in: Journal of Marketing Research, 10. Jg., Nr. 1, S. 1–9.

Jaeckel, R./Kunz, A. (2010): Patentgeschützte Arzneimittel im Regulierungsdickicht des Arzneimittelmarktneuordnungsgesetzes, in: Ecker, T., Preuß, K. J., Tunder R. (Hrsg.): Handbuch Market Access, Düsseldorf, S. 239–250.

Johnson, G., et al. (2005): Exploring Corporate Strategy, 7. Aufl., London.

Jost, A. (2015): Multi-Channel-CRM in der Pharma Industrie: Elemente – Trends – Erfolgsfaktoren, in: Trilling, T. (Hrsg.): Pharmamarketing, Wiesbaden, S. 143–173.

Jung, B. (2018): Welche Arzneimittel 2018 aus dem Patent laufen, elektronisch abgerufen am 28.05.2018 unter: https://www.deutsche-apotheker-zeitung.de/news/artikel/2018/01/19/welche-arzneimittel-2018-aus-dem-patent-laufen

Kakkar, A. K. (2015): Patent cliff mitigation strategies: giving new life to blockbusters, in: Expert Opinion on Therapeutic Patents, 25. Jg., Nr. 12, S. 1353–1359.

Kaltenbach, T., et al. (2016): Digital and Disrupted: All Change for Healthcare, elektronisch abgerufen am 02.02.2018 unter: https://www.rolandberger.com/de/Publications/pub_digital_and_disrupted_all_change_for_healthcare.html

Kissel, K. (2017): Eine strategisch wichtige Ergänzung, in: Transkript Spezial, Nr. 9, S. 32–33.

Klein-Bölting, R. (2015): Die Herausforderung durch Doktor Google: Wie die Gesundheitswirtschaft auf das Internet neue Antworten findet, in: Brandmeyer, K., et al. (Hrsg.): Medizin trifft Marke, Wiesbaden, S. 109–118.

Klemperer, D. (2005): Shared Decision Making und Patientenzentrierung – vom Paternalismus zur Partnerschaft in der Medizin, in: Balint, 6. Jg., Nr. 3, S. 71–79.

Kliche, M. (1991): Industrielles Innovationsmarketing: eine ganzheitliche Perspektive, Wiesbaden.

Koenen, A.-K. (2013): Individuelle Gesundheitsleistungen – Fluch oder Segen für die medizinische Versorgung in Deutschland?, Oestrich-Winkel.

Koenig, C./Müller, E.-M. (2007): Orphan-Drug-Status trotz Zulassung?, in: GRUR International, 4. Jg., S. 294–301.

Köhler, A. (2012): Das gebrochene Preismonopol der Pharmaindustrie, Band 25, Baden-Baden.

Köhler, R. (1981): Grundprobleme der strategischen Marketingplanung, in: Geist, M. N./Köhler, R. (Hrsg.): Die Führung des Betriebs, Stuttgart, S. 261–291.

Kornfield, R., et al. (2013): Promotion of Prescription Drugs to Consumers and Providers, in: PLOS ONE, Vol. 8, Nr. 3, S. 1–7.

Kornmeier, M. (2007): Wissenschaftstheorie und wissenschaftliches Arbeiten: Eine Einführung für Wirtschaftswissenschaftler, Heidelberg.

Kotler, P./Achrol, R. S. (1984): Marketing Strategy and Science of Warfare, in: Lamb, R. H. (Hrsg.): Competitive Strategic Management, New Jersey, S. 94–133.

Kraßer, R./Ann, C. (2016): Patentrecht, 7. Aufl., München.

Kromrey, H. (2000): Empirische Sozialforschung, Wiesbaden.

Krones, T./Richter, G. (2008): Ärztliche Verantwortung: das Arzt-Patient-Verhältnis, in: Bundesgesundheitsblatt, 51. Jg., Nr. 8, S. 818–826.

Kuehn, B. M. (2010): FDA Weighs Limits for Online Ads, in: Journal of the American Medical Association, 303. Vol., Nr. 4, S. 311–313.

Kügel, J. W., et al. (2016): Arzneimittelgesetz, München.

Kunst, M., et al. (2015): Getting the dose right: A digital prescription for the pharma industry, elektronisch abgerufen am unter: www.bain.com

Kur, A., et al. (2017): BeckOK Markenrecht, 10. Aufl., München.

Kuß, A. (2004): Marketing, in: Irgel, L. (Hrsg.): Gablers Wirtschaftswissen für Praktiker, Wiesbaden, S. 391–450.

Kuß, A. (2013): Marketing-Theorie, 3. Aufl., Wiesbaden.

Kuß, A./Tomczak, T. (1998): Marketingplanung, Wiesbaden.

Kuß, A., et al. (2007): Marketingplanung, 5. Aufl., Wiesbaden.

Lamnek, S. (2002): Qualitative Interviews, in: König, E./Zedler, P. (Hrsg.): Qualitative Forschung, Weinheim, Basel, S. 157–193.

Lange, C./Ziese, T. (2014): Daten und Fakten: Ergebnisse der Studie „Gesundheit in Deutschland aktuell 2012", Berlin.

Langkafel, P./Lüdke, C. (2008): Breaking Bad News: Das Überbringen schlechter Nachrichten in der Medizin, Heidelberg, München, Landsberg, Berlin.

Lauth, B./Sareiter, J. (2005): Wissenschaftliche Erkenntnis - Eine ideengeschichtliche Einführung in die Wissenschaftstheorie, 2. Aufl., Paderborn.

Lichtenberg, F./Philipson, T. J. (2002): The Dual Effects of Intellectual Property Regulations: Within- and Between-Patent Competition in the U.S. Pharmaceuticals Industry, in: Journal of Law and Economics, 45. Jg., Nr. S2, S. 643–672.

Lippold, D. (2017): Marktorientierte Unternehmensführung und Digitalisierung, Berlin.

Lundin, D. (2000): Moral Hazard in Physician Prescription Behavior, in: Journal of Health Economics, 19. Jg., S. 639–662.

Macit, C., et al. (2016): Brand Loyalty as a Strategy for the Competition with Generic Drugs: Physicians Perspective, in: Journal of Developing Drugs, 5. Jg., Nr. 3, S. 1–5.

Mandl, J. (2012): Rabattverträge über patentgeschützte Arzneimittel, Band 13, Baden-Baden.

Markman, G. D., et al. (2004): Patents as Surrogates for Inimitable and Non-Substitutable Resources, in: Journal of Management, 30. Jg., Nr. 4, S. 529–544.

Massa, L./Tucci, C. (2014): Business Model Innovation, in: Fagerberg, J., et al. (Hrsg.): The Oxford Handbook of Innovation Management, Oxford, S. 420–441.

Mattmüller, R. (2012): Integrativ-Prozessuales Marketing, Wiesbaden.

Mattmüller, R./Tunder, R. (2004): Strategisches Handelsmarketing, München.

Maur, A. (2011): Die Kommunikation zwischen pharamzeutischer Industrie und Patienten, in: Arzneimittel & Recht, 6. Jg., S. 243–248.

McKinlay, J. B., et al. (2014): Effects of Patient Medication Requests on Physician Prescribing Behavior, in: Medical Care, Vol. 52, Nr. 4, S. 294–299.

Meffert, H./Bruhn, M. (2006): Dienstleistungsmarketing, 5. Aufl., Wiesbaden.

Meffert, H., et al. (2007): Marketing: Grundlagen marktorientierter Unternehmensführung, 10. Aufl., Wiesbaden.

Meisinger, C. (2011): Gewerblicher Rechtsschutz, Baden-Baden.

Mes, P. (2011): Patentgesetz Gebrauchsmustergesetz, 3. Aufl., München.

Meuser, M./Nagel, U. (1991): ExpertInneninterviews: vielfach erprobt, wenig bedacht, in: Graz, D./Kraimer, K. (Hrsg.): Qualitative-empirische Sozialforschung, Wiesbaden, S. 441–471.

Meuser, M./Nagel, U. (2005): Vom Nutzen der Expertise, in: Bogner, A., et al. (Hrsg.): Experteninterviews, Wiesbaden, S. 257–272.

Meyer, P. W./Mattmüller, R. (1993): Strategische Marketingoptionen – Änderungsstrategien auf Geschäftsfeldebene, Stuttgart.

Michel, S./Oberholzer Michel, K. (2011): Marketing, 5. Aufl., Zürich.

Mikolajczak, C. (2017): Dem Patienten im Netz zuhören, in: Planung & Analyse, Nr. 3, S. 58–59.

Miller, D. (2003): An Asymmetry-based View of Advantage: Towards an Attainable Sustainability, in: Strategic Management Journal, 24. Jg., S. 961–976.

Müller, C. (2015): Studie: Zahl der Patentabläufe geht deutlich zurück, elektronisch abgerufen am 9.8.2017 unter: http://www.pharmazeutische-zeitung.de/index.php?id=59399

Müller, C. (2016): Rheumatologe mahnt zur Vorsicht, elektronisch abgerufen am 11.05.2018 unter: https://www.pharmazeutische-zeitung.de/index.php?id=64899

Müller, C.-H. (2011): Zum Verhältnis Patient-Kunde-Arzt – Zukunft der ambulanten ärztlichen Versorgung, in: Fischer, A./Sibbel, R. (Hrsg.): Der Patient als Kunde und Konsument, Wiesbaden, S. 85–104.

Müller, E.-M. (2003): Die Patentfähigkeit von Arzneimitteln, Berlin Heidelberg.

Müller-Rehkopf, T. (2011): Marktorientierung und organisationales Lernen, Frankfurt am Main.

N., N. (2016): Rahmenvertrag über die Arzneimittelversorgung nach §129 Absatz 2 SGB V, elektronisch abgerufen am 11.05.2018 unter: https://www.gkv-spitzenverband.de/media/dokumente/krankenversicherung_1/arzneimittel/rahmenvertraege/apotheken/AM_20160930_Rahmenvertrag_129_Absatz-2_SGB-V.pdf

Natz, A. (2008): Rebate Contracts: Risks and Chances in the German Generic Market, in: Journal of Generic Medicines, 5. Jg., Nr. 2, S. 99–103.

Newbert, S. L. (2008): Value, Rareness, Competitive Advantage, and Performance: a Conceptual-level Empirical Investigation of the Resource-based View of the Firm, in: Strategic Management Journal, 29. Jg., S. 745–768.

Nijssen, E. J./Frambach, R. T. (2001): Creating Customer Value Through Strategic Marketing Planning, New York.

Oliver, R. L. (1999): Whence Consumer Loyalty?, in: Journal of Marketing, 63. Jg, Fundamental Issues and Directions for Marketing, S. 33–44.

Omojasola, A., et al. (2013): Perceptions of Generic Drug Discount Programs Among Low-Income Women: A Qualitative Study, in: Women's Health Issues, 23. Jg., Nr. 1, S. e55–e60.

Ose, D. (2011): Patientenorientierung im Krankenhaus: Welchen Beitrag kann ein Patienten-Informations-Zentrum leisten?, Wiesbaden.

Osterwalder, A./Pigneur, Y. (2010): Business Model Generation, New Jersey.

Otto, G. (2012): Außendienstmitarbeiterunterstützung durch innovative Marketing- und Vertriebsmethoden, Kassel.

Paar, D. (2016): Länderbericht: Unterschiedliche Marktzugangsregelungen in der Europäischen Union, in: Voit, W. (Hrsg.): Marktzugang unter den Bedingungen des AMNOG – Werbung auf dem Markt Baden-Baden, S. 9–22.

Palmatier, R. W., et al. (2007): Customer Loyality to Whom? Managing the Benefits and Risks of Salesperson-Owned Loyalty, in: Journal of Marketing Research, 44. Jg., Nr. 2, S. 185–199.

Patel, A., et al. (2012): Quality of generic medicines in South Africa: perceptions versus reality – a qualitative study, in: BMC Health Services Research, 12 Jg., S. 297–305.

Paul, S. M., et al. (2010): How to improve R&D productivity: the pharmaceutical industry's grand challenge, in: Nature Reviews Drug Discovery, Nr. 9, S. 203–2014.

Peteraf, M. A. (1993): The Cornerstones of Competitive Advantage: A Resource-Based View, in: Strategic Management Journal, 14. Jg., Nr. 3, S. 179–191.

Pfadenhauer, M. (2009): Das Experteninterview, in: Buber, R./Holzmüller, H. H. (Hrsg.): Qualitative Marktforschung, Wiesbaden, S. 451–461.

Pfitzer, D., et al. (2015): Operative Exzellenz in der Neuproduktentwicklung, in: Knaebel, H.-P./Wente, M. (Hrsg.): Scientific Marketing in der Medizin, Wiesbaden, S.

Philipp, M. P. (2011): Intellectual Property Related Generic Defense Strategies in the European Pharmaceutical Market, Band 11, Baden-Baden.

Piller, F. T. (2007): Mass Customization, in: Albers, S./Herrmann, A. (Hrsg.): Handbuch Produktmanagement, Wiesbaden, S. 943–968.

Plinke, W. (2000): Grundlagen des Marktprozesses, in: Kleinaltenkamp, M./ Plinke, W. (Hrsg.): Technischer Vertrieb, Berlin Heidelberg, S. 3–99.

Popper, K. R. (1984): Auf der Suche nach einer besseren Welt, München.

Popper, K. R. (1994): Logik der Forschung, 10. Aufl., Tübingen.

Porter, M. E. (1976): Please Note Location of Nearest Exit – Exit Barriers and Planning, in: California Management Review, Winter, S. 21–33.

Porter, M. E. (1990): Competitive Advantage of Nations, in: Harvard Business Review, 68. Jg., Nr. 2, S. 73–93.

Porter, M. E. (1996): What is Strategy?, in: Harvard Business Review, 74. Jg., Nr. 6, S. 61–78.

Porter, M. E. (2013): Wettbewerbsstrategie: Methoden zur Analyse von Branchen und Konkurrenten, 12. Aufl., Frankfurt am Main.

Porter, M. E. (2014): Wettbewerbsvorteile: Spitzenleistungen erreichen und behaupten, 8. Aufl., Frankfurt am Main.

Poschenrieder, A. (2007): Werbebeschränkungen für Arzneimittel, Berlin.

Povel, L. M. (2015): Juristisches Umfeld für den Produktmanager bei der Zusammenarbeit mit Fachkreisangehörigen – Kodex der Mitglieder des Vereins „Freiwillige Selbstkontrolle für die Arzneimittelindustrie e.V.“, in: Trilling, T. (Hrsg.): Pharmamarketing, Berlin Heidelberg, S. 67–106.

ProGenerika (2015): Generika in Deutschland, elektronisch abgerufen am 30/03/17 unter: http://www.progenerika.de/wp-content/uploads/2015/04/ProGen-Marktdatenbrosch2014-RZ-web.pdf

ProGenerika (2018): Generika in Zahlen, elektronisch abgerufen am 08.05.2018 unter: http://www.progenerika.de/wp-content/uploads/2018/04/Generika-in-Zahlen_Das-Jahr-2017_ES.pdf

Pschyrembel, W. (2014): Klinisches Wörterbuch, Berlin/Boston.

Raasch, A.-C. (2006): Der Patentauslauf von Pharmazeutika als Herausforderung beim Management des Produktlebenszyklus, Wiesbaden.

Rapp, B., et al. (2017): Der Mensch bleibt auch in Zukunft im Fokus, in: Pharma. Berater, Nr. 1, S. 14–16.

Rapp, B., et al. (2017): Serviceorientierter Außendienst steigert Therapietreue, in: Pharma.Berater, Nr. 1, S. 18–19.

Raubold, U. (2011): Lebenszyklusmanagement in der Automobilindustrie, Wiesbaden.

Reckenfelderbäumer, M. (2001): Zentrale Dienstleistungsbereiche und Wettbewerbsfähigkeit, Wiesbaden.

Reeves, R. (1960): Reality in Advertising, New York.

Rehmann, W. A. (2014): Arzneimittelgesetz (AMG), 4. Aufl., München.

Reisinger, S., et al. (2013): Strategisches Management, Hallbergmoos.

Rennschmied, N./Röth, U. (2017): Im Dschungel der Regularien, in: Planung & Analyse, Nr. 3, S. 64.

Ringe, J. D./Möller, G. (2009): Differences in Persistence, Safety and Efficacy of Generic and Original Branded Once Weekly Bisphosphonates in Patients With Postmenopausal Osteoporosis: 1-year Results of a Retrospec- tive Patient Chart Review Analysis, in: Rheumatology International, 30. Jg., Nr. 2, S. 213–220.

Roy, S. K. (2013): Consequences of Customer Advocacy, in: Journal of Strategic Marketing, 21. Jg., Nr. 3, S. 260–276.

Rüger, C. (2012): Pharmamarketing, in: Hoffmann, S., et al. (Hrsg.): Angewandtes Gesundheitsmarketing, Wiesbaden, S. 351–362.

Rumelt, R. P., et al. (1991): Strategic Management and Economics in: Strategic Management Journal, 12. Jg., Special Issue: Fundamental Research Issues in Strategy and Economics, S. 5–29.

Salmon, W. (1989): Four Decades of Scientific Explanation, Minneapolis.

Samer, M. (2011): Gewerblicher Rechtsschutz, Baden-Baden.

Samland, B. M. (2012): Marken in der Pharmaindustrie, in: Healthcare Marketing, Nr. 1-2, S. 18–22.

Sampat, B. N. (2009): Academic Patents and Access to Medicines in Developing Countries, in: American Journal of Public Health, 99. Jg., Nr. 1, S. 9–17.

Schachinger, A. (2014): Der digitale Patient, Band 34, Baden-Baden.

Schäffner, N. (2015): Lifecycle Management im Arzneimittelsektor, Baden-Baden.

Schallmo, D. (2013): Geschäftsmodelle erfolgreich entwickeln und implementieren, Wiesbaden.

Schmidt, S. J. (2003): Der Radikale Konstruktivismus – Ein neues Paradigma im interdisziplinären Denken, in: Schmidt, S. J. (Hrsg.): Der Diskurs des Radikalen Konstruktivismus, Frankfurt am Main, S. 11–88.

Schmolke, H. (2014): Commodity-Marketing der Stromversorger, Hamburg.

Schöffski, O. (2008): Das Krankenversicherungssystem in Deutschland, in: Schöffski, O., et al. (Hrsg.): Pharmabetriebslehre, 2. Aufl., Berlin Heidelberg, S. 3–22.

Schrage, A. (2012): Pharma-Multichannel-Marketing: Are you ready?, in: Strahlendorf, P. (Hrsg.): Jahrbuch Healthcare Marketing 2012, Hamburg, S. 61–65.

Schüller, T. (2017): Biosimilars übernehmen die Rolle von Generika, elektronisch abgerufen am 08.05.2018 unter: https://www.chemanager-online.com/themen/pharma-bioprozesstechnik/biosimilars-uebernehmen-die-rolle-der-generika

Schweickhardt, A./Fritzsche, K. (2009): Kursbuch ärztliche Kommunikation, 2. Aufl., Köln.

Schweitzer, A./Siewert, M. (2011): Der Pharmamarkt, in: Naderer, G./Balzer, E. (Hrsg.): Qualitative Marktforschung in Theorie und Praxis, Wiesbaden, S. 645–654.

Sewell, K., et al. (2012): Perceptions of and Barriers to Use of Generic Medications in a Rural African American Population, Alabama, 2011, in: CDC – Preventing Chronic Disease, 9. Jg., S. 1–8.

Shrank, W. H., et al. (2011): Physician Perceptions About Generic Drugs, in: The Annals of Pharmacotherapy, 45. Jg., S. 31–38.

Simon, H. (1988): Management strategischer Wettbewerbsvorteile, in: Simon, H. (Hrsg.): Wettbewerbsvorteil und Wettbewersfähigkeit, Stuttgart, S. 1–17.

Sinner, A., et al. (2014): Multichannel Excellence Europe, elektronisch abgerufen am unter: https://www.camelot-mc.com/de/study/multichannel-excellence-europe/

Sirmon, D. G., et al. (2007): Managing Firm Resoures in Dynamic Environments to Create Value: Looking Inside the Black Box, in: Academy of Management Review, 32. Jg., Nr. 1, S. 273–292.

Song, C. H./Han, J.-W. (2016): Patent Cliff and Strategic Switch: Exploring Strategic Design Possibilities in the Pharmaceutical Industry, in: SpringerPlus, 5. Jg., Nr. 1, S. 692–706.

Stadelhoff, S. (2016): Rechtsprobleme des AMNOG-Verfahrens, Band 19, Baden-Baden.

Stähler, P. (2002): Geschäftsmodelle in der digitalen Ökonomie: Merkmale, Strategien und Auswirkungen, 2. Aufl., Köln-Lohmar.

Statista (n.d.): Umsatzentwicklung in der Pharmaindustrie in Deutschland in den Jahren von 2007 bis 2021 (in Milliarden Euro) elektronisch abgerufen am 08.05.2018 unter: https://de-statista-com.library.myebs.de/statistik/daten/studie/248219/umfrage/prognose-zum-umsatz-in-der-pharmaindustrie-in-deutschland/

Steffenhagen, H. (2008): Marketing, 6. Aufl., Stuttgart.

Stender-Monhemius, K. (2002): Marketing: Grundlagen mit Fallstudien, München.

Sterckx, S. (2004): Patents and Access to Drugs in Developing Countries: an Ethical Analysis, in: Developing World Bioethics, 4. Jg., Nr. 1, S. 58–75.

Steyer, C. (2017): Hilfe bei seltenen Leiden, elektronisch abgerufen am 9.8.2017 unter: http://ptaforum.pharmazeutische-zeitung.de/index.php?id=10768

Stolpe, M. (2001): Weltweiter Patentschutz für pharmazeutische Innovationen: Gibt es sozialverträgliche Alternativen?, in: Kieler Arbeitspapier, Nr. 1079, S. 1–20.

Sucker-Sket, K. (2014): Biosimilars den Weg bereiten, elektronisch abgerufen am 08.05.2018 unter: https://www.deutsche-apotheker-zeitung.de/news/artikel/2014/09/12/biosimilars-den-weg-bereiten

Sucker-Sket, K. (2016): Gilead und AbbVie verdrängen Stada, elektronisch abgerufen am 4.9.2017 unter: https://www.deutsche-apotheker-zeitung.de/news/artikel/2016/02/25/gilead-und-abbvie-verdrangen-stada-br

Suppliet, M. (2017): Umbrella Branding in Pharmaceutical Markets, in: CentER Discussion Paper, 33. Jg., S. 1–38.

Takalo, T./Kannianem, V. (2000): Do Patents Slow Down Technological Progress? Real Options in Research, Patenting, and Market Introductions., in: International Journal of Industrial Organization, 18. Jg., S. 1105–1127.

Tebroke, E. (2014): Wirksamkeit mit Spareffekt, elektronisch abgerufen am 09.05.2018 unter: https://www.pharmazeutische-zeitung.de/index.php?id=51112

Teece, D. J. (1986): Profiting From Technological Innovation: Implications for Integration, Collaboration, Licensing and Public Policy, in: Research Policy, 15 Jg., S. 285–305.

Teece, D. J. (2010): Business Models, Business Strategy and Innovation, in: Long Range Planning, 43. Aufl., S. 172–194.

Tiefel, T. (2006): Patente als Waffen? – Die Adaption militärischer Strategieansätze in der Managementlehre, in: Tiefel, T. (Hrsg.): Strategische Aktionsfelder des Patentmanagements Wiesbaden, S. 105–131.

Tomczak, T. (1992): Forschungsmethoden in der Marketingwissenschaft: EIn Plädoyer für den qualitativen Forschungsansatz, in: Marketing ZPF, 14 Jg., Nr. 2, S. 77–87.

Töpfer, A. (2012): Erfolgreich Forschen, 3. Aufl., Wiesbaden.

Trautmann, M. (1993): Reduktion, in: Meyer, P. W./Mattmüller, R. (Hrsg.): Strategische Marketingoptionen, Stuttgart; Berlin; Köln, S. 140–178.

Trebbien, S. (2016): Entwicklung eines Simulationsmodells für das Life-Cycle-Management von Arzneimitteln, Mainz.

Trieb, H. (2014): §29 Verordnung von Arzneimitteln, in: Schiller, H. (Hrsg.): Bundesmantelvertrag Ärzte, Heidelberg, S. 526–540.

Tucker, W. T. (1964): The Development of Brand Loyalty in: Journal of Marketing Research, 1. Jg., Nr. 3, S. 32–35.

Tunder, R. (2010): Market-Access – Entwicklung eines konzeptionellen Managementansatzes, in: Ecker, T., et al. (Hrsg.): Handbuch Market Access, Düsseldorf, S. 1–28.

Umamahesh, B./Lavanya, N. (2015): Multichannel Marketing (MCM) in Pharmaceutical Industry, in: Internation Journal of Pharmaceutical Sciences and Business Management, Vol. 3, Nr. 8, S. 1–4.

Umbach, G. (2017): Marketing-Trends Teil 2: Multi Channel Marketing (MCM), in: Pharmind – die pharmazeutische Industrie, 79. Jg., Nr. 3, S. 330–334.

Ventola, C. L. (2011): Direct-to-Consumer Pharamceutical Advertising, in: P&T, 36. Jg., Nr. 10, S. 669–684.

Vfa (2015): Die pharmazeutische Industrie in Deutschland – Ein Branchenportrait, elektronisch abgerufen am 10.09.2016 unter: https://www.vfa.de/download/branchenportrait-2015.pdf

Vfa (2015): Patente für Arzneimittel, elektronisch abgerufen am 21.10.2017 unter: https://www.vfa.de/de/arzneimittel-forschung/artikel-arzneimittel-forschung/patentschutz.html

Vfa (2015): Statistics 2015 die Arzneimittelindustrie in Deutschland, elektronisch abgerufen am 10.09.2016 unter: https://www.vfa.de/de/presse/publikationen

VFA (2017): vfa-Positionspapier Patientenzentrierung, elektronisch abgerufen am 07.01.2018 unter: https://www.vfa.de/embed/positionspapier-patientenzentrierung.pdf

Viciano, A. (2018): Fragwürdiger Einfluss der Patientenvertreter, elektronisch abgerufen am 19.04.2018 unter: http://www.sueddeutsche.de/gesundheit/medizin-fragwuerdiger-einfluss-der-patientenvertreter-1.3917706

Voeth, M./Herbst, U. (2013): Marketing-Management, Stuttgart.

Vollert, K. (2003): Strategisches Marketing — Zum Aufbau und Erhalt komparativer Konkurrenzvorteile unerlässlich, in: Kamenz, U. (Hrsg.): Applied Marketing, Berlin Heidelberg S. 237–242.

Walsh, G., et al. (2009): Marketing, Berlin Heidelberg.

WD (2017): Zur Zulässigkeit von Open-House-Verträgen mit Leistungserbringern in der Hilfsmittelversorgung, elektronisch abgerufen am 12.05.2018 unter: https://www.bundestag.de/blob/516750/9ef9d700deb74d85de2d6d5ce35225e4/wd-9-025-17-pdf-data.pdf

Wehr, A. W. (2001): Imagegestaltung in der Automobilindustrie, Wiesbaden.

Weiber, R. (1993): Was ist Marketing? Informationsökonomischer Erklärungsansatz, in: Weiber, R. (Hrsg.): Arbeitspapier zur Marketingtheorie, Trier, Nr. 1

Weinberg, B. D., et al. (2007): Multichannel Marketing: Mindset and program development, in: Business Horizons, 50 Jg., S. 385–394.

Wernerfelt, B. (1984): A Resource-Based View of the Firm, in: Strategic Management Journal, 5. Jg., Nr. 2, S. 171–180.

Willi, C. (2007): Der informierte Patient ist der beste Patient, in: PharmaR, 10. Jg., S. 412–422.

Wind, J. (1998): Präventionsstrategien, in: Day, G. S., et al. (Hrsg.): Wharton zur dynamischen Wettbewerbsstrategie Berlin, S. 292–313.

Wirtz, B. W. (2010): Business Model Management, Wiesbaden.

Yannopoulos, P. (2011): Defensive and Offensive Strategies for Market Success, in: International Journal of Business and Social Science, 2. Jg., Nr. 13, S. 1–12.

Yim, C. K., et al. (2008): Strengthening Customer Loyalty Through Intimacy and Passion: Roles of Customer-Firm Affection and Customer-Staff Relationships in Serives, in: Journal of Marketing Research, 45. Jg., Nr. 6, S. 741–756.

Yin, R. K. (2009): Case Study Research: Design and Methods 4. Aufl., Thousand Oaks.

Zentiva (2017): Korrekte Anwendung pharmazeutischer Bedenken, elektronisch abgerufen am 19.04.2018 unter: https://www.zentiva.de/Downloads?id=c89d0e48-f323-4f3e-811b-8e6b71120cf9

Zimmermann, M. (2014): §28 Anforderungen an Arzneimittelwerbung nach dem Heilmittelwerbegesetz (HWG) und dem Gesetz gegen den unlauteren Wettbewerb (UWG), in: Fuhrmann, S., et al. (Hrsg.): Arzneimittelrecht, 2. Aufl., Baden-Baden, S. 799–853.

Ziouziou, S. (2010): Bau-Marketing, München.

Zuck, R. (2014): §57 Werbung für Arzneimittel, in: Quaas, M., et al. (Hrsg.): Medizinrecht, 3. Aufl., München, S. 848–849.

Zylka-Menhorn, V./Korzilius, H. (2014): Biosimilars: Das Wettrennen ist in vollem Gange, in: Deutsches Ärzteblatt, 111. Jg., Heft 11, S. A452–A455.

Strategisches Marketingmanagement

Herausgegeben von Roland Mattmüller

Band 1 Sven Franzen: Die Bedeutung von Spielauffassungen in vertikalen marktstrategischen Kooperationen. Eine verhaltensorientiert spieltheoretische Untersuchung der Kooperationshemmnisse zwischen Hersteller und Handel. 2005.

Band 2 Maximilian Seidel: Political Marketing. Explananda, konstitutive Merkmale und Implikationen für die Gestaltung der Politiker-Wähler-Beziehung. 2005.

Band 3 Tim Bendig: Image-Malus des Handels. Eine empirische Analyse. 2005.

Band 4 Kai-Michael Schaper: Der Integrierte Handel. Eine konzeptionelle Beziehungsgestaltung zwischen Hersteller, Handel und Letztnachfrager. 2006.

Band 5 Marc K. Mikulcik: Absatztreiber bei Filialisierung und Franchising im ordinalen Vergleich. Konzeptionelle Analyse auf Basis der Neuen Institutionen-Ökonomie und empirische Überprüfung am Beispiel des Mobilfunkmarkts. 2007.

Band 6 Thomas P. J. Feinen: Factory Outlet Stores. Status Quo, Perspektiven und Implikationen für die Hersteller-Handel-Beziehung. 2007.

Band 7 Benjamin Trespe: Geomarketing. Eine Analyse der Erfolgspotenziale aus Sicht der deutschen Automobilhersteller. 2007.

Band 8 Tobias Irion: Vertrauen in Transaktionsbeziehungen. Marketingwissenschaftliche Grundlegungen und praktische Ansatzpunkte für ein strategisches Vertrauensmanagement. 2007.

Band 9 Nadja Maisenbacher: Die Verantwortung des Marketing für Bezugsgruppen. Zum Stand der Integrationsorientierung in Unternehmen. 2008.

Band 10 Jochen Basting: Vertrauensgestaltung im Political Marketing. Eine marketingwissenschaftliche Analyse anbieterseitiger Ansatzpunkte der vertrauensorientierten Beziehungsgestaltung zwischen Politiker und Wähler. 2008.

Band 11 Nora Oettgen: Integriertes Marketing für professionelle Fußballvereine. Eine Analyse der Anspruchsgruppenorientierung in der deutschen Fußballbundesliga. 2008.

Band 12 Philipp Götting: Anbieterloyalität. Strategie und Instrument zur Gewinnung von Kunden und Kundenloyalität – theoretische Diskussion und empirische Befunde im B2C Marketing. 2008.

Band 13 Jörg Richartz: Anreizsysteme zur Steuerung der Hersteller-Händler-Beziehung in der Automobilindustrie. 2009.

Band 14 Sebastian Siebert: Bewertung von Markenlizenzierungspotenzialen. Ein Modellentwurf als Entscheidungsgrundlage für die Vergabe von Markenlizenzen. 2009.

Band 15 Saskia Reitzle: Markenleasing. Theoretische Fundierung und praxisorientierte Evaluation der Möglichkeiten und Grenzen. 2010.

Band 16 Nina Jochheim: Erfolgsfaktoren von medizinischen Versorgungszentren. Theoretische Diskussion und empirische Befunde: Handlungsempfehlungen für das Management. 2010.

Band 17 Markus Joseph Gräßler: Marktorientierte Unternehmensgestaltung. Ein Organisationsmodell auf Basis des Integrativ-Prozessualen Marketingansatzes. 2010.

Band 18 Sebastian Sigle: Corporate Social Responsibility. Eine Analyse der Wahrnehmung sozialer Werbekampagnen und deren Wirkung auf das Kaufverhalten. Theoretische Diskussion und empirische Befunde. 2010.

Band 19 Tobias Bischkopf: Vom Käufer zum Mitgestalter. Konsumentenmarketing in der Postmoderne. 2010.

Band 20 Tobias Schäfers: Konsumentenverhalten in Marktnischen. Theoretische Diskussion und empirische Befunde zu den Determinanten der Nischenorientierung von Konsumenten. 2011.

Band 21 Thomas Müller-Rehkopf: Marktorientierung und organisationales Lernen. Ansatzpunkte zur Gestaltung eines marktorientierten Unternehmenswandels auf der Basis des Integrativ-Prozessualen Marketingansatzes und einer radikal-sozialkonstruktivistischen Modellierung organisationalen Lernens. 2011.

Band 22 Frederik Böttcher: Handelsmarken und Retail Brands. Einfluss ausgewählter Handelsmarkenstrategien auf die Markenstärke des Händlers im deutschen Lebensmitteleinzelhandel. 2012.

Band 23 Ronja Gresel: Vertrauensgestaltung in der Beziehung zwischen Nonprofit-Organisation und Spender. Ableitung anbieterseitiger Kommunikationsmaßnahmen zur vertrauensorientierten Gestaltung der Transaktionsbeziehung. 2013.

Band 24 Sebastian Behre: Der Einfluss von Neuen Medien auf die Brand Equity. Mobile Applikationen und ihre Wirkung auf ausgewählte Dimensionen der Markenstärke. 2013.

Band 25 Johannes Zuberer: Strategisches Ingredient Branding. Entwicklung und Positionierung von Zuliefferermarken durch Markenkooperationen. Eine empirische Analyse anhand ausgewählter Branchen. 2013.

Band 26 Christoph Look: Kunden-werben-Kunden-Programme - Facetten der Anreizsystemgestaltung. 2014.

Band 27 Linn Thomas: Die Bedeutung von Value Co-Creation für die Marke. Eine empirische Analyse aus Konsumentensicht am Beispiel von internetbasierten Anwendungen zur Produktindividualisierung im Konsumgütermarkt. 2014.

Band 28 Katharina Kurz: Der Kunsthändler als Intermediär. Eine institutionenökonomische Analyse von Markt und Marktteilnehmern. 2014.

Band 29 Felix Zöllner: Premium Price-Promotion. Spannungsfeld zwischen Absatzzielen und Markenwahrnehmung. 2015.

Band 30 Katharina Lange: Mobile Marketing. Eine experimentelle Studie über den Einfluss von mobilen Verkaufsfördermaßnahmen auf die Einstellungsbildung und die Verhaltensabsichten. 2017.

Band 31 Marcella von Hirschhausen: Performance Management im Luxusgütereinzelhandel. Entwicklung eines Kennzahlensystems für das Management von Luxusgeschäften. 2018.

Band 32 Jessica Gebauer: Strategische Positionierung und Markenführung von Flughäfen. Eine Analyse der strategischen Ausrichtung von Flughäfen und Entwicklung eines neuen Positionierungsmodells unter Berücksichtigung geeigneter Markenbildungsansätze. 2019.

Band 33 Anna-Katharina Koenen: Strategische Marketingoptionen in regulierten Märkten. Das Management von Patentausläufen in pharmazeutischen Unternehmen. 2019.

www.peterlang.com

www.ingramcontent.com/pod-product-compliance
Ingram Content Group UK Ltd.
Pitfield, Milton Keynes, MK11 3LW, UK
UKHW021125041026
8980IPUK00026B/628